JURISPRUDÊNCIA DE INSALUBRIDADE, PERICULOSIDADE, ACIDENTES E DOENÇAS DO TRABALHO E PROVA PERICIAL

COMENTADAS E ANOTADAS

TUFFI MESSIAS SALIBA

Engenheiro Mecânico. Engenheiro de Segurança do Trabalho. Advogado. Mestre em Meio Ambiente. Ex-Professor dos Cursos de Pós-Graduação de Engenharia de Segurança e Medicina do Trabalho. Diretor Técnico da ASTEC – Engenharia de Segurança Ltda.

TUFFI MESSIAS SALIBA

JURISPRUDÊNCIA DE INSALUBRIDADE, PERICULOSIDADE, ACIDENTES E DOENÇAS DO TRABALHO E PROVA PERICIAL

COMENTADAS E ANOTADAS

COLABORADORAS:

Suelen Machado Creton
Engenharia Mecânica e de Segurança do Trabalho

Andinara Santos Amaral
Engenharia Civil e Segurança do Trabalho

3ª EDIÇÃO

LTr

LTr®

LTr Editora Ltda.

Rua Jaguaribe, 571
CEP 01224-003
São Paulo, SP — Brasil
Fone (11) 2167-1101
www.ltr.com.br
Outubro, 2021

Produção Gráfica e Editoração Eletrônica: RLUX
Projeto de capa: DANILO REBELLO
Impressão: META BRASIL

Versão impressa: LTr 6347.2 — ISBN: 978-65-5883-095-5
Versão digital: LTr 9822.3 — ISBN: 978-65-5883-098-6

Dados Internacionais de Catalogação na Publicação (CIP)
(Câmara Brasileira do Livro, SP, Brasil)

Saliba, Tuffi Messias
Jurisprudência de insalubridade, periculosidade, acidentes e doenças do trabalho e prova pericial : comentadas e anotadas / Tuffi Messias Saliba. — 3. ed. — São Paulo : LTr, 2021.

Bibliografia.
ISBN 978-65-5883-095-5

1. Acidentes de trabalho — Brasil 2. Direito do trabalho 3. Jurisprudência — Brasil 4. Segurança do trabalho — Brasil 5. Trabalho e classes trabalhadoras — Brasil I. Título.

21-78986 CDU-34:331(81) (094.56)

Índice para catálogo sistemático:

1. Brasil : Jurisprudência : Comentários : Direito do trabalho 34:331(81) (094.56)

Eliete Marques da Silva — Bibliotecária — CRB-8/9380

SUMÁRIO

Frio

Umidade

Agentes Químicos

Carvão

Cromo

Hidrocarbonetos e outros Compostos de Carbono

Agentes Biológicos

Equipamento de Proteção Individual — EPI

Decisões de Matérias Diversas

CAPÍTULO III
CARACTERIZAÇÃO DE PERICULOSIDADE

Exposição Eventual, Intermitente e Permanente

Explosivos

Inflamáveis

Energia Elétrica

Segurança Patrimonial

Motocicleta

Radiação Ionizante

Bombeiro Civil

Trabalho Portuário

CAPÍTULO IV
BASE DE CÁLCULO E ACUMULAÇÃO DE ADICIONAIS

CAPÍTULO I
CONCEITOS E DEFINIÇÕES

INTRODUÇÃO

Esta obra visa orientar os leitores sobre as decisões dos Tribunais referentes à insalubridade, periculosidade, acidentes do trabalho e doenças ocupacionais. Foram pesquisadas as decisões recentes de todos os tribunais do país, incluindo o TST. Embora o juiz possa deixar de considerar as conclusões do laudo pericial, levando em conta o método realizado pelo perito (art. 479 do CPC — Código Processual Civil), na maioria das vezes isso não ocorre, por se tratar de prova técnica e científica. Desse modo, normalmente o juiz fundamenta sua decisão no parecer técnico emitido pelo perito. Nos tribunais, as decisões são examinadas principalmente do ponto de vista jurídico e, assim, o parecer técnico do perito, muitas vezes, prevalece nas decisões. Portanto, o leitor pode constatar algumas decisões equivocadas do ponto de vista de Higiene Ocupacional, provavelmente oriundos de laudos com opiniões técnicas incorretas ou até mesmo sem fundamentação.

Outro fator importante a ser considerado é a desatualização das normas pertinentes. Desde 1978, a NR-15 sofreu poucas alterações. A alteração mais significativa foi no anexo 8, que trata da vibração. A NR-15 ainda mantém critério de apuração de insalubridade instituída em norma legal há mais de 50 anos, como ocorre nas avaliações qualitativas do anexo 13 da NR-15. Na Higiene Ocupacional, a avaliação da exposição aos riscos ambientais toma como base limites recomendados por organizações especializadas, especialmente a ACGIH (American Conference of Governmental Industrial Hygienists). Essa associação atualiza anualmente os limites de exposição ocupacional para todos os agentes ambientais. Inclusive, a NR-9, que trata do PPRA — Programa de Prevenção de Riscos Ambientais, admite o uso desses limites; visando obter prova científica o perito pode, às vezes, tomar como base os limites da ACGHI, especialmente nos agentes com critério de avaliação qualitativa.

O art. 190 da CLT confere ao órgão competente do Ministério do Trabalho e Emprego regulamentar os critérios de caracterização de insalubridade, incluindo a fixação dos Limites de Tolerância. Desse modo, é imprescindível ao MTE atualizar os anexos da NR-15 com base nas normas técnicas de Higiene Ocupacional.

As normas de caracterização da periculosidade também necessitam de revisões, especialmente os anexos 1 e 2 da NR-16, que tratam de explosivos e inflamáveis. Essas normas devem definir o que vem a ser risco acentuado e detalhar situações de exposição ao risco. Com relação aos acidentes e doenças ocupacionais, a jurisprudência às vezes é controvertida na definição da culpa objetiva ou subjetiva. Na apuração da culpa subjetiva (dolo, negligência, imprudência e imperícia), a análise e investigação das causas do acidente são fundamentais e, nesse caso, o conhecimento do processo produtivo, método de trabalho e as normas pertinentes de segurança e saúde do trabalhador devem nortear a prova pericial.

JURISPRUDÊNCIA, SÚMULAS E ORIENTAÇÕES JURISPRUDENCIAIS

No direito brasileiro, a jurisprudência significa o conjunto de decisões de um tribunal ou de um conjunto de tribunais a respeito de certa matéria, ou seja, a jurisprudência representa um conjunto de decisões com conclusões semelhantes sobre determinado assunto (SARAIVA, 2013). A *Súmula* é o resumo de vários julgamentos de um tribunal sobre determinada matéria, quando as decisões são no mesmo sentido. As súmulas são resultado do que se chama de uniformização de jurisprudência, ou seja, da convergência de decisões de um tribunal sobre determinado tema (SARAIVA, 2013)[1].

---

(1) SARAIVA, Wellington Cabral. *Súmulas e jurisprudência*. Disponível em: <https://wsaraiva.com/2013/07/14/sumulas-e-jurisprudencia/>. Acesso em: 22.1.2017.

O art. 926 do CPC determina que os tribunais devem uniformizar sua jurisprudência e mantê-la estável, íntegra e coerente. Na forma estabelecida e segundo os pressupostos fixados no regimento interno, os tribunais editarão enunciados de súmula correspondentes a sua jurisprudência dominante (art. 926, § 1º do CPC). No mesmo sentido, o art. 896, § 3º da CLT determina que os Tribunais Regionais do Trabalho procederão, obrigatoriamente, à uniformização de sua jurisprudência e aplicarão, nas causas da competência da Justiça do Trabalho, no que couber, o incidente de uniformização de jurisprudência previsto no Código de Processo Civil.

O Tribunal Superior do Trabalho uniformiza a jurisprudência trabalhista por meio de súmulas, orientações jurisprudenciais e precedente normativo. A decisão do TRT em consonância com a súmula não permite o recurso ao TST. As súmulas são aprovadas no Pleno do TST por maioria absoluta de seus membros. Cumpre salientar, no entanto, que, embora as súmulas não sejam vinculantes, sua aceitação é grande nas instâncias inferiores da Justiça do Trabalho.

Da mesma forma que as súmulas, as decisões em conformidade com orientação jurisprudencial (precedente) impedem o recurso de revista ao TST. Assim, a orientação jurisprudencial, além de contribuir para uniformização da jurisprudência, evita o excesso de recursos à instância superior. Desde sua implantação pela Súmula n. 333, o TST aumentou as edições dessas orientações, vez que elas são mais fáceis de serem aprovadas do que as súmulas. As orientações também não são vinculantes; todavia, sua aceitação nas instâncias inferiores da Justiça do Trabalho também é grande, contribuindo, dessa forma, significativamente para a celeridade dos processos.

Os tribunais regionais do trabalho também uniformizam a jurisprudência por meio de súmulas resultantes de decisões reiteradas sobre a mesma matéria.

Em 2017, a Lei n. 13.467 deu nova redação ao art. 702, letra *"f"* da CLT, dispondo o seguinte:

> Compete ao tribunal pleno:
>
> Estabelecer ou alterar súmulas e outros enunciados de jurisprudência uniforme, pelo voto de pelo menos dois terços de seus membros, caso a mesma matéria já tenha sido decidida de forma idêntica por unanimidade em, no mínimo, dois terços das turmas em pelo menos dez sessões diferentes em cada uma delas, podendo, ainda, por maioria de dois terços de seus membros, restringir os efeitos daquela declaração ou decidir que ela só tenha eficácia a partir de sua publicação no Diário Oficial;

Já o § 3º do art. 702 dispõe:

> As sessões de julgamento sobre estabelecimento ou alteração de súmulas e outros enunciados de jurisprudência deverão ser públicas, divulgadas com, no mínimo, trinta dias de antecedência, e deverão possibilitar a sustentação oral pelo Procurador-Geral do Trabalho, pelo Conselho Federal da Ordem dos Advogados do Brasil, pelo Advogado-Geral da União e por confederações sindicais ou entidades de classe de âmbito nacional.

Com as novas regras ficou muito difícil os tribunais do trabalho uniformizarem a jurisprudência, pois as exigências legais são rígidas. Todavia, a constitucionalidade dessas regras está sendo analisada pelo Supremo Tribunal Federal. Por esse motivo, desde 2017, os tribunais não editam nem alteram súmulas ou orientações jurisprudenciais, pois aguardam a decisão do STF.

Com o objetivo de facilitar a compreensão, as súmulas, orientações e jurisprudência foram divididas em função da matéria. Assim, foram abordados a insalubridade, periculosidade, acidentes e doenças do trabalho e prova pericial. Preferencialmente, foram selecionadas as decisões técnicas de segurança e saúde do trabalhador. As súmulas e orientações jurisprudenciais foram comentadas. Das decisões jurisprudenciais foram transcritas somente as ementas. Sendo assim, na maioria delas foram feitas apenas anotações, pois para comentá-las seria importante transcrever o acordão na íntegra.

CAPÍTULO II

CARACTERIZAÇÃO DE INSALUBRIDADE

CONSIDERAÇÕES GERAIS SOBRE INSALUBRIDADE

O art. 7º, XXIII, da CF/1988 dispõe:

Adicional de remuneração para as atividades penosas, insalubres ou perigosas, na forma da lei.

O trabalho perigoso e insalubre é regulamentado na CLT. Esse adicional está previsto somente no art. 71 da Lei n. 8.112/90, que determina o pagamento de penosidade para o servidor público federal, em exercício em zonas de fronteira ou em localidades cujas condições de vida o justifiquem.

A insalubridade é definida no art. 189 da CLT (Consolidação das Leis do Trabalho) nos seguintes termos:

Serão consideradas atividades ou operações insalubres aquelas que, por sua natureza, condições ou métodos de trabalho, exponham os empregados a agentes nocivos à saúde, acima dos limites de tolerância fixados em razão da natureza e da intensidade do agente e do tempo de exposição aos seus efeitos.

Por se tratar de matéria técnica de Higiene Ocupacional, a regulamentação foi delegada ao MTE, conforme dispõe o art. 190 da CLT:

O Ministério do Trabalho aprovará o quadro das atividades e operações insalubres e adotará normas sobre os critérios de caracterização da insalubridade, os limites de tolerância aos agentes agressivos, meios de proteção e o tempo máximo de exposição do empregado a esses agentes.

O Ministério do Trabalho e Emprego regulamentou a matéria na Norma Regulamentadora — NR-15 da Portaria n. 3.214/1978. Portanto, a possível caracterização da insalubridade ocorrerá somente se o agente estiver inserido na referida norma.

Nesse sentido, a Súmula n. 460 do STF (Superior Tribunal Federal), dispõe:

Para efeito do adicional de insalubridade, a perícia judicial, em reclamação trabalhista, não dispensa o enquadramento da atividade entre as insalubres, que é ato da competência do Ministério do Trabalho.

A NR-15 da Portaria n. 3.214/1978 definiu os agentes insalubres em quatorze anexos conforme discriminação a seguir:

— Anexo n. 1 — Ruído Contínuo ou Intermitente;

— Anexo n. 2 — Ruídos de Impacto;

— Anexo n. 3 — Exposição ao Calor;

— Anexo n. 4 (Revogado);

— Anexo n. 5 — Radiações Ionizantes;

— Anexo n. 6 — Trabalho sob Condições Hiperbáricas;

— Anexo n. 7 — Radiações Não Ionizantes;

— Anexo n. 8 — Vibrações;

— Anexo n. 9 — Frio;

— Anexo n. 10 — Umidade;

— Anexo n. 11 — Agentes Químicos cuja Insalubridade é Caracterizada por Limite de Tolerância e Inspeção no Local de Trabalho;

— Anexo n. 12 — Poeiras Minerais;

— Anexo n. 13 — Agentes Químicos;

— Anexo n. 13 — A — Benzeno; e

— Anexo n. 14 — Agentes Biológicos.

O art. 189 da CLT estabelece que a insalubridade ocorrerá quando a exposição ao agente superar o limite de tolerância. No entanto, a regulamentação adotou critério de avaliação qualitativa nos anexos 7, 9, 10 e 13 da NR-15 que estabelecem que a insalubridade será comprovada pela inspeção realizada por perito no local de trabalho, ou seja, nesses anexos, o MTE adotou o critério de avaliação qualitativa e não fixou limites de tolerância para os agentes agressivos. O fato de o MTE não fixar limite de tolerância, não significa que qualquer exposição ao agente seja nociva à saúde. Aliás, praticamente todas as substâncias listadas na NR-15, com avaliação pelo método qualitativo, possuem limites de exposição na ACGIH que são aceitos internacionalmente, inclusive pela NR-9. Assim, na caracterização da insalubridade pela avaliação qualitativa, deve-se analisar detalhadamente o posto de trabalho, a função e a atividade do trabalhador, utilizando os critérios técnicos da Higiene Ocupacional. Deve-se levar em conta na avaliação, dentre outros, o tempo de exposição, a forma e intensidade de contato com o agente e o tipo de proteção usada, e até mesmo os limites internacionais existentes, visando à fundamentação do parecer técnico. Todavia, como pode ser constatado nas decisões judiciais, há várias interpretações equivocadas na caracterização da insalubridade pelo método de avaliação qualitativa.

Nos anexos 1, 2, 3, 5, 8, 11 e 12 estão definidos os limites de tolerância para os agentes agressivos fixados em razão da natureza, da intensidade e do tempo de exposição. Nesse caso, a insalubridade será caracterizada quando a intensidade ou concentração do agente superar o limite de tolerância.

VALORES DOS ADICIONAIS DE INSALUBRIDADE

O art. 192 da CLT estabelece:

> O exercício de trabalho em condições insalubres, acima dos limites de tolerância estabelecidos pelo Ministério do Trabalho, assegura a percepção de adicional respectivamente de 40% (quarenta por cento), 20% (vinte por cento) e 10% (dez por cento) do salário mínimo, segundo se classifiquem nos graus máximo, médio e mínimo.

Portanto, o grau de insalubridade depende do tipo de agente insalubre a que o empregado está exposto. Por exemplo, o agente ruído gera adicional em grau médio, enquanto a poeira, em grau máximo. A determinação do grau de insalubridade é definida pela NR-15, conforme quadro a seguir:

ATIVIDADES OU OPERAÇÕES QUE EXPONHAM O TRABALHADOR A...	PERCENTUAL
1 — Níveis de ruído contínuo ou intermitente superiores aos limites de tolerância fixados no Quadro constante do Anexo 1 e no item 6 do mesmo anexo.	20%
2 — Níveis de ruído de impacto superiores aos limites de tolerância fixados nos itens 2 e 3 do anexo 2.	20%
3 — Exposição ao calor com valores de IBUTG superiores aos limites de tolerância fixados nos Quadros 1 e 2.	20%
4 — Revogado pela Portaria n. 3.751, de 23.11.1990.	20%
5 — Níveis de radiações ionizantes com radioatividade superior aos limites fixados neste anexo.	40%
6 — Ar comprimido.	40%
7 — Radiações não ionizantes consideradas insalubres em decorrência de inspeção realizada no local de trabalho.	20%
8 — Vibrações acima dos limites estabelecidos pela ISO 2631 e 5439 ou suas substitutas.	20%
9 — Frio considerado insalubre em decorrência de inspeção realizada no local de trabalho.	20%
10 — Umidade considerada insalubre em decorrência de inspeção realizada no local de trabalho.	20%

ATIVIDADES OU OPERAÇÕES QUE EXPONHAM O TRABALHADOR A...	PERCENTUAL
11 — Agentes químicos cujas concentrações sejam superiores aos limites de tolerância fixados no Quadro 1.	10%, 20% e 40%
12 — Poeiras minerais cujas concentrações sejam superiores aos limites de tolerância fixados neste anexo.	40%
13 — Atividades ou operações envolvendo agentes químicos considerados insalubres em decorrência de inspeção realizada no local de trabalho.	10%, 20% e 40%
14 — Agentes biológicos.	20% e 40%

Outro aspecto importante a ser considerado é o fato de o grau não variar de acordo com a intensidade do agente, isto é, uma concentração de poeira dez vezes superior ao limite gera o mesmo grau de insalubridade que uma concentração duas vezes superior ao limite de tolerância.

A NR-15 veda a percepção cumulativa dos adicionais de insalubridade, conforme determina o subitem 15.3:

> No caso de incidência de mais de um fator de insalubridade, será apenas considerado o de grau mais elevado, para efeito de acréscimo salarial, sendo vedada a percepção cumulativa.

Assim, um empregado exposto à poeira (40%) e a ruído (20%) terá somente 40% de acréscimo salarial. Do ponto de vista jurídico o ilustre desembargador do TRT (Tribunal Regional do Trabalho) da 3ª Região, Dr. Sebastião Geraldo de Oliveira, em seu livro *Proteção Jurídica à Saúde do Trabalhador*[2], entende que não há razão jurídica em vedar a percepção cumulativa dos adicionais.

ELIMINAÇÃO OU NEUTRALIZAÇÃO DA INSALUBRIDADE

O art. 191, "d" da CLT estabelece que:

> A eliminação ou a neutralização da insalubridade ocorrerá:
>
> I — com a adoção de medidas que conservem o ambiente de trabalho dentro dos limites de tolerância;
>
> II — com a utilização de equipamentos de proteção individual ao trabalhador, que diminuam a intensidade do agente agressivo a limites de tolerância.

As medidas relativas ao ambiente compreendem aquelas destinadas a eliminar o agente em sua fonte e trajetória, como, por exemplo, a instalação de um sistema de exaustão numa fonte com grande geração de poeira. Com a adoção dessa medida, a comprovação de sua eficácia será verificada mediante avaliação quantitativa da concentração de poeira, ou seja, verificando-se se está abaixo dos limites de tolerância.

Não sendo possível ou suficiente o controle no ambiente, deve-se utilizar o controle individual, por meio de EPI (Equipamento de Proteção Individual). Na adoção dessa medida, deve-se levar em conta as prescrições da NR-6.

JURISPRUDÊNCIA, SÚMULAS E ORIENTAÇÕES JURISPRUDENCIAIS

A seguir foram selecionadas as jurisprudências e súmulas do TST e Tribunais Regionais do Trabalho, sobre insalubridade, além das orientações jurisprudenciais do TST. As súmulas e orientações foram comentadas tecnicamente e as decisões jurisprudenciais foram anotadas e algumas comentadas. Para facilitar o entendimento, as decisões foram separadas pelos agentes insalubres.

---

(2) OLIVEIRA, Sebastião Geraldo. *Proteção jurídica à saúde do trabalhador*. São Paulo: LTr, 2010. p. 371 a 374.

Ruído

CONSIDERAÇÕES GERAIS

A insalubridade por exposição ocupacional do ruído encontra-se regulamentada nos anexos 1 e 2 da NR-15 da Portaria n. 3.214/78. O anexo 1 estabelece os limites de tolerância para ruído contínuo ou intermitente, conforme quadro 1 a seguir:

NÍVEL DE RUÍDO dB (A)	MÁXIMA EXPOSIÇÃO DIÁRIA PERMISSÍVEL
85	8 horas
86	7 horas
87	6 horas
88	5 horas
89	4 horas e 30 minutos
90	4 horas
91	3 horas e 30 minutos
92	3 horas
93	2 horas e 40 minutos
94	2 horas e 15 minutos
95	2 horas
96	1 hora e 40 minutos
98	1 hora e 15 minutos
100	1 hora
102	45 minutos
104	35 minutos
105	30 minutos
106	25 minutos
108	20 minutos
110	15 minutos
112	10 minutos
114	8 minutos
115	7 minutos

O anexo 2 da NR-15 estabelece limites de tolerância de 130 dB (LINEAR)para ruído de impacto. Segundo essa norma, em caso de não se dispor de medidor de nível de pressão sonora com circuito de resposta para impacto, será válida a leitura feita no circuito de resposta rápida (FAST) e circuito de compensação "C". Neste caso, o limite de tolerância será de 120 dB(C).

O item 6 do anexo 1 prevê a realização da dosimetria ou efeitos combinados, se durante a jornada de trabalho ocorrerem dois ou mais períodos de exposição a ruído de diferentes níveis. Os efeitos combinados ou dose de ruído são obtidos da seguinte maneira:

$$\frac{C1}{T1} + \frac{C2}{T2} + \frac{C3}{T3} + \frac{Cn}{Tn}$$

Na equação acima, "Cn" indica o tempo total que o trabalhador fica exposto a um nível de ruído específico, e "Tn" indica a máxima exposição diária permissível a este nível, segundo o Quadro deste Anexo.

Portanto, a insalubridade será caracterizada quando a dose superar a 1,0 (um) ou NEN (Nível de Exposição Normalizado) maior que 85 dB(A).

A insalubridade pode ser eliminada com medidas de controle no ambiente (coletivas) ou com o uso de protetores auriculares capazes de reduzir a intensidade abaixo do limite de tolerância. Sendo assim, é necessário efetuar o cálculo da atenuação do ruído. Esse cálculo pode ser feito por meio de valor único (NRRsf) ou pelo método detalhado que leva em consideração a atenuação em cada frequência. O Certificado de Aprovação dos protetores auriculares fornece os valores do NRRsf e atenuação em cada frequência. Na jurisprudência pesquisada verifica-se grande controvérsia sobre a periodicidade de troca dos protetores auriculares.

SÚMULAS DO TRT

SÚMULA N. 61 — TRT 2ª REGIÃO

Adicional de insalubridade. Operador de telemarketing. Uso de headphone. Inexistência de previsão na NR-15 da Portaria n. 3.214/78 do MTE. Insalubridade não configurada. O operador de telemarketing que utiliza fone de ouvido (headphone ou head set), não faz jus ao adicional de insalubridade, porquanto a atividade não se equipara à dos trabalhadores em telegrafia, radiotelegrafia, aparelhos do tipo Morse e recepção de sinais em fone.

— O Anexo 13 da NR-15 considera como insalubre de grau médio: telegrafia e radiotelegrafia, manipulação em aparelhos do tipo Morse e recepção de sinais em fones. Essas operações são bem diferentes do operador de telemarketing *que utiliza fone de ouvido. Portanto, o entendimento sumulado, a meu ver, está correto. Na apuração da insalubridade em fone de ouvido, o perito deverá realizar avaliação do ruído com base nas normas ISO 11904 partes 1 e 2. Na parte 2, essa norma recomenda a realização da medição simulada utilizando manequim (cabeça ou orelha artificial). Na parte 1, a norma recomenda medir o ruído no canal auditivo utilizando minimicrofone. Os valores obtidos serão comparados com o limite de tolerância estabelecido no anexo 1 da NR-15.*

SÚMULA N. 66 — TRT 4ª REGIÃO

ADICIONAL DE INSALUBRIDADE. UTILIZAÇÃO DE FONES DE OUVIDO.

(Alterada pela Resolução Administrativa n. 16/2016 Disponibilizada no DEJT dias 27, 30 e 31 de maio de 2016, considerada publicada nos dias 30 e 31.05.2016 e 1º.06.2016)

A atividade com utilização constante de fones de ouvido, tal como a de operador de teleatendimento, é passível de enquadramento no Anexo 13 da NR-15 da Portaria n. 3.214/78 do Ministério do Trabalho e Emprego. (RA 18/2015 Disponibilizada no DEJT dias 2, 3 e 5 de junho de 2015, considerada publicada dias 3, 5 e 8 de junho de 2015, Acórdão Proc. TRT n. 0007637-44.2015.5.04.0000 IUJ)

— Ver comentário da Súmula n. 61 — TRT 2ª Região.

JURISPRUDÊNCIA

1. ADICIONAL DE INSALUBRIDADE. FICHA DE ENTREGA DO EPI. Os recibos de entrega do EPI e/ou termo de responsabilidade pela guarda e uso do EPI, constituem documento essencial para a solução da controvérsia, tendo em vista que consignam diversas informações importantes, dentre as quais a periodicidade da substituição dos equipamentos e a aprovação destes pelo MTE. Não sem razão, portanto, que a entrega, preenchimento e guarda dos recibos é de observância obrigatória, conforme dicção do item 6.6.1 da NR-6, da Portaria n. 3.214 do MTE. Neste diapasão, a declaração do autor de que usava protetor auricular não afasta, só por si, o direito em questão, sem a demonstração — ônus da empresa — de que esse uso foi eficaz à neutralização do agente insalubre. (TRT da 3ª Região; Processo: 0000565-91.2014.5.03.0089 RO; Data de Publicação: 06.06.2016; Disponibilização: 03.06.2016, DEJT/TRT3/Cad.Jud, P. 198; Órgão Julgador: Quinta Turma; Relator: Convocado João Bosco de Barcelos Coura; Revisor: Oswaldo Tadeu B. Guedes)

— Essa decisão não considerou a confissão do reclamante sobre o uso do EPI.

2. ADICIONAL DE INSALUBRIDADE. RUÍDO. TEMPO DE DURAÇÃO DO PROTETOR AURICULAR. Embora não existiam normas técnicas regulamentando a validade dos EPIs, não pode a reclamada deixar de observar as recomendações dos fabricantes no tocante ao uso, conservação e validade dos produtos por ela adotados e utilizados por seus empregados, porque se relacionam a questões envolvendo a saúde dos trabalhadores. Ultrapassado o período de validade recomendado pelos fabricantes, cabia à reclamada providenciar periodicamente a conferência do estado de conservação e qualidade dos EPIs fornecidos aos trabalhadores, de modo que os equipamentos de uso obrigatório sempre forneçam o mesmo nível de proteção de um equipamento novo e em perfeitas condições de uso. (TRT da 3ª Região; Processo: 0001423-25.2012.5.03.0144 RO; Data de Publicação: 23.10.2013; Disponibilização: 22.10.2013, DEJT, Página 61; Órgão Julgador: Segunda Turma; Relator: Luiz Ronan Neves Koury; Revisor: Anemar Pereira Amaral)

—Ver Portaria n. 121/2009 do MTE.

3. ADICIONAL DE INSALUBRIDADE. RUÍDO. CONFIGURADO. De acordo com o laudo pericial juntado aos autos, a teor da previsão contida no anexo 1 da NR-15 da Portaria n. 3.214/78 do MTE, o limite de tolerância a ruído, para o trabalhador que labora em jornada de 8 horas, é de 85 dB(A). Constatado que o reclamante, em cumprimento de jornada de 8 horas diárias se expunha a ruído superior a 90 dB(A), e que tal agente fora neutralizado apenas durante o período de validade do protetor auricular (de 18.04.2011 a 18.07.2011), mantém-se a decisão que deferiu o adicional de insalubridade durante todo o contrato de trabalho, com exceção do lapso em que o ruído fora elidido pelo EPI. (TRT da 3ª Região; Processo: 0001354-93.2012.5.03.0046 RO; Data de Publicação: 23.09.2013; Disponibilização: 20.09.2013, DEJT, P. 306; Órgão Julgador: Sexta Turma; Relator: Rosemary de O. Pires; Revisor: Convocado João Bosco de Barcelos Coura)

4. PROVA PERICIAL. VALORAÇÃO. ADICIONAL DE INSALUBRIDADE. Segundo o disposto no art. 436 do CPC, o Juízo não está adstrito às conclusões do perito por ele designado para realização da perícia, conquanto este profissional desempenhe seu trabalho como auxiliar na elucidação da matéria que exige conhecimentos técnicos específicos. In casu, a perícia técnica realizada por profissional da confiança do Juízo apurou que o reclamante fazia uso regular de equipamentos e proteção individual, notadamente, capacete com protetor auricular, o que atenuou os níveis de ruídos do local de trabalho, ficando estes em número inferior ao limite de tolerância preconizado na legislação para uma jornada de oito horas (Anexo 1 da NR-15 da Portaria n. 3.214/78 do MTE), além de haver a devida substituição dos referidos equipamentos, bem como, a fiscalização de seu uso regular. Lado outro, a prova técnica não foi desconstituída por outros elementos de prova convincentes, mesmo porque o próprio reclamante confirmou ao perito oficial que durante o pacto laboral fazia uso de equipamentos de proteção individual, com a devida substituição quando necessário. Desse modo, prevalece a conclusão do perito oficial de que o reclamante não laborava em condições insalubres, o importa na improcedência do pedido de pagamento do adicional de insalubridade, como decidido na origem. Apelo obreiro desprovido neste aspecto. (TRT da 3ª Região; Processo: 0000443-30.2011.5.03.0042 RO; Data de Publicação: 26.03.2012; Disponibilização: 23.03.2012, DEJT, P. 120; Órgão Julgador: Quarta Turma; Relator: Julio Bernardo do Carmo; Revisor: Maria Lucia Cardoso Magalhães)

— Essa decisão considerou a neutralização por meio do EPI.

5. ADICIONAL DE INSALUBRIDADE. FORNECIMENTO DE EQUIPAMENTOS DE SEGURANÇA CONSTATADO PELA PERITA. NÃO APRESENTAÇÃO PELA EMPRESA DAS FICHAS DE ENTREGA E TROCA DOS EPI'S. Uma vez que, ao verificar as condições de trabalho do reclamante, foi afastada a insalubridade pela perita oficial do Juízo, não é devido o adicional correspondente. Foi apurado pela expert que o elemento nocivo era o ruído e esse foi devidamente neutralizado pelo uso de protetor auricular, tipo plug, que era constantemente disponibilizado aos trabalhadores, os quais foram treinados para a utilização e verificação das condições de eficácia do equipamento e necessidade de troca. Desse modo, ainda que a reclamada não tenha apresentado as fichas de fornecimento dos equipamentos de segurança, cujo preenchimento decorre de norma regulamentar, não é devido o adicional correspondente. (TRT da 3ª Região; PJe: 0011841-51.2013.5.03.0026 (AP); Disponibilização: 22.04.2015, DEJT/TRT3/Cad.Jud, P. 166; Órgão Julgador: Oitava Turma; Relator: Ana Maria Amorim Rebouças)

— Mesmo sem ficha de fornecimento de EPI, a insalubridade foi considerada neutralizada.

6. INSALUBRIDADE. RUÍDO. INEFICÁCIA DE EPI. DESVALIA DE ENTENDIMENTO PESSOAL DE PERITO. A afirmação de ineficácia, ou de insuficiência ou de imprestabilidade de protetor auricular aprovado pelo Ministério do Trabalho, só pode se levada em conta pelo Juízo quando o mesmo EPI tenha sido submetido a exame laboratorial específico e desse resulte, técnica e cientificamente, a constatação da sua incapacidade de neutralizar o agente ruído. Sem isto não se pode acolher increpação ao EPI e absolutamente injurídica a afirmação de perito no sentido da ineficácia, insuficiência ou imprestabilidade do EPI, pois é incapaz de trazer qualquer válida consideração ao argumento quando desacompanhado do exame antes aludido. Afirmações estritamente pessoais de perito, desalinhadas dos elementos técnico-científicos que necessariamente devem imperar na apuração da questão técnica, não se prestam para reconhecer-se insalubridade. (TRT da 3ª Região; Processo: RO — 5635/91; Data de Publicação: 03.07.1992; Disponibilização: 02.07.1992, DJMG; Órgão Julgador: Primeira Turma; Relator: Luiz Carlos da Cunha Avellar)

— Insalubridade neutralizada pelo EPI.

7. ADICIONAL DE INSALUBRIDADE. OPERADORA DE TELEFONIA. CALL CENTER. A decisão regional, ao condenar a reclamada ao pagamento do adicional de insalubridade, no caso verificado nos autos, violou o art. 190 da CLT, visto que a atividade da reclamante

não se encontra descrita na relação oficial elaborada pelo Ministério do Trabalho e Emprego. Recurso de revista conhecido e provido. (TST, 6ª T., RR 1607-23.2012.5.04.0024, Publicação: 04.03.2016, rel. Augusto César Leite de Carvalho).

— Ver comentário da Súmula n. 66 — TRT 4ª Região.

8. OPERADOR DE TELEMARKETING. ADICIONAL DE INSALUBRIDADE. INDEVIDO. Indevido o adicional de INSALUBRIDADE, uma vez que a atividade desenvolvida pela autora (operadora de telemarketing), com a utilização de fones de ouvido, não se enquadra como insalubre pelo Ministério do Trabalho, conforme determina o art. 190 da CLT. (TRT, 16ª R., 0017164-86.2013.5.16.0022, Relator(a): Marcia Andrea Farias da Silva, Assinatura: 03.09.2015).

— Ver comentário da Súmula n. 66 — TRT 4ª Região.

9. ADICIONAL DE INSALUBRIDADE. OPERADORA DE TELEMARKETING. Embora a atividade de operador de telemarketing não se confunda com as funções de telegrafia e radiotelegrafia ou com manipulação de aparelhos tipo Morse, no entanto, equivale a atividade de recepção de sinais por meio de fones, condição que se caracteriza como insalubridade em grau médio. Aplicação do Anexo n. 13 da NR-15 da Portaria n. 3.214/78 — item "Operações Diversas — recepção de sinais em fones".

— Ver comentário da Súmula n. 66 — TRT 4ª Região.

10. ADICIONAL DE INSALUBRIDADE. RUÍDO ACIMA DOS LIMITES NORMATIVOS. PRETENSÃO DE PAGAMENTO PROPORCIONAL. AUSÊNCIA DE AMPARO LEGAL. Em razão da ausência de prova quanto ao fornecimento de EPI capaz de neutralizar o agente insalubre, devida a condenação ao pagamento de adicional de insalubridade. Insustentável a pretensão de que o pagamento seja proporcional ao tempo em que o autor esteve sujeito ao ruído. O tempo de exposição ao agente insalubre compõe o próprio critério de aferição do direito ao adicional, a partir do qual o perito constatou, com base na NR-15, estar, o autor, sujeito à condições de trabalho prejudiciais à saúde. Não deve, porém, ser parâmetro delimitador da verba a ser paga, pois além de não existir norma legal que ampare a pretensão nesse sentido, o bem da vida — saúde e integridade física do empregado — que está sendo atingido pelas condições desfavoráveis de trabalho não é objeto de prejuízo somente no momento em que presente o agente insalubre. Pelo contrário, o potencial lesivo da atividade, constatada como insalubre, é inerente a essa condição, donde se concluiu que uma vez classificada como tal, o pagamento é devido de forma integral. Recurso do réu ao qual se nega provimento. (TRT, 9ª R., 6ª T., 02343-2014-125-09-00-8-ACO-24756-2016, Relator: Sueli Gil El Rafihi, Publicado no DEJT em 15.07.2016)

11. ADICIONAL DE INSALUBRIDADE. No caso, o Tribunal de origem, com base no conjunto probatório, principalmente na prova pericial, concluiu que foram atendidos os requisitos para o reconhecimento do direito ao adicional de insalubridade. Registrou, textualmente, que o perito apurou a exposição dos empregados à poeira de carvão ao descarregar os navios, sem a proteção adequada e nível de ruído superior ao limite legal permitido. Para que esta Corte Superior pudesse chegar a conclusão contrária, como pretende a recorrente, de que não houve a referida exposição, seria necessário o reexame das provas, o que é vedado nesta instância extraordinária, a teor da Súmula n. 126 do TST. Não se constata, pois, a alegada violação dos dispositivos de lei e da Constituição Federal, tampouco contrariedade à OJ n. 4 da SBDI-1 do TST. Despicienda a análise da divergência jurisprudencial. Recurso de revista não conhecido. (TST, 3ª T., RR 73700-37.2006.5.02.0254, Publicação: 12.02.2016, rel. Alexandre de Souza Agra Belmonte).

12. ADICIONAL DE INSALUBRIDADE. JARDINEIRO. AUSÊNCIA DE EXPOSIÇÃO AOS AGENTES RUÍDO, CALOR E BIOLÓGICOS. Ausente a exposição aos agentes insalubres indicados pelos Reclamantes, conforme verificado in loco pela perícia realizada nos autos, indevido o adicional pleiteado. (TRT 17ª R., 1ª T., RO 0001736-45.2014.5.17.0008, rel. Cláudio Armando Couce de Menezes, Publicação: 06.09.2016).

13. ADICIONAL DE INSALUBRIDADE. EXPOSIÇÃO A AGENTES FÍSICOS RUÍDO E FRIO. LAUDO PERICIAL OMISSO. AUSÊNCIA DE MEDIÇÃO NO LOCAL DE TRABALHO NAS CONDIÇÕES REAIS DE LABOR. NULIDADE DECLARADA DE OFÍCIO. A exigência da perícia, pela lei, no caso de insalubridade, não consubstancia mera formalidade legal, mas necessidade de se verificar no ambiente laboral as reais condições de trabalho do empregado, devendo, portanto, respectivo laudo ser preciso quanto à satisfação da exigência incrustada no art. 195 da CLT. No caso dos autos, não foram realizadas as medições relativas ao nível de ruído e temperatura no ambiente de trabalho do autor, porquanto a perícia foi realizada em dia no qual o setor em que laborava o reclamante não estava funcionando nas condições reais de trabalho, e o vistor valeu-se de dados de outro laudo que não cuida de insalubridade, mas de ergonomia. Declara-se, de ofício, a nulidade do processado, a contar da perícia realizada, determinando-se o retorno dos autos à origem para reabertura da instrução processual, com a realização de nova perícia técnica. (TRT da 23ª Região; Processo: 0002605-19.2013.5.23.0091 RO; Data de Publicação: 18.09.2014; Órgão Julgador: Tribunal Pleno-PJe; Relator: Osmair Couto)

— A insalubridade por ruído é pelo método quantitativo, devendo o perito determinar a dose e o NEN (Nível de Exposição Normalizado).

14. ADICIONAL DE INSALUBRIDADE. RUÍDO. PRODUTOS QUÍMICOS. Constatada pela perícia técnica a existência de insalubridade no local de trabalho, mas comprovado o regular fornecimento e efetivo uso de EPI's (protetor auricular, luvas de segurança e creme

protetor) suficientes para neutralizar a ação dos agentes deletérios (ruído e químicos), indevido o adicional de insalubridade perseguido. Recurso do Reclamante a que se nega provimento. (TRT, 9ª R., 04965-2006-019-09-00-0-ACO-34826-2008 — 1ª Turma, Relator: Ubirajara Carlos Mendes, Publicado no DJPR em 30.09.2008)

— A decisão admitiu a neutralização da insalubridade por meio de EPI.

15. TIPIFICAÇÃO LEGAL. RUÍDO. OPINIÃO DO PERITO. Indevido adicional quando a prova pericial — embora tendo constatado a presença de agente agressivo, ruído, no local de trabalho — confirma o fornecimento de EPI pela empresa, além de efetiva fiscalização dessa sobre o uso do aparelho, específico, que aniquilava a agressão. A opinião do perito, sustentada em estudos teóricos e acadêmicos que contém o laudo sobre a real possibilidade de que o efeito nefasto não fique restrito ao ouvido, mas atinja órgãos vitais, através das células do corpo, não influem na conclusão, que é de ordem legal e não médica. Estudos científicos só influem no direito depois de incorporados pela lei (TRT, 5ª T., RO 014444/94, rel. Juiz Paulo Araújo, MG de 26.11.94).

16. ADICIONAL DE INSALUBRIDADE — RUÍDO — LAUDO PERICIAL — IMPOSSIBILIDADE DE CONCLUSÃO POR MERA SUPOSIÇÃO. A Sra. perita, ao examinar a documentação que lhe foi entregue pela reclamada, aduziu que "de acordo com os Laudos Ruído monitorado pela reclamada e medidas pontuais feitas em Perícia por esta Perita, os valores estavam abaixo do limite de tolerância estipulados pelo Anexo 1 da NR-15", mas concluiu erroneamente pela existência da insalubridade só porque a reclamada não lhe forneceu outros laudos de ruído relativos a outros períodos de trabalho. Restou evidenciado que a reclamada fornecia EPI's que neutralizavam o agente insalubre ruído nos períodos abrangidos pelos Laudos de Ruído apresentados pela reclamada à Sra. Perita, não sendo de se concluir por mera suposição que nos períodos em que os referidos laudos não são abrangentes (29.06.2013 a 19.03.2014 e 20.03.2014 a 09.12.2014) o reclamante pudesse ter trabalhado sem o uso do EPI neutralizados do ruído. (TRT, 3ª R., 3ª T., RO 0011416-45.2015.5.03.0061, Disponibilização: 23.08.2016, rel. Milton V. Thibau de Almeida).

— Na apuração da insalubridade, o perito deve realizar avaliação quantitativa do ruído, não podendo presumir o risco por falta de documentação. Portanto, a meu ver, a decisão é correta.

17. ADICIONAL DE INSALUBRIDADE. AGENTE RUÍDO NEUTRALIZADO PELO USO DE EPI's. Indevido o adicional de insalubridade por exposição ao agente ruído na hipótese em que o agente é neutralizado pelo uso de EPI's, como no caso vertente. (TRT 17ª R., 1ª T., RO 0000227-57.2015.5.17.0101, Publicação: 15.09.2016).

18. ADICIONAL DE INSALUBRIDADE. A alegação de falta de treinamento para o uso de equipamento de proteção, regularmente e efetivamente fornecido pela reclamada, com preocupação de trocas constantes, não tem o condão de caracterizar a insalubridade por ruído, mormente quando se trata de protetores auriculares de simples manejo e que não necessita de maiores informações. Da mesma forma, não se comprovando a atividade constante e permanente de soldador, com contato com solda MIG e de eletrodo, não há como deferir ao recorrente o adicional pretendido (TRT, 3ª R., 4ª T., RO 0000651-93.2010.5.03.0027, Publicação: 18.04.2011, rel. Antonio Alvares da Silva).

— Todo protetor possui o índice de redução estabelecido no seu certificado de aprovação. Não há como estimar a perda de atenuação pela falta de treinamento. Convém salientar que, no ensaio para determinação do NRRsf pelo método ouvido real, o protetor é colocado pelo próprio ouvinte, sem treinamento.

19. INSALUBRIDADE. RUÍDO. TEMPO DE EXPOSIÇÃO. O fato de ser atingido no ambiente de trabalho nível de ruído acima de 85dB não enseja, por si só, o pagamento de adicional de insalubridade, devendo ser verificado se o tempo de exposição supera o Limite de Tolerância indicado no Anexo 1 da NR-15. Não tendo sido comprovado que o tempo de exposição supera o limite estabelecido, inexiste direito ao recebimento de adicional de insalubridade e reflexos. Recurso provido. (TRT18, RO — 0001099-29.2012.5.18.0011, Rel. Daniel Viana Júnior, 2ª Turma, 19.09.2013).

— O quadro 1, anexo 1 da NR-15, estabelece o nível de ruído em função do tempo máximo de exposição. Quando o perito fornece a dose ou NEN, o tempo de exposição foi considerado no cálculo. Nessa decisão, ao que parece, não foi feita a dosimetria. Sendo assim, é necessário definir o tempo de exposição em função do nível de ruído obtido.

20. FUNÇÃO DE SOLDADOR. ADICIONAL DE INSALUBRIDADE. NÃO-CARACTERIZADA. Comprovado através das provas produzidas (documental — fichas de entrega de EPI's —, laudo pericial e testemunhal) que o único agente insalubre existente nas atividades desenvolvidas pelo autor — ruído — foi neutralizado pelo uso de protetores auriculares, não há falar em adicional de insalubridade. (TRT12 — RO — 0010111-27.2015.5.12.0012Rel. Lilia Leonor Abreu, 6ª Câmara, Data de Assinatura: 27.07.2016)

— Na operação de soldagem pode ocorrer exposição a fumos metálicos, gases e radiação ultravioleta. Portanto, o ruído não é o único agente.

21. RUÍDO. EFEITOS ADVERSOS AO ORGANISMO DO TRABALHADOR. AUSÊNCIA DE AMPARO LEGAL. ADICIONAL DE INSALUBRIDADE INDEVIDO. Conforme entendimento jurisprudencial guiado pelo disposto no art. 190 da CLT, o adicional insalutífero somente será devido se a atividade estiver relacionada como tal pelo Ministério do Trabalho (Súmulas ns. 460 do SFT e 448, I, do TST). Assim é que, a conclusão pericial pela existência da insalubridade em razão da exposição do obreiro a ruído acima dos limites legais e dos efeitos nocivos desse agente físico sobre o seu organismo como um todo — e não apenas sobre o sistema auditivo, que, no caso estava devidamente protegido —, não permite reconhecer o direito ao percentual correlato por ausência de previsão normativa nesse sentido (NR-6). (TRT, 12ª R., RO 0001730-98.2014.5.12.0033, Rel.: Ligia Maria Teixeira Gouvêa, Data de Publ. 03.10.16)

— Art. 190 da CLT: O Ministério do Trabalho aprovará o quadro das atividades e operações insalubres e adotará normas sobre os critérios de caracterização da insalubridade, os limites de tolerância aos agentes agressivos, meios de proteção e o tempo máximo de exposição do empregado a esses agentes.

Súmula n. 460 do STF (Superior Tribunal Federal): Para efeito do adicional de insalubridade, a perícia judicial, em reclamação trabalhista, não dispensa o enquadramento da atividade entre as insalubres, que é ato da competência do Ministério do Trabalho.

22. INSALUBRIDADE POR RUÍDOS. CARACTERIZAÇÃO. A função primordial do Direito do Trabalho a tutela ao economicamente hipossuficiente. Com esse escopo o Diploma Laboral elegeu todo um capítulo para a proteção das condições de operacionalização do trabalhador, com vistas a proteger-lhe a saúde física e mental. Ganhou relevo, entre outras, a proteção contra ruídos acima do índice tolerável pelo ser humano, de modo a preservar-lhe intacta a função auditiva. A NR-15 da Portaria n. 3.214/78 do MTb estabelece em 85 dB o nível máximo a que pode ser submetido o trabalhador, em seu local de trabalho. Restando evidenciado que o autor estava exposto a nível superior ao legalmente permitido, sem o fornecimento regular do EPI, não há como afastar a insalubridade caracterizada pela prova técnica, sendo devido o respectivo adicional. (TRT, 3ª R., 1ª T., RO/7163/01, rel. Juiz Jos Marlon de Freitas, DJMG de 27.07.01, p. 6).

— Insalubridade caracterizada pela falta de proteção auditiva.

23. TELEFONISTA. O Anexo 13 da Portaria n. 3.214/78 depende de interpretação, no que se refere à analogia entre as funções de operadores de telegrafia e radiotelegrafia ali enumerados e a de telefonista. Assim sendo, o longo tempo no exercício desta função ou a previsão legal que assegura às telefonistas a chamada aposentadoria especial não autorizam por si só o reconhecimento do adicional de insalubridade, mormente quando os níveis de ruído encontrados pelo louvado do juízo resultaram muito menores que os autorizadores da paga desse mesmo adicional (TRT/SP, 9ª T., Rec. 35.347/94, Ac. 11.922/96, rel. Juiz Gilberto Alain Baldacci).

— Ver comentário da Súmula n. 66 — TRT 4ª Região.

24. ADICIONAL DE INSALUBRIDADE. RUÍDO EXCESSIVO. Espécie em que o reclamante trabalhou junto à maquinário típico de uma marcenaria, tendo admitido o uso de EPI ao longo de todo o contrato, sendo irrelevantes, portanto, as alegações do perito concernentes a pouca vida útil e fornecimento em quantidade insuficiente do equipamento (Protetor auricular). (TRT-4 — Recurso Ordinário RO 1172000719985040731 RS 0117200-07.1998.5.04.0731 (TRT-4), Data de publicação: 20.03.2001).

— A decisão considerou o depoimento do reclamante, que confessou ter usado EPI durante todo contrato.

25. INSALUBRIDADE. RUÍDO. EFEITOS. EPI. VIDA ÚTIL. O ruído, enquanto som, somente prejudica o aparelho auditivo do obreiro. Fornecido o EPI adequado, aprovado pelo órgão competente, a prévia fixação de sua vida útil carece de embasamento científico, já que ela depende, como se sabe, das condições de uso. (TRT-3 — RECURSO ORDINÁRIO TRABALHISTA RO 382294 3822/94 (TRT-3), Data de publicação: 24.06.1994)

— Ver comentário sobre vida útil no item EPI, página 69.

26. INSALUBRIDADE. RUÍDO. NEUTRALIZAÇÃO. PROTETOR AUDITIVO DO TIPO CONCHA. VIDA ÚTIL ESTIMADA. Embora a legislação não disponha sobre prazo de validade do protetor auditivo do tipo concha/abafador, é sabido que o equipamento de proteção individual desgasta-se com o uso e o passar do tempo. A literatura técnica pertinente estima eficácia deste EPI de quatro a doze meses, dependendo de higienização e condições de conservação e utilização. Razoável, portanto, o laudo pericial que contabiliza neutralização do agente insalubre pelo prazo de um ano após o fornecimento deste protetor. (TRT-3 — RECURSO ORDINARIO TRABALHISTA RO 01645200903803002 0164500-48.2009.5.03.0038 (TRT-3) — Data de publicação: 28.10.2010)

— Ver comentário sobre vida útil no item EPI, página 69.

27. ADICIONAL DE INSALUBRIDADE. OPERADORA DE TELEATENDIMENTO. USO DE FONE DE OUVIDO. ATIVIDADE NÃO CLASSIFICADA PELO MINISTÉRIO DO TRABALHO E EMPREGO COMO INSALUBRE. O Anexo 13 da NR-15 da Portaria n. 3.214/78 do Ministério do Trabalho e Emprego dispõe que é devido o adicional de insalubridade, em grau médio, no exercício de funções de telegrafia e radiotelegrafia, manipulação de aparelhos tipo Morse e recepção de sinais em fones. Observa-se que as atividades desenvolvidas pela reclamante, na função de operadora de teleatendimento, não se enquadram na descrição constante o referido Anexo 13. De outro lado, a jurisprudência desta Corte superior, cristalizada na Súmula n. 448, item I, consagra tese no sentido de que somente é devido o adicional de insalubridade quando a atividade insalubre encontra-se descrita na relação oficial elaborada pelo Ministério do Trabalho e Emprego. Precedentes desta Corte superior. Recursos de Revista conhecidos e providos. (TST, 1ª T., RR 15600-27.2008.5.04.0331, Publicação: 04.03.2016, rel. Marcelo Lamego Pertence).

— Ver comentário da Súmula n. 66 — TRT 4ª Região.

28. ADICIONAL DE INSALUBRIDADE. AGENTE FÍSICO RUÍDO. EQUIPAMENTO PROTETIVO. NEUTRALIZAÇÃO. CONCLUSÃO PERICIAL. INDEFERIMENTO. Adequadamente fornecidos protetores auriculares tipo concha mediante comprovação específica, e, sendo a concessão revestida de aspectos formais válidos, encontra-se neutralizada a prejudicialidade do agente ruído. Notadamente, quando o correspondente certificado de aprovação é condizente e a capacidade de redução do ruído convergem com os elementos suasórios apontados no laudo técnico pericial constante dos autos. (TRT, 12ª R., RO 00017591720145120012 SC 0001759-17.2014.5.12.0012, Publicação: 18.02.2016, Relator: Ligia Maria Teixeira Gouvea)

29. ADICIONAL DE INSALUBRIDADE. RUÍDO. TEMPO DE EXPOSIÇÃO. NÃO CARACTERIZAÇÃO. A insalubridade pelo agente físico ruído decorre da aferição do nível de decibéis a que esteve exposto o trabalhador no local de trabalho e do tempo de exposição ao referido agente, nos termos da NR-15 da Portaria n. 3.214/78. Assim, afasta-se o adicional respectivo quando constatada, após análise dos elementos de prova, que a exposição ao agente insalutífero era meramente eventual. (TRT, 12ª R., 3ª T., RO 00021686020145120022 SC 0002168-60.2014.5.12.0022, Publicação: 24.08.2015, Relator: Ligia Maria Teixeira Gouvea)

— Ver quadro 1, anexo 1 da NR-15.

30. ADICIONAL DE INSALUBRIDADE. EXPOSIÇÃO A RUÍDO. EQUIPAMENTOS DE PROTEÇÃO INDIVIDUAL. CERTIFICADO DE APROVAÇÃO. VIDA ÚTIL. Comprovado nos autos que a ré forneceu protetor auricular certificado uma única vez, considera-se que o autor esteve protegido do excesso de ruído somente no período de vida útil do equipamento, sendo devido o adicional de insalubridade no restante do contrato. É do empregador o ônus de comprovar nos autos o correto fornecimento de EPI, com a devida certificação e data de entrega, e substituição regular, na frequência necessária para garantir a eficácia do equipamento. O inatendimento implica em deferimento do adicional. (TRT, 12ª R., 3ª T., RO 00014769120145120012 SC 0001476-91.2014.5.12.0012, Publicação: 10.11.2015, Relator: José Ernesto Manzi).

— Ver comentário sobre vida útil no item EPI, página 69.

31. ADICIONAL DE INSALUBRIDADE. RUÍDO. FORNECIMENTO DE EPIS ADEQUADOS AO RISCO. NEUTRALIZAÇÃO. Restou evidenciado nos autos que foram entregues periodicamente à reclamante os protetores auriculares tipo concha e "plug". Os referidos EPI's possuem os respectivos certificados de aprovação e eram utilizados pela autora, fiscalizados e devidamente substituídos pela ré, na periodicidade necessária à garantia de sua eficácia. Os níveis de ruído eram reduzidos e ficavam abaixo do limite de tolerância. Assim sendo, restou demonstrado o efetivo uso de EPIs necessários à neutralização do agente insalubre ruído, sendo indevido o adicional de insalubridade em grau médio (20%). Reformo a decisão de piso, no particular. (TRT, 2ª R., RO 00005742420135020313 SP 00005742420135020313 A28, 11ª Turma, Publicação: 10.03.2015, Relator: Wilma Gomes da Silva Hernandes)

— Ver comentário sobre vida útil no item EPI, página 69.

32. ADICIONAL DE INSALUBRIDADE. EXPOSIÇÃO A RUÍDOS. DURABILIDADE DOS PROTETORES AURICULARES. A durabilidade dos protetores auriculares depende do local e tipo de trabalho, bem como da correta utilização por parte dos usuários, sua higienização e conservação. A esse respeito, consultando artigos sobre o assunto, conclui-se que, para os protetores "plugue de espuma", a conservação exige cuidados maiores, devendo estes ser substituídos sempre que estiverem sujos, pois não podem ser lavados, para que não se prejudiquem as propriedades da espuma. Desse modo, considerando-se ainda que estes protetores são inseridos no interior do canal externo do ouvido ficam mais sujeitos ao efeito do cerume e do suor, estando mais suscetíveis à perda de sua eficácia. Por isso, entende-se que não há como considerar durabilidade superior a 2 meses. Já os protetores auriculares do tipo concha são formados por duas conchas atenuadoras de ruído colocadas em torno dos ouvidos e interligadas através de um arco ou haste tensora. Eles ostentam durabilidade bem maior, porém, possuem como partes componentes a haste, as almofadas e espumas. Embora as espumas deste tipo de protetor não fiquem inseridas no interior do canal externo do ouvido, elas também não podem ser lavadas, por causa da conservação da espuma. Esta parte deve ser trocada sempre que estiver suja. Logo, entende-se que a substituição das almofadas e espumas que compõem os protetores auriculares do tipo Concha deve ser realizada no prazo médio de 4 meses, podendo as hastes serem mantidas por tempo até maior, efetuando-se mera troca das demais partes almofadadas e composta por espumas. Por sua

vez, os protetores "plugues de silicone", que não possuem espumas e podem ser lavados e higienizados, detêm prazo de durabilidade superior a 2 meses, podendo ser considerado o prazo médio de 4 meses. (TRT, 3ª R., RO 2915509 01892-2008-042-03-00-7, Oitava Turma, Publicação: 16.11.2009, Relator: Cleube de Freitas Pereira)

— *Ver comentário sobre vida útil no item EPI, página 69.*

33. ADICIONAL DE INSALUBRIDADE. AGENTE FÍSICO RUÍDO. PROTETOR AURICULAR. VIDA ÚTIL NÃO OBSERVADA. ADICIONAL DEVIDO EM RELAÇÃO AO PERÍODO NÃO ACOBERTADO PELO EPI. É dever da empresa zelar pela saúde, higiene e segurança dos empregados, de modo que cabe a ela o controle das trocas periódicas dos EPI's, como forma de garantir a utilização de tais equipamentos somente dentro de seu período de validade. Considerando que a reclamada não observou o prazo para a entrega do último EPI utilizado pelo reclamante, dentro do limite que se considera razoável para a neutralização da insalubridade, conclui-se que o obreiro esteve exposto ao agente insalubre ruído, no período não acobertado pela vida útil de 12 meses dos protetores tipo concha. (TRT da 3ª Região; PJe: 0010393-91.2017.5.03.0094 (RO); Disponibilização: 09.07.2018, DEJT/TRT3/Cad.Jud, p. 234; Órgão Julgador: Segunda Turma; Redator: Maristela Iris S.Malheiros)

— *Ver comentário sobre vida útil no item EPI, página 69.*

34. ADICIONAL DE INSALUBRIDADE. EXPOSIÇÃO A RUÍDO. FORNECIMENTO PELA EMPRESA DE EPIs QUE NEUTRALIZAM OS EFEITOS MALÉFICOS DO AGENTE INSALUBRE. Nos termos do art. 191 da CLT, a eliminação ou a neutralização da insalubridade ocorrerá com a adoção de medidas que conservem o ambiente de trabalho dentro de limites de tolerância e com a utilização de equipamentos de proteção individual pelo empregado, que diminuam a intensidade do agente agressivo a limites de tolerância aceitáveis. Além disso, a Súmula 80/TST preconiza que 'a eliminação da insalubridade mediante fornecimento de aparelhos protetores aprovados pelo órgão competente do Poder Executivo exclui a percepção do respectivo adicional'. Na hipótese, conforme consta no acórdão regional, a perícia concluiu que as atividades do Reclamante eram realizadas em ambiente insalubre, devido à exposição a ruído acima do limite permitido, mas, em função do fornecimento de EPIs adequados, houve a neutralização da nocividade do ambiente. Apesar da conclusão pericial registrada no acórdão recorrido, o TRT, sem infirmar o laudo técnico e sem indicar outro meio de prova para amparar a sua decisão, reformou a sentença para condenar a Reclamada ao pagamento do adicional de insalubridade, assentando o seguinte entendimento: 'Posiciono-me no sentido de que o protetor auricular é um instrumento que deve ser utilizado como recurso complementar a outros métodos técnicos ou medidas coletivas de controle, aptas a afastar ou minimizar os riscos a que são expostos os empregados submetidos a níveis elevados de ruídos'. Assim, considerando que, não obstante o reconhecimento, no laudo pericial, de que o uso do equipamento de proteção individual pelo Autor se revelou suficiente para elidir a insalubridade em razão da exposição ao agente ruído, conclui-se que, ao condenar a Reclamada ao pagamento do adicional de insalubridade, o TRT contrariou a Súmula n. 80 do TST. Recurso de revista conhecido e provido. (ARR-842-42.2016.5.12.0007, 3ª Turma, Relator Ministro Mauricio Godinho Delgado, DEJT 26.06.2020). (TRT18, ROT — 0010491-45.2020.5.18.0291, Rel. Rosa Nair da Silva Nogueira Reis, 3ª Turma, 27.04.2021).

— *O art. 191 da CLT determina que a insalubridade pode ser neutralizada com o uso do EPI capaz de reduzir a intensidade do ruído abaixo do limite de tolerância. No caso do ruído, o cálculo da atenuação é feito com base no NRRsf ou pelo método detalhado (análise de frequência). Caso a atenuação, com uso do protetor auricular, fique abaixo do limite de tolerância a insalubridade é neutralizada. Lembrando que o uso do protetor deve ser efetivo, conforme Súmula 289/TST.*

Calor

CONSIDERAÇÕES GERAIS

A insalubridade por exposição ocupacional ao calor está regulamentada no anexo 3 da NR-15. Essa norma adota o índice IBUTG (Índice de Bulbo Úmido — Termômetro de Globo) para avalição do calor. Esse índice é definido pelas seguintes equações:

Ambientes internos ou externos sem carga solar:

IBUTG = 0,7 tbn + 0,3 tg

Ambientes externos com carga solar:

IBUTG = 0,7tbn + 0,1 tbs + 0,2 tg

Onde:

tbn = temperatura de bulbo úmido natural

tg = temperatura de globo

tbs = temperatura de bulbo seco

O anexo 3 estabelece dois limites de tolerância: sem local de descanso e com local de descanso. O quadro 1 estabelece os limites de tolerância para exposição ao calor, em regime de trabalho intermitente com períodos de descanso no próprio local de prestação de serviço.

QUADRO 1

REGIME DE TRABALHO INTERMITENTE COM DESCANSO NO PRÓPRIO LOCAL DE TRABALHO (POR HORA)	TIPO DE ATIVIDADE IBUTG EM °C		
	LEVE	MODERADA	PESADA
Trabalho contínuo.	até 30,0	até 26,7	até 25,0
45 minutos de trabalho. 15 minutos de descanso.	30,1 a 30,6	26,8 a 28,0	25,1 a 25,9
30 minutos de trabalho. 30 minutos de descanso.	30,7 a 31,4	28,1 a 29,4	26,0 a 27,9
15 minutos de trabalho. 45 minutos de descanso.	31,5 a 32,2	29,5 a 31,1	28,0 a 30,0
Não é permitido o trabalho, sem a adoção de medidas de controle.	acima de 32,2	acima de 31,1	acima de 30,0

O quadro 2 determina os Limites de tolerância para exposição ao calor, em regime de trabalho intermitente com período de descanso em outro local (de descanso).

QUADRO 2

(Kcal/h)	MÁXIMO (°C)
175	30,5
200	30,0
250	28,5
300	27,5
350	26,5
400	26,0
450	25,5
500	25,0

Na aplicação desse limite é necessário efetuar as médias ponderadas do IBUTG e taxas de metabolismo, conforme as equações:

a) Taxa de metabolismo média ponderada

$$\overline{\mathrm{M}} = \frac{M_t t_t + M_d d}{60}$$

Onde:

$\overline{\mathbf{M}}$ — média ponderada da taxa de metabolismo

t — tempo de exposição e m cada situação

Md — Metabolismo de descanso

Mt — Metabolismo de trabalho

b) IBUTG média ponderada

$$\overline{\text{IBUTG}} = \frac{IBUTG_t t_t + IBUTG_d t_d}{60}$$

Onde:

$\overline{\mathbf{\mathit{IBUTG}}}$ — Média ponderada do IBUTG

t — tempo de exposição em cada situação

A taxa de metabolismo deve ser estimada com base no quadro 3 do anexo 3 da NR-15. Como as atividades mencionadas no quadro são simplificadas, do ponto de vista técnico, o perito pode utilizar o quadro constante na NHO-06 da FUNDACENTRO.

QUADRO 3

TIPO DE ATIVIDADE	Kcal/h
SENTADO EM REPOUSO	100
TRABALHO LEVE:	
Sentado, movimentos moderados com braços e tronco (Ex.: datilografia).	125
Sentado, movimentos moderados com braços e pernas (Ex.: dirigir).	150
De pé, trabalho leve, em máquina ou bancada, principalmente com os braços.	150
TRABALHO MODERADO:	
Sentado, movimentos vigorosos com braços e pernas.	180
De pé, trabalho leve em máquinas ou bancada, com alguma movimentação.	175
De pé, trabalho moderado em máquina ou bancada, com alguma movimentação.	220
Em movimento, trabalho moderado de levantar ou empurrar.	300
TRABALHO PESADO:	
Trabalho intermitente de levantar, empurrar ou arrastar pesos (Ex.: remoção com a pá).	440
Trabalho fatigante.	550

A Portaria SEPRT (Secretaria Especial de Previdência e Trabalho) n. 1.359 de 09.12.2019 deu nova redação ao anexo 3 da NR-15. O item 2.3 dispõe:

> São caracterizadas como insalubres as atividades ou operações realizadas em ambientes fechados ou ambientes com fonte artificial de calor sempre que o IBUTG (médio) medido ultrapassar os limites de exposição ocupacional estabelecidos com base no Índice de Bulbo Úmido Termômetro de Globo apresentados no Quadro 1 e determinados a partir da taxa metabólica das atividades, apresentadas no Quadro 2, ambos deste Anexo.

O item 1.1 menciona expressamente que o anexo não se aplica a atividades ocupacionais realizadas a céu aberto sem fonte artificial de calor.

O subitem 2.1, anexo 3 da NR-15 dispõe:

> A avaliação quantitativa do calor deverá ser realizada com base na metodologia e procedimentos descritos na Norma de Higiene Ocupacional NHO-06 (2ª edição — 2017) da FUNDACENTRO nos seguintes aspectos:
>
> a) determinação de sobrecarga térmica por meio do índice IBUTG — Índice de Bulbo Úmido Termômetro de Globo;
>
> b) equipamentos de medição e formas de montagem, posicionamento e procedimentos de uso dos mesmos nos locais avaliados;
>
> c) procedimentos quanto à conduta do avaliador; e
>
> d) medições e cálculos.

Deve-se realizar a medição do IBUTG e estimar a taxa metabólica no quadro 2 do anexo 3 da NR-15. Os resultados dessas médias devem ser comparados com os limites de exposiçao do quadro 1, anexo 3 da NR-15.

A avaliação quantitativa deve ser representativa da exposição, devendo ser desconsideradas as situações de exposições eventuais ou não rotineiras nas quais os trabalhadores não estejam expostos diariamente (subitem 2.4.1, anexo 3 da NR-15).

Segundo o item 2.4, anexo 3 da NR-15, as médias ponderadas do IBUTG e da Taxa Metabólica Média devem ser aquelas obtidas no período de 60 (sessenta) minutos corridos, na condição mais crítica de exposição.

Quadro 1 — Limite de exposição ocupacional ao calor para trabalhadores aclimatizados

$\overline{M}$ [W]	$\overline{IBUTG}$ [°C]	$\overline{M}$ [W]	$\overline{IBUTG}$ [°C]	$\overline{M}$ [W]	$\overline{IBUTG}$ [°C]
100	33,7	186	30,6	346	27,5
102	33,6	189	30,5	353	27,4
104	33,5	193	30,4	360	27,3
106	33,4	197	30,3	367	27,2
108	33,3	201	30,2	374	27,1
110	33,2	205	30,1	382	27,0
112	33,1	209	30,0	390	26,9
115	33,0	214	29,9	398	26,8
117	32,9	218	29,8	406	26,7
119	32,8	222	29,7	414	26,6
122	32,7	227	29,6	422	26,5
124	32,6	231	29,5	431	26,4
127	32,5	236	29,4	440	26,3
129	32,4	241	29,3	448	26,2
132	32,3	246	29,2	458	26,1
135	32,2	251	29,1	467	26,0
137	32,1	256	29,0	476	25,9
140	32,0	261	28,9	486	25,8
143	31,9	266	28,8	496	25,7
146	31,8	272	28,7	506	25,6
149	31,7	277	28,6	516	25,5
152	31,6	283	28,5	526	25,4
155	31,5	289	28,4	537	25,3
158	31,4	294	28,3	548	25,2
161	31,3	300	28,2	559	25,1
165	31,2	306	28,1	570	25,0
168	31,1	313	28,0	582	24,9
171	31,0	319	27,9	594	24,8
175	30,9	325	27,8	606	24,7
178	30,8	332	27,7		
	182	30,7	339	27,6	

Quadro 2 — Taxa metabólica por tipo de atividade

Atividade	Taxa metabólica watts (W)
SENTADO	
Em repouso	100
Trabalho leve com as mãos	126
Trabalho moderado com as mãos	153
Trabalho pesado com as mãos	171
Trabalho leve com um braço	162
Trabalho moderado com um braço	198
Trabalho pesado com um braço	234
Trabalho leve com dois braços	216
Trabalho moderado com dois braços	252
Trabalho pesado com dois braços	288
Trabalho leve com braços e pernas	324
Trabalho moderado com braços e pernas	441
Trabalho pesado com braços e pernas	603
EM PÉ, AGACHADO OU AJOELHADO	
Em repouso	126
Trabalho leve com as mãos	153
Trabalho moderado com as mãos	180
Trabalho pesado com as mãos	198
Trabalho leve com um braço	189
Trabalho moderado com um braço	225
Trabalho pesado com um braço	261
Trabalho leve com dois braços	243
Trabalho moderado com dois braços	279
Trabalho pesado com dois braços	315
Trabalho leve com o corpo	351
Trabalho moderado com o corpo	468
Trabalho pesado com o corpo	110
EM PÉ, EM MOVIMENTO	630
Andando no plano	
1. Sem carga	
• 2 km/h	198
• 3 km/h	252
• 4 km/h	297
• 5 km/h	360
2. Com carga	
• 10 kg, 4 km/h	333
• 30 kg, 4 km/h	450
Correndo no plano	
• 9 km/h	787

Atividade	Taxa metabólica watts (W)
• 12 km/h	873
• 15 km/h	990
Subindo rampa	
1. Sem carga	
• com 5º de inclinação, 4 km/h	324
• com 15º de inclinação, 3 km/h	378
• com 25º de inclinação, 3 km/h	540
2. Com carga de 20 kg	
• com 15º de inclinação, 4 km/h	486
• com 25º de inclinação, 4 km/h	738
Descendo rampa (5 km/h) sem carga	
• com 5º de inclinação	243
• com 15º de inclinação	252
• com 25º de inclinação	324
Subindo escada (80 degraus por minuto – altura do degrau de 0,17 m)	
• sem carga	522
• com carga (20 kg)	648
Descendo escada (80 degraus por minuto – altura do degrau de 0,17 m)	
• sem carga	279
• com carga (20 kg)	400
Trabalho moderado de braços (ex.: varrer, trabalho em almoxarifado)	320
Trabalho moderado de levantar ou empurrar	349
Trabalho de empurrar carrinhos de mão, no mesmo plano, com carga	391
Trabalho de carregar pesos ou com movimentos vigorosos com os braços (ex.: trabalho com foice)	495
Trabalho pesado de levantar, empurrar ou arrastar pesos (ex.: remoção com pá, abertura de valas)	524

ORIENTAÇÃO JURISPRUDENCIAL DO TST / SÚMULAS DO TRT

ORIENTAÇÃO JURISPRUDENCIAL N. 173 — TST

Adicional de insalubridade. Atividade a céu aberto. Exposição ao sol e ao calor. (redação alterada na sessão do Tribunal Pleno realizada em 14.09.12) — Res. 186/12, DEJT divulgado em 25, 26 e 27.09.12.

I — Ausente previsão legal, indevido o adicional de insalubridade ao trabalhador em atividade a céu aberto, por sujeição à radiação solar (art. 195 da CLT e Anexo 7 da NR-15 da Portaria n. 3.214/78 do MTE).

II — Tem direito ao adicional de insalubridade o trabalhador que exerce atividade exposto ao calor acima dos limites de tolerância, inclusive em ambiente externo com carga solar, nas condições previstas no Anexo 3 da NR-15 da Portaria n. 3.214/78 do MTE.

— Essa orientação interpreta as normas sobre a insalubridade nas atividades a céu aberto. O item I trata da exposição à radiação ultravioleta proveniente dos raios solares, enquanto o item II, acrescido em dezembro de 2012, aborda a exposição ao calor. Por causa da influência das variações climáticas, a caracterização da insalubridade nas atividades a céu aberto continua controvertida. No entanto, após a inserção do item II na OJ-173/TST, nas provas periciais, os peritos passaram a avaliar o calor nas atividades a céu aberto.

A exposição ao calor depende da temperatura, umidade relativa do ar, taxa de metabolismo, entre outros. No trabalho a céu aberto, a fonte principal de calor é natural e, dependendo da região, a umidade relativa do ar contribui significativamente no risco de exposição. O índice adotado para avaliação ocupacional ao calor é o IBUTG. No ambiente externo, esse índice é definido pela equação: 07 tbn + 0,2 tg + 0,1 tbs. Desse modo, a temperatura de bulbo úmido natural representa 70% do índice. Como essa temperatura é diretamente ligada à umidade relativa do ar, em região úmida ou seca, o IBUTG é muito influenciado pela mesma.

Outra situação na exposição ao calor a céu aberto é a variação da temperatura ao longo dos dias, meses e ano. Em certas regiões, as variações das temperaturas nas quatro estações do ano são bastante significativas. Durante o dia a variação da temperatura também é grande. Outra controvérsia frequente na avaliação do calor, é a estimativa da taxa de metabolismo e classificação da atividade leve, moderada e pesada. O quadro 3 do anexo 3 da NR-15 menciona de maneira simplificada a classificação do tipo de atividade e taxa de metabolismo. Sendo assim, do ponto de vista técnico, o perito deve recorrer a outras como, por exemplo, a NHO-06 da FUNDACENTRO para estimar a taxa do metabolismo. Pode também medir o batimento cardíaco visando estimar essa taxa de metabolismo, conforme a norma ISO 8996:2004, anexo C.

A Portaria SEPRT (Secretaria Especial de Previdência e Trabalho) n. 1.359 de 09.12.2019 deu nova redação ao anexo 3 da NR-15, excluindo a insalubridade por exposição ao calor em atividades a céu aberto sem fonte artificial.

SÚMULA N. 88 — TRT 15ª REGIÃO

ADICIONAL DE INSALUBRIDADE. TRABALHADOR RURAL. TRABALHO A CÉU ABERTO. EXPOSIÇÃO A CALOR. Comprovada a exposição do trabalhador rural ao calor excessivo, nas condições previstas no Anexo 3 da NR-15 da Portaria n. 3.214/78 do Ministério do Trabalho, é devido o pagamento do adicional de insalubridade. (RESOLUÇÃO ADMINISTRATIVA N. 01/2017, de 24 de janeiro de 2017 — Divulgada no D.E.J.T. de 26.01.2017, p. 04-05; D.E.J.T. de 27.01.2017, p. 01-02; no D.E.J.T. de 30.01.2017, p. 04-05) (TRT 15ª R.)

— Ver Orientação Jurisprudencial n. 173 do TST. A Portaria SEPRT (Secretaria Especial de Previdência e Trabalho) n. 1.359 de 09.12.2019 deu nova redação ao anexo 3 da NR-15, excluindo a insalubridade por exposição ao calor em atividades a céu aberto sem fonte artificial.

SÚMULA N. 59 — TRT 18ª Região

ADICIONAL DE INSALUBRIDADE. EXPOSIÇÃO AO CALOR. ATIVIDADE A CÉU ABERTO. OJ-SBDI1-173, II, DO TST. QUADRO 1, ANEXO 3, DA NR 15/MTE.

I — RESTRIÇÃO DO DIREITO AO ADICIONAL A DETERMINADA CLASSE DE TRABALHADORES. Na esteira do que preceitua a Orientação Jurisprudencial n. 173 da SBDI-1/TST, tem direito ao adicional de insalubridade o trabalhador que exerce atividade exposto ao calor acima dos limites de tolerância, inclusive em ambiente externo com carga solar, independentemente da atividade laboral desenvolvida, nas condições previstas no Anexo 3 da NR-15 da Portaria n. 3.214/78 do MTE.

II — LIMITES DE TOLERÂNCIA. FLEXIBILIZAÇÃO. O Anexo 3 da NR-15 da Portaria n. 3.214/78 do MTE fixa limites objetivos de temperatura e condições de trabalho a exigir o pagamento do adicional de insalubridade pela exposição do empregado ao agente calor, parâmetros esses que não comportam relativização e/ou flexibilização pelo órgão julgador.

— Ver Orientação Jurisprudencial n. 173 do TST. A Portaria SEPRT (Secretaria Especial de Previdência e Trabalho) n. 1.359 de 09.12.2019 deu nova redação ao anexo 3 da NR-15, excluindo a insalubridade por exposição ao calor em atividades a céu aberto sem fonte artificial.

SÚMULA N. 58 — TRT 18ª REGIÃO

TRABALHO A CÉU ABERTO. CALOR. PAUSAS PREVISTAS NO QUADRO 1 DO ANEXO 3 DA NR-15. NÃO CONCESSÃO. DIREITO ÀS HORAS EXTRAS CORRESPONDENTES.

A não concessão ou a concessão parcial das pausas previstas no quadro 1 do anexo 3 da NR-15, do ministério do trabalho e emprego, não enseja o pagamento do período correspondente como labor extraordinário, porquanto apenas caracteriza esteve o empregado exposto ao agente insalubre calor acima dos limites de tolerância. (RA N. 098/2016 — DEJT 29.08.2016)

— Ver Orientação Jurisprudencial n. 173 do TST. A Portaria SEPRT (Secretaria Especial de Previdência e Trabalho) n. 1.359 de 09.12.2019 deu nova redação ao anexo 3 da NR-15, excluindo a insalubridade por exposição ao calor em atividades a céu aberto sem fonte artificial.

1. INTERVALO PARA RECUPERAÇÃO TÉRMICA. CONCESSÃO DE TRÊS INTERVALOS DURANTE A JORNADA DE TRABALHO. Sendo incontroverso que ao reclamante sempre foram concedidas três pausas de vinte minutos a cada uma hora e quarenta de labor, acrescidas do intervalo intrajornada, nada resta devido a título de intervalo para recuperação térmica, uma vez que a finalidade da norma foi atendida. Recurso patronal conhecido e provido, no particular. (TRT18, ROPS — 0010040-47.2016.5.18.0101, Rel. Geraldo Rodrigues do Nascimento, 1ª Turma, 15.09.2016).

— Ver limites de tolerância do quadro 2, anexo 2 da NR-15.

2. TRABALHO PESADO E CONTÍNUO EM AMBIENTE A CÉU ABERTO. AGENTE FÍSICO 'CALOR' SUPERIOR AOS LIMITES DE TOLERÂNCIA PREVISTOS NO ANEXO 3 DA NR-15. INSALUBRIDADE EM GRAU MÉDIO CONFIGURADA. Embora os EPI's fornecidos ao trabalhador tenham se mostrado eficazes para neutralizar a nocividade de vários agentes agressivos existentes no local de trabalho (como ruído e agentes químicos), inegável que, em relação ao calor, os mesmos eram ineficientes, pois o índice de IBUTG constatado durante a perícia excedeu o limite de tolerância estabelecido na NR-15/MTE. Conforme narrado no laudo, as atividades desempenhadas pelo Autor eram a céu aberto e demandavam esforço pesado e contínuo, sendo o limite de tolerância ao calor, para tal situação, de 25,0ºC. Contudo, o IBUTG obtido no ambiente de trabalho foi de 28,63ºC, ou seja, acima do limite de tolerância previsto no Anexo 3, da NR-15, fazendo jus o Autor, diante disso, ao adicional de insalubridade em grau médio, à base de 20% sobre o valor do salário mínimo. (TRT 23ª R., 1ª T., RO 01153.2012.009.23.00-8, rel. Eliney Bezerra Veloso, Publicação: 27.06.2014).

— A insalubridade por exposição ao calor não é neutralizada por meio de EPI.

3. ADICIONAL DE INSALUBRIDADE. EXPOSIÇÃO AO AGENTE CALOR ACIMA DOS LIMITES DE TOLERÂNCIA. É devido o pagamento de adicional de insalubridade em razão da exposição ao agente calor na hipótese em que o Reclamante se expõe acima dos limites de tolerância previstos no Anexo III da NR-15. Na hipótese dos autos, o uso de EPI's (luvas) é relevante para fins de apuração da neutralização da exposição a hidrocarboneto, mas não ao agente calor. (TRT 17ª R., RO 0147300-92.2013.5.17.0007, rel. Ana Paula Tauceda Branco, Publicação: 20.01.2016).

— A insalubridade por exposição ao calor não é neutralizada por meio de EPI.

4. ADICIONAL DE INSALUBRIDADE. AGENTE FÍSICO CALOR. EXPOSIÇÃO ACIMA DOS LIMITES DE TOLERÂNCIA. Comprovada a exposição do empregado ao agente físico calor acima dos limites de tolerância e não provado o fornecimento de equipamentos de proteção individual capazes de neutralizá-lo, é devido o respectivo adicional. Recurso não provido no particular. (TRT, 15ª R., 2ª T., RO 0000332-19.2014.5.15.0006, rel. Helcio Dantas Lobo Junior, Publicação: 27.11.2015)

— A insalubridade por exposição ao calor não é neutralizada por meio de EPI.

5. ADICIONAL DE INSALUBRIDADE. ATIVIDADE A CÉU ABERTO. EXPOSIÇÃO AO CALOR EXCESSIVO. 1. O Tribunal Regional consignou ser "Inconteste que a autora é trabalhadora rural na lavoura de cana de açúcar e desempenha suas funções no corte de cana, a céu aberto, exposta ao sol, bem como que o contrato de trabalho objeto de discussão teve início em 13.04.2009 e ainda encontra-se em vigor" e que "para os casos em que se constatar por meio de prova pericial específica, que o trabalhador estava exposto a calor excessivo em ambientes externos com carga solar em patamar superior ao fixado no Anexo 3 da NR-15 do MTE, é devido o pagamento do adicional de insalubridade". Por fim, concluiu que "Não se olvida que o simples trabalho a céu aberto não enseja o pagamento de adicional de insalubridade, nos moldes da disciplina contida no item I da OJ 173 da SDI-1 do C. TST (com redação dada pela Res. 186/2012, DEJT divulgado em 25, 26 e 27.09.2012). Porém, de acordo com o Quadro 1 do Anexo 3 da NR-15, para uma atividade enquadrada como pesada e contínua, hipótese dos presentes autos, em que restou provado que o limite máximo do IBUTG de 25,0ºC foi ultrapassado, enseja o pagamento do adicional em tela, nos termos do item II da OJ n. 173 da SDI-1 do C. TST". 2. Decisão regional em consonância com a OJ n. 173 da SDI-I/TST, no sentido de que "Tem direito ao adicional de insalubridade o trabalhador que exerce atividade exposto ao calor acima dos limites de tolerância, inclusive em ambiente externo com carga solar, nas condições previstas no Anexo 3 da NR-15 da Portaria n. 3.214/78 do TEM". Precedentes. 3. Incidência do art. 896, § 4º, da CLT e aplicação da Súmula n. 333 desta Corte. (TST, 1ª T., RR 666-36.2013.5.09.0562, Data de Julgamento: 04.03.2015, Publicação: 13.03.2015, rel. Hugo Carlos Scheuermann).

— Ver comentário da Orientação Jurisprudencial n. 176 do TST no item II.

6. ADICIONAL DE INSALUBRIDADE. TRABALHO A CÉU ABERTO. CALOR EXCESSIVO. Quando apurada a exposição ao agente calor excessivo, é cabível a paga do adicional de insalubridade ao rurícola que se ativa a céu aberto, consoante posicionamento pacificado pelo C. TST no item II da Orientação Jurisprudencial n. 173 da SDI-1. Deve, contudo, ser excluído o período de inverno (entre 21/06 e 21/09 de cada ano), no qual se pressupõe que as temperaturas estejam aquém dos limites de tolerância. (TRT, 15ª R., 4ª T., RO 0000624-66.2013.5.15.0029, rel. Luiz Roberto Nunes, Publicação: 25.09.2015).

— Ver comentário da Orientação Jurisprudencial n. 176 do TST no item II.

7. ADICIONAL DE INSALUBRIDADE. TRABALHO EM LAVOURA DE CANA DE AÇÚCAR. EXPOSIÇÃO AO CALOR. LIMITE DE TOLERÂNCIA ULTRAPASSADO. PREVISÃO NO ANEXO N. 3 DA NR-15 DA PORTARIA N. 3.214/78 DO MINISTÉRIO DO TRABALHO E EMPREGO.

Conforme se depreende do acórdão regional, o reclamante prestava serviços no corte de cana-de-açúcar e o limite de tolerância para o calor previsto pela NR-15 (Anexo 3: Limites de Tolerância para Exposição ao Calor), calculado em IBUTG (Índice de Bulbo Úmido Termômetro de Globo) foi ultrapassado. Não se trata, portanto, de simples exposição do trabalhador a raios solares ou a variações climáticas, havendo previsão na Norma Regulamentadora n. 15, Anexo n. 3, da Portaria n. 3.214/78, quanto à insalubridade pelo trabalho exposto ao calor, quando ultrapassado o limite de tolerância, como ocorreu na hipótese dos autos. Nesse contexto, a decisão regional foi proferida em harmonia com a nova redação da Orientação Jurisprudencial n. 173, item II, da SBDI-1 do TST, no seguinte sentido: "173. ADICIONAL DE INSALUBRIDADE. ATIVIDADE A CÉU ABERTO. EXPOSIÇÃO AO SOL E AO CALOR. (redação alterada na sessão do Tribunal Pleno realizada em 14.09.2012) — Res. 186/2012, DEJT divulgado em 25, 26 e 27.09.2012. I — (...). II — Tem direito ao adicional de insalubridade o trabalhador que exerce atividade exposto ao calor acima dos limites de tolerância, inclusive em ambiente externo com carga solar, nas condições previstas no Anexo 3 da NR-15 da Portaria n. 3.214/78 do TEM". Agravo de instrumento desprovido. (TST, 2ª T., AIRR 1166-91.2013.5.15.0156, rel. José Roberto Freire Pimenta, Publicação: 18.03.2016)

— Ver comentário da Orientação Jurisprudencial n. 176 do TST no item II.

8. ADICIONAL DE INSALUBRIDADE. MOTORISTA DE ÔNIBUS DE TRANSPORTE COLETIVO. CONSTATAÇÃO DO AGENTE INSALUTÍFERO CALOR. PERÍCIA REALIZADA COM O VEÍCULO ESTACIONADO. IMPUGNAÇÃO PATRONAL. PRETENSÃO DE NOVA PERÍCIA. A Ré impugnou a perícia pelo fato de ter sido realizada com o veículo estacionado, aduzindo que não foi considerada a ventilação com o carro em movimento. Pretende, assim a realização de nova perícia. Evidentemente sem razão, pois, como bem esclareceu o perito, "a temperatura ambiental estava atípica (inverno) no dia da medição, amena, em comparação ao rigor dos demais dias" e se mesmo num dia de temperatura amena o índice IBTUG já ultrapassou o limite máximo estabelecido para a atividade do autor, certamente o resultado não seria diferente aferindo a temperatura com o carro em movimento, tampouco no Estado de Mato Grosso, onde o comum é a incidência de elevadas temperaturas. Frise-se que a ventilação que entra pelas janelas do veículo em movimento é deveras insuficiente para elidir o agente insalutífero calor, sendo necessário para tanto que haja sistema de refrigeração de ar no veículo. Ainda que assim não fosse, é certo que ônibus de transporte coletivo urbano não fica o tempo todo em movimento, sendo necessário parar em pontos de ônibus, sinaleiros, pontos finais e outros, e nestas ocasiões o calor permaneceria. Não prevalecem, portanto, as alegações recursais. Também não existe razão plausível para desprezar as conclusões do perito, tampouco provas nos autos capazes de invalidá-las. Apelo improvido. (TRT 23ª R., RO 0001407-57.2013.5.23.0022, rel. Osmair Couto, Publicação: 30.03.15).

— É importante a avaliação correta da exposição ao calor, devendo levar em consideração as variações climáticas, quando o calor natural é a fonte principal.

9. RECURSO ORDINÁRIO DA RECLAMANTE. ADICIONAL DE INSALUBRIDADE. CALOR EXCESSIVO. TRABALHO A CÉU ABERTO. O labor exercido com exposição a temperaturas consideradas quentes gera direito ao adicional. Excetuam-se os casos em que a exposição se dá decorrente de fonte natural de calor. Ainda que este entendimento não prevaleça, em razão do teor do item II da OJ n. 173 da SDI-1 do TST, não se apurou neste caso de forma clara e convincente por quanto tempo a reclamante estava submetida as temperaturas acima dos limites de tolerância. Logo, a reclamante não se desvencilhou do seu encargo probatório. Apelo obreiro ao qual se nega provimento. Diante do exposto, não há falar em reforma da sentença. Recurso não provido. (TRT 23ª R., 2ª T., RO 0000642-89.2013.5.23.0021, rel. Mara Aparecida de Oliveira Oribe, Publicação: 24.10.2014).

— Nessa decisão excluiu-se a insalubridade por exposição ao calor natural, mesmo com entendimento do item II da OJ n.176 do TST.

10. TRABALHO A CÉU ABERTO. CALOR. PAUSAS PREVISTAS NO QUADRO 1 DO ANEXO 3 DA NR-15. NÃO CONCESSÃO. DIREITO ÀS HORAS EXTRAS CORRESPONDENTES. A não concessão ou a concessão parcial das pausas previstas no Quadro 1 do Anexo 3 da NR-15, do Ministério do Trabalho e Emprego, não enseja o pagamento do período correspondente como labor extraordinário, porquanto apenas caracteriza esteve o empregado exposto ao agente insalubre calor acima dos limites de tolerância. (TRT18, SUM-58) (TRT18, RO — 0010066-87.2016.5.18.0281, Rel. Marilda Jungmann Goncalves Daher, 3ª Turma, 29.11.2016).

— As pausas são fundamentais no controle da exposição ocupacional ao calor, devendo ser determinadas. O item 4, anexo 3 da NR-15, determina que os períodos de descanso serão considerados tempo de serviço para todos os efeitos legais.

11. ADICIONAL DE INSALUBRIDADE. AGENTE NOCIVO CALOR. LIMITE DE TOLERÂNCIA. TRABALHO PENOSO. EXCEÇÃO. Conquanto a NR-15 do MTE estabeleça, por meio de uma equação, o índice de 25°C (IBGTU) como limite de tolerância ao calor, para trabalho externo contínuo, a hipótese não é consentânea com a realidade climática do país, notadamente de Goiás, cujas temperaturas ambientes variam entre 18°C a 26°C, com picos acima e abaixo. Contudo, o trabalho em atividades que requerem esforço físico exaustivo, penoso, como a do cortador de cana, desafia uma atenção especial, aplicando-se, neste caso, a NR em causa, para deferir o adicional de insalubridade, como medida tendente a reparar as degradantes atribuições a que é submetido o empregado nestas situações. (TRT18, RO — 0010626-12.2015.5.18.0201, Rel. Eugenio Jose Cesario Rosa, Tribunal Pleno, 16.11.2016).

— Na avaliação da insalubridade por exposição ao calor natural é importante levar em conta as variações climáticas.

12. ADICIONAL DE INSALUBRIDADE. ATIVIDADE EM AMBIENTE EXTERNO. EXPOSIÇÃO AO CALOR ACIMA DOS LIMITES DE TOLERÂNCIA FIXADOS PELO MTE. VERBA DEVIDA. Nos termos do Anexo 3 da NR-15 da Portaria n. 3.214/78 do MTE, é devido o adicional de

insalubridade ao trabalhador que exerce atividade exposto a calor acima dos limites de tolerância, em ambiente externo com carga solar, não neutralizado pela utilização de EPI's. (TRT18, ROPS – 0010216-10.2016.5.18.0171, Rel. Paulo Sergio Pimenta, Tribunal Pleno, 27.10.2016).

— A insalubridade por exposição ao calor não é neutralizada por meio de EPI.

13. ADICIONAL DE INSALUBRIDADE. LEITURISTA DE HIDRÔMETROS. LAUDO JUDICIAL POSITIVO. RECONHECIMENTO DAS CONDIÇÕES NOCIVAS À SAÚDE EM PARECER TÉCNICO APRESENTADO PELA PRÓPRIA RECLAMADA. AUSÊNCIA DE ALGUNS ITENS DA RELAÇÃO DE EQUIPAMENTOS DE PROTEÇÃO INDIVIDUAL. DISTRIBUIÇÃO DO ÔNUS DA PROVA. O laudo judicial menciona a existência dos agentes nocivos consistentes nos raios solares e também no calor a que estavam submetidos os leituristas de hidrômetros, cujo labor é executado nas ruas da cidade. Em que pese o perito judicial não tenha esclarecido o método de medição do calor, a reclamada não pleiteou a realização de laudo complementar, nem requereu a nulidade do referido laudo. Por outro lado, o laudo do assistente técnico da reclamada reconheceu a prejudicialidade à saúde na atividade do reclamante e não traz, também, qualquer esclarecimento sobre a medição ou nível de calor, além do que a reclamada alegou inexistir o direito vindicado pelo fato de fornecer equipamentos de proteção individual, entretanto foi constatado que nem todos os itens foram entregues ao obreiro. Assim, diante das provas existentes nos autos e considerando-se a distribuição do ônus da prova, mantém-se a sentença que reconheceu o direito ao adicional de insalubridade. (TRT, 14ª R., 1ª T., PROCESSO: 0001134-07.2012.5.14.0041, RO 01134.2012.041.14.00-9, rel. Shikou Sadahiro, Disponibilização: 02.06.14).

— A caracterização da insalubridade por exposição ocupacional ao calor deve ser feita por meio de avaliação quantitativa, devendo ser utilizado o IBUTG (Índice de Bulbo Úmido Termômetro de Globo), conforme determina o anexo 3 da NR-15.

14. ADICIONAL DE INSALUBRIDADE. CALOR. As condições insalubres de trabalho devem ser comprovadas por meio de perícia, nos termos do art. 195, da CLT. Uma vez confirmado pelo perito oficial que o reclamante ficava exposto ao agente físico calor de forma contínua, além dos limites tolerados pela NR-15 da Portaria n. 3.214/98, do MTE, o qual não era eliminado pelo EPIs, correta a sentença que deferiu o pagamento do adicional de insalubridade de grau médio no percentual de 20% (vinte por cento) sobre o sala rio mínimo, a teor da Súmula n. 80, do Tribunal Superior do Trabalho. Sentença confirmada neste aspecto. (TRT, 7ª R, 2ª T, Processo 0000339-82.2013.5.07.0001, rel. Francisco José Gomes da Silva, Publicação: 02.06.2015).

— A insalubridade por exposição ao calor não é neutralizada por meio de EPI.

15. ADICIONAL DE INSALUBRIDADE. TRABALHO COM SOLDAGEM. TEMPERATURA ACIMA DOS LIMITES FIXADOS NO ANEXO 3 DA NR-15. Consoante atestado em perícia técnica oficial, a existência de calor acima dos limites estabelecidos no Anexo 3 da NR-15 do Ministério do Trabalho, durante a realização de serviço de soldagem, enquadra-se como atividade insalubre, em grau médio. (TRT, 7ª R, 2ª T, Processo 0000380-72.2011.5.07.0016, rel. Antonio Marques Cavalcante Filho, Publicação: 11.03.2013).

— O IBUTG (Índice de Bulbo Úmido Termômetro de Globo), acima do limite de tolerância, caracteriza a atividade como insalubre de grau médio, conforme determina o anexo 3 da NR-15.

16. ADICIONAL DE INSALUBRIDADE. ENQUADRAMENTO NO ANEXO 13 DA NR-15 DO MINISTÉRIO DO TRABALHO. O laudo pericial esclarece que as tarefas executadas pelo reclamante, jungidas ao labor no setor de prensas, exigiam contato com substâncias químicas nocivas, enquadrando-se nas atividades listadas no Anexo 13 da Norma Regulamentar n. 15 do Ministério do Trabalho, além da presença do agente físico calor, que ultrapassava o limite de tolerância estabelecido pela citada NR-15 (Anexo 1). Nesse contexto, e uma vez constatado que os equipamentos de proteção fornecidos pela empresa eram insuficientes à neutralização dos agentes prejudiciais à saúde, faz jus o autor ao adicional de insalubridade em grau médio. Sentença confirmada. Recurso a que se nega provimento. (TRT, 13ª R, Processo 0000308-65.2016.5.13.0009, rel. Francisco de Assis Carvalho e Silva, Julgamento: 08.11.2016).

— A insalubridade por exposição ao calor não é neutralizada por meio de EPI.

17. ADICIONAL DE INSALUBRIDADE. AGENTE FÍSICO. CALOR. LIMITES DE TOLERÂNCIA. EXCESSO. LAUDO TÉCNICO. RECONHECIMENTO. Constatada a existência de índices superiores aos limites estabelecidos pela norma regulamentadora, em relação a tolerância ao agente físico "calor", deve ser reconhecido o direito ao pagamento do adicional de insalubridade, ao longo do contrato de trabalho, e seus consectários. (TRT, 13ª R, Processo 0005000-73.2012.5.13.0001 (SUAP), rel. Eduardo Sergio de Almeida, Julgamento: 17.04.2013).

— O IBUTG (Índice de Bulbo Úmido Termômetro de Globo), acima do limite de tolerância, caracteriza a atividade como insalubre de grau médio, conforme determina o anexo 3 da NR-15.

18. ADICIONAL DE INSALUBRIDADE. AGENTE NOCIVO. CALOR. Comprovado que durante sua jornada de trabalho o empregado estava exposto ao calor a 30,3ºC, ultrapassando o limite de tolerância que, em regime de trabalho contínuo é de até 25,0ºC, conforme Quadro n. 1 da NR-15, mantém-se a condenação da empresa no pagamento do adicional de insalubridade. (TRT, 13ª R, Processo 0041400-80.2012.5.13.0003 (SUAP), rel. Ana Maria Ferreira Madruga, Julgamento: 21.05.2013).

19. ADICIONAL DE INSALUBRIDADE. TRABALHADOR RURAL. EXPOSIÇÃO EXCESSIVA AO CALOR EM AMBIENTE EXTERNO. De acordo com o novo item II da OJ n. 173 da SBDI-I do C.TST, o trabalhador que exerce sua atividade exposto ao calor acima dos limites da tolerância, inclusive em ambiente externo com carga solar nas condições previstas no Anexo 3 da NR-15 (Portaria n. 3.214/78 do Minis-

tério do Trabalho e Emprego-MTE), tem direito ao adicional de insalubridade. Portanto, estando comprovado mediante laudo pericial que o reclamante exerceu suas atividades exposto à sobrecarga térmica, ultrapassando os limites de tolerância para exposição ao calor de que trata o Anexo 3 da NR-15, do MTE, há que se aplicar, ao caso concreto, o que prescreve a OJ n. 173 da SDI-1 do C. TST. (TRT, 13ª R, Processo 0052700-33.2013.5.13.0026 (SUAP), rel. Wolney de Macedo Cordeiro, Julgamento: 15.06.2014).

— Ver comentário da Orientação Jurisprudencial n. 176 do TST no item II.

20. ADICIONAL DE INSALUBRIDADE. TRABALHO REALIZADO NA LAVOURA DE CANA-DE-AÇÚCAR. INCIDÊNCIA DE CALOR ALÉM DOS LIMITES DE TOLERÂNCIA. CONSTATAÇÃO MEDIANTE LAUDO PERICIAL. DEFERIMENTO. Na espécie, constata-se que os fatos controvertidos, acerca do pedido de adicional de insalubridade, foram alvo de investigação pormenorizada, tendo o perito concluído, com base em medições realizadas no ambiente de trabalho, que, em determinado lapso do contrato de emprego, o reclamante submeteu-se ao agente físico calor em parâmetros superiores aos limites estabelecidos em norma regulamentar. Embora no estado de São Paulo (local onde os serviços foram realizados), o clima seja ameno no período de outono e inverno, tal fenômeno não tem a força de amenizar os efeitos do calor abrasivo que ocorre na lavoura, especialmente quando se trata de cultivo de cana-de-açúcar, marcado contundentemente por queimadas e pela presença de fuligem, que proporcionam efeitos semelhantes a uma estufa, com a consequente elevação da temperatura. No contexto, a conclusão do perito é correta, apontando para a presença de insalubridade ao menos durante 55 dias, quando as condições climáticas da região são mais severas. Assim, faz jus o reclamante ao recebimento do respectivo adicional, em grau médio (20%), no período considerado na perícia, com os reflexos nos títulos pertinentes. Sentença reformada. Recurso parcialmente provido. (TRT 15ª R., 2ª T., 01302384320155130019 0130238-43.2015.5.13.0019, Julgamento 16.02.16, Relator Francisco de Assis Carvalho e Silva)

— Ver comentário da Orientação Jurisprudencial n. 176 do TST no item II.

21. TRT-PR-28-10-2016 ADICIONAL DE INSALUBRIDADE. TRABALHADOR RURAL. LAVOURA DE CANA-DE-AÇÚCAR. EXPOSIÇÃO A CALOR EXCESSIVO. DEFERIMENTO. INTERPRETAÇÃO DA OJ n. 173 DA SDI-I DO C. TST. Constatada por prova técnica a exposição do trabalhador a calor excessivo, nos termos do Anexo n. 3 da NR-15, caracteriza-se a insalubridade, sendo irrelevante, segundo referido Anexo, tratar-se de agente agressor natural, artificial ou multifatorial, ou ser prestado em ambiente aberto ou fechado. Aplicável à espécie o item II da OJ n. 173 da SBDI-1/TST e Súmula n. 34 deste TRT/9ª Região. Recurso da reclamada a que se nega provimento, no particular. (TRT, 9ª R., 02046-2015-562-09-00-6-ACO-37060-2016 — 7ª Turma, Relator: Benedito Xavier da Silva, Publicado no DEJT em 28.10.2016)

— Ver comentário da Orientação Jurisprudencial n. 176 do TST no item II.

22. RECURSO ORDINÁRIO DO RECLAMANTE. ADICIONAL DE INSALUBRIDADE. RURÍCOLA. CANA DE AÇÚCAR. EXPOSIÇÃO AO CALOR. O trabalho do rurícola, que se ativa a céu aberto, não pode ser considerado insalubre, e a razão fundamental para isso é a variabilidade das condições de trabalho, ao longo do dia e do ano. A temperatura a que está sujeito o obreiro não é constante, bem como não é passível de regulagem, variando durante toda a jornada de trabalho, todos os dias, inclusive no período de safra (verão) e entressafra (inverno). Nesse passo, tenho que não se pode admitir a incidência do inciso II da Orientação Jurisprudencial n. 173. A norma regulamentar que fundamenta o reconhecimento da insalubridade pressupõe calor em ambiente de temperatura regulada, o que não era o caso do reclamante, porque, como trabalhador rural, estava sujeito a temperaturas variadas ao longo do tempo. Recurso a que se nega provimento. (TST 6ª R., Processo: RO — 0000389-94.2013.5.06.0241, Redator: Ruy Salathiel de A. e M. Ventura, Data de julgamento: 12.10.2014, Terceira Turma, Data de publicação: 15.10.2014)

23. ADICIONAL DE INSALUBRIDADE. RAIOS SOLARES. INAPLICABILIDADE DA OJ N. 173 DA SDI-I DO TST. AGENTE CALOR. A Orientação Jurisprudencial n. 173 da SDI-I do TST afasta o pagamento de adicional de insalubridade para os trabalhadores que laboram a céu aberto. Todavia, o referido dispositivo faz expressa menção ao Anexo 7 da NR-15 da Portaria n. 3.214/78 que trata do agente nocivo radiação não ionizante. Ocorre, entretanto, que o agente nocivo calor foi tratado no Anexo 3 da referida NR e tendo o perito apurado que o autor laborava em condições térmicas acima daquelas permitidas não há motivo para o indeferimento do adicional de insalubridade, merecendo reforma a sentença nesse aspecto — Processo 00745-2006-059-03-00-0 RO — Data de Publicação: 21.04.07 — DJMG — p. 23 — 5ª Turma — Lucilde D'Ajuda Lyra de Almeida — TRT 3ª Região.

— Ver comentário da Orientação Jurisprudencial n. 176 do TST no item II.

24. TRABALHADOR RURAL. TRABALHO A CÉU ABERTO. AGENTE CALOR. INSALUBRIDADE. POSSIBILIDADE DE CARACTERIZAÇÃO A exposição ao calor na lavoura, em algumas hipóteses, enseja o pagamento de adicional de insalubridade, considerando-se o texto do anexo 3 da NR-15. Com efeito, o item 1 desta norma utiliza a expressão "ambientes externos com carga solar" para se avaliar os limites de tolerância para exposição ao calor a céu aberto. Não se trata de reconhecer a insalubridade pela exposição aos raios solares (Decisão n. 055786/2011-PATR. Recurso Ordinário. Relator(a): Thelma Helena Monteiro de Toledo Vieira. Recurso Ordinário — 1ª Turma — 1ª Câmara, TRT 15ª Região).

— Ver comentário da Orientação Jurisprudencial n. 176 do TST no item II.

25. ADICIONAL DE INSALUBRIDADE. EXCESSO DE CALOR. INEXISTÊNCIA DE FONTE ARTIFICIAL. O laudo pericial anexado no ID 5d95f24 informou que o obreiro realizava o assentamento de blocos e acabamentos, operava o martelete, realizava a limpeza e organização do local de trabalho, utilizando carrinho de mão e demais atividades correlatas. Informou, também, que o canteiro de obras onde o ele exercia essas tarefas era local "... semi-aberto, com iluminação e ventilação natural." Portanto, não havendo qualquer fonte

artificial de calor, cabe provar o apelo para excluir esta parcela da condenação. (TRT da 3ª Região; PJe: 0011303-40.2016.5.03.0099 (RO); Disponibilização: 19.07.2017, DEJT/TRT3/Cad.Jud, p. 266; Órgão Julgador: Segunda Turma; Relator: Jales Valadao Cardoso).

— Segundo a Orientação Jurisprudencial n. 173/TST, no trabalho a céu aberto, a atividade é insalubre quando o IBUTG superar os Limites de Tolerância estabelecidos no anexo 3 da NR-15. Nos ambientes internos, sem fonte de calor artificial ou natural, tecnicamente não há risco de sobrecarga térmica. Em regiões quentes ou período de verão, pode ocorrer desconforto térmico. O ambiente interno sem fonte de calor é igual a qualquer local de trabalho ou residência. Sendo assim, a insalubridade pode ser generalizada para todos locais que não possuem ventilação artificial, como por exemplo, ar-condicionado.

26. INSALUBRIDADE. AGENTE CALOR. INEXISTÊNCIA DE TRABALHO PERMANENTE A CÉU ABERTO. A prova testemunhal produzida pelo obreiro informa que ele trabalhava na oficina e não a céu aberto permanentemente. Recurso do reclamante não provido (Processo: 0000145-92.2013.5.24.0071 (Recurso Ordinário). TRT 24ª Região, Juiz Relator: Ricardo G. M. Zandona. Data da publicação: 08.02.2018)

— Ver comentário da decisão anterior.

27. ADICIONAL DE INSALUBRIDADE. CALOR. Ante à comprovação, por meio de laudo pericial, de que as condições de trabalho do obreiro, em relação ao período ali referido, estavam em desacordo com o limite máximo de calor estabelecido no anexo 3, da NR-15, da Portaria n. 3.214/78 do MTE, faz ele jus ao adicional de insalubridade, no grau médio, com reflexos, nos termos em que disposto no julgado. Aplicação do item II da OJ n. 173 da SBDI-1 do TST. Recurso improvido quanto à matéria. (Processo: RO — 0000668-48.2017.5.06.0271, Redator: Ana Maria Soares Ribeiro de Barros, Data de julgamento: 14.06.2018, TRT 6ª Região. Quarta Turma, Data da assinatura: 20.06.2018)

— A exposição ao calor a céu aberto pode variar em função do período do ano. Sendo assim, pode ocorrer exposição superior aos limites parcialmente durante o ano, como por exemplo, nos meses de verão.

Iluminação

SÚMULA DO TRT

SÚMULA N. 8 — TRT 4ª REGIÃO

ADICIONAL DE INSALUBRIDADE. ILUMINAMENTO.

Após a revogação do Anexo n. 4 da NR-15 da Portaria MTb n. 3.214/78, que se operou, de acordo com as disposições do art. 2º, § 2º, da Portaria GM/MTPS n. 3.751/90, em 24.02.1991, o iluminamento deficiente deixou de gerar direito ao adicional de insalubridade. (RA 04/1999 Publ. DOE-RS dias 10, 11 e 12 de maio de 1999)

— Atualmente, a iluminação nos ambientes de trabalho é regulamentada pela NR-17, que trata de ergonomia.

Radiação ionizante

CONSIDERAÇÕES GERAIS

O anexo 5 da NR-15 determina que nas atividades ou operações em que trabalhadores possam ser expostos a radiações ionizantes, os limites de tolerância, os princípios, as obrigações e controle básicos para a proteção do homem e do seu meio ambiente, contra possíveis efeitos indevidos causados pela radiação ionizante, são os constantes da Norma CNEN — NE-3.01, de julho de 1988, aprovada, em caráter experimental, pela Resolução CNEN n. 12/88, ou por aquela que venha substituí-la.

A Portaria n. 518/03 do MTE considera a exposição à radiação ionizante como perigosa. Sendo assim, nas ações trabalhistas, o reclamante geralmente opta em requerer o adicional de periculosidade. Por essa razão, a maioria das decisões sobre a exposição a esse agente são referentes ao adicional de periculosidade, como será visto posteriormente.

Com a relação ao técnico de radiologia, o art. 16 da Lei n. 7.394 de 29.10.85 determina que:

O salário mínimo dos profissionais, que executam as técnicas definidas no Art. 1º desta Lei, será equivalente a 2 (dois) salários mínimos profissionais da região, incidindo sobre esses vencimentos 40% (quarenta por cento) de risco de vida e insalubridade.

JURISPRUDÊNCIA

1. ADICIONAL DE INSALUBRIDADE. TÉCNICO EM RADIOLOGIA. Nos termos do art. 16 da Lei n. 7.394/85, que regulamenta a profissão de Técnico em Radiologia, o salário mínimo dos profissionais, que executam as técnicas definidas no art. 1º desta Lei, será equivalente a 2 (dois) salários mínimos profissionais da região, incidindo sobre esses vencimentos 40% (quarenta por cento) de risco de vida e insalubridade. É dizer que os Técnicos em Radiologia, com base na referida lei, fazem jus ao recebimento do adicional de insalubridade no percentual de 40% sobre seus vencimentos, ou seja, possuem remuneração pelos riscos da atividade superior àquela prevista na CLT. (TRT da 3ª Região; Processo: 0107800-87.2009.5.03.0091 RO; Data de Publicação: 26.09.2016; Disponibilização: 23.09.2016, DEJT/TRT3/Cad.Jud, p. 254; Órgão Julgador: Quarta Turma; Relator: Maria Lucia Cardoso Magalhães; Revisor: Denise Alves Horta)

— A decisão reconhece que o adicional de 40% dos vencimentos do técnico de radiologia remunera a insalubridade.

2. ADICIONAL DE PERICULOSIDADE. RADIAÇÃO IONIZANTE / SUBSTÂNCIA RADIOATIVA. ADICIONAL DE PERICULOSIDADE. PROVA PERICIAL. OPERAÇÃO DE SCANNERS DE BAGAGEM. Apurado, na prova pericial, que a autora não ficava exposta à periculosidade, não havendo o enquadramento previsto na NR-16 (itens 9.2 e 11 do laudo; id 016ba6b – p. 4/5), e informado pela perita que, em medições de radiação no ambiente de trabalho, aferiu índices inferiores ao normatizado, e considerando-se a operação de scanners de bagagem não se enquadra nas atividades ou locais de risco contidas na Portaria n. 518/03, afasta-se a condenação em adicional de periculosidade. (TRT da 3ª Região; PJe: 0010748-53.2014.5.03.0144 (RO); Disponibilização: 1º.04.2016, DEJT/TRT3/Cad.Jud, p. 336; Órgão Julgador: Nona Turma; Relator: Maria Stela Alvares da S. Campos)

— Considerando que a medição da radiação foi inferior ao limite estabelecido pelo CNEN, a atividade não é insalubre.

3. TÉCNICO EM RADIOLOGIA. LEI N. 7.394/85. LEI N. 7.923/89. OJ N. 208 DA SDI-1/TST. CUMULAÇÃO DE ADICIONAIS DE PERICULOSIDADE E DE RISCO DE VIDA. Se a perícia técnica apurou periculosidade e insalubridade no trabalho do autor de técnico de radiologia, não há falar em cumulação de adicional de periculosidade com adicional de insalubridade, conforme o disposto no art. 193, § 2º, da CLT. Contudo, nos termos da Lei n. 7.394/85 c/c com a Lei n. 7.923/89 e OJ n. 208 da SDI-1 do TST, o autor faz jus, também, ao adicional de Risco de Vida de 40%. (TRT da 3ª Região; Processo: 0001139-91.2013.5.03.0108 RO; Data de Publicação: 11.11.2015; Disponibilização: 10.11.2015, DEJT/TRT3/Cad.Jud, p. 166; Órgão Julgador: Segunda Turma; Relator: Convocado Rodrigo Ribeiro Bueno; Revisor: Convocado Helder Vasconcelos Guimarães)

— A decisão permitiu cumular o adicional de periculosidade com o risco de vida.

4. ADICIONAL DE PERICULOSIDADE. RADIAÇÕES IONIZANTES. Hipótese em que a prova oral produzida comprova, de forma unânime, que apesar de trabalharem junto ao setor de radiologia do Hospital Nossa Senhora da Conceição, os empregados substituídos, que exercem a função de auxiliares administrativos, não ficam expostos às radiações ionizantes durante os exames de Raios-X. Sentença que indeferiu o pedido de adicional de periculosidade confirmada. Recurso do sindicato reclamante ao qual se nega provimento. (TRT, 3ª R., 3ª T., 0020560-15.2015.5.04.0029 (RO), Data: 16.12.2016, Redator: Maria Madalena Telesca).

— Indeferido o adicional, pois não havia exposição à radiação ionizante.

5. TÉCNICO EM RADIOLOGIA. ADICIONAL DE RISCO DE VIDA E INSALUBRIDADE. LEI N. 7.394/85. A Lei n. 7.394/85 prevê um adicional de 40% de risco de vida e insalubridade, devido independentemente de perícia, bastando o exercício da função de técnico em radiologia, que visa a compensar, de forma simultânea, as condições periculosas (risco de vida, na terminologia da lei) e insalubres presentes nas atividades desempenhas por este profissional, e, por isso, não é cumulável com os adicionais previstos na CLT. (TRT, 3ª R., 11ª T., 0020590-74.2015.5.04.0021 (RO), Data: 14.06.2016, Redator: Ricardo Hofmeister De Almeida Martins Costa)

— A decisão não permitiu a cumulação de adicionais

6. TÉCNICO DE RADIOLOGIA. ADICIONAL DE INSALUBRIDADE. ADICIONAL DE PERICULOSIDADE. CUMULAÇÃO. IMPOSSIBILIDADE. A profissão de técnico em radiologia é regulamentada pela Lei n. 7.394/85, que em seu art. 16 estabelece, sobre os vencimentos,

adicional de 40% (quarenta por cento) de risco de vida e insalubridade. Assim, o percentual abrange tanto a exposição à radiação ionizante, quanto a condições insalubres, não sendo possível a cumulação de adicionais. (NÚMERO CNJ: 0001563-54.2016.5.10.0005, TRT 10ª Região. Redator: Elaine Machado Vasconcelos. Data de Julgamento: 27.06.2018)

— A decisão não permitiu a cumulação de adicionais.

Radiação não ionizante

CONSIDERAÇÕES GERAIS

O anexo 7 da NR-15 dispõe:

1. Para os efeitos desta norma, são radiações não ionizantes as microondas, ultravioletas e laser.

2. As operações ou atividades que exponham os trabalhadores às radiações não ionizantes, sem a proteção adequada, serão consideradas insalubres, em decorrência de laudo de inspeção realizada no local de trabalho.

3. As atividades ou operações que exponham os trabalhadores às radiações da luz negra (ultravioleta na faixa – 400-320 nanômetros) não serão consideradas insalubres.

A norma adotou critério qualitativo na avaliação desse agente para fins de caracterização de insalubridade. A ACGIH (American Conference of Industrial Hygienists) estabelece limites de exposição ocupacional para ultravioleta, laser, micro-ondas, radiação infravermelha, campos magnéticos entre outras. Todavia, a NR-15 além de restringir as radiações não ionizantes, não estabeleceu limites de exposição. A caracterização da insalubridade pelo método qualitativo é subjetiva e as decisões judiciais carecem de fundamentação técnica. Sendo assim, os peritos devem fundamentar seus pareceres para possibilitar o juiz decidir de maneira tecnicamente mais adequada.

Outro ponto importante a ser considerado é a neutralização por meio do EPI. O anexo 7 determina que a insalubridade será devida quando ocorrer exposição sem proteção adequada. Todavia, não detalha o que vem a ser proteção adequada. Desse modo, a interpretação mais adequada dessa regra é no sentido de que os EPIs adequados são aqueles aprovados pelo órgão competente do MTE para finalidade especificada no CA (Certificado de Aprovação).

SÚMULA DO TRT

SÚMULA N. 34 – TRT 8ª REGIÃO

ADICIONAL DE INSALUBRIDADE. EXPOSIÇÃO À RADIAÇÃO SOLAR. INTERPRETAÇÃO DA OJ N. 173 DA SBDI-I DO TST. É indevido o pagamento de adicional de insalubridade pela mera exposição à radiação solar, não se enquadrando a hipótese no disposto na NR-15, Anexo 7. Devido o adicional se a prova pericial indicar que o trabalho a céu aberto ocorria com exposição a calor acima dos limites de tolerância da NR-15, Anexo 3. Interpretação dos incisos I e II da OJ n. 173 da SBDI-I do TST.

— Ver Orientação Jurisprudencial n. 173 do TST.

JURISPRUDÊNCIA

1. ADICIONAL DE INSALUBRIDADE. Comprovado o uso de equipamento de proteção adequado para elidir eventual exposição à radiação não ionizante, nos termos no anexo n. 7 da NR-15 da Portaria n. 3.214/78, inviável o deferimento do adicional de insalubridade. (TRT, 4ª R., 10ª T., RO 0020666-81.2014.5.04.0523, Data: 1º.4.2016,Redator: Rejane Souza Pedra)

— A decisão admitiu a eliminação por meio de EPI.

2. ADICIONAL DE INSALUBRIDADE. SOLDADOR. RADIAÇÕES NÃO-IONIZANTES. Apesar de contratado para exercer a função de caldeirista realizou as funções de soldador quando esteve sob a ação do agente insalubre de radiações não-ionizantes, previsto na NR-15 Anexo n. 7 da Portaria n. 3.214/70, sendo devido adicional de insalubridade em grau médio. Recurso provido parcialmente. (TRT, 15ª R., 7ª T., RO 0020760-68.2014.5.04.0122, Data: 04.03.2016, Redator: Manuel Cid Jardon)

— O soldador pode ficar exposto à radiação não ionizante (ultravioleta) proveniente do arco elétrico.

3. INSALUBRIDADE. RADIAÇÕES SOLARES. PREVISÃO LEGAL. Havendo exposição habitual do obreiro a raios solares (radiação não ionizante) e tendo em vista que a NR-15, Anexo n. 7, da Portaria n. 3.214/78, considera insalubres as operações ou atividades que exponham os trabalhadores às radiações não ionizantes, é cabível o deferimento do adicional previsto no art. 192 da CLT. (TRT, 15ª R., RO 0011340-48.2014.5.15.0117, rel. Eder Sivers, Publicação: 30.06.2015).

4. RECURSO ORDINÁRIO. ADICIONAL DE INSALUBRIDADE. EXPOSIÇÃO A RAIOS SOLARES. RADIAÇÃO NÃO IONIZANTE. CABIMENTO. A mera exposição do trabalhador aos raios solares não configura o direito à percepção do adicional de insalubridade, como demonstra a jurisprudência consolidada do C. TST na OJ SBDI-1 n. 173. Faz-se necessário aferir se as radiações solares a que se submete o trabalhador contêm radiação ultravioleta, em face do horário e período de exposição. Com efeito, o Anexo n. 7 da NR-15 do MTE estabelece, em seu item 1, que as radiações ultravioleta são consideradas como radiações não-ionizantes. E o item 2 do aludido Anexo estatui que a exposição do trabalhador à radiação não-ionizante, sem a proteção adequada, configura condição insalubre. É indene de dúvida que a luz solar que atinge o planeta contém radiação ultravioleta, dividida em radiação UVA e UVB. Logo, o trabalho realizado a céu aberto, com a exposição do trabalhador à luz solar, é passível, sim, de gerar o direito à percepção do adicional de insalubridade, na forma preconizada pelo Anexo n. 7 da NR-15 do MTE, desde que, conforme já destacado alhures, se verifique a exposição do trabalhador à radiação ultravioleta, sem proteção adequada. Recurso provido no particular. (TRT, 15ª R., RO 71613 SP 071613/2010, Publicação: 26.11.2010, rel. Luiz José Dezena da Silva).

— A Orientação Jurisprudencial n. 173 do TST pacificou o entendimento que é indevido o adicional de insalubridade ao trabalhador em atividade a céu aberto, por sujeição à radiação solar (art. 195 da CLT e Anexo 7, da NR-15, da Portaria n. 3.214/78 do MTE). O Anexo 7 estabelece a insalubridade por exposição ultravioleta, no entanto, é imprescindível que esse anexo seja revisado e detalhado sobre os critérios técnicos de avaliação e proteção adequada, sob pena de ser generalizado o adicional de periculosidade para qualquer trabalhador que se exponha a raios solares.

5. ADICIONAL DE INSALUBRIDADE. EXPOSIÇÃO A RAIOS SOLARES. INDEVIDO. O labor a céu aberto com exposição a raios solares, por si só, não gera o direito ao adicional de insalubridade, porquanto inexiste norma que enquadre essa incidência como fator nocivo à saúde do trabalhador , a teor da Orientação Jurisprudencial n. 173 da SDI-1 do C. TST. (TRT, 13ª R, Processo 0012200-61.2013.5.13.0013 (SUAP), rel. Ana Maria Ferreira Madruga, Julgamento: 19.02.2014).

— Ver comentário da Jurisprudência anterior.

6. RADIAÇÃO NÃO IONIZANTE. EXPOSIÇÃO AO SOL. ADICIONAL DE INSALUBRIDADE INDEVIDO. A Orientação Jurisprudencial n. 173 da SDI-1 do c. TST pacificou a jurisprudência no sentido de que o adicional de insalubridade é indevido por exposição do trabalhador à radiação não ionizante em razão do labor a céu aberto. (RO 0001797-76.2012.5.12.0019, Secretaria da 3ª Turma, TRT12, Gisele Pereira Alexandrino, Publicado no TRTSC/DOE em 03.06.2015)

— Ver Orientação Jurisprudencial n. 173 do TST.

7. O Anexo n. 7 da NR-15 da Portaria n. 3.214/78 do Ministério do Trabalho é taxativo ao considerar como insalubre a simples exposição do trabalhador às radiações não-ionizantes emanadas das micro-ondas, não estabelecendo qualquer condição ou critério capaz de subjetivar a investigação pericial tendente a apurar se ele esteve ou não submetido a condições insalubres de trabalho. Portanto, basta a constatação de que as tarefas exercidas pelo empregado o expunham a radiações não-ionizantes sem a proteção adequada, para que elas sejam caracterizadas como insalubres. (TRT, 4ª R., 28ª VT., RO 00009085420115040028 RS 0000908-54.2011.5.04.0028, julgamento: 12.06.13, rel. Maria Helena Lisot).

— Embora o anexo 7 adote critério qualitativo para caracterização da possível insalubridade por micro-ondas, a comprovação da exposição a esse agente, somente é possível com avaliação de sua intensidade. Por esse motivo, a apuração mais correta da insalubridade por exposição à micro-ondas seria quantificar sua intensidade.

8. ADICIONAL DE INSALUBRIDADE. RADIAÇÕES NÃO IONIZANTES. INSTALADOR DE ANTENAS EM CASAS. Caso em que a atividade realizada pelo trabalhador não gera exposição a micro-ondas em proporções que permitam o enquadramento no Anexo n. 7 da NR-15 da Portaria n. 3.214/78 do MTE. Recurso da reclamada a que se dá provimento. (TRT, 4ª R., 4ª T., RO 0020633-31.2014.5.04.0252, Data: 30.09.16, redator: Andre Reverbel Fernandes).

— Ver comentário da Jurisprudência n. 7.

9. RECURSO DO RECLAMANTE. ADICIONAL DE INSALUBRIDADE. A insalubridade constatada no ambiente laboral, decorrente das atividades de soldagem e oxi-corte, restou elidida pelo fornecimento regular dos equipamentos de proteção individual. Inteligência da Súmula n. 80 do TST. Sentença mantida. (TRT, 4ª R., 7ª T., RO 0020602-13.2014.5.04.0122, julgamento: 12.06.13, redator: Manuel Cid Jardon).

10. RADIAÇÃO NÃO IONIZANTE. ADICIONAL DE INSALUBRIDADE. É devido o pagamento do adicional de insalubridade, de grau médio, quando o perito oficial, sem infirmação por nenhum elemento, apura que o reclamante laborava exposto à radiação não ionizante, decorrente de contato com solda elétrica e com utilização de EPIs incapazes de neutralizarem o agente insalubre. Condenação que se mantém com fulcro na NR-15 do Ministério do Trabalho e no art. 192 da CLT. (TRT da 3ª Região; Processo: 0000939-08.2011.5.03.0156

RO; Data de Publicação: 22.05.2013; Disponibilização: 21.05.2013, DEJT, p. 74; Órgão Julgador: Segunda Turma; Relator: Sebastiao Geraldo de Oliveira; Revisor: Luiz Ronan Neves Koury).

— A operação de solda elétrica submete o trabalhador a exposição à ultravioleta (radiação não ionizante). A proteção adequada para exposição a esse agente é uso efetivo de EPI's aprovados pelo MTE, tais como: protetor facial com lentes filtrantes de ultravioleta, avental, luvas, mangas, perneira. Cabe ao perito analisar a exposição e a proteção adequada.

11. NULIDADE DA PERÍCIA. ADICIONAL DE INSALUBRIDADE. RADIAÇÃO NÃO IONIZANTE. NR-15, ANEXO 7. Não é nula a perícia realizada, quando o Perito não informa qual tipo de radiação não-ionizante estava submetido o autor, se microondas, ultravioleta ou laser, pois esclareceu que a radiação derivava do uso diário de solda. O Anexo 7 da NR-15 determina que "As operações ou atividades que exponham os trabalhadores às radiações não-ionizantes, sem a proteção adequada, serão consideradas insalubres, em decorrência de laudo de inspeção realizada no local de trabalho". É irrelevante, portanto, determinar-se qual o tipo de radiação estava submetido o autor, porque atendida a determinação da norma citada. (TRT da 3ª Região; Processo: 0068900-55.2008.5.03.0031 RO; Data de Publicação: 14.09.2009; Disponibilização: 11.09.2009, DEJT, p. 36; Órgão Julgador: Terceira Turma; Relator: Convocado Vitor Salino de Moura Eca; Revisor: Convocado Danilo Siqueira de C. Faria)

— A exposição nociva à saúde depende do tipo de radiação e da forma de utilização; medidas coletivas e EPI's; tempo de exposição entre outros. O Anexo 7 da NR-15 considera como radiação não ionizante a ultravioleta, laser e micro-ondas. Portanto, é importante que o perito apure o tipo de radiação, processo de utilização, medidas de controle existentes e tempo de exposição visando emitir parecer técnico fundamentado.

Vibração

CONSIDERAÇÕES GERAIS

Até a publicação da Portaria n. 1.297/14 do MTE, o Anexo 8 da NR-15 determinava que a perícia, visando à comprovação ou não da exposição, deveria tomar por base os limites de tolerância definidos pela Organização Internacional para a Normalização — ISO, em suas normas ISO 2631 e ISO/DIS 5349 ou suas substitutas. No entanto, essas normas não definem limites de tolerância para a exposição à vibração.

Na vibração de corpo inteiro, a norma ISO 2631, em seu anexo B, fornece um guia de precaução dos efeitos da vibração sobre a saúde, conforme Figura B.1 da referida norma e alterações realizadas em 2010.

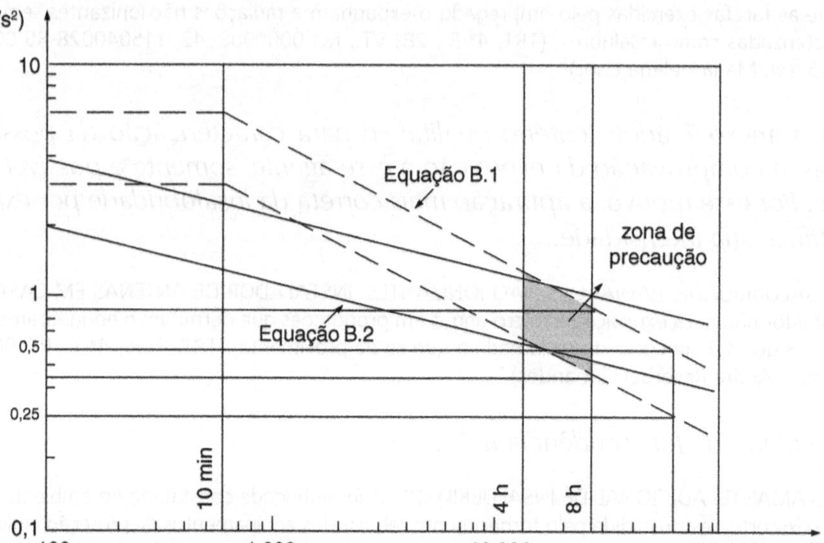

Figura B.1 — Guia das zonas de precaução da saúde
Fonte: norma ISO 2631-1:1997/Alt.1:2010(E)

Segundo a norma ISO 2631-1:1997, abaixo da zona de precaução, os efeitos à saúde não têm sido claramente documentados; dentro da zona de precaução, deve-se ter cautela em relação aos riscos potenciais à saúde; acima dessa zona, os riscos à saúde são prováveis. Numericamente, os valores das acelerações da zona de precaução estão compreendidos entre 0,43 a 0,86m/s². Quando essa aceleração for superior a 0,86m/s², os riscos são prováveis. Assim, para fins de caracterização da insalubridade, a nosso ver, deve ser adotado esse valor como referência, tendo em vista os seguintes fundamentos:

De início, é importante destacar o conceito legal de insalubridade. Segundo o art. 189 da CLT, insalubridade é a exposição a um agente agressivo nocivo à saúde do trabalhador acima do limite de tolerância. A NR-15, ao regulamentar a matéria, define limite de tolerância como a concentração ou intensidade máxima ou mínima, relacionada com a natureza e o tempo de exposição ao agente, que não causará danos à saúde do trabalhador durante sua vida laboral (subitem 15.1.5 da NR-15).De acordo com o guia dos efeitos sobre a saúde da norma ISO 2631-1:1997, na exposição à aceleração de vibração entre 0,43 a 0,86 m/s² é preciso ter precaução (cuidado) em relação ao risco potencial. Ou seja, nesse intervalo a norma não reconhece que a exposição seja nociva à saúde ou passível de causar dano à saúde do trabalhador. Aliás, nem mesmo na exposição ocupacional superior a 0,86 m/s² a norma ISO reconhece a existência de risco, mencionando apenas a probabilidade de risco. Apesar disso, esse valor deve ser tomado como referência para a caracterização da insalubridade por força do princípio fundamental do Direito do Trabalho que determina a prevalência da norma mais favorável ao empregado. Vale ressaltar que a Portaria n. 1.297/14 do MTE, que alterou o anexo 8 da NR-15, adotou o limite de exposição de 1,10 m/s², ou seja, mais de duas vezes superior a 0,43 m/s².

Com relação à exposição à vibração de mãos e braços, a norma ISO 5349/2001 também não estabelece limites de tolerância. Essa norma estabelece a probabilidade da ocorrência da Síndrome do Dedo Branco em função da exposição diária à aceleração, conforme tabela abaixo:

D — anos	1	2	4	8
A(8), m/s²	26	14	7	3,7

A tabela determina os valores da aceleração normalizada para oito horas *A(8)*, e a estimativa, em anos, de produzir a Síndrome do Dedo Branco, para 10% das pessoas expostas.

Portanto, a caracterização da insalubridade por exposição à vibração, com base nas normas ISO, é subjetiva, levando a interpretações equivocadas na sua aplicação. Por esse motivo, em 13.08.14 o MTE, por meio da Portaria n. 1.297, alterou o Anexo 8 da NR-15 estabelecendo limites de exposição ocupacional para vibração de corpo inteiro e mãos e braços.

Para vibração de corpo inteiro, o Anexo 8 da NR-15 estabelece os seguintes limites de exposição ocupacional:

a) valor da aceleração resultante de exposição normalizada (aren) de 1,1 m/s²;

b) valor da dose de vibração resultante (VDVR) de 21,0 $m/s^{1,75}$.

Para vibração de mãos e braços, o Anexo 8 da NR-15 estabelece valor de aceleração resultante de exposição normalizada (aren) de 5,0 m/s².

Segundo essa norma, os procedimentos técnicos para a avaliação quantitativa das vibrações são os estabelecidos nas Normas de Higiene Ocupacional da FUNDACENTRO. As NHO-9 e 10 estabelecem os procedimentos de avaliação de corpo inteiro e mãos e braços respectivamente.

JURISPRUDÊNCIA

1. ADICIONAL DE INSALUBRIDADE. VIBRAÇÃO. IMPROCEDÊNCIA. A r. sentença recorrida firmou o seu livre convencimento fundamentado nos limites de tolerância definidos pela Organização Internacional para a Normatização ISO nos quais não estabelecem limites de tolerância para a vibração, apenas traçam guias para verificação de possíveis efeitos na saúde humana. O laudo pericial aponta para o índice global de vibração da ordem de 0,62 m/s², mas diversamente da conclusão feita pelo Sr. Perito, esse índice não carac-

teriza insalubridade, por estar situado na Região B (0,43 m/s² e 0,80 m/s²), que não é região de risco, como esclarece a Nota Técnica n. 001/2013, expedida pela ASPEJUDI, em 05.12.2013. (TRT, 3ª R., 5ª T., RO 0000796-05.2013.5.03.0041, Publicação: 20.10.2014, rel. Milton V. Thibau de Almeida).

— A insalubridade não foi caracterizada, pois a aceleração medida ficou dentro da zona B ou zona de precaução. A Nota Técnica n. 001/2013, expedida pela ASPEJUDI recomenda que a insalubridade seja caracterizada quando a aceleração ficar acima da zona de B ou de precaução, ou seja, acima de 0,86 m/s².

2. AGRAVO DE INSTRUMENTO. RECURSO DE REVISTA INTERPOSTO ANTES DA LEI N. 13.015/2014. ADICIONAL DE INSALUBRIDADE. MOTORISTA DE ÔNIBUS. AGENTE VIBRAÇÃO. ANEXO 8 DA NR-15 DA PORTARIA N. 3.214/1978 DO MTE. ÁREA "B" DO GRÁFICO DA ISO 2.631-1. O Tribunal Regional consignou que o reclamante, motorista de ônibus, laborava exposto a risco potencial à saúde, decorrente da vibração suportada no veículo, situada na região "b" do gráfico constante do anexo "b" da ISO 2.631/1997. Em situações análogas, esta Corte Superior tem reconhecido o direito do motorista de ônibus ao adicional de insalubridade quando as vibrações suportadas na atividade laboral ficam situadas na categoria "b" da ISO 2631/1997, na forma do Anexo 8 da NR-15 da Portaria n. 3.214/1978 do MTE. Precedentes. Agravo de instrumento a que se nega provimento. (TST, AIRR — 12149-53.2014.5.03.0026, Relatora Ministra: Maria Helena Mallmann, Data de Julgamento: 08.03.2017, 2ª Turma, Data de Publicação: DEJT 17.03.2017)

— Nessa decisão, o tribunal menciona que a corte considera a zona B ou de precaução como insalubre. A nosso ver, essa não é a melhor interpretação técnica da norma, conforme comentado no item I.

3. AGRAVO DE INSTRUMENTO DO RECLAMANTE. RECURSO DE REVISTA. PROCESSO SOB A ÉGIDE DA LEI N. 13.015/2014. AUXÍLIO-ALIMENTAÇÃO. NATUREZA JURÍDICA. EMPREGADO ADMITIDO ANTERIORMENTE À MODIFICAÇÃO DA NATUREZA JURÍDICA DA PARCELA. Demonstrado no agravo de instrumento que o recurso de revista preenchia os requisitos do art. 896 da CLT, dá-se provimento ao agravo de instrumento, para melhor análise da arguição de violação ao art. 468 da CLT e contrariedade à OJ n. 413/SBDI-1/TST, suscitadas no recurso de revista. Agravo de instrumento provido. B) RECURSO DE REVISTA DO RECLAMANTE. PROCESSO SOB A ÉGIDE DA LEI N. 13.015/2014. 1. ADICIONAL DE INSALUBRIDADE. MOTORISTA DE ÔNIBUS. EXPOSIÇÃO À VIBRAÇÃO. REGIÃO OU ZONA "B" DA ISO 2631-1. POTENCIAL RISCO À SAÚDE. ANEXO 8 DA NR-15 DO MT. VERBA INDEVIDA. De acordo com os arts. 190 e 195 da CLT e a Súmula n. 448/TST, o adicional de insalubridade exige não apenas a exposição do empregado ao agente insalubre, mas também o enquadramento da atividade pelo Ministério do Trabalho. Na hipótese, a Corte de origem manteve a sentença, que indeferiu a condenação da Reclamada ao pagamento do adicional de insalubridade, por acolher a conclusão pericial no sentido de que "o autor estava exposto, de forma habitual e intermitente, às vibrações de corpo inteiro na intensidade de 0,67 m/s² — abaixo, portanto, do limite de tolerância regulamentado pela Norma ISO 2631 e suas substitutas, que é de 0,85 m/s²", explicitando, ainda, que o "posicionamento da medição de vibração na área B do gráfico, que indica possíveis riscos à saúde, não implica em condição de insalubridade". Todavia, a jurisprudência desta Corte vem decidindo no sentido de que é devido o adicional de insalubridade, em grau médio, na forma do Anexo 8 da NR-15 do MT, quando constatado pela perícia técnica que o Obreiro exerce suas atividades exposto à vibração situada na Região ou Nona "B", como definido pela Organização Internacional para a Normalização — ISO 2631-1, hipótese dos autos, conforme delineado no acórdão recorrido. Recurso de revista conhecido e provido quanto ao tema. 2 (ARR — 1051-10.2014.5.03.0111, Relator Ministro: Mauricio Godinho Delgado, Data de Julgamento: 14.12.2016, 3ª Turma, Data de Publicação: DEJT 19.12.2016)

— Decisão contrária ao disposto na CLT e norma ISO 2631. Conforme comentado no item I, na zona B ou de precaução, a norma menciona apenas que se deve ter precaução aos riscos (0,43 a 0,86 m/s²). Vale destacar que o automóvel mais confortável comercializado no Brasil pode expor à vibração superior a 0,43 m/s². Aliás, a partir de 2014, o MTE adotou limite de exposição para fins de insalubridade de aproximadamente três vezes maior (1,1m/s²). Nessa decisão, embora o perito tenha feito intepretação correta da nocividade da exposição à vibração, os juízes do TST adotaram outro entendimento.

4. ADICIONAL DE INSALUBRIDADE. VIBRAÇÃO. A exposição do reclamante a nível de vibração A(8) de 0,65 m/s² (cobrador) e 0,71 m/s² (motorista) para um período médio inferior a oito horas de exposição, enquadrada na zona de precaução (B), não lhe garante direito ao recebimento do adicional de insalubridade em grau médio. (TRT, 3ª R., 5ª T., RO 0000352-88.2014.5.03.0185, Publicação: 19.12.2014, rel. Marcus Moura Ferreira).

— A decisão considerou que na zona B ou de precaução não caracteriza a insalubridade. A nosso ver, a interpretação é tecnicamente correta.

5. AGRAVO DE INSTRUMENTO. RECURSO DE REVISTA DA RECLAMADA. INTERPOSIÇÃO NA VIGÊNCIA DA LEI N. 13.015/2014. INTERVALO INTRAJORNADA. MOTORISTA. FRACIONAMENTO E REDUÇÃO. NORMA COLETIVA. INVALIDADE. 1 — O recurso de revista, quanto ao tema em epígrafe, atende aos requisitos do art. 896, § 1º-A, da CLT, introduzidos pela Lei n. 13.015/2014. 2 — No caso concreto, a parte não consegue infirmar a decisão agravada, não estando demonstrada a viabilidade do conhecimento do recurso de revista nos termos do art. 896 da CLT. Agravo de instrumento a que se nega provimento. II — RECURSO DE REVISTA DO RECLAMANTE.

INTERPOSIÇÃO NA VIGÊNCIA DA LEI N. 13.015/2014. ADICIONAL DE INSALUBRIDADE. MOTORISTA VIBRAÇÃO. 1 — No que se refere à discussão acerca da exposição do trabalhador (motorista) à vibração situada na região (zona) "B", conforme definido pela Organização Internacional para a Normalização — ISO 2.631, o recurso de revista não atende aos requisitos do art. 896, §1º-A, da CLT, introduzidos pela Lei n. 13.015/2014, haja vista que a parte impugna fundamentos que não constam no trecho do acórdão transcrito nas razões recursais, o que afasta a possibilidade do debate nos termos pretendidos. A Turma entende que, se não foi demonstrado o prequestionamento nos trechos transcritos, não há materialmente como a parte fazer o confronto analítico com dispositivos de lei, da Constituição Federal e da jurisprudência desta Corte, nem há como a parte indicar as circunstancias que identifiquem ou assemelhem o acórdão recorrido e os arestos. Incide, nesse caso, o óbice do art. 896, § 1º-A, I e III, § 8º, da CLT. 2 — No que se refere à discussão acerca da exposição do trabalhador (motorista) à vibração no patamar de 0,78m/s² (Anexo 8 da NR-15 da Portaria n. 3.214/1978, alterado pela Portaria n. 1.297/2014), o recurso de revista atende aos requisitos do art. 896, § 1º-A, da CLT, introduzidos pela Lei n. 13.015/2014 3 — No caso, o TRT registrou que o laudo pericial apurou a exposição do reclamante (motorista) à vibração no patamar de 0,78m/s². Portanto, abaixo dos índices estabelecidos pelo MTE (1,1 m/s2) no Anexo 8 da NR-15 da Portaria n. 3.214/1978 alterado pela Portaria n. 1.297/2014. Nesse contexto, é indevido o adicional de insalubridade. 4 — Recurso de revista de que não se conhece. (ARR — 2594-61.2013.5.03.0021, Relatora Ministra: Kátia Magalhães Arruda, Data de Julgamento: 26.10.2016, 6ª Turma, Data de Publicação: DEJT 28.10.2016)

— A decisão aplica os limites de exposição estabelecidos no anexo 8 da NR-15, alterada pela Portaria n. 1.297/2014. Com adoção do limite de exposição, a caracterização da insalubridade por vibração ficou mais objetiva e técnica.

6. Na hipótese dos autos, o Regional registrou que — não há, em nosso ordenamento jurídico, qualquer ditame disciplinando o pagamento do adicional, em decorrência de vibrações mecânicas sofridas quando o trabalhador está inserido na função exercida pelo recorrido: cobrador de ônibus intermunicipal —, sendo certo que — quando apurada vibração em valores enquadráveis na zona B, resta duvidosa a caracterização da insalubridade, mesmo em face da ISO 2631-1, que indica apenas que, nessa circunstância, há prováveis riscos à saúde — (seq. 1, p. 892 — grifos nossos). Desse modo, não seria possível para esta Corte concluir em sentido oposto sem o reexame do conjunto fático-probatório existente, conspirando contra o sucesso do recurso o óbice da Súmula n. 126 do TST. (AIRR — 1573-86.2013.5.03.0106, Data de Publicação: DEJT 10.05.2016).

— Ver comentário no item II.

7. A) AGRAVO DE INSTRUMENTO EM RECURSO DE REVISTA INTERPOSTO PELO RECLAMANTE. ADICIONAL DE INSALUBRIDADE. EXPOSIÇÃO A VIBRAÇÃO. Segundo o contexto fático-probatório registrado no acórdão regional, o laudo pericial apurou que o reclamante se expunha a nível de vibração de 0,58 m/s², portanto, inferior aos limites de tolerância previstos na controvertida ISO 2631-1 (0,71 m/s² sem explicitar a área/região/categoria) e no Anexo 8 da NR-15 da Portaria n. 3.214/1978 do MTE alterado pela Portaria n. 1.297/2014 do MTE (1,1 m/s²), o que ensejou a manutenção do indeferimento do pedido de adicional de insalubridade. Desta forma, a reforma pretendida encontra óbice na diretiva estabelecida na Súmula n. 126 do TST, porque somente mediante o vedado reexame de fatos e provas é que se poderia concluir pela exposição do reclamante a níveis de vibração acima dos limites de tolerância, na forma da insurgência recursal, o que inviabiliza o processamento do recurso de revista. Agravo de instrumento conhecido e não provido. B) RECURSO DE REVISTA INTERPOSTO PELAS PRIMEIRA E SEGUNDA RECLAMADAS (HJ LOCADORA E SERVIÇOS LTDA. E OUTRA). 1. EXERCÍCIO DE ATIVIDADE EXTERNA. POSSIBILIDADE DE CONTROLE DE JORNADA. O conhecimento do recurso de revista não se viabiliza por afronta ao art. 62, I, da CLT, porque, conforme se depreende do acórdão regional, a apreciação e a valoração da prova oral produzida (depoimentos do preposto da reclamada e da testemunha) conduziram à conclusão de que, não obstante o exercício de atividade externa pelo reclamante (motorista), havia possibilidade de controle da sua jornada de trabalho pela re-clamada por meio do sistema de rastreamento do veículo via satélite, o qual permitia identificar os horários do início e do término da viagem, bem como das paradas e a respectiva duração, o que ensejou o não enquadramento na exceção prevista naquele dispo-sitivo legal. Recurso de revista não conhecido. 2. MULTA POR EMBARGOS DE DECLARAÇÃO PROTELATÓRIOS. O conhecimento do recurso de revista não se viabiliza, porque não constatadas as violações apontadas (arts. 5º, II, da CF e 14 a 18 e 535 do CPC/1973), tampouco verificada a divergência jurisprudencial, a teor da Súmula n. 296, I, do TST. Recurso de revista não conhecido. (TST, ARR — 11127-05.2013.5.03.0087, Relatora Ministra: Dora Maria da Costa, Data de Julgamento: 14.09.2016, 8ª Turma, Data de Publicação: DEJT 16).

— A decisão não considerou a insalubridade na zona B ou de precaução. Ver comentário no item I.

8. ADICIONAL DE INSALUBRIDADE .VIBRAÇÃO. COBRADOR. NÃO CARACTERIZAÇÃO. A r. sentença recorrida acatou a conclusão do laudo pericial que é equivocada, posto que o índice Aeq 0,70 m/s² é inferior ao limite de 0,86 m/s², que é esclarecido pelo próprio laudo pericial. Há que se observar que o reclamante não era motorista, mas cobrador, pelo que todas as considerações feitas pelo Sr. Perito a respeito da vibração de corpo inteiro são meramente teóricas, não se aplicando a quem não dirige veículos. O mesmo se diz das considerações técnicas sobre a vibração de mãos e braços, já que o reclamante, no exercício da função de cobrador não operava ferramentas pesadas e nem controlava veículos. (TRT, 3ª R., 5ª T., RO 0000379-86.2014.5.03.0180, Publicação: 29.09.2014, rel. Milton V. Thibau de Almeida).

— A decisão não considerou a insalubridade na zona B ou de precaução, ou seja, inferior a 0,86 m/s². Ver comentário no item I.

9. ADICIONAL DE INSALUBRIDADE. VIBRAÇÃO. A norma ISO 2631-1, aplicável à medição de níveis de vibração por força do item 2 do Anexo 8 da NR-15 da Portaria n. 3.214/78, embora não defina limites de tolerância para a exposição a um tal agente, traz, em

seu anexo B, um guia para apuração dos efeitos da vibração sobre a saúde do trabalhador. Com base nisso, delimitou-se uma zona de precaução entre 0,43m/s² e 0,86m/s² para uma jornada de 4 a 8h, de tal modo que o enquadramento do índice de exposição global A(8) abaixo da zona de precaução, ou seja, em patamar inferior a 0,43m/s², indica que os efeitos à saúde não foram nem sequer documentados. Já em se tratando de níveis de vibração inseridos dentro da zona de precaução (entre 0,43m/s² e 0,86m/s²), deve-se ter cautela em relação aos riscos potenciais à saúde. Por outro lado, acima dessa zona de precaução, ou seja, além de 0,86m/s² é que os riscos à saúde são prováveis e, portanto, geram direito à insalubridade em grau médio (item 1 do Anexo 8 da mesma NR-15). Enquadrando-se o reclamante dentro da zona de precaução (entre 0,43m/s² e 0,86m/s²), não faz jus ao adicional postulado. (TRT, 3ª R., 5ª T., RO 0011818-07.2013.5.03.0091, Disponibilização: 28.08.2014, rel. Jesser Gonçalves Pacheco).

— A decisão não considerou a insalubridade na zona B ou de precaução (entre 0,43m/s² e 0,86m/s²). Ver comentário no item I.

10. ADICIONAL DE INSALUBRIDADE. VIBRAÇÃO. ÔNIBUS COLETIVO. Com base na Norma de Higiene Ocupacional — NHO-09 da Fundacentro, órgão do Ministério do Trabalho e Emprego, e na diretriz do Anexo 8 da NR-15, no sentido de que "as atividades e operações que exponham os trabalhadores, sem a proteção adequada, às vibrações localizadas ou de corpo inteiro, serão caracterizadas como insalubres", não reconheço o adicional de insalubridade por exposição à vibração decorrente do labor em ônibus coletivos, notadamente pela inexistência de omissão da reclamada, que adotou todas as medidas para proporcionar aos seus empregados ambiente de trabalho confortável. (TRT, 3ª R., 9ª T., RO 0000175-31.2013.5.03.0001, Publicação: 13.08.2014, rel. Ricardo Antonio Mohallem).

— A decisão não reconheceu a insalubridade por exposição à vibração.

11. ADICIONAL DE INSALUBRIDADE. I — Observa-se do acórdão recorrido ter o Regional consignado que o reclamante, no desempenho de suas funções — cobrador de ônibus —, não ficava exposto a agentes que pudessem comprometer a sua saúde. II — Acrescentou que os agentes insalubres inerentes à função exercida estavam dentro dos limites previstos nas normas de regência e que a vibração suportada no veículo encontra-se situada na região "b" do gráfico constante do anexo "b" da ISO 2631/1997. III — Nesse sentido, manteve o indeferimento do adicional de insalubridade, ao fundamento de que apenas a região "c" do referido gráfico corresponde à vibração capaz de trazer riscos prováveis à saúde. (TST, 5ª T., RR 832-71.2012.5.03.0109, Publicação: 18.03.2016, rel. Antonio José de Barros Levenhagen).

— A decisão não considerou a insalubridade na zona B ou de precaução. Ver comentário no item I.

12. AÇÃO COLETIVA. ADICIONAL DE INSALUBRIDADE. AGENTE FÍSICO VIBRAÇÃO. LAUDO PERICIAL. O Juiz não está adstrito às conclusões do laudo pericial, podendo formar livremente seu convencimento, desde que embasado nos demais elementos presentes nos autos (art. 436 do CPC). Existe, naturalmente, uma presunção *juris tantum* da pertinência técnica de suas conclusões e ainda da veracidade dos subsídios fáticos informados pelo expert, em razão de sua formação e da experiência amealhada ao longo de sua vida profissional, colhendo in loco informações que reputa mais relevantes para cada caso concreto. Tendo a prova técnica evidenciado que o empregado apontado como paradigma para apuração da alegada insalubridade submetia-se ao agente físico vibração em patamar inferior ao limite de tolerância estabelecido pela Organização Internacional para Normatização (ISO), nos termos do Anexo VIII da NR-15 do Ministério do Trabalho e Emprego (Portaria n. 3.214/1978, art. 200 da CLT), deve ser afastado o pagamento do adicional disciplinado por meio do art. 189 da CLT. (TRT, 3ª R., 7ª T., RO 01388-2010-106-03-00-6, Publicação: 31.05.2013, rel. Marcio Toledo Gonçalves).

— A decisão não reconheceu a insalubridade por exposição à vibração.

13. ADICIONAL DE INSALUBRIDADE. MOTORISTA DE ÔNIBUS URBANO. VIBRAÇÃO. LAUDO PERICIAL. Embora não esteja o Juiz adstrito às conclusões do laudo pericial (art. 436 do CPC), deve este ser prestigiado quando inexistente nos autos elementos ou provas capazes de infirmar as assertivas nele lançadas. E, no caso, as medições feitas pelo perito (considerando tempo de exposição diária de 6h30min) apontaram exposição às vibrações de corpo inteiro inferiores ao máximo estabelecido pelas normas de avaliação da atividade insalubre. (TRT, 12ª R., 3ª T., RO 04165-2009-002-12-00-4, Rel.: Juíza Gisele Pereira Alexandrino, Data de Publ. 12.12.14)

— A decisão não reconheceu a insalubridade por exposição à vibração.

14. ADICIONAL DE INSALUBRIDADE. As condições insalubres de trabalho devem ser comprovadas por meio de perícia, nos termos do art. 195 da CLT. Confirmado pelo perito oficial que o reclamante ficava exposto a vibração acima do limite de tolerância quando trabalhava na condução de caminhão munck, nos períodos de entressafra, mantém-se o deferimento do adicional de insalubridade em grau médio, cujo pagamento ficará restrito aos interregnos de efetivo contato com o agente agressivo detectado. (TRT, 3ª R, 7ª T., RO 00926201004103004 0000926-97.2010.5.03.0041, publicação: 26.07.2011, rel.: Antonio G. de Vasconcelos).

15. INSALUBRIDADE DECORRENTE DO AGENTE VIBRAÇÃO. RECORRÊNCIA DE PEDIDOS NESTAJUSTIÇA. NECESSIDADE INSUPERÁVEL DE OBSERVÂNCIA DAS NORMAS PERTINENTES PARA O SEU RECONHECIMENTO. Converteram-se em verdadeira epidemia os pedidos de adicional de insalubridade com invocação do agente vibração, o que antes jamais se registrara porque o comum é que ele fosse reivindicado e pago aos trabalhadores que operavam máquinas e instrumentos que, notoriamente, transmitiam intensas vibrações

para seu corpo. Dispõe a NR-15, Anexo 8, da Portaria n. 3.214/78 do Ministério do Trabalho e Emprego, que a perícia para apuração da insalubridade decorrente de vibração deve tomar como parâmetro os limites de exposição definidos pela Organização Internacional para Normalização — ISO 2631 e ISO/DIS 5349. O Anexo B da ISO 2631-1:1997 apenas estabeleceu um guia informativo acerca das zonas de precaução dos efeitos da vibração sobre a saúde em função da aceleração ponderada nas frequências e da duração da exposição. Segundo essa norma, os valores obtidos na avaliação devem ser comparados com o gráfico constante desse Anexo, que apresenta três áreas. A primeira, designada Área A, está abaixo da zona de precaução, cujos efeitos à saúde ainda não têm sido claramente documentados pela comunidade científica; a Área B, que se encontra dentro da zona de preocupação, onde se deve ter cautela em relação aos riscos potenciais à saúde; e, finalmente, a Área C, que se põe acima das zonas anteriores, e aqui os riscos à saúde são prováveis. No presente caso, o perito apurou que a reclamante trabalhava exposta à vibração de corpo inteiro, de 0,71 m/s^2, índice enquadrado na região B da ISO 2631-1. Tendo em vista que o valor apurado nestes autos, além de estar em consonância com todas as diretrizes aplicáveis ao caso, não supera inclusive aquele estabelecido na Diretiva 2002/44/EC para a jornada de trabalho praticada pela reclamante, não se há que falar em labor em condições insalubres na hipótese dos autos. (TRT-01686-2012-015-03-00-0 RO, TRT 3ª Região. Nona Turma | Publicação: 20.05.2015 Ass. Digital em 13.05.2015 por João Bosco Pinto Lara)

— A decisão considerou que a vibração inferior a 0,86 m/s^2 não é insalubre. Ver comentário no item I.

16. INSALUBRIDADE. MOTORISTA DE CAMINHÃO. AGENTE INSALUBRE VIBRAÇÃO. LIMITES DE TOLERÂNCIA ULTRAPASSADOS. INEFICÁCIA DOS EPIS. ADICIONAL DEVIDO. Constatou-se, por meio do adequado laudo pericial, que o autor, na função de motorista de caminhão, estava sujeito à vibração acima dos limites de tolerância previstos nas normas regulamentadoras, situação que caracteriza insalubridade em grau médio. Ainda que comprovada a entrega — e utilização — de EPI's, constituídos unicamente de protetores auriculares e sapatos de segurança, não são aptos a neutralizar o agente insalubre vibração, conforme expressamente esclarecido pelo perito, não existindo EPI's anti-vibração capazes de proteger adequadamente os trabalhadores, de forma a reduzir a exposição a nível abaixo dos limites de tolerância, como ocorre, por exemplo, com os protetores auriculares em relação ao ruído. Adicional de insalubridade devido. Sentença mantida. (TRT, 9ª R., 6ª T., 01300-2015-562-09-00-9-ACO-02862-2017, Relator: Sueli Gil El Rafihi, Publicado no DEJT em 31.01.2017)

— A decisão considerou a atividade insalubre, pois a exposição à vibração foi superior ao limite. A insalubridade por vibração não é neutralizada por meio de EPI.

17. INSALUBRIDADE. VIBRAÇÃO. O Ministério do Trabalho e Emprego, a quem cabe editar normas que fixam os limites de tolerância em atividades insalubres, na forma do art. 190 da CLT, somente com a edição da Portaria n. 1.297, de 13.08.2014, considerando as normas de higiene ocupacional da FUNDACENTRO, fixou os limite para a caracterização da insalubridade pelo agente "vibração". Para as chamadas vibrações de corpo inteiro fixou o limite de 1,1 m/s^2 e para as vibrações de mãos e braços estabeleceu o limite 5 m/s^2. Logo, na verificação da insalubridade decorrente do agente vibração observar-se-ão os limites de tolerância previstos na Portaria n. 1.297, de 13.08.2014, independente do período contratual, não cabendo a aplicação de parâmetros fixados em outra norma. (TRT da 3ª Região; PJe: 0011317-58.2015.5.03.0002 (RO); Disponibilização: 07.11.2017, DEJT/TRT3/Cad.Jud, p. 2.047; Órgão Julgador: Nona Turma; Relator: Monica Sette Lopes)

— A decisão determinou a aplicação dos limites de exposição adotados pelo anexo 8 da NR-15 em 13.08.2014 para todo perído contratual.

Frio

CONSIDERAÇÕES GERAIS

O Anexo 9 da NR-15 estabelece que:

> As atividades ou operações executadas no interior de câmaras frigoríficas, ou em locais que apresentem condições similares, que exponham os trabalhadores ao frio, sem a proteção adequada, serão consideradas insalubres em decorrência de laudo de inspeção realizada no local de trabalho.

Embora a ACGIH (American Conference of Governmental Industrial Hygienists) e outras normas internacionais adotem limites de exposição ocupacional para o frio, a NR-15 adotou o critério de avaliação qualitativa. Todavia, a falta de limite de tolerância não significa que qualquer exposição seja insalubre. A intensidade do agente e o tempo de exposição, fatores tão importantes no risco de exposição, deverão ser levados em consideração, bem como a proteção adequada. A insalubridade por exposição a esse agente é de grau médio. A adoção de limites de exposição para o frio seria importante, pois a avaliação qualitativa é subjetiva, podendo gerar interpretações contraditórias e equivocadas.

O art. 253 da CLT estabelece pausa para serviços em frigoríficos:

> Para os empregados que trabalham no interior das câmaras frigoríficas e para os que movimentam mercadorias do ambiente quente ou normal para o frio e vice-versa, depois de 1 (uma) hora e 40 (quarenta) minutos de trabalho contínuo, será assegurado um período de 20 (vinte) minutos de repouso, computado esse intervalo como de trabalho efetivo.
>
> Parágrafo único. Considera-se artificialmente frio, para os fins do presente artigo, o que for inferior, nas primeira, segunda e terceira zonas climáticas do mapa oficial do Ministério do Trabalho, a 15°C (quinze graus), na quarta zona a 12°C (doze graus), e nas quinta, sexta e sétima zonas a 10°C (dez graus).

O subitem 29.3.16.2 da NR-29, determina que a jornada de trabalho em locais frigorificados deve obedecer à seguinte tabela:

<table>
<tr><th>FAIXA DE TEMPERATURA DE BULBO SECO (°C)</th><th>MÁXIMA EXPOSIÇÃO DIÁRIA PERMISSÍVEL PARA PESSOAS ADEQUADAMENTE VESTIDAS PARA EXPOSIÇÃO AO FRIO</th></tr>
<tr><td>15,0 a – 17,9 (*)</td><td rowspan="3">Tempo total de trabalho no ambiente frio de 6 (seis) horas e 40 (quarenta) minutos, sendo quatro períodos de uma hora e 40 (quarenta) minutos, alternados com 20 (vinte) minutos de repouso e recuperação térmica, fora do ambiente frio.</td></tr>
<tr><td>12,0 a – 17,9 (**)</td></tr>
<tr><td>10,0 a – 17,9 (***)</td></tr>
<tr><td>– 18,0 a – 33,9</td><td>Tempo total de trabalho no ambiente frio de 4 (quatro) horas, alternando-se uma hora de trabalho com uma hora para recuperação térmica fora do ambiente frio.</td></tr>
<tr><td>– 34,0 a – 56,9</td><td>Tempo total de trabalho no ambiente frio de uma hora, sendo dois períodos de trinta minutos com separação mínima de 4 (quatro) horas para recuperação térmica fora do ambiente frio.</td></tr>
<tr><td>– 57,0 a – 73,0</td><td>Tempo total de trabalho no ambiente frio de 5 (cinco) minutos, sendo o restante da jornada cumprida obrigatoriamente fora do ambiente frio.</td></tr>
<tr><td>abaixo de – 73,0</td><td>Não é permitida exposição ao ambiente frio, seja qual for a vestimenta utilizada.</td></tr>
<tr><td colspan="2">(*) Faixa de temperatura válida para trabalhos em zona climática quente, de acordo com o mapa oficial do IBGE.
(**) Faixa de temperatura válida para trabalhos em zona climática subquente, de acordo com o mapa oficial do IBGE.
(***) Faixa de temperatura válida para trabalhos em zona climática mesotérmica, de acordo com o mapa oficial do IBGE.</td></tr>
</table>

Os dispositivos legais mencionados podem auxiliar na interpretação da insalubridade por exposição ao frio, especialmente na análise das pausas e definição de ambiente similar à câmara frigorífica. Todavia, nessa interpretação, é importante analisar a exposição ocupacional ao frio nas normas pertinentes, como, por exemplo, a ACGIH.

JURISPRUDÊNCIA

1. LAUDO PERICIAL. INSALUBRIDADE E PAUSA TÉRMICA. INDEVIDOS. A conclusão pericial é no sentido de que a obreira não faria jus ao adicional de insalubridade e a reclamante, por seu turno, não traz aos autos elementos aptos a infirmar o laudo apresentado pela perita judicial, prevalecendo, assim, a prova técnica produzida, na qual também se consignou que o fornecimento de EPI's e de equipamento térmicos neutralizaram os efeitos nocivos do frio, não fazendo a obreira jus ao intervalo para recuperação térmica. Recurso obreiro conhecido e não provido. (TRT, 10ª R., 2ª T., RO 00895-2014-012-10-00-1, Relator: Mário Macedo Fernandes Caron, Data de Publicação: 02.09.2016).

— A decisão não considerou a insalubridade por exposição ao frio.

2. ADICIONAL DE INSALUBRIDADE. USO DE EPI'S. AUSÊNCIA DE CONCESSÃO DE INTERVALO PARA RECUPERAÇÃO TÉRMICA. AGENTE DE RISCO NÃO ELIDIDO. O uso de EPI's, por si só, não é capaz de elidir a insalubridade, porquanto, além disso, faz-se indispensável a concessão de intervalos para a recuperação térmica do indivíduo ante os limites máximos de tolerância diária do organismo à expo-

sição ao frio, conforme estabelecido na NR-29 do Ministério do Trabalho. Apelo da reclamada não provido, no particular. (TRT 24ª R., 1ª T., 0025712-89.2014.5.24.0007, rel. Marcio Vasques Thibau de Almeida, Disponibilizado em: 16.12.2015).

— A decisão considerou a insalubridade com base na falta de pausa para recuperação térmica prevista na NR-29.

3. ADICIONAL DE INSALUBRIDADE. AJUDANTE DE PRODUÇÃO. SETOR DE CURADOS. EMBALAGEM PRIMÁRIA E SECUNDÁRIA. FRIO. Laborando sob temperaturas superiores a 12°C, com EPI's adequados, e não havendo provas a indicar, ainda que qualitativamente, sujeição a frio excessivo, indevido o adicional de insalubridade. Recurso provido. INDENIZAÇÃO POR PERDAS E DANOS — CONTRATAÇÃO DE ADVOGADO. NÃO CABIMENTO. SÚMULAS NS. 219 E 329 DO TST. No Incidente de Uniformização de Jurisprudência n. 0024142-55.2015.5.24.0000, julgado na sessão do dia 29.06.2015, firmou-se o entendimento de que na Justiça do Trabalho, a questão pertinente aos honorários advocatícios — seja pela sucumbência, seja pela reparação plena (Código Civil) — está sob a regência da Lei n. 5.584/70, conforme jurisprudência sedimentada nas Súmulas ns. 219 e 329, do TST. Recurso provido. (TRT 24ª R., 2ª T., 0025023-97.2014.5.24.0022, Disponibilizado em: 24.11.2015, Relator: Ricardo Geraldo Monteiro Zandona).

— A decisão não considerou a atividade como insalubre, pois a temperatura foi superior a 12°C e o reclamante recebeu EPI's adequados.

4. ADICIONAL DE INSALUBRIDADE. ATIVIDADE DE HIGIENIZAÇÃO DA SALA DE CORTES. AMBIENTE ARTIFICIALMENTE FRIO. INEXISTÊNCIA. O depoimento do reclamante é suficiente para concluir que, dos setores higienizados, apenas o "setor de cortes" era refrigerado artificialmente, nele permanecendo por no máximo uma hora para a higienização local. Ademais, o laudo pericial utilizado como prova emprestada confirma que após 30 minutos do início da atividade de higienização a temperatura ambiente se elevava para 12°C devido à utilização de água quente. (TRT 24ª R., 2ª T., 0025000-14.2014.5.24.0003, Disponibilizado em: 24.11.2015, Relator: Ricardo Geraldo Monteiro Zandona).

— Ver comentário no item I.

5. ADICIONAL DE INSALUBRIDADE. FRIO. Agente insalubre causador de dano à saúde do trabalhador, independente de tempo de exposição. Avaliação do dano é qualitativa e não quantitativa. Fornecimento de equipamento de proteção que não possui certificado de aprovação do Ministério do Trabalho, e que não serve para elidir os efeitos danosos do agente insalubre, porque não proporciona a proteção necessária dos membros inferiores. Recurso da reclamada a que se nega provimento. (TRT — 4ª Região — 1ª turma — RO — 005428021/97-4, 04.12.00).

— A decisão considerou a insalubridade por exposição ao frio,no entanto, a interpretação de que a avaliação qualitativa independe do tempo de exposição, a nosso ver, é equivocada.

6. INSALUBRIDADE. FRIO. CRITÉRIO QUALITATIVO. Para a caracterização de atividade insalubre, o sistema legal vigente adota o critério quantitativo, no qual se avalia os limites de tolerância fixados em razão da natureza, intensidade do agente e do tempo de exposição aos seus efeitos, e o qualitativo, onde se verifica apenas o tipo do agente a que estava o trabalhador exposto. Concluindo o laudo de inspeção realizada no local de trabalho que o autor, sem proteção adequada, laborava em local de baixa temperatura, submetido a agente físico que a NR-15 enquadra no critério qualitativo, faz ele jus ao adicional de insalubridade, independentemente do tempo de exposição ao frio — Processo 01754.2001.006.19.00-0 RO — Data de publicação: 12.11.03 — TRT 19ª Região.

— Ver comentário no item I.

7. ADICIONAL DE INSALUBRIDADE EM GRAU MÉDIO. CONTATO COM AGENTES QUÍMICOS E COM O AGENTE FÍSICO FRIO. Constatada a insuficiência no fornecimento de equipamentos de proteção individual ao empregado é devido o pagamento de adicional de insalubridade em grau médio pelo contato cutâneo com agentes químicos insalubres, nos termos do Anexo 13 da NR-15 da Portaria n. 3.214/78 do Ministério do Trabalho. De outra parte, o Anexo n. 9 da NR-15 da Portaria MTb n. 3.214/78 não discrimina como insalubres somente os trabalhos prestados no interior de câmaras frigoríficas, mas, também, os prestados em locais que apresentem condições similares, que exponham os empregados ao frio, sem proteção adequada. A insalubridade, no caso de exposição ao frio dos locais similares às câmaras frigoríficas, decorre da submissão do empregado aos choques térmicos, sendo, assim, qualitativa, e não quantitativa. (Processo 0072500-89.2009.5.04.0203 (RO) Redator: Marcelo Gonçalves de Oliveira. TRT 4ª Região. Data de publicação: 11.05.11).

— As normas sobre exposição ocupacional ao frio não consideram choque térmico como risco de hipotermia.

8. ADICIONAL DE INSALUBRIDADE. CÂMARA FRIA. A norma regulamentadora, ao não fixar limites de tolerância para exposição ao frio, estabelece o critério qualitativo para caracterização da insalubridade em decorrência de tal agente. Constatada a exposição habitual do trabalhador, é devido o adicional de insalubridade em grau médio independentemente de considerações sobre a intensidade do contato, seja em relação à frequência ou ao tempo de exposição ao frio. (TRT, 4ª R., RO 00010711720125040281, Publicação: 23.04.2014, rel. Maria Helena Lisot).

9. ADICIONAL DE INSALUBRIDADE. CÂMARAS FRIAS. NR-15 ANEXO 9. NÃO FIXA O TEMPO DE EXPOSIÇÃO. As atividades exercidas no interior de câmaras frias, que exponham o empregado ao frio, sem a proteção adequada, serão consideradas insalubres em decorrência de laudo de inspeção realizada no local de trabalho. O Anexo 9 da NR-15 da Portaria n. 3.214/78 do Ministério do Trabalho não estabelece limite mínimo de tempo de exposição ao frio. (TRT, 9ª T., RO 00015194220125010226, Publicação: 08.06.2016, rel. Ivan da Costa Alemão Ferreira).

— O tempo de exposição é fundamental na avaliação do risco a exposição ocupacional ao frio e, consequentemente, na caracterização da insalubridade.

10. INSALUBRIDADE. AGENTE FRIO. TEMPO DE EXPOSIÇÃO. IRRELEVÂNCIA. CARACTERIZAÇÃO. As atividades do reclamante envolviam a entrada, duas vezes por dia, em câmara resfriada (8,4ºC), sem o uso dos EPI's necessários à neutralização do agente frio. Embora a exposição durasse apenas 5min, a cada entrada, totalizando 10min por dia, certo é que, quando se trata do agente frio, a insalubridade é determinada de forma qualitativa, e não quantitativamente, logo, o tempo de exposição é irrelevante. Isso porque o ato de entrar e sair da câmara fria é que submete o organismo a bruscos resfriamentos, implicando a diminuição das defesas biológicas, em razão dos constantes choques térmicos. Devido, pois, o adicional de insalubridade ao obreiro, na hipótese em apreço, nos moldes do Anexo 9 da NR-15 da Portaria n. 3.214/1978 do MTE. (TRT, 3ª R., 6ª T., RO 00855201010403008, Publicação: 16.05.2011, rel. Jorge Berg de Mendonça).

— A decisão confunde exposição ocupacional ao frio e choque térmico. Na caracterização da insalubridade, a finalidade da norma foi verificar o risco de hipotermia, como ocorre nas normas de higiene ocupacional, como, por exemplo, a ACGIH.

11. ADICIONAL DE INSALUBRIDADE. EXPOSIÇÃO AO FRIO. UTILIZAÇÃO EFETIVA DOS EQUIPAMENTOS DE PROTEÇÃO INDIVIDUAIS. INDEVIDO. Constatada a presença de agente nocivo à saúde do trabalhador (exposição ao frio) e demonstrada a utilização de equipamento adequado para proteção contra as baixas temperaturas, é indevido o pagamento do adicional de insalubridade. (TRT, 15ª R., RO 2900620125150146, Publicação: 24.05.2013, rel. Fabio Grasselli).

— Nesse julgamento, a insalubridade foi descaracterizada pelo uso do EPI.

12. ADICIONAL DE INSALUBRIDADE. EXPOSIÇÃO AO FRIO. Insalubridade que se caracteriza pelo choque térmico decorrente da brusca mudança de ambiente, sendo irrelevante o tempo de exposição. (TRT, 4ª R., RO 00003505020125040383, Publicação: 16.10.2013, rel. Ana Luiza Heineck Kruse).

— O choque térmico não é requisito para caracterização da insalubridade nos termos do Anexo 9 da NR-15.

13. ADICIONAL DE INSALUBRIDADE. EXPOSIÇÃO AO FRIO SEM NEUTRALIZAÇÃO EFETIVA POR EPI. INEXISTÊNCIA DE PAUSA TÉRMICA. Constatado, no decorrer do contrato de trabalho, labor insalubre, sem neutralização efetiva por meio de EPI, é devido o adicional respectivo. Outrossim, provada a não-concessão de intervalo térmico previsto no art. 253 da CLT, se impõe a condenação ao pagamento da respectiva remuneração. Inteligência da Súmula n. 438/TST. (TRT, 10ª R., RO 01395201310210007, Publicação: 20.06.2014, rel. Ricardo Alencar Machado).

— Insalubridade caracterizada por falta de proteção adequada e pausa.

14. ADICIONAL DE INSALUBRIDADE. EXPOSIÇÃO HABITUAL E PERMANENTE AO AGENTE INSALUTÍFERO — FRIO — VESTIMENTA INADEQUADA. O trabalho em ambiente artificialmente frio obrigatoriamente deve ser exercido com utilização de equipamentos de proteção individual adequados. Constatado, pelo perito, que os empregados do frigorífico réu trabalhavam sob o uso de moletom, vestimenta insuficiente para eliminar ou neutralizar os efeitos deletérios do frio, faz jus o trabalhador demandante. (TRT, 18ª R., RO 1929200901218004, Publicação: 11.11.2010, rel. Geraldo Rodrigues do Nascimento).

— Insalubridade caracterizada pela falta de proteção adequada. Vale ressaltar que os EPI's devem ser aprovados pelo MTE para proteção contra exposição ao frio.

15. ADICIONAL DE INSALUBRIDADE. FRIO. A cidade de Iturama, local da prestação de serviços, está localizada na 4ª zona climática, conforme o mapa "Brasil Climas" do Instituto Brasileiro de Geografia e Estatística — IBGE, previsto na Portaria n. 21 de 26.12.1994 do Ministério do Trabalho e Emprego, região na qual se considera frio a temperatura igual ou inferior a 12ºC. Constatado que a temperatura no local de trabalho da obreira era de 9,9ºC, não há dúvida de que a mesma estava exposta ao frio, nos termos do Anexo 09 da NR-15 da Portaria n. 3.214/78 do Ministério do Trabalho e Emprego, fazendo jus ao adicional de insalubridade. (TRT, 3ª R., 2ª T., RO 01279-2011-157-03-00-2, Publicação: 05.07.2013, rel. Sabrina de Faria F. Leao).

— Na decisão, foi considerada a zona climática para definir a exposição ao frio (similar à câmara frigorífica).

16. ADICIONAL DE INSALUBRIDADE. Ingresso Eventual em Câmaras Frias. Pouca Exposição ao Agente Agressor. Adicional Indeferido. Não se caracteriza como trabalho insalubre o exercício de atividades que compreendam entradas eventuais e intermitentes em câmara frigorífica, com pouco tempo de exposição ao agente insalubre e mediante uso de equipamento de proteção individual adequado — Processo 01517.2005.002.17.00.9 (RO) — Relator Gerson Fernando Da Sylveira Novais — TRT 17ª Região.

— *O julgamento levou em consideração o tempo de exposição para descaracterizar a insalubridade.*

Umidade

CONSIDERAÇÕES GERAIS

O Anexo 10 da NR-15 determina que as atividades ou operações executadas em locais alagados ou encharcados, com umidade excessiva, capazes de produzir danos à saúde dos trabalhadores, serão consideradas insalubres em decorrência de laudo de inspeção realizada no local de trabalho.

O Anexo 10 menciona como insalubre, a condição do local com possibilidade de produzir danos à saúde, por causa da umidade excessiva, ou seja, a regra é muito subjetiva. Portanto, o requisito para caracterização da insalubridade, é a condição de o local ser encharcado ou alagado, além da possibilidade de produzir danos à saúde, ou seja, a regra é muito subjetiva. Desse modo, na caracterização na insalubridade por esse agente, o perito deve agir com razoabilidade na inspeção e no parecer sobre a existência ou não da condição insalubre.

JURISPRUDÊNCIA

1. ADICIONAL DE INSALUBRIDADE. UMIDADE EXCESSIVA. Apesar da conclusão do laudo pericial em sentido contrário, as demais provas dos autos evidenciam que o local onde o reclamante exercia suas atividades não ficava demasiadamente encharcado ou alagado a ponto de causar danos à saúde dele,na forma que exige o Anexo 10 da NR-15, de maneira que não há falar no pagamento de adicional de insalubridade. (TRT 17ª R., 2ª T., RO 0500282-36.2014.5.17.0181, rel. Lino Faria Petelinkar, Publicação: 14.10.2016).

— *Insalubridade não caracterizada, pois o local não era alagado ou encharcado.*

2. ADICIONAL DE INSALUBRIDADE. AGENTE FÍSICO. UMIDADE. EQUIPAMENTOS DE PROTEÇÃO SEM CA OU VENCIDOS. ANEXO 10, DA NR-15. RECONHECIMENTO. Sendo inequívoca a prova da presença de umidade no setor e nas tarefas incumbidas à trabalhadora, que expunha partes diversas de seu corpo, a nocividade do labor se caracteriza. Notadamente quando a análise pericial denota que os Certificados de Aprovação estavam vencidos ou com números inexistentes, inocorrendo prova de sua eficácia. (TRT, 12ª R., 3ª T., RO 0001620-11.2013.5.12.0009, Rel.: Ligia Maria Teixeira Gouvêa, Data de Publ. 02.12.14).

— *Insalubridade caracterizada em razão da falta de proteção adequada.*

3. JULGAMENTO "EXTRA PETITA". NÃO CARACTERIZAÇÃO. Há julgamento "extra petita" quando o julgador defere algo "fora" do que a parte autora pretendeu. Na hipótese dos autos, o reclamante requereu o pagamento de adicional de insalubridade alegando ter trabalhado sob a infuência de agente insalubre, apenas citando contato com agentes químicos. O deferimento de adicional de insalubridade em razão do contato com umidade não se constitui em julgamento "extra petita", pois o pedido é de adicional de insalubridade, tendo por fundamento o trabalho em condições insalubres, o que depende de exame técnico para sua configuração, podendo o exame pericial verificar agente insalubre distinto do indicado pelo obreiro. Recurso patronal não provido. (TRT, 9ª R., 6ª T., 00576-2014-749-09-00-5-ACO-32064-2016, Relator: Sérgio Murilo Rodrigues Lemos, Publicado 16.09.2016).

— *Ver Súmula n. 293 do TST, ou seja, a causa de pedir diverso do apontado na inicial não prejudica o pedido do adicional de insalubridade.*

4. ADICIONAL DE INSALUBRIDADE. UMIDADE. CARACTERIZAÇÃO O Tribunal Regional consignou, com base na prova pericial, que o Reclamante estava exposto à umidade durante toda a contratualidade. Registrou que o fornecimento de EPI's não foi suficiente para elidir os agentes insalubres. A mudança desse entendimento encontra óbice na Súmula n. 126 do TST. (RR — 50-21.2013.5.04.0006, Relatora Ministra: Maria Cristina Irigoyen Peduzzi, Data de Julgamento: 07.12.2016, 8ª Turma, Data de Publicação: DEJT 12.12.2016).

— *Insalubridade caracterizada pela falta de EPI.*

5. ADICIONAL DE INSALUBRIDADE. UMIDADE. REEXAME. FATOS E PROVAS. SÚMULA N. 126. NÃO CONHECIMENTO. O egrégio Colegiado Regional, soberano no exame do acervo fático-probatório da lide, reconheceu que o reclamante, no desempenho da função de bombeiro hidráulico, ao executar a atividade de corte/religa de água, ficava exposto a umidade, por cerca de 10 minutos, de 8 a 10 vezes por dia, tratando-se de exposição não eventual, enquadrando-se a hipótese no Anexo n. 10 da NR-15 do MTE, a ensejar o pagamento do adicional de insalubridade. Incidência do óbice da Súmula n. 126 a inviabilizar o revolvimento necessário para se infirmar a conclusão exposta pela instância ordinária. Recurso de revista de que não se conhece. (RR — 77300-97.2009.5.17.0010, Relator Ministro: Guilherme Augusto Caputo Bastos, Data de Julgamento: 09.11.2016, 5ª Turma, Data de Publicação: DEJT 18.11.2016)

— A insalubridade foi caracterizada, incluindo na fundamentação o tempo de exposição.

6. ADICIONAL DE INSALUBRIDADE. UMIDADE. AUSÊNCIA AMBIENTE ENCHARCADO OU ALAGADO. CONCLUSÃO PERICIAL NÃO ACATADA. Não há como acatar laudo pericial que claramente contraria os ditames do Anexo 10 da NR-15. As fotos anexadas pelo expert comprovam que o ambiente de trabalho do reclamante era seco e não se enquadrava ou se equiparava às condições descritas na norma regulamentadora, segundo a qual são insalubres, por exposição ao agente umidade, as atividades ou operações executadas em locais alagados ou encharcados, com umidade excessiva, capazes de produzir danos à saúde dos trabalhadores, serão consideradas insalubres em decorrência de laudo de inspeção realizada no local de trabalho. Insuficiente, para tanto, o fato de o local ser lavado diariamente, durante 2 horas. (TRT da 3ª Região; Processo: 0000886-68.2014.5.03.0173 RO; Data de Publicação: 07.11.2016; Disponibilização: 04.11.2016, DEJT/TRT3/Cad.Jud, p. 246; Órgão Julgador: Quinta Turma; Relator: Marcio Flavio Salem Vidigal; Revisor: Convocado João Bosco de Barcelos Coura).

— Nesse julgamento, a nosso ver, a norma foi interpretada corretamente. O requisito para caracterizar a insalubridade por umidade é o local alagado ou encharcado.

7. INSALUBRIDADE. AGENTE UMIDADE. SERVIÇOS DE LIMPEZA. AUSÊNCIA DE CONTATO COM AMBIENTE ALAGADO E/OU ENCHARCADO. ADICIONAL INDEVIDO. O anexo 10, da Norma Regulamentadora n. 15, classifica como ambiente úmido insalubre os "locais alagados ou encharcados, com umidade excessiva, capazes de produzir danos à saúde dos trabalhadores". O preceito legal destacado considera insalubre o campo alagado ou encharcado de molde a manter úmido o corpo do trabalhador constantemente durante o período de exposição. Apurando-se que o empregado apenas lavava as áreas comuns da escola, e o contato com umidade era proveniente da água destinada à limpeza dos banheiros, não há falar em adicional de insalubridade. (TRT da 3ª Região; PJe: 0011418-37.2015.5.03.0183 (RO); Disponibilização: 28.06.2016, DEJT/TRT3/Cad.Jud, p. 300; Órgão Julgador: Sexta Turma; Relator: Rogério Valle Ferreira).

— O local não era encharcado ou alagado, sendo assim o julgador não acolheu o pedido de insalubridade por umidade.

8. ADICIONAL DE INSALUBRIDADE. UMIDADE. A atividade de Auxiliar de Processo de Produção, exercida no pátio de madeiras da empresa, mesmo que desempenhada também em dias de chuva (com o uso de capas de chuva e botas de borracha, como confessou o reclamante), não caracteriza a hipótese de trabalho em local alagado ou encharcado nos termos do Anexo 10 da NR-15 da Portaria Ministerial n. 3.214/78. Adicional de insalubridade indevido. (TRT, 4ª R., 7ª T., RO 0020267-62.2014.5.04.0261, Data: 06.04.2016, Redator: Denise Pacheco)

— A insalubridade por umidade é a condição do local (alagado e encharcado). Sendo assim, a decisão excluindo o trabalho em dias de chuva está correta.

9. ADICIONAL DE INSALUBRIDADE. UMIDADE. A previsão contida no Anexo 10 da NR-15 restringe-se àquelas tarefas cujo local de trabalho identifica-se com tanques, rios ou regiões pantanosas, nos quais invariavelmente há submersão de parte do corpo à água, não abarcando a hipótese em que o contato com umidade ocorre ao realizar a tarefa de lavar a louça. (TRT, 4ª R, 0021216-81.2014.5.04.0004 (RO), Data: 26.10.2016, 6ª Turma, Redator: Raul Zoratto Sanvicente)

— A operação de lavar louça não se enquadra como insalubre, pois os requisitos para caracterização da insalubridade são local encharcado ou alagado.

10. ADICIONAL DE INSALUBRIDADE. UMIDADE. O fato de a autora, exercendo a função de promotora de vendas, utilizar pano úmido para limpar eletrodomésticos em exposição e logo após lavá-lo, ainda que sem avental ou luvas, não caracteriza trabalho insalubre, nos termos da legislação vigente, sendo indevido o adicional respectivo. (TRT, 2ª R, RO 1000257-30.2014.5.02.0715, rel. Sônia Maria Forster do Amaral, Data: 10.11.2015)

— A decisão é correta, pois não há enquadramento no anexo 10 da NR-15.

11. ADICIONAL DE INSALUBRIDADE. INDEVIDO. LIMPEZA DE RESIDÊNCIAS E ESCRITÓRIOS. UMIDADE. NÃO CARACTERIZAÇÃO. A NR-15 do MTE, em seu anexo 10, estabelece ser devido o adicional de insalubridade quando as atividades ou operações forem executadas em locais

alagados ou encharcados, com umidade excessiva, o que não se confunde com a circunstância retratada no trabalho técnico. A limpeza em residências e escritórios com o uso de água e produtos de limpeza diluídos não caracteriza a insalubridade prevista na norma regulamentar, já que, no caso, o ambiente de trabalho não era alagadiço, encharcado ou excessivamente úmido. O mero contato com a umidade em razão da lavagem de pisos, banheiros e utensílios domésticos não se insere no conceito da norma. Recurso ordinário ao qual se dá parcial provimento. (TRT, 2ª R., 12ª T., RO 1002184-30.2013.5.02.0468, rel. Benedito Valentini, data: 25.11.2016).

— O mero contato com umidade na lavagem de piso não configura local encharcado ou alagado.

12. ADICIONAL DE INSALUBRIDADE. AGENTE UMIDADE. DESCONSTITUIÇÃO DO LAUDO. ÔNUS DA PROVA. Restou incontroverso que a reclamante, quando na função de ajudante de cozinha, realizava atividades em contato direto com água. Para a caracterização do agente insalubre, foi considerado o contato diário com a umidade excessiva sem a utilização de luvas; assim, não há necessidade que o trabalho seja efetuado apenas em local alagado ou encharcado, bastando que haja contato com umidade excessiva, o que foi constatado pela perícia oficial. Para que a prova técnica seja desconstituída, torna-se necessário mostrar-se inidônea, bem como não apresentar análise clara do fato controvertido em cotejo com outros elementos objetivos constantes nos autos. No caso, não logrou êxito a ré em desconstituir a prova técnica, ônus que lhe incumbia, na forma dos arts. 818 da CLT e 373, II, do NCPC. Sentença mantida. (TRT, 9ª R., 6ª T., 02052-2014-658-09-00-1-ACO-31498-2016, Relator: Francisco Roberto Ermel, Publicado em: 13.09.2016).

— A decisão considerou a atividade realizada como insalubre por causa da umidade.

13. ADICIONAL DE INSALUBRIDADE. UMIDADE EXCESSIVA. INOCORRÊNCIA. Ausente a prova do fato constitutivo do direito alegado, qual seja, o trabalho com exposição à umidade excessiva, na forma do Anexo 10 da NR-15, não há falar em pagamento do adicional de insalubridade. (TRT, 12ª R., 2ª T., 0006799-59.2014.5.12.0018, Redator: Gilmar Cavalieri, Publicado em 29.09.2016)

— Não houve caracterização da insalubridade.

14. INSALUBRIDADE. AGENTE UMIDADE. SERVIÇOS DE LIMPEZA.- AUSÊNCIA DE CONTATO COM AMBIENTE ALAGADO E/OU ENCHARCADO. ADICIONAL INDEVIDO. O anexo 10, da Norma Regulamentadora n. 15, classifica como ambiente úmido insalubre os "locais alagados ou encharcados, com umidade excessiva, capazes de produzir danos à saúde dos trabalhadores". O preceito legal destacado considera insalubre o campo alagado ou encharcado de molde a manter úmido o corpo do trabalhador constantemente durante o período de exposição. Apurando-se que o empregado apenas lavava as áreas comuns da escola, e o contato com umidade era proveniente da água destinada à limpeza dos banheiros, não há falar em adicional de insalubridade. (TRT da 3ª Região; PJe: 0011418-37.2015.5.03.0183 (RO); Disponibilização: 28.06.2016, DEJT/TRT3/Cad.Jud, Página 300; Órgão Julgador: Sexta Turma; Relator: Rogerio Valle Ferreira).

— A decisão não considerou a atividade como insalubre, pois lavar áreas comuns de escola, não configura local alagado e encharcado.

15. ANEXO 10 DA NR-15. LAVAGEM DE ALIMENTOS, PRATOS E TALHERES. UMIDADE. INEXISTÊNCIA DE INSALUBRIDADE. Conforme o Anexo n. 10, da NR-15, do Ministério do Trabalho e Emprego, são insalubres as atividades desenvolvidas em locais alagados ou encharcados, com umidade excessiva, capazes de produzir danos à saúde dos trabalhadores. Nesse contexto, o trabalho como cozinheira em estabelecimentos comerciais, envolvendo lavagem de alimentos, pratos e talheres, não caracteriza insalubridade por umidade, pois, além de não ser realizado em local alagado ou encharcado, a umidade nessas condições não provoca danos à saúde, como inclusive revela a experiência cotidiana. (TRT da 3ª Região; Processo: 0002175-63.2011.5.03.0004 RO; Data de Publicação: 02.12.2013; Disponibilização: 29.11.2013, DEJT, Página 180; Órgão Julgador: Quarta Turma; Relator: Taisa Maria M. de Lima; Revisor: Julio Bernardo do Carmo).

— A atividade de lavar prato não foi considerada insalubre, pois não era realizado em local alagado e encharcado.

17. EXPOSIÇÃO À CHUVA. ADICIONAL DE INSALUBRIDADE POR UMIDADE. NECESSIDADE DE CLASSIFICAÇÃO NA RELAÇÃO ELABORADA PELO MTE. Nos termos da OJ n. 4 da SBDI-I do TST, "não basta a constatação da insalubridade por meio de laudo pericial para que o empregado tenha direito ao respectivo adicional, sendo necessária a classificação da atividade insalubre na relação oficial elaborada pelo Ministério do Trabalho". (TRT da 3ª Região; Processo: 0000307-32.2011.5.03.0010 RO; Data de Publicação: 28.11.2011; Disponibilização: 25.11.2011, DEJT, Página 69; Órgão Julgador: Quinta Turma; Relator: Jose Murilo de Morais; Revisor: Convocado Jesse Claudio Franco de Alencar).

— Trabalho com exposiçao à chuva não se enquadra como insalubre na NR-15.

Agentes Químicos

CONSIDERAÇÕES GERAIS

A insalubridade por agente químico está regulamentada nos anexos 11, 12 e 13 da NR-15. No anexo 11, a NR-15 estabelece limites de tolerância para gases e vapores. No anexo 12, a norma estabelece limites de tolerância para poeira mineral, ao passo que, no anexo 13, são definidos critérios de insalubridade para agente químico pelo método qualitativo.

A insalubridade por avaliação quantitativa (anexos 11 e 12) exige custos com análises, filtros, tubos, entre outros. Além disso, muitas vezes o tempo de coleta é longo. Por essa razão, nas provas periciais, dificilmente o perito realiza avaliação desses agentes.

A) ANEXO 11, NR-15 — GASES E VAPORES

Como visto anteriormente, esse anexo estabelece os limites de tolerância para gases e vapores. Sendo assim, a insalubridade por esses agentes será caracterizada quando a concentração superar o limite. O anexo 11 da NR-15 possui um quadro contendo os limites de tolerância, valor-teto, absorção pela pele e grau de insalubridade. A seguir, serão exemplificadas algumas substâncias que se enquadram nos critérios do quadro do anexo 11 da NR-15.

Agentes Químicos	Valor-teto	Absorção também p/ pele	Concentrações — Até 48 horas/semana		Grau de insalubridade a ser considerado no caso de sua caracterização
			ppm*	mg/m³**	
Acetona			780	1870	mínimo
Ácido clorídrico	+		4	5,5	máximo
Álcool isopropílico		+	310	765	médio
Dióxido de enxofre			4	10	máximo

* ppm — partes de vapor ou gás por milhão de partes de ar contaminado.

** mg/m³ — miligramas por metro cúbico de ar.

— Nas substâncias assinaladas à coluna do 'valor-teto', segundo o anexo 11, subitem 4, os limites não podem ser ultrapassados em momento algum da jornada de trabalho;

— Nas substâncias assinaladas à coluna 'Absorção pela pele',segundo o anexo 11, subitem 5, estão assinalados os agentes químicos que podem ser absorvidos por via cutânea, e, portanto, exigindo na sua manipulação o uso das luvas adequadas, além do EPI necessário à proteção de outras partes do corpo;

— Nas demais substâncias (não assinaladas ao 'Valor-teto'), como os exemplos mostrados no quadro, a insalubridade será caracterizada quando a concentração média superar o limite de tolerância ou o valor máximo. Esse valor máximo é calculado com a equação que se segue:

Valor máximo = LT x FD

Onde: LT = limite de tolerância para o agente químico, segundo o Quadro 1.

FD = fator de desvio, segundo definido no Quadro 2.

QUADRO 2

LT (ppm ou mg/m^3)	FD
0 a 1	3,0
1 a 10	2,0
10 a 100	1,5
100 a 1000	1,25
Acima de 1000	1,10

Exemplo: o valor máximo do Dióxido de enxofre é igual a:

Valor máximo = LT x FD = 4,0 ppm x 2,0 = 8 ppm

B) ANEXO 12, NR-15 — POEIRAS MINERAIS

Esse anexo estabelece os limites de tolerância para as seguintes poeiras minerais:

— Asbesto: limite de tolerância para fibras respiráveis de asbesto crisotila é de 2,0 f/cm^3. Entende-se por "fibras respiráveis de asbesto" aquelas com diâmetro inferior a 3 (três) micrômetros, comprimento maior ou igual a 5 (cinco) micrômetros e relação entre comprimento e diâmetro igual ou superior a 3:1 (três para um);

— Fumos de manganês: 1,0 mg/m^3;

— Poeira de manganês: 5,0 mg/m^3;

— Negro de fumo: 3,5 mg/m^3;

— Chumbo: 0,1 mg/m^3 (anexo 11);

— Sílica livre cristalizada ou quartzo:

Para poeira respirável, expresso em mg/m^3, o limite de tolerância é dado pela seguinte fórmula:

$$LT = \frac{8}{\%\ \text{quartzo} + 2}\ (\text{mg/m}^3)$$

Para poeira total (respirável e não respirável), expresso em mg/m^3:

$$LT = \frac{24}{\%\ \text{quartzo} + 3}\ (\text{mg/m}^3)$$

Observa-se que o limite de tolerância é em função do teor de quartzo ou sílica livre cristalizada. Além disso, a insalubridade será caracterizada quando qualquer um dos limites for superado.

Vale ressaltar que a ACGIH estabelece limites de tolerância para vários tipos de poeira e fumos, tais como: cimento, talco, ferro, cromo, zinco, alumínio, entre outros. No entanto, o MTE não atualizou esse anexo na NR-15.

C) ANEXO 13, NR-15 — AGENTES QUÍMICOS

O anexo 13 estabelece critérios de avaliação qualitativa para diversos agentes químicos na forma de poeira, fumos ou gases. A norma menciona operações ou atividades com presunção de exposição ao agente químico. A seguir, alguns dos exemplos dos agentes que ocorrem com mais frequência nas perícias e jurisprudência.

OPERAÇÕES DIVERSAS

Insalubridade de grau médio

Fabricação de pós de alumínio (trituração e moagem).

Fabricação e manipulação de ácido foxálico, nítrico e sulfúrico, bromídrico, fosfórico, pícrico.

Telegrafia e radiotelegrafia, manipulação em aparelhos do tipo Morse e recepção de sinais em fones.

Fabricação e manuseio de álcalis cáusticos.

Insalubridade de grau mínimo

Fabricação e transporte de cal e cimento nas fases de grande exposição a poeiras.

Carvão

Insalubridade de grau máximo

Trabalho permanente no subsolo em operações de corte, furação e desmonte, de carregamento no local de desmonte, em atividades de manobra, nos pontos de transferência de carga e de viradores.

Insalubridade de grau médio

Demais atividades permanentes do subsolo compreendendo serviços, tais como: de operações de locomotiva, condutores, engatadores, bombeiros, madeireiros, trilheiros e eletricistas.

Insalubridade de grau mínimo

Atividades permanentes de superfície nas operações a seco, com britadores, peneiras, classificadores, carga e descarga de silos, de transportadores de correia e de teleférreos.

Cromo

Insalubridade de grau máximo

Fabricação de cromatos e bicromatos.

Pintura à pistola com pigmentos de compostos de cromo, em recintos limitados ou fechados.

Insalubridade de grau médio

Cromagem eletrolítica dos metais.

Fabricação de palitos fosfíricos à base de compostos de cromo (preparação da pasta e trabalho nos secadores).

Manipulação de cromatos e bicromatos.

Pintura manual com pigmentos de compostos de cromo em recintos limitados ou fechados (exceto pincel capilar).

Hidrocarbonetos e outros compostos de carbono

Insalubridade de grau máximo

Destilação do alcatrão da hulha.

Destilação do petróleo.

Manipulação de alcatrão, breu, betume, antraceno, óleos minerais, óleo queimado, parafina ou outras substâncias cancerígenas afins.

Fabricação de fenis, cresis, naftóis, nitroderivados, aminoderivados, derivados halogenados e outras substâncias tóxicas derivadas de hidrocarbonetos cíclicos.

Pintura à pistola com esmaltes, tintas, vernizes e solventes contendo hidrocarbonetos aromáticos.

Insalubridade de grau médio

Emprego de defensivos organoclorados: DDT (Diclorodifeniltricloretano), DDD (Diclorodifenildicloretano), Metoxicloro (Dimetoxidifeniltricloretano), BHC (Hexacloreto de Benzeno) e seus compostos e isômeros.

Emprego de defensivos derivados do ácido carbônico.

Emprego de aminoderivados de hidrocarbonetos aromáticos (homólogos da anilina).

Emprego de cresol, naftaleno e derivados tóxicos.

Emprego de isocianatos na formação de poliuretanas (lacas dedesmodur e desmofem, lacas de dupla composição, lacas protetoras de madeira e metais, adesivos especiais e outros produtos à base de polisocianetos e poliuretanas).

Emprego de produtos contendo hidrocarbonetos aromáticos como solventes ou em limpeza de peças.

Fabricação de artigos de borracha, de produtos para impermeabilização e de tecidos impermeáveis à base de hidrocarbonetos.

Fabricação de linóleos, celuloides, lacas, tintas, esmaltes, vernizes, solventes, colas, artefatos de ebonite, guta-percha, chapéus de palha e outros à base de hidrocarbonetos.

Limpeza de peças ou motores com óleo diesel aplicado sob pressão (nebulização).

Pintura a pincel com esmaltes, tintas e vernizes em solventes contendo hidrocarbonetos aromáticos.

Como comentado anteriormente, na avaliação qualitativa não significa que qualquer exposição ao agente é considerada insalubre. A maioria dos agentes químicos mencionados no Anexo 13 possui limites de exposição na ACGHIH e, desse modo, a avaliação do risco é feita por meio de avaliação quantitativa. A NR-9 admite o uso dos limites de exposição da ACGIH para fins de adoção de medidas de controle.

Outro aspecto importante a ser destacado é de que a NR-15 omite, para fins de caracterização de insalubridade,vários agentes químicos importantes do ponto de vista de exposição ocupacional, tais como: poeira de madeira; poeira de algodão; fumos e poeira de ferro entre outros.

ORIENTAÇÃO JURISPRUDENCIAL DO TST / SÚMULA DO TRT

ORIENTAÇÃO JURISPRUDENCIAL N. 171 — TST

Adicional de insalubridade. Óleos minerais. Sentido do termo "manipulação". Para efeito de concessão de adicional de insalubridade não há distinção entre fabricação e manuseio de óleos minerais — Portaria n. 3.214 do Ministério do Trabalho, NR-15, Anexo XIII.

— O anexo 13 da NR-15 dispõe:

HIDROCARBONETOS E OUTROS COMPOSTOS DE CARBONO

Insalubridade de grau máximo

Manipulação de alcatrão, breu, betume, antraceno, óleos minerais, óleo queimado, parafina ou outras substâncias cancerígenas afins.

— A norma menciona apenas o manuseio de óleo mineral.

SÚMULA N. 40 — TRT 3ª REGIÃO

ADICIONAL DE INSALUBRIDADE. MANUSEIO DE CIMENTO. A manipulação de cimento em obras ou o mero contato com esse produto não enseja, por si só, o pagamento do adicional de insalubridade, ainda que constatada mediante laudo pericial. Essa atividade não se insere nas normas técnicas definidas pelo Anexo 13 da NR-15 da Portaria n. 3.214/78 do Ministério do Trabalho e Emprego. (RA 167/2015, disponibilização: DEJT/TRT3/Cad. Jud. 16.07.2015, 17.07.2015 e 20.07.2015).

— O anexo 13 da NR-15 considera como insalubre de grau mínimo a fabricação e transporte de cal e cimento nas fases de grande exposição a poeiras. Sendo assim, na prova pericial, o perito deve avaliar as condições de trabalho e, se possível, medir a concentração da poeira visando verificar se existe grande exposição à poeira de cimento.

SÚMULA N. 124 — TRT 12ª REGIÃO

ADICIONAL DE INSALUBRIDADE. MANUSEIO DE CIMENTO. As atividades profissionais que envolvem o manuseio de cimento, tais como pedreiros, auxiliares de pedreiro e serventes de obra, entre outros, não dão ensejo ao pagamento do adicional de insalubridade, por falta de enquadramento no Anexo 13 da NR-15 da Portaria n. 3.214/78 do MTE.

— O anexo 14 da NR-15 menciona expressamente como insalubre de grau mínimo, a Fabricação e transporte e cimento nas fases de grande exposição à poeira.

SÚMULA N. 60 — TRT 4ª REGIÃO

ADICIONAL DE INSALUBRIDADE. AGENTE QUÍMICO FENOL. A exposição cutânea ao agente químico fenol, de avaliação qualitativa, gera insalubridade em grau máximo. (RA 28/2013 disponibilizada no DEJT dias 14, 18 e 19 de novembro de 2013, considerada publicada dias 18, 19 e 20 de novembro de 2013).

— O anexo 11 da NR-15 estabelece:

1. Nas atividades ou operações nas quais os trabalhadores ficam expostos a agentes químicos, a caracterização de insalubridade ocorrerá quando forem ultrapassados os limites de tolerância constantes do Quadro n. 1 deste Anexo.

2. Na coluna "ABSORÇÃO TAMBÉM PELA PELE" estão assinalados os agentes químicos que podem ser absorvidos, por via cutânea, e portanto exigindo na sua manipulação o uso da luvas adequadas, além do EPI necessário à proteção de outras partes do corpo.

Examinando os dispositivos transcritos, verifica-se que a insalubridade será caracterizada quando ultrapassados os limites de tolerância do Quadro 1, Anexo 11 da NR-15. Esse quadro determina limite de tolerância de 4,0 ppm para o fenol e valor máximo igual a 16,0 ppm. Essa norma determina também que o fenol é absorvido pela pele e, desse modo, é necessária a proteção da pele por meio de EPI's adequados. Todavia, não menciona expressamente se a falta desse EPI para proteção da pele caracteriza a atividade como insalubre. Sendo assim, a interpretação é controvertida.

JURISPRUDÊNCIA

1. INSALUBRIDADE. FRIO. ÁLCALIS CÁUSTICOS. EQUIPAMENTO DE PROTEÇÃO. O ingresso em câmaras frias, de modo intermitente e habitual, assim como o manuseio de substâncias álcalis cáusticas, sem o uso de equipamento de proteção adequado, conforme apurado pela competente perícia técnica, caracteriza insalubridade em grau médio geradora do direito à percepção do adicional respectivo. Não afasta este direito a simples entrega de equipamento de proteção, sobretudo quando o empregador não demonstra que o protetor seja adequado ao risco, possua certificado de aprovação pelo Ministério do Trabalho e tenha sido efetivamente usado pelo trabalhador. (TRT — 4ª Região — 2ª turma — RO — 00298302/96-9, 16.08.99).

— O Anexo 13 da NR-15 considera como insalubre de grau médio o manuseio de álcalis cáustico.

2. AGENTE INSALUBRE POEIRA. AUSÊNCIA DE MEDIÇÃO. LAUDO BASEADO APENAS NO PPRA. A avaliação das concentrações de poeira no ambiente de trabalho deve ser efetuada por meio de adequada medição, restando inservível o laudo baseado apenas em PPRA produzido pela própria Reclamada. (TRT 17ª R., RO 0045400-15.2012.5.17.0003, Publicação: 20.10.2016).

— A insalubridade por exposição à poeira mineral é caracterizada quando a concentração superar os limites de tolerância estabelecidos no Anexo 12 da NR-15.

3. ADICIONAL DE INSALUBRIDADE. PROVA TÉCNICA ELUCIDATIVA. PERÍODO LABORAL INSALUBRE ATESTADO. PRINCÍPIO DA PRIMAZIA DA REALIDADE. DEMONSTRAÇÃO DE TRABALHO DELETÉRIO. ACOLHIMENTO INTEGRAL DO LAUDO PERICIAL. CABIMENTO SOMENTE NA ÉPOCA ATESTADA. Ante a prova técnica pericial, elucidativa, objetiva e conclusiva quanto à exposição habitual e contínua do reclamante, por via dérmica e respiratória, sem a proteção adequada, a agentes químicos deletérios, quais sejam, hidrocarbonetos aromáticos, contidos na NR-15, conforme seu Anexo 13, que independem de avaliação quantitativa ou qualquer valor de concentração ou limite de tolerância para gerar o direito ao adicional de insalubridade, durante o período laboral atestado no laudo, em que o obreiro executou o labor de pintura em contato dérmico e respiratório com hidrocarbonetos aromáticos como operador de serigrafia (função de halogenador), impõe-se o pagamento do referido adicional em grau médio (20%), no período delimitado pela prova técnica como insalubre (16.11.2011 a 04.10.2013), com esteio nas considerações e esclarecimentos constantes no laudo pericial, que se mostraram elucidativas e verossimilhantes, preconizando o princípio da primazia da realidade. Recurso ordinário obreiro não provido. (TRT, 13ª R, Processo 0000086-55.2016.5.13.0023, rel. Wolney De Macedo Cordeiro, Julgamento: 29.11.2016).

— O anexo 13 considera como insalubre a pintura à pistola ou a pincel com esmaltes, tintas, vernizes e solventes contendo hidrocarbonetos aromáticos.

4. ADICIONAL DE INSALUBRIDADE. SUBSTÂNCIA QUÍMICA. CHUMBO. NÃO FORNECIMENTO DE EPIS ADEQUADOS AO RISCO. Ficou evidenciado nos autos, por meio do laudo pericial, que, muito embora a exposição obreira não ocorresse em virtude da concentração de chumbo na atmosfera do ambiente laborativo, havia a manipulação sólida das barras de chumbo, sem a proteção adequada, ou seja, o reclamante mantinha contato dermal com a substância química, restando caracterizada a insalubridade em grau máximo nos termos dos Anexos n. 1 e 13 da NR-15 da Portaria n. 3.214/78 do MTE. (TRT, 2ª R., 11ª T., RO 1001340-41.2013.5.02.0384, rel. Wilma Gomes da Silva Hernandes, Data: 07.04.2015).

— O anexo 11 da NR-15 estabelece limite de tolerância de 0,1mg/m^3 para chumbo, e a coluna de absorção pela pele do Quadro 1 desse anexo não está assinalada. Sendo assim, a insalubridade será caracterizada somente quando a concentração de chumbo superar o limite de tolerância.

5. ADICIONAL DE INSALUBRIDADE. AGENTES INSALUBRES ABAIXO DOS LIMITES DE TOLERÂNCIA. DESNECESSIDADE DE COMPROVAÇÃO DO USO DE EPIS PARA AFASTAR O DIREITO À PERCEPÇÃO DO ADICIONAL. A conclusão extraída da prova pericial de que a atividade desempenhada não colocava o empregado em contato com agentes insalubres, químicos ou biológicos, acima dos limites de tolerância estabelecidos na norma regulamentadora, é suficiente para afastar o direito à percepção do adicional de insalubridade, na medida em que o art. 192 da CLT expressamente o assegura apenas ao trabalhador sujeito à atividade "em condições insalubres, acima dos limites de tolerância estabelecidos pelo Ministério do Trabalho". Diante disso, é despiciendo perquirir acerca do fornecimento e do efetivo uso dos equipamentos de proteção individual, porquanto seu uso se faz necessário quando a presença dos agentes insalubres na atividade do trabalhador está acima dos limites de tolerância. Recurso da reclamante desprovido. (TRT, 9ª R., 3ª T., 19523-2015-651-09-00-7-ACO-40510-2016, Relator: Thereza Cristina Gosdal, Publicado no DEJT em 29.11.2016)

— Nos Anexos 11 e 12 o critério de caracterização da insalubridade é quantitativo. Assim, a insalubridade será caracterizada quando a concentração for superior ao limite de tolerância. Se a concentração é inferior ao limite, não há necessidade de EPI para sua neutralização, conforme determina o art. 191, I da CLT.

6. COMBATE À FORMIGA. APLICAÇÃO DE ISCA. PRINCÍPIO ATIVO INOFENSIVO AO APLICADOR. Não é insalubre o trabalho de distribuir isca nos formigueiros porque o mister não se pode fazer mediante contato físico. Ademais, o princípio ativo é o da fumigação, o que se dá somente quando o produto é transportado pelos insetos para o subsolo e, por ação da umidade, se transforma em gás. Agora — é verdade — se o operador comer formicida (e o perito fala da ingestão) aí haverá o suicídio. Do mesmo modo se o Juiz comer o processo ou o pedreiro comer a massa, etc. Também estas hipóteses não gerarão direito ao adicional de insalubridade, ainda que algum perito assim o entenda (TRT, 1ª T., RO 1.341/94, red. Juiz Antônio Miranda de Mendonça, MG de 14.10.94).

— O Anexo 13 da NR-15 considera como insalubridadede de grau médio, o emprego de defensivos organoclorados: DDT (diclorodifeniltricloroetano) DDD (diclorodifenildicloroetano), metoxicloro (dimetoxidifeniltricloretano), BHC (hexacloreto de benzeno) e seus compostos e isômeros. Considera também como insalubre de grau médio, o emprego de defensivos organofosforados. Portanto, na prova pericial, o perito deve investigar a composição do produto, a forma do emprego e as medidas de controle existentes.

7. RECURSO ORDINÁRIO DA RECLAMADA. ADICIONAL DE INSALUBRIDADE EM GRAU MÁXIMO. PINTURA A PISTOLA COM TINTA QUE CONTÉM EM SUA COMPOSIÇÃO AGUARRÁS. Conjunto probatório dos autos que autoriza a conclusão de que o esmalte sintético a base de água utilizado na pintura dos brinquedos fabricados pela reclamada contém em sua composição aguarrás mineral. Assim, a atividade de pintura a pistola com o emprego dessa tinta, sem utilizar máscara com filtro de carvão ativado, impõe acolher a conclusão do laudo pericial, reconhecendo que o autor laborou em condições insalubres em grau máximo, nos termos do Anexo 13 da NR-15 da

Portaria MTE n. 3.214/78. Recurso desprovido. RECURSO ORDINÁRIO DO RECLAMANTE. INDENIZAÇÃO POR DANO MORAL. EXERCÍCIO DE ATIVIDADE INSALUBRE POR EMPREGADO MENOR DE IDADE. O desempenho de atividade insalubre por indivíduo menor de idade atenta contra inúmeras disposições do ordenamento jurídico pátrio, em especial o contido no art. 7º, XXXIII da Constituição Federal e nos arts. 403 e 405 da CLT. Ato ilícito praticado pela reclamada que importou risco à saúde do adolescente e que autoriza a condenação ao pagamento de indenização por danos morais a teor do contido no art. 186 do Código Civil. Recurso provido. (TRT, 4ª R., 1ª T., RO: 00216773320145040334, Data de Julgamento: 09.06.2016, relator: Rosane Serafini Casa Nova)

— O Anexo 13 considera como insalubre a pintura à pistola ou a pincel com esmaltes, tintas, vernizes e solventes contendo hidrocarbonetos aromáticos. A aguarrás é uma mistura de hidrocarbonetos alifáticos. A ACGIH recomenda o limite de exposição de 100 ppm para aguarrás mineral.

8. ADICIONAL DE INSALUBRIDADE. POEIRA DE CARVÃO. SÚMULA N. 126. NÃO CONHECIMENTO. A egrégia Corte Regional, soberana na análise dos fatos e provas, consignou, com fundamento no laudo pericial, que o reclamante trabalhava em permanente exposição à poeira de carvão, atividade que era enquadrada no Anexo 13 da NR-15, e que o uso dos EPI' s apenas minimizaram os efeitos nocivos do agente insalubre. Acrescentou, ainda, que a entrega de máscaras descartáveis ocorria de forma desordenada, sem reposição sistemática e que a reclamada não comprovou a realização de treinamento do uso dos equipamentos de proteção. Para divergir dessas premissas fáticas, tal como deseja a reclamada, no sentido de que havia treinamento, fiscalização e reposição periódica dos EPI's, seria necessário o reexame do conjunto fático-probatório, procedimento defeso a esta colenda Corte Superior, dada a natureza extraordinária do recurso de revista, consoante preconiza a Súmula n. 126. Inviabilizada, assim, a averiguação de contrariedade à Súmula n. 80.Recurso de revista de que não se conhece. (TST, 5ª T., RR 46400-59.2008.5.17.0013, Data de Julgamento: 14.09.2016, Publicação: 16.09.2016, rel. Guilherme Augusto Caputo Bastos).

— Insalubridade caracterizada pela falta de EPI.

9. TRABALHADOR DA CONSTRUÇÃO CIVIL. O empregado trabalhando em construção, abrindo sacos de cal e cimento e preparando a respectiva massa, não faz jus ao adicional de insalubridade. É que com pertinência a tal situação fática, o legislador apenas fixou como insalubridade a fase de "grande poeira" que corresponde à operação industrial. Não se pode dar interpretação elastecida, já que a insalubridade só se caracteriza nos exatos termos da previsão legal (TRT, 3ª Região, 4ª T., RO 4.411/94, rel. Juíza Deoclécia Amorelli Dias, MG de 09.07.94).

— Ver Súmula n. 40 — TRT 3ª Região.

10. DO ADICIONAL DE INSALUBRIDADE. O autor, inconformado com a decisão que acolheu o laudo pericial e rejeitou o pedido de adicional de insalubridade, insiste que o ambiente de trabalho no porto e em cima dos porões de navio é insalubre, tendo em vista o contato com o pó de carvão mineral e coque. Argumenta que não utilizava máscaras que eliminassem ou neutralizassem o agente insalubre. Registre-se, inicialmente, que o Juiz não está vinculado à conclusão expressa no laudo pericial e que, na condução do processo, apreciará livremente a prova, de acordo com os fatos e circunstâncias trazidas aos autos. Nesse sentido o art. 131 do Código de Processo Civil. Na hipótese dos autos, o Sr. Perito, à fls. 134, concluiu que: "O reclamante na função desenvolvida não se ativou em condições insalubres, conforme o que determina a Portaria n. 3.214/78, NR-15 e correspondentes anexos". (fl. 120). Em sede de esclarecimentos, informou que "Os equipamentos que o autor operava, além do guincho de bordo, os DN, CN, respectivamente carregadores de navios ou descarregadores de navios, possuem cabine fechada, não permitindo dessa forma o contato com os referidos agentes insalubres (poeira de carvão), mesmo considerando-se a pequena abertura no piso das cabines destes equipamentos". (...) "Uma vez que o reclamante não permanecia exposto à ação de poeiras de carvão ou qualquer agente insalubre, como já esclarecido, não havia a necessidade de adoção de EPI's como máscaras contra poeiras" (fl. 144, verso). Data veniamaxima, não ratifico a conclusão pericial. Conforme restou demonstrado pelo próprio laudo, o autor, na função de "Operador de equipamento móvel", atuava na área do porto da empresa Usiminas, no desembarque de produtos como carvão, coque e minério de ferro e no embarque de chapas e bombinas de aço (fl. 112). Por outro lado, os EPI's fornecidos pela empresa estão discriminados no relatório do laudo (fl. 113), dentre os quais não constam máscaras protetoras. Aliás, o próprio Perito afirmou que esse equipamento era desnecessário. Entretanto, pela narrativa das funções do autor, constantes do laudo pericial, é nítido que o obreiro não estava isento do contato com fatores insalubres. Não é razoável entender que a poeira do carvão não adentrava no interior dos equipamentos móveis manipulados pelo reclamante, mesmo com a "pequena abertura no piso das cabines". A atividade desenvolvida pelo reclamante proporcionava contato direto com o agente químico em questão, pois o içamento ou arriamento da carga gera grande quantidade de poeira, estando assim exposto por todo o pacto laboral a poeiras de carvão. Nesse contexto, por inteligência da NR-15, aplicável ao caso, tenho que o autor, no exercício da função de Operador de Equipamento Móvel, exerceu suas atividades em condições insalubres, em grau mínimo, pelo contato diário e direto com carvão mineral, nos termos da NR-15, Anexo 13, da Portaria n. 3.214/78 do MTE. Registro, inclusive que é suficiente o exercício de atividade em carga e descarga para que fique configurada a exposição ao agente químcarvão, já que a referida norma não restringe o alcance de sua aplicação. Reformo, para condenar a reclamada ao pagamento do adicional de insalubridade, em grau mínimo, conforme tabela constante da NR-15 da Portaria n. 3.214/78, 10% calculado sobre o salário mínimo. (TRT, 2ª R., 5ª Vara do Trabalho de Cubatão, PROCESSO TRT/SP RO N. 0000536-60.2011.5.02.0255).

— A ACGIH recomenda os seguintes limites de exposição para poeira de carvão: 0,4 mg/m^3 — antracito e 0,9 mg/m^3 para carvão betuminoso. Os limites são válidos para fração respirável. Assim, não é possível afirmar que dentro da cabine havia concentração nociva sem avaliar sua concentração. A presunção do risco de exposição a poeira nesse julgado não é cientificamente adequada.

11. Decisão: da insalubridade, ponderou a perita que apesar da exposição do autor à poeira de carvão mineral ter... em contato com agente insalubre (poeira de carvão mineral), foi rejeitada na r. sentença proferida no.... 510) não é compatível com a exposição a baixa concentração ao carvão mineral, conforme foi alegado... (TRT 15ª R., 4ª T., ED-RR 203000820065020255-20300-08.2006.5.02.0255, Publicação: 20.09.2013, Relator: Fernando Eizo Ono)

— A baixa concentração deve ser verificada por meio de avaliação quantitativa.

12. CARVÃO VEGETAL. INSALUBRIDADE. CARACTERIZAÇÃO. O Anexo 13 da NR-15 da Portaria n. 3.214/78, no item carvão, não estabelece se é mineral ou vegetal, sendo que a avaliação desse agente é qualitativa, o que autoriza entender que a insalubridade é caracterizada para ambos, uma vez que os dois tipos são nocivos à saúde dos trabalhadores. Os empregados expostos à poeira de carvão, sem proteção respiratória, estão sujeitos a contraírem doenças pulmonares, dentre outras patologias. No caso do carvão vegetal, devem ser tomados os mesmos cuidados, relativamente aos trabalhadores expostos à poeira de carvão mineral, tendo em vista os grandes efeitos nocivos causados à saúde. Desse modo, apurada, no laudo pericial, a exposição do empregado à poeira de carvão, sem a devida proteção, mesmo em se tratando de carvão vegetal, caracteriza-se a insalubridade, impondo-se o pagamento do respectivo adicional. (TRT-3 — RO: 01140201109803006 0001140-77.2011.5.03.0098, Relator: Convocado Jose Marlon de Freitas, Sexta Turma, Data de Publicação: 17.12.2012, 14.12.2012. DEJT, p. 257. Boletim: Não).

— No Anexo 13 da NR-15 são mencionados os agentes e as operações ou atividades com presunção de exposição nociva. As operações com carvão são restritas a sua extração em mina subterrânea. Assim, não há dúvida de que se trata de carvão mineral. As operações com carvão vegetal, dependendo da natureza da exposição, também podem ser nocivas à saúde. Todavia, a NR-15 omite esse tipo de particulado para fins de insalubridade, ou seja, a norma menciona expressamente poeiras minerais (Anexo 12 da NR-15).

13. RECURSO DE REVISTA. ÔNUS DA PROVA. CONTROLE DE SERVIÇO DOS TRABALHADORES AVULSOS. USIMINAS. ADICIONAL DE INSALUBRIDADE. O Tribunal Regional concluiu que os reclamantes trabalhavam expostos a agentes insalubres previstos na NR-15 da Portaria n. 3.214/78, pois tinham contato com grande quantidade de carvão mineral nos porões dos navios. Nesse contexto, como o trabalho era realizado no porão dos navios, não foi contrariada a Orientação Jurisprudencial n. 173 da SBDI-1, que trata de exposição a raios solares, tampouco a Orientação Jurisprudencial n. 4 da SBDI-1, que trata de lixo urbano. A alegação de que foi contrariada a Súmula do STF e de houve violação de portaria não se amolda as hipóteses do art. 896 da CLT. O único aresto colacionado não serve para o confronto de teses, pois é oriundo do mesmo Tribunal Regional prolator da decisão recorrida (art. 896, *a*, da CLT). Recurso de revista de que não se conhece. (TST — RR: 446000620075020253 44600-06.2007.5.02.0253, Relator: Kátia Magalhães Arruda, Data de Julgamento: 23.11.2011, 5ª Turma, Data de Publicação: DEJT 02.12.2011)

— Afirmar que nos porões do navio havia grande quantidade de poeira de carvão mineral, sem realizar qualquer medição, é tecnicamente incorreto. Embora a insalubridade por exposição a carvão mineral seja por avaliação qualitativa, o perito pode avaliar a sua concentração e comparar, por exemplo, com os limites de exposição da ACGIH. Esse procedimento permite afirmar objetivamente a existência de exposição a grande quantidade de poeira.

14. LIMPEZA DE BANHEIROS. UTILIZAÇÃO DE PRODUTOS QUÍMICOS DENTRO DO LIMITE DE TOLERÂNCIA. INSALUBRIDADE INEXISTENTE. — A limpeza de banheiros com utilização produtos químicos dentro do limite de tolerância não pode ser caracterizada como atividade em ambiente insalubre (TRT, 19ª R., RO 00676.2006.004.19.00-9, Data de publicação: 07.03.2017)

— Nas substâncias constantes do Quadro 1, Anexo 11 da NR-15, a insalubridade é caracterizada quando a concentração superar o limite de tolerância.

15. ADICIONAL DE INSALUBRIDADE. LUBRIFICADOR. MANUSEIO DE QUEROSENE, ÓLEO DIESEL E OUTROS PRODUTOS QUÍMICOS. ÔNUS DA PROVA. A atividade de lubrificação de máquinas industriais pesadas está classificada entre as atividades de risco na NR-4, Quadro I, item 13.9 e a graxa e o óleo diesel, podem expor a saúde humana a risco. Não comprovada de forma cabal e convincente a eliminação dos agentes patogênicos, deve ser deferido o adicional de insalubridade em grau médio. O ônus da prova, *in casu*, é da reclamada porque se trata de fato impeditivo do direito ao adicional. (art. 333, II, CPC). (TRT — 19ª Região — turma — Pleno — ano 2000 — RRS — 01623.2000.006.19.00-2).

— O contato com óleo mineral (graxa) é considerado como insalubre de grau máximo no Anexo 13 da NR-15.

16. ADICIONAL DE INSALUBRIDADE. AGENTES QUÍMICOS SILICATOS. NECESSIDADE DE LABOR EM SUBSOLO. NÃO CARACTERIZAÇÃO. Faz o obreiro jus a adicional de insalubridade quando executa seus serviços exposto a agente nocivo à sua saúde, nos termos da NR-15 emitida pelo Ministério do Trabalho e Emprego. No entanto, nos termos da Súmula n. 448, item I, do c.TST, não basta a constatação da insalubridade por meio de laudo pericial para que o empregado tenha direito ao respectivo adicional, sendo necessária a classificação da atividade insalubre na relação oficial elaborada pelo Ministério do Trabalho. E nos termos do Anexo 13 da Norma

Regulamentar n. 15 da Portaria n. 3.214/78 do MTE, necessário que o empregado laborasse em subsolo, o que não é o caso do autor, que laborava em ambiente aberto. Recurso que se dá provimento. (TRT, 1ª R., 10ª T., RO 00114116520135010023, Publicação: 15.03.2016, rel. Leonardo Dias Borges).

— O Anexo 13 da NR-15 considera como insalubridade de grau máximo as operações que desprendam poeira de silicatos em trabalhos permanentes no subsolo, em minas e túneis (operações de corte, furação, desmonte, carregamentos e outras atividades exercidas no local do desmonte e britagem no subsolo).

17. PEDREIRO. MANUSEIO DE CIMENTO. ADICIONAL DE INSALUBRIDADE INDEVIDO. O manuseio de cimento nas atividades desenvolvidas pelos pedreiros não se apresenta suficiente para que se constate a existência de insalubridade, já que o Anexo 13 da Norma Regulamentar n. 15 do Ministério do Trabalho, ao relacionar as atividades e operações envolvendo agentes químicos considerados insalubres, classifica como insalubridade de grau mínimo apenas a fabricação e o transporte de cimento (e cal), nas fases de grande exposição a poeiras, situações essas que não se enquadram na hipótese dos autos. (TRT, 2ª r., 3ª T., ROPS 1000606-88.2014.5.02.0341, rel. Mércia Tomazinho)

— Nessa decisão, a interpretação está em consonância com a Súmula n. 40 — TRT 3ª Região.

18. ADICIONAL DE INSALUBRIDADE. A utilização de produtos de limpeza considerados de uso domésticos, não podem ser considerados prejudiciais à saúde, nos termos do Anexo 13 da NR-15 da Portaria n. 3.214/78 do MTE, devido à baixa concentração de substâncias químicas. Indevido pagamento do adicional de insalubridade. (TRT, 2ª R., 12ª T., RO 1000023-20.2015.5.02.0422)

— É importante analisar a composição química do produto de limpeza. Essa composição pode ser consultada na FISPQ (Ficha de Informações de Segurança de Produtos Químicos) *do produto. A presença de substâncias consideradas insalubres, normalmente, é baixa, ou seja, é muito diluída na mistura.*

19. ADICIONAL DE INSALUBRIDADE. AGENTES QUÍMICOS. A NR-15, Anexo 13, elenca apenas a fabricação e o manuseio e álcalis cáusticos como atividade insalubre em grau médio; trata de manuseio do produto químico em sua composição pura. No caso, a autora utilizava produtos que não se distinguem daqueles utilizados pelas donas de casa na limpeza cotidiana. O uso de detergente, cloro, água sanitária, desinfetante, limpa vidros, entre outros, não oferece risco à saúde, em nenhum dos casos, em virtude da pequena concentração de substâncias químicas. (TRT, 2ª R., 17ª VT, PROCESSO TRT/SP N. 1001812-42.2015.5.02.0717).

— A presença dessas substâncias nos produtos de limpeza, normalmente, é baixa, ou seja, é muito diluída na mistura.

20. ADICIONAL DE INSALUBRIDADE. EXPOSIÇÃO A AGENTES INSALUBRES. NÃO COMPROVAÇÃO. Não comprovado o labor em ambiente insalubre, com exposição a agentes químicos acima dos limites de tolerância, não há falar em pagamento do adicional de insalubridade. Recurso do reclamante não provido. (TRT 24ª R., 2ª T., 0024260-54.2014.5.24.0036, Disponibilizado em: 27.11.2015, Relator: Ricardo Geraldo Monteiro Zandona).

— Nas substâncias constantes de Quadro 1, Anexo 11 da NR-15, a insalubridade é caracterizada quando a concentração superar o limite de tolerância.

21. ADICIONAL DE INSALUBRIDADE. AGENTES QUÍMICOS. A EXPOSIÇÃO A HIDROCARBONETOS E COMPOSTOS DE CARBONO. GRAU MÁXIMO. Consoante preleciona o Anexo 13 da NR-15 do MTE, caracterizada a insalubridade pela exposição direta e habitual a óleos e graxas lubrificantes, e em razão da ausência de comprovação de que o empregado tenha recebido e feito uso de EPI's capazes de eliminar tal contato, é devido o adicional de insalubridade. Recurso não provido. (TRT 24ª R., 2ª T., 0024209-13.2014.5.24.0046, Disponibilizado em: 05.11.2014, Relator: Ricardo Geraldo Monteiro Zandona).

— O contato com óleo mineral (graxa) é considerado como insalubre de grau máximo no Anexo 13 da NR-15.

22. ADICIONAL DE INSALUBRIDADE. DEVIDO. EXPOSIÇÃO A AGENTES QUÍMICOS RECONHECIDOS EM LAUDO PERICIAL E DEFINIDOS NAS NORMAS REGULAMENTARES DO MINISTÉRIO DO TRABALHO E EMPREGO COMO NOCIVAS À SAÚDE. ART. 189 E SS DA CLT. Diante das informações contidas no Laudo Pericial juntado aos autos, conclui-se que a funções desempenhadas pelos reclamantes os conduz ao contato permanente com produtos químicos, derivados de HIDROCARBONETOS E OUTROS COMPOSTOS DE CARBONO (As fontes de hidrocarbonetos são os chamados combustíveis fósseis, aqueles que levaram milhões de anos para se formar, como o petróleo, gás natural, carvão, etc.), entre eles o ÓLEO MINERAL, implica no adicional de insalubridade no seu grau máximo, nos termos da NR-15, Anexo 13,

do MTE, c/c o art. 189 e ss. Da CLT, devido ao risco de desenvolvimento de doenças, inclusive o câncer. (RO 105400-42.2009.5.22.0004, Rel. Desembargador Francisco Meton Marques de Lima, TRT da 22ª REGIÃO, Primeira Turma, julgado em: 14.06.2010)

— O contato com óleo mineral (graxa) é considerado como insalubre de grau máximo no Anexo 13 da NR-15.

23. ADICIONAL DE INSALUBRIDADE. AMBIENTE INSALUBRE. AGENTE QUÍMICO "ÁLCALIS CÁUSTICOS". ANEXO 13 DA NR-15 DO MINISTÉRIO DO TRABALHO. NÃO ENQUADRAMENTO. As atividades próprias da função de pedreiro no que se refere ao contato com cal e cimento não se equiparam à hipótese prevista no Anexo 13 da NR-15 para fins de recebimento do adicional de insalubridade. Para o reconhecimento do direito ao adicional respectivo faz-se necessária a classificação da atividade insalubre na relação oficial elaborada pelo Ministério do Trabalho (OJ n. 4-I/TST). (TRT 24ª R., 2ª T., 0162700-95.2009.5.24.0071, Disponibilizado em: 25.04.2011, Relator: Izabella de Castro Ramos).

— O Anexo 13 da NR-15 considera como insalubre de grau médio a fabricação e manuseio de álcalis cáusticos. Com relação a cimento, essa norma menciona expressamente a fabricação e transporte nas fases de grande exposição a poeiras.

24. Estivador avulso, que se ativa na carga e descarga de carvão, enquadra-se nas atividades insalubres relacionadas na NR-13 da Portaria n. 3.214/78 do MTb, fazendo jus ao adicional de insalubridade em grau mínimo. *In casu*, o autor sequer recebia EPI's, por se tratar de trabalhador avulso, conforme constatado pelo expert em suas diligências, revelando repreensível descaso da reclamada com a saúde dos trabalhadores. A classificação da atividade insalubre na relação oficial elaborada pelo MTb, foi devidamente observada pelo perito, que informou o enquadramento no laudo, além da descrição dos agentes químicos e motivo da exposição do autor a estes, gerando o direito ao adicional de insalubridade. Ademais, o agente químico em questão (carvão) encontra-se devidamente relacionado na NR-13 da Portaria n. 3.214/78 do MTb, tendo a ré se equivocado na interpretação da redação da OJ n. 4 da SBDI-I do C.TST, posto que esta alude à necessidade de a atividade insalubre constar em relação oficial elaborada pelo Ministério do Trabalho e não à obrigação do perito de fazer tal menção expressa no laudo, já que o conteúdo de tais portarias são de conhecimento geral nesta esfera trabalhista. Sentença mantida. (TRT, 2ª R., 4ª T., RECORD 380200625102004 SP 00380-2006-251-02-00-4, relator Ricardo Artur Costa e Trigueiros, Publicação: 28.09.2007).

— A decisão considerou a insalubridade por exposição a carvão pela falta de EPI.

25. ADICIONAL DE INSALUBRIDADE. PEDREIRO. CONTATO COM CIMENTO E CAL. INDEVIDO. O Anexo 13 da Norma Regulamentadora n. 15, ao relacionar as atividades e operações envolvendo agentes químicos considerados insalubres, faz referência à "fabricação e transporte de cal e cimento nas fases de grande exposição a poeiras", mas isso não inclui a atividade de pedreiro, que se relaciona à manipulação e manuseio de massas, utilizando-se de cimento e cal. Incidem, na hipótese, os termos da OJ n. 4, I, da SDI-1, recentemente convertida na Súmula n. 448, I, do TST, que estabelece ser necessária a classificação da atividade insalubre na relação oficial elaborada pelo Ministério do Trabalho, o que não ocorreu. Indevido, pois, o adicional de insalubridade pleiteado. (TRT, 13ª R, Processo 0130585-58.2015.5.13.0025, rel. Edvaldo de Andrade, Julgamento: 20.09.2016).

— Nessa decisão, a interpretação está em consonância com a Súmula n. 40 — TRT 3ª Região.

26. ADICIONAL DE INSALUBRIDADE. ABASTECIMENTO DE MÁQUINA (BOBCAT). NECESSIDADE DE SUCÇÃO COM A BOCA PARA O INÍCIO DO PROCEDIMENTO. ALTO RISCO DE INGESTÃO DE AGENTES QUÍMICOS. ADICIONAL DEVIDO. Comprovado nos autos através de prova pericial e testemunhal que o abastecimento da máquina Bobcat utilizada pelo autor era iniciado através de sucção bucal, é devido o adicional de insalubridade, em seu grau máximo, nos termos do Anexo 13 da NR-15. (TRT, 12ª R., 5ª Câmara Proc. 0000315-96.2014.5.12.0060, Rel.: José Ernesto Manzi, Data de Assinatura: 23.06.2015).

— Embora o procedimento de trabalho descrito seja totalmente inadequado (sucção bucal da substância química), com risco à saúde do trabalhador, a NR-15 considera como insalubre a absorção do agente químico pela pele ou via respiratória.

27. ÁLCALIS CÁUSTICOS. HIGIENIZAÇÃO E LIMPEZA. ADICIONAL DE INSALUBRIDADE. NÃO CABIMENTO. A higienização e limpeza do estabelecimento da reclamada com o uso de produtos compostos por álcalis cáusticos não gera o direito ao adicional de insalubridade. (TRT, 3ª R., 9ª T., RO 00333-2012-105-03-00-4, Publicação: 19.12.2012, rel. Olivia Figueiredo Pinto Coelho).

— O Anexo 13 da NR-15 considera como insalubre de grau médio a fabricação e manuseio de álcalis cáusticos. Não há álcalis cáusticos na composição química do cimento.

28. ADICIONAL DE INSALUBRIDADE. CIMENTO. Como previsto no Anexo 13 da NR-15 da Portaria n. 3.214/78, somente fará jus ao pagamento do adicional de insalubridade, em grau mínimo, os trabalhadores que exerçam suas atividades na "fabricação e transporte de cal e cimento nas fases de grande exposição a poeiras". Assim, o servente de pedreiro, que não participa da fabricação e/ou do

transporte do cimento, mas apenas o manuseia para o preparo de massa, não se expõe ao agente insalubre e, sendo assim não faz jus ao adicional respectivo. (TRT, 3ª R., 3ª T., RO 00629-2012-077-03-00-0, Publicação: 20.05.2013, rel. Marcio José Zebende).

— Nessa decisão, a interpretação está em consonância com a Súmula n. 40 — TRT 3ª Região.

29. ADICIONAL DE INSALUBRIDADE. CONTATO COM CIMENTO. CONSTRUÇÃO CIVIL. Na atividade de pedreiro ou servente em obra de construção civil, o contato com cimento não autoriza por si só o deferimento do adicional de insalubridade, porque neste caso, a presença do "álcalis cáustico" é pequena, havendo, ainda, sua mistura com outros elementos, inviabilizando seu enquadramento na norma reguladora, como se vê no Anexo 13, da NR-15, da Portaria n. 3.214/78. (TRT, 3ª R., 5ª T., RO 00631-2012-077-03-00-0, Publicação: 22.04.2013, rel. Paulo Roberto Sifuentes Costa).

— O Anexo 13 da NR-15 considera como insalubre de grau médio a fabricação e manuseio de álcalis cáusticos. Não há álcalis cáusticos na composição química do cimento. Os álcalis cáusticos ou álcalis fortes possuem ação sobre o homem semelhante à provocada pelo hidróxido de sódio (NaOH), tais como hidróxido de potássio (KOH), óxido de cálcio, carbonato de sódio etc.

30. MANUSEIO DE CIMENTO. CONTATO COM ÁLCALIS CÁUSTICOS. ADICIONAL DE INSALUBRIDADE DEVIDO. O contato com cimento, decorrente do preparo e utilização de argamassa para o exercício das atividades de pedreiro, enseja o pagamento do adicional de insalubridade em grau médio, pois na composição daquele material incluem-se álcalis cáusticos, extremamente nocivos à saúde do trabalhador que os manipula. Além disso, o manuseio de massa de cimento enquadra-se no Anexo 13 da NR-15, quando este menciona atividade insalubre por fabricação e manuseio de álcalis cáusticos. (TRT 17ª R., 3ª T., RO 0000434-10.2015.5.17.0181, Publicação: 17.10.2016)

— Ver comentário da decisão anterior.

31. ADICIONAL DE INSALUBRIDADE. SERVENTE DE PEDREIRO. MANUSEIO DE ARGAMASSA. ÁLCALIS CÁUSTICOS. AUSÊNCIA DE PREVISÃO NOS ANEXOS 11 E 13 DA NR-15 DO MTE. NÃO CONFIGURAÇÃO. Confessado pelo reclamante que utilizava os EPI's necessários à efetiva neutralização dos efeitos nocivos dos elementos indicados como insalubres, com botas, luvas e capacete, bem como confirmado por meio de Laudo Pericial que as condições de trabalho são adequadas, correto o entendimento do Juízo *a quo* em não deferir pleito autoral referente à concessão do adicional de insalubridade. Nos termos da Súmula n. 448 do TST, para a caracterização da atividade como insalubre é necessário que esteja ela classificada em relação oficial elaborada pelo MTE. (TRT, 13ª R, Processo 0021700-56.2014.5.13.0001 (SUAP), rel. Carlos Coelho de Miranda Freire, Julgamento: 14.10.2015).

— A decisão considerou que a insalubridade por álcalis cáusticos (qualitativo) foi neutralizada por meio do EPI.

32. RECURSO DE REVISTA. ADICIONAL DE INSALUBRIDADE. MANUSEIO DE PRODUTOS DE LIMPEZA CONTENDO ÁLCALIS CÁUSTICOS. Assegura ao obreiro o direito à percepção do adicional de insalubridade em grau médio, tendo em vista que o "manuseio" previsto na referida norma pressupõe o contato com os álcalis cáusticos em seu estado bruto ou puro, não bastando, pois, que o produto utilizado em limpeza o tenha em sua composição. 3. Esta Corte superior já se posicionou no sentido de que a utilização de produtos de limpeza, nos quais tenham em sua composição álcalis cáusticos, não autoriza o deferimento do adicional de insalubridade. 4. Recurso de Revista conhecido e provido. (TST — RR: 14419420115040001. Relator: Marcelo Lamego pertence. Data de Julgamento: 28.10.2015, Data de Publicação: DEJT 03.11.2015)

— A presença de substâncias consideradas insalubres em produtos de limpeza, normalmente, é baixa, ou seja, é muito diluída na mistura.

33. INSALUBRIDADE. PEDREIRO. O empregado, exercente da função de "pedreiro", no seu mister, maneja o cimento em seu estado final, que é considerado pó inerte, amorfo, isto é, sem estrutura cristalina, não apresentando sílica livre e não provocando silicose; daí o descabimento do adicional de insalubridade, no grau médio, por não se enquadrar a espécie naquela contida no Anexo 13 da NR-15 da Portaria MT n. 3.214/78, ou seja, manuseio com álcalis cáusticos (TRT, 3ª R., 4ª T., RO 1.909/93, rel. Juiz Carlos Alves Pinto, DJMG de 02.12.95, p. 61 — Dicionário de Decisões Trabalhistas, de B. Calheiros Bomfim, Silvério Mattos dos Santos e Cristina Kaway Stamato, 26. ed.).

34. ADICIONAL DE INSALUBRIDADE. LIMPEZA. ALEGAÇÃO DE MANUSEIO DE PRODUTOS CONTENDO ÁLCALIS CÁUSTICOS. A prova dos autos demonstra que a reclamante mantinha contato diário com produtos de limpeza (sabão e água sanitária) que contêm álcalis cáusticos na sua fórmula, sem ter utilizado EPI's. Devido o pagamento do adicional de insalubridade, em grau médio, face ao contato cutâneo com álcalis cáusticos, nos termos do Anexo n. 13 da NR-15 da Portaria n. 3.214/78. (Processo 0001532-98.2010.5.04.0332 (RO). Redator: Clóvis Fernando Schuch Santos, TRT 4ª Região).

— A presença de substâncias como álcalis cáusticos no sabão e água sanitária é baixa, ou seja, são diluídos na mistura.

35. ADICIONAL DE INSALUBRIDADE. ÁLCALIS CÁUSTICO. ATIVIDADES DE LIMPEZA. NÃO CONFIGURAÇÃO. O manuseio de álcalis cáusticos, como descrito na NR-15, Anexo 13, deve ser entendido como o manuseio direto da substância ali descrita, na sua pureza, e não o manuseio de produtos de limpeza de uso doméstico, obtidos da diluição dessa substâncias. (Processo n.: 00295004620095020251 (00295200925102009). Relator(a): Álvaro Alves Nôga. TRT 17ª Região. Data de publicação: 11.11.11).

— Ver comentários anteriores e Súmula n. 40 — TRT 3ª Região.

36. ADICIONAL DE INSALUBRIDADE. ÁLCALIS CÁUSTICOS. PRODUTOS DE LIMPEZA DOMÉSTICO. Esta Corte Superior, por meio de diversos julgados, vem se posicionando no sentido de que a insalubridade somente se constata quando o manuseio com o álcalis cáustico ocorre em sua composição original, sem nenhuma diluição ou mistura. Recurso de revista conhecido e provido. (TST, 6ª T., RR 564-52.2013.5.04.0271, Publicação: 15.04.2016, rel. Augusto César Leite de Carvalho).

— A decisão do TST menciona a tendência de considerar a insalubridade no manuseio de álcalis cáusticos somente no estado puro sem diluição. Nesse caso, os produtos de limpeza são excluídos.

37. ADICIONAL DE INSALUBRIDADE. PERÍCIA. CONSTATAÇÃO. FUNÇÕES DESCRITAS UNILATERALMENTE PELO RECLAMANTE. ÔNUS DA PROVA. Reconheceu-se, na perícia, a insalubridade em razão de o reclamante trabalhar na limpeza de peças, utilizando produtos que contêm hidrocarbonetos aromáticos, como solventes. Contudo, a conclusão decorreu, exclusivamente, das informações prestadas unilateralmente pelo reclamante. Ressalte-se que a reclamada, também durante a perícia, descreveu que o reclamante exercia funções diversas. A partir da perícia não é possível concluir quais foram as funções efetivamente exercidas, tendo em vista que não foi realizada in loco. Constituindo ato constitutivo de seu direito, incumbia ao reclamante demonstrá-lo, ônus do qual não se desincumbiu. Nega-se provimento. (TRT 24ª R., 2ª T., 0025393-57.2013.5.24.0072, rel., Ricardo Geraldo Monteiro Zandona, Disponibilizado em: 16.12.2016).

38. ADICIONAL DE INSALUBRIDADE. ANEXO N. 13 DA NR-15. HIDROCARBONETOS AROMÁTICOS. CONTATO INTERMITENTE. SÚMULA N. 47 DO TST. CABIMENTO. Ainda que a insalubridade pelo contato com substâncias contendo hidrocarbonetos aromáticos, nos termos do Anexo 13 da NR-15, decorra de parâmetro qualitativo, a exposição ao agente insalutífero, mesmo intermitente, não pode ser eventual, devendo estar incorporada às rotinas de trabalho do empregado. Não se confundem a intermitência e a eventualidade, pois a exposição constante ao risco, ainda que intermitente, integra o conceito de permanência, justificando a percepção do acréscimo salarial (Súmula n. 47 do TST). Portanto, constatado que o reclamante, na função de ajudante de montagem e instalação de sistemas de ar-condicionado, mantinha contato intermitente com thinner, cola e tintas, sem o uso de EPI's aptos à elisão do risco químico, faz jus ao adicional de insalubridade. Sentença mantida. (TRT, 12ª R., Ac. 6ª Câmara Proc. 0000093-81.2015.5.12.0032, Rel.: Ligia Maria Teixeira Gouvêa, Data de Assinatura: 14.09.2016).

— A Insalubridade por manuseio de hidrocarbonetos aromáticos (thinner), não foi considerada neutralizada pela falta de EPI.

39. INSALUBRIDADE. HIDROCARBONETOS AROMÁTICOS. GRAU MÁXIMO. O manuseio de hidrocarbonetos aromáticos (óleos minerais e graxas) por possibilitar danos irreparáveis à saúde do trabalhador, que atingem o aparelho respiratório, produz dermatites crônicas, eleva o pH e interfere no sistema nervoso central, deve ser analisado pelo aspecto qualitativo e enquadrado como atividade altamente nociva, segundo a inteligência do sistema de Segurança e Medicina do Trabalho (CLT, arts. 154 a 201 e Portaria n. 3.214/78, NR-15, Anexo 13). (TRT, 12ª R., 1ª T., RO 2.921/94, rel. Juiz Antonio Carlos F. Chedid, DJSC de 16.11.95, p. 153 — Dicionário de Decisões Trabalhistas, de B. Calheiros Bomfim, Silvério Mattos dos Santos e Cristina Kaway Stamato, 26. ed.).

— O Anexo 13 da NR-15 considera como insalubre a manipulação de óleo mineral.

40. MANIPULAÇÃO DE ÓLEOS MINERAIS. Apurado pela perícia que o autor tinha contato manual direto com óleos lubrificantes, devido é o adicional respectivo. O termo "manipulação" utilizado pela NR-15, Anexo 13, não tem o sentido de "fabricação", pois, quando prometeu utilizá-lo nesta acepção, o legislador foi expresso (TRT, 2ª T., RO 877/95, rel. Juiz José César de Oliveira — Publ. 17.03.95).

— Ver Orientação Jurisprudencial n. 171 do TST.

41. No manuseio ou no emprego do agente químico considerado nocivo à saúde do empregado, atividade distinta quando de sua manipulação, processo que ocorre quando da fabricação de um produto, devido o adicional de insalubridade em seu grau médio, como disposto na norma regulamentar. Recurso ordinário parcialmente provido (TRT, 1ª T., RO 1.349/95, rel. Juiz José Eustáquio de Vasconcelos Rocha, MG de 17.03.95).

42. INSALUBRIDADE POR HIDROCARBONETOS. Óleo mineral parafínico, exemplo do Óleo Johnson e do Óleo Nujol, que são amplamente aplicados em recém-nascidos, verdadeiramente não é agente de insalubridade. Em química, óleo mineral parafínico constitui hidrocarbonetos alifáticos, enquanto a questão da insalubridade prevista na NR-15, Anexo 13, tem pertinência com emprego de óleo mineral contendo hidrocarbonetos aromáticos, quando estes dizem respeito a carbonos aromáticos. Hidrocarbonetos alifáticos não são hidrocarbonetos aromáticos (TRT, 2ª T., RO 20.549/98, rel. Juiz Antônio Fernando Guimarães, MG de 25.06.99).

43. ADICIONAL DE INSALUBRIDADE. ESTOQUISTA DE LOJA DE MATERIAL DE CONSTRUÇÃO. CONTATO COM POEIRA DE CIMENTO. PROVA PERICIAL. LIVRE CONVENCIMENTO MOTIVADO. Nos termos do art. 436 do CPC c/c o art. 769 da CLT, o Juiz não está adstrito às conclusões do laudo pericial, pois a função do perito é apenas auxiliar o julgador na apuração e esclarecimento de matéria que exija conhecimentos técnicos especiais. Desse modo, sendo livre o Juiz na análise das provas, poderá decidir de forma contrária às conclusões do perito, desde que o faça de forma fundamentada, caso encontre no processo outros fatos e elementos que o conduzam a uma conclusão diferente da apresentada no laudo elaborado. No caso, o mero contato do autor (estoquista) com poeira de cimento, ainda que constatada mediante laudo pericial, não enseja por si só o pagamento do adicional de insalubridade, uma vez que essa atividade não se insere nas normas técnicas do Ministério do Trabalho definidas no Anexo 12 da NR-15. Desse modo, não há que se falar em pagamento do adicional de insalubridade, pois de acordo com o item I da Súmula n. 448 do TST, "não basta a constatação da insalubridade por meio de laudo pericial para que o empregado tenha direito ao respectivo adicional, sendo necessária a classificação da atividade insalubre na relação oficial elaborada pelo Ministério do Trabalho". (TRT, 7ª R, 1ª T, Processo 0000387-62.2015.5.07.0036, rel. Dulcina de Holanda Palhano, Publicação: 13.04.2016).

44. MANIPULAÇÃO DE CIMENTO. O trabalho com massa de cimento e areia hidratados, utilizada na construção civil, não constitui atividade insalubre, por se incluírem aqueles dois minerais sólidos entre os silicatos e não entre os compostos de cromo (TRT/SC, 1ª T., RO 2.052/91, Ac. 969/92, rel. Juiz Alves de Almeida).

— O Anexo 13 da NR-15 considera como insalubre a exposição a grande quantidade de poeira de cimento nas atividades de fabricação e transporte.

45. INSALUBRIDADE INEXISTENTE. CIMENTO. O manuseio de cimento não se enquadra na hipótese legal do item cromo, previsto na NR-15, Anexo 13 da Portaria MTb n. 3.214/78. Precedentes jurisprudenciais consagram o entendimento de que o trabalho com massa de cimento, utilizada na construção civil, não constitui atividade insalubre (TRT, 12ª R., 1ª T., RO 6.359/ 93, v. un., rel. Juiz Darci Fuga, DJSC de 26.9.95, p. 42 — Dicionário de Decisões Trabalhistas de B. Calheiros Bomfim, Silvério Mattos dos Santos e Cristina KawayStamato, 26. ed.).

— Ver Súmula n. 40 — TRT 3ª Região.

46. INSALUBRIDADE. ATIVIDADE DE DESCARGA DE CIMENTO E CAL EMBALADOS. ADICIONAL INDEVIDO. O Anexo 13 da NR-15, expedida pelo Ministério do Trabalho, assegura o pagamento do adicional de insalubridade em grau mínimo apenas para a hipótese de labor na fabricação e no transporte de cal e cimento nas fases de grande exposição a poeiras, não se enquadrando no caso a simples descarga de cimento e cal devidamente embalados — Processo 00175-2004-046-24-00-5 (RO) — DO/MS — Relator André Luís Moraes De Oliveira — TRT 24ª Região.

— O Anexo 13 da NR-15 considera como insalubre a exposição a grande quantidade de poeira de cimento nas atividades de fabricação e transporte.

47. ADICIONAL DE INSALUBRIDADE. ORGANOFOSFORADOS. OPERAÇÕES DE RISCO. O Anexo 13 da Norma Regulamentar n. 15 do MTb considera insalubre, tão somente, o trabalho de 'fabricação de defensivos fosforados e organofosforados e emprego de defensivos organofosforados', não havendo, pois, fundamento legal para a caracterização de insalubridade na hipótese de simples movimentação de embalagens de produtos que contêm compostos organofosforados. Recurso ao qual se dá parcial provimento — Processo 105 — 00310.2004.005.23.00-2 RO — Data de publicação: 9.5.2006 — DJ/MT — Relator ROBERTO BENATAR — TRT 23ª Região.

48. ADICIONAL DE INSALUBRIDADE. EXPOSIÇÃO A POEIRA MINERAL. Discute-se a existência ou não de exposição a agente insalubre, bem como se havia ou não o fornecimento de EPI's capazes de elidir a atuação do agente agressor. O Tribunal Regional, com amparo nas constatações do expert, verificou que o trabalhador era exposto a poeira mineral, uma vez que o fornecimento de máscaras era irregular, fazendo jus ao recebimento do sobressalário no grau mínimo de 10% (conclusão pericial). Nesse contexto, a pretensão da reclamada SAMARCO, ao apontar eliminação do agente agressor e contrariedade à prova técnica, esbarra no óbice da Súmula n. 126/ TST. (TST, 3ª T., RR 105900-25.2011.5.17.0151, Data de Julgamento: 05.10.2016, Publicação: 07.10.2016, rel. Alexandre de Souza Agra Belmonte).

— A caracterização da insalubridade por exposição a poeira mineral ocorrerá quando a concentração superar o limite de tolerância estabelecido no Anexo 12 da NR-15. Nesse caso, o grau de insalubridade é máximo.

49. AGENTE: POEIRA DE ALGODÃO. AUSÊNCIA DE PREVISÃO NA NR-15 DA PORTARIA N. 3.214/78. Inviável a condenação ao pagamento do adicional de insalubridade para o agente-poeira de algodão —, ainda que constatada tal condição por meio de laudo pericial, porque tal atividade não se encontra entre as classificadas no Anexo 14 da NR-15 da Portaria n. 3.214/78. Recurso de revista a que se nega provimento (TST — RECURSO DE REVISTA RR 7956658020015215555 795665-80.2001.5.21.5555 TST — Data de publicação: 05.08.2005)

— Embora as normas internacionais, incluindo a ACGIH, estabeleçam limite de exposição para poeira de algodão, a NR-15 omitiu esse agente para fins de caracterização de insalubridade.

50. TRABALHADORA DE EMPRESA DE FIAÇÃO. POEIRA DE ALGODÃO. AUSÊNCIA DE CLASSIFICAÇÃO DA ATIVIDADE EM CONTATO COM POEIRA DE ALGODÃO COMO INSALUBRE PELO MINISTÉRIO DO TRABALHO E EMPREGO. ADICIONAL DE INSALUBRIDADE INDEVIDO. APLICAÇÃO DA SÚMULA N. 484, I, DO TST. Não classificada como insalubre a atividade exercida em empresa de fiação em contato com poeira de algodão como insalubre pelas NR's da Portaria n. 3.214/1978 do MTE, não há falar em direito à percepção de adicional de insalubridade, de acordo com o entendimento da Súmula n. 484, item I, do TST. (TRT, 12ª R., 1ª T., RO 0001974-72.2015.5.12.0039, Rel.: José Ernesto Manzi, Data de Publ. 22.11.16)

— A NR-15 omite a poeira de algodão para fins de caracterização de insalubridade.

51. ADICIONAL DE INSALUBRIDADE. GRAU MÁXIMO. EXPOSIÇÃO A AGENTE QUÍMICO. FOSFINA. O Colegiado regional concluiu que as atividades desempenhadas pela reclamante se enquadram na relação oficial do Ministério do Trabalho e Emprego, especificamente no Anexo 1 do Quadro 11 da NR-15, com base nas provas produzidas nos autos, bem como apresentou razões plausíveis para afastar o laudo pericial, amparando-se principalmente em documento carreado pela defesa, consistente no Programa de Prevenção de Riscos Ambientais apresentado pela própria reclamada, referente aos anos de 2008 e 2009; que demonstrou a exposição de auxiliar de laboratório, função exercida pela reclamante, a riscos químicos na análise de amostras, em especial o contato intermitente com ácido bórico, ácido clorídrico e fosfina, tendo sido recomendado o uso de luvas de borracha/látex, calçado fechado, jaleco e máscara semifacial, bem como de óculos de proteção e máscara para vapores orgânicos, sendo que estes dois últimos EPI's não eram fornecidos pela reclamada; bem como a Corte de origem utilizou-se de máximas de experiência e, ainda, considerou a alta letalidade do agente químico fosfina com o qual a reclamante tinha contato em decorrência do trabalho por ela desenvolvido na função de auxiliar de laboratório. Violações e divergência afastadas. (Processo: RR — 270-50.2012.5.04.0007 Data de Julgamento: 27.05.2015, Relator Ministro: Luiz Philippe Vieira de Mello Filho, 7ª Turma, Data de Publicação: DEJT 29.05.2015).

— O anexo 11 da NR-15 estabelece limites de tolerância de 4,0 e 0,23 ppm para ácido clorídrico e fosfina respectivamente. Sendo assim, a insalubridade será caracterizada quando as concentrações ultrapassarem os referidos limites de tolerância. Portanto, nesse caso, não se pode presumir risco, deve-se realizar avaliação quantitativa.

52. AGRAVO DE INSTRUMENTO. ADICIONAL DE INSALUBRIDADE. REVOLVIMENTO DE FATOS E PROVAS VEDADO. O Regional, com estrita base na prova, concluiu ser devido o adicional de insalubridade, uma vez que o reclamante estava exposto ao agente insalubre, que os EPIS fornecidos não eram capazes de eliminar o agente tóxico, bem como que não demonstrou a reclamada que, após a aplicação de herbicida, sempre respeitou o prazo estabelecido na bula do veneno sem nenhuma colheita no local e que inexistia aplicação de herbicidas concomitantemente com a colheita por outros funcionários. Nesse contexto, decidir de forma contrária, a fim de acolher as alegações da reclamada no sentido de que o reclamante não esteve em contato com agente insalubre, pois era sempre respeitado o período de carência dos agrotóxicos, não sendo permitida a colheita de laranja durante tal período, pressupõe o revolvimento de matéria fático-probatória, procedimento vedado nesta instância recursal pelo óbice da Súmula n. 126 desta Corte.Agravo de instrumento não provido. (Processo: AIRR — 88700-88.2008.5.15.0143 Data de Julgamento: 20.06.2012, Relator Desembargador Convocado: José Pedro de Camargo Rodrigues de Souza, 1ª Turma, Data de Publicação: DEJT 29.06.2012)

— A insalubridade por agrotóxicos, além do uso adequado de EPI's, deve-se verificar o enquadramento na NR-15 com base na sua composição química.

53. INSALUBRIDADE. ENQUADRAMENTO. O Anexo 13 da Norma Regulamentadora n. 15 classifica como insalubre o trabalho descarregamento de carvão mineral dos porões dos navios. Mas só tem direito ao adicional de insalubridade aquele que efetivamente trabalhava no descarregamento do carvão porque ele, sim, mantém contato direto com a poeira nociva do carvão. O mesmo não ocorre com aquele que fica de longe apenas supervisionando os trabalhos. Recurso do autor a que, nesse ponto, se nega provimento. (TRT 2ª R., 11ª T., RECURSO ORDINÁRIO RECORD 244200525302006 SP 00244-2005-253-02-00-6, Publicação 12.12.2006, Relator Eduardo de Azevedo Silva)

— Ver anexo 13 da NR-15.

54. LAUDO PERICIAL. FUNDAMENTAÇÃO TÉCNICA CORRETA. ANEXO N. 13 DA NR-15. ANÁLISE QUALITATIVA. SUFICIÊNCIA. CONDIÇÕES INSALUBRES DE TRABALHO. CONSTATAÇÃO. ADICIONAL. DEFERIMENTO. Na fabricação de artigos de borracha, faz-se mister a avaliação qualitativa do risco químico, nos moldes do Anexo n. 13 da NR-15, não havendo qualquer conflito das normas nele previstas com aquelas prescritas nos Anexos ns. 11 e 12. Sentença mantida. Recurso desprovido. (TRT, 13ª R, Processo 0000459-34.2016.5.13.0008, rel. Ana Maria Ferreira Madruga, Julgamento: 27.09.2016).

— O caput *do Anexo 13 da NR-15 dispõe:*

Relação das atividades e operações envolvendo agentes químicos, consideradas insalubres em decorrência de inspeção realizada no local de trabalho. Excluam-se desta relação as atividades ou operações com os agentes químicos constantes dos Anexos 11 e 12.

55. ADICIONAL DE INSALUBRIDADE. MANUSEIO DE PRODUTOS HABITUAIS DE LIMPEZA. ÁLCALIS CÁUSTICOS. Indevido o adicional de insalubridade, na medida em que o manuseio de produtos de limpeza que contenham álcalis cáusticos em sua composição, em soluções diluídas, não está classificado como insalubre pelo Ministério do Trabalho. A atividade não equivale ao contato direto com a substância bruta. Incidência da Súmula n. 448, I, do TST. Recurso de revista conhecido e provido (Processo: RR - 20236-22.2014.5.04.0009. Data de Julgamento: 07.02.2018, Relator Ministro: Alberto Luiz Bresciani de Fontan Pereira, TST, 3ª Turma, Data de Publicação: DEJT 09.02.2018).

— A decisão indeferiu a insalubridade devido ao manuseio de produtos de limpeza. O álcalis cáustico utilizado nesses produtos é baixíssimo, não podendo ser equiparado as operações de fabricação e manuseio de álcalis cáusticos.

56. ADICIONAL DE INSALUBRIDADE. GRAU MÁXIMO. AGENTES QUÍMICOS. Cabe o pagamento de adicional de insalubridade em grau máximo quando comprovada a utilização de pintura à pistola com esmaltes, tintas, vernizes e solventes contendo hidrocarbonetos aromáticos, conforme NR-15, Anexo 13, hipótese não verificada nos autos. (TRT da 4ª Região, 11ª Turma, 0020903-86.2016.5.04.0122 RO, em 29.06.2018, Juiz Convocado Roberto Antonio Carvalho Zonta)

— Ver anexo 13 da NR-15 (hidrocarbonetos aromáticos e outros compostos de carbono).

58. ADICIONAL DE INSALUBRIDADE. Comprovado nos autos que o contato com o óleo mineral decorria das funções atribuídas ao reclamante, de forma rotineira e habitual, ainda que em apenas três ou quatro dias no mês, não há que se falar em contato eventual de modo a ilidir o direito ao adicional decorrente. A atividade eventual é aquela que ocorre de forma aleatória e imprevisível, exatamente por não corresponder às tarefas próprias da função desempenhada pelo empregado na organização empresarial, o que, comprovadamente, não era o que ocorria no presente caso. Recurso provido. (TRT da 3ª Região; PJe: 0010375-92.2017.5.03.0022 (RO); Disponibilização: 06.09.2018, DEJT/TRT3/Cad.Jud, Página 580; Órgão Julgador: Primeira Turma; Relator: Emerson Jose Alves Lage).

— A decisão considera rotineiro o contato com óleo três vezes por mês.

59. ADICIONAL DE INSALUBRIDADE. EMPREGO DE ÓLEO DIESEL. O manuseio do óleo diesel, sendo habitual, configura, sim, a insalubridade em grau máximo na execução do trabalho do obreiro. A preocupação semântica com os termos usados pelo legislador no anexo 13 da NR-15, e que busca diferenciar o termo "manipular" do "manusear" não tem, a meu ver, qualquer importância, quando se busca garantir melhores condições de trabalho ao trabalhador, preservando, da melhor forma possível, a sua saúde. A NR-15 busca estabelecer parâmetros para avaliação e controle dos ambientes de trabalho, objetivando minorar eventuais prejuízos que possam ser causados à saúde do trabalhador, quando no exercício de suas atividades. Assim, vez que o simples "contato físico" com o óleo diesel, independentemente se através de sua manipulação, uso ou emprego, pode causar várias doenças de pele ao obreiro, a insalubridade será qualificada em seu grau máximo. (TRT da 3ª Região; Processo: RO — 397/96; Data de Publicação: 22.06.1996, DJMG ; Órgão Julgador: Quarta Turma; Relator: Carlos Alves Pinto; Revisor: Deoclecia Amorelli Dias.

— O anexo 13 da NR-15 considera como insalubre de grau médio, a limpeza de peças ou motores com óleo diesel aplicado sob pressão (nebulização). Assim, o óleo diesel é tratado de maneira diferente do óleo mineral. A aplicação de óleo diesel sob pressão, gera névoa de óleo podendo ser absorvida pelas vias respirtórias, que é a principal forma de absorçao dos agentes químicos pelo organismo.

Agentes biológicos

CONSIDERAÇÕES GERAIS

O Anexo 14 da NR-15 dispõe:

Relação das atividades que envolvem agentes biológicos, cuja insalubridade é caracterizada pela avaliação qualitativa.

Insalubridade de grau máximo

Trabalhos ou operações em contato permanente com:

— pacientes em isolamento por doenças infectocontagiosas, bem como objetos de seu uso, não previamente esterilizados.

— carnes, glândulas, vísceras, sangue, ossos, couros, pelos e dejeções de animais portadores de doenças infectocontagiosas (carbunculose, brucelose, tuberculose);

— esgotos (galerias e tanques); e

— lixo urbano (coleta e industrialização).

Insalubridade de grau médio

Trabalhos e operações em contato permanente com pacientes, animais ou com material infectocontagiante, em:

— hospitais, serviços de emergência, enfermarias, ambulatórios, postos de vacinação e outros estabelecimentos destinados aos cuidados da saúde humana (aplica-se unicamente ao pessoal que tenha contato com os pacientes, bem como aos que manuseiam objetos de uso desses pacientes, não previamente esterilizados);

— hospitais, ambulatórios, postos de vacinação e outros estabelecimentos destinados ao atendimento e tratamento de animais (aplica-se apenas ao pessoal que tenha contato com tais animais);

— contato em laboratórios, com animais destinados ao preparo de soro, vacinas e outros produtos;

— laboratórios de análise clínica e histopatologia (aplica-se tão só ao pessoal técnico);

— gabinetes de autópsias, de anatomia e histoanatomopatologia (aplica-se somente ao pessoal técnico);

— cemitérios (exumação de corpos);

— estábulos e cavalariças; e

— resíduos de animais deteriorados.

A Portaria n. 12, de 12.11.1979, acrescentou a esse anexo o conceito de contato permanente conforme redação que se segue:

Contato permanente com pacientes, animais ou material infectocontagiante é o trabalho resultante da prestação de serviço contínuo, decorrente de exigência firmada no próprio contrato de trabalho, com exposição permanente aos agentes insalubres.

O anexo 14 da NR-15 adotou o critério de avaliação qualitativa na caracterização da insalubridade por exposição a agentes biológicos. Vale destacar que a ACGIH também não recomenda limites de exposição ocupacional para agentes biológicos. O anexo 14 relaciona as atividades em que pode ocorrer exposição a agentes biológicos e, por via de consequência, a caracterização da insalubridade. A norma estabelece graus de insalubridade médio e máximo em função da presunção da maior ou menor exposição aos agentes biológicos.

SÚMULAS DO TST / TRT

SÚMULA N. 448 — TST

ATIVIDADE INSALUBRE. CARACTERIZAÇÃO. PREVISÃO NA NORMA REGULAMENTADORA N. 15 DA PORTARIA DO MINISTÉRIO DO TRABALHO N. 3.214/78. INSTALAÇÕES SANITÁRIAS. (conversão da Orientação Jurisprudencial n. 4 da SBDI-1 com nova redação do item II)

I — Não basta a constatação da insalubridade por meio de laudo pericial para que o empregado tenha direito ao respectivo adicional, sendo necessária a classificação da atividade insalubre na relação oficial elabora da pelo Ministério do Trabalho.

II — A higienização de instalações sanitárias de uso público ou coletivo de grande circulação, e a respectiva coleta de lixo, por não se equiparar à limpeza em residências e escritórios, enseja o pagamento de adicional de insalubridade em grau máximo, incidindo o disposto no Anexo 14 da NR-15 da Portaria do MTE n. 3.214/78 quanto à coleta e industrialização de lixo urbano.

— A Súmula firmou o seguinte entendimento:

A insalubridade de instalações sanitárias de uso público ou coletivo de grande circulação, e a respectiva coleta de lixo, não se equipara à limpeza em residências e escritórios e, por esse motivo, é considerada insalubre em grau máximo.

O Anexo 14 da NR-15 dispõe:

Insalubridade de grau máximo

Trabalho ou operações, em contato permanente com:

— esgotos (galerias e tanques); e

— lixo urbano (coleta e industrialização).

A súmula equipara a exposição aos agentes biológicos dos banheiros públicos ou coletivos, as atividades de coleta, industrialização de lixo, bem com as galerias e tanques de esgoto. Essa equiparação, a meu ver, não é melhor interpretação e afronta a regra prevista no Anexo 14 da NR-15. Sendo assim, na interpretação da norma é importante analisar as seguintes condições:

A coleta do lixo urbano ou resíduo é realizada em diversos locais de uma cidade, num volume elevado. Nesse caso, contato direto com lixo urbano, implica em grande volume constituído de diversos tipos de resíduos contaminados em vários locais de determinada cidade. Já o trabalho em redes de esgoto e águas pluviais exige contato com detritos provenientes de residências, indústrias, entre outros. Por esse motivo, o Anexo 14 da NR-15 considera o trabalho com esgotos e lixo urbano como insalubre, pois essas atividades exigem exposição significativa a agentes biológicos. Desse modo, equiparar a higienização de sanitários e coleta de lixo em locais de uso coletivo e grande circulação ao contato com esgoto e lixo urbano, como ocorre com trabalhadores de limpeza urbana e saneamento básico, não é a melhor interpretação técnica da norma. Além disso, a redação da súmula pode trazer interpretações muito controvertidas, tendo em vista que um banheiro utilizado por mais de uma pessoa já é considerado coletivo. Além disso, a definição de "grande circulação" é muito subjetiva. A súmula justifica que esses locais não se equiparam à limpeza em residências e escritórios. Ora, esses locais se equiparam a tanques de esgoto ou industrialização de lixo? Obviamente não. Portanto, é fundamental que o MTE, órgão competente para regulamentar a matéria nos termos do art. 190 da CLT, faça revisão desse anexo ou esclareça por meio de nota técnica o critério de caracterização da insalubridade nos serviços com esgoto e lixo.

SÚMULA N. 69 — TRT 3ª REGIÃO

ADICIONAL DE INSALUBRIDADE. RECEPCIONISTA DE HOSPITAL. CONTATO COM PACIENTES. É devido o pagamento de adicional de insalubridade em grau médio a empregado que, embora recepcionista de hospital, exerça suas atividades em contato com pacientes potencialmente infectados ou manuseie objetos de uso destes, não previamente esterilizados, nos termos do Anexo 14 da NR-15 da Portaria n. 3.214, de 1978, do MTE.

— O anexo 14 da NR-15 considera como insalubre de grau médio o contato permanente com pacientes em: hospitais, serviços de emergência, enfermarias, ambulatórios, postos de vacinação e outros estabelecimentos destinados aos cuidados da saúde humana (aplica-se unicamente ao pessoal que tenha contato com os pacientes, bem como aos que manuseiam objetos de uso desses pacientes, não previamente esterilizados).

A finalidade da norma foi amparar os profissionais de saúde que têm contato direto com os pacientes, vez a exposição aos agentes biológicos é evidente. O manuseio de objetos de uso desses pacientes, não previamente esterilizados também são contemplados com adicional, como por exemplo, roupas usadas pelos pacientes. Já o pessoal que executam atividades meramente administrativas, a exposição não pode ser equiparada aos profissionais de saúde e aqueles que manuseiam objetos usados pelos pacientes não esterilizados. Essa interpretação está em consonância com Orientação Normativa n. 4, de 14.02.2017 do Ministério do Planejamento Desenvolvimento e Gestão, que estabelece orientação sobre a concessão dos adicionais de insalubridade, periculosidade para os servidores públicos federais. O art.12, parágrafo único, incisos II e III dessa orientação normativa, determina que não caracterizam situação para pagamento do adicional:

II — as atividades em que o servidor somente mantenha contato com pacientes em área de convivência e circulação, ainda que o servidor permaneça nesses locais; e

III — as atividades em que o servidor manuseie objetos que não se enquadrem como veiculadores de secreções do paciente, ainda que sejam prontuários, receitas, vidros de remédio, recipientes fechados para exame de laboratório e documentos em geral.

SÚMULA 55 — TRT 15ª Região

FUNDAÇÃO CASA. ADICIONAL DE INSALUBRIDADE. CONTATO HABITUAL COM DOENTES E MATERIAIS INFECTOCONTAGIOSOS. Comprovado que o trabalhador mantém contato habitual com doentes e materiais infectocontagiosos, o adicional de insalubridade é devido.

— Ver anexo 14, NR-15.

SÚMULA N. 4 — TRT 21ª REGIÃO

ADICIONAL DE INSALUBRIDADE. LIMPEZA E HIGIENIZAÇÃO DE QUARTOS E BANHEIROS DE USO PÚBLICO EM MOTEL. EQUIPARAÇÃO A LIXO URBANO. Os empregados que executam os serviços de higienização e limpeza das instalações sanitárias, de uso público ou coletivo de grande circulação, e a respectiva coleta de lixo, em motel, desde que apuradas as condições insalubres mediante prova técnica, fazem jus ao adicional de insalubridade em grau máximo, por equiparação aos trabalhadores que lidam com lixo urbano, incidindo o disposto no Anexo 14 da NR-15 da Portaria do MTE n. 3.214/78.

— Ver comentário da Súmula n. 448 do TST.

SÚMULA N. 42 — TRT 22ª REGIÃO

ATIVIDADE INSALUBRE. CARACTERIZAÇÃO. PREVISÃO NA NORMA REGULAMENTADORA N. 15 DA PORTARIA DO MINISTÉRIO DO TRABALHO N. 3.214/78. INSTALAÇÕES SANITÁRIAS. LIMPEZA DE RESIDÊNCIAS E ESCRITÓRIOS.

I — Não basta a constatação da insalubridade por meio de laudo pericial para que o empregado tenha direito ao respectivo adicional, sendo necessária a classificação da atividade insalubre na relação oficial elaborada pelo Ministério do Trabalho.

II – A higienização de instalações sanitárias de uso público ou coletivo de grande circulação, e a respectiva coleta de lixo, enseja o pagamento de adicional de insalubridade em grau máximo, incidindo o disposto no Anexo 14 da NR-15 da Portaria do MTE n. 3.214/78 quanto à coleta e industrialização de lixo urbano.

III — A limpeza em residências e escritórios e a respectiva coleta de lixo não podem ser consideradas atividades insalubres, ainda que constatadas por laudo pericial, porque não classificada como lixo urbano (coleta e urbanização), conforme o disposto no Anexo 14 da NR-15 da Portaria do MTE n. 3.214/78. (Aprovada pela RA n. 48/2016 de 15.06.2016, publicada no DeJT n. 2003 de 20.06.2016).

— Ver comentário da Súmula n. 448 do TST.

JURISPRUDÊNCIA

1. ADICIONAL DE INSALUBRIDADE. CRECHE MUNICIPAL. LIMPEZA DO AMBIENTE DE TRABALHO RESTRITO AOS EMPREGADOS. NÃO CONFIGURAÇÃO. A limpeza de banheiros de creche municipal, utilizados somente por alunos e professores, não caracteriza atividade insalubre porque ausente o uso público ou coletivo de grande circulação, de que trata o item II da Súmula n. 448 do TST, além disso, o laudo pericial constante dos autos constatou que a atividade desempenhada pelo reclamante era salubre. Recurso ordinário parcialmente provido. (TRT, 13ª R, Processo 0130982-65.2015.5.13.0010, rel. Thiago De Oliveira Andrade, Julgamento: 20.09.2016).

— Ver comentário da Súmula n. 448 do TST.

2. TRT-PR-06-12-2016 EMENTA: ADICIONAL DE INSALUBRIDADE. AGENTE COMUNITÁRIO DE SAÚDE. É classificado como insalubre o trabalho em contato permanente com pacientes em estabelecimentos de saúde, hipótese em que não se enquadra a atividade da reclamante, conforme a redação do Anexo 14 da Norma Regulamentadora n. 15. Recurso ordinário do reclamado conhecido e provido. (TRT, 9ª R., 00195-2015-303-09-00-7-ACO-41315-2016, Relator: Altino Pedrozo dos Santos, Publicado em 06.12.2016)

— O Anexo 14 da NR-15 considera como insalubre o contato permanente com pacientes em hospitais, serviços de emergência, enfermarias, ambulatórios, postos de vacinação e outros estabelecimentos destinados aos cuidados da saúde humana (aplica-se unicamente ao pessoal que tenha contato com os pacientes, bem como aos que manuseiam objetos de uso desses pacientes, não previamente esterilizados). O agente de saúde não executa atividade nesses locais.

3. ADICIONAL DE INSALUBRIDADE. TRABALHO PRESTADO EM CLÍNICA CARDIOLÓGICA. RODÍZIO DE ATIVIDADES. RECEPCIONISTA. ATENDIMENTO POR TELEFONE. CONTATO MERAMENTE EVENTUAL. As atividades de atendimento ao público em rodízio com atendimento por telefone em clínica cardiológica não ensejam o pagamento do adicional de insalubridade. A natureza das enfermidades cardiológicas — não ligadas a agentes infecto-contagiantes — e a existência de rodízio entre as atividades de atendimento ao público e por telefone levam à conclusão de que a trabalhadora não esteve sujeita aos agentes insalutíferos acima do admitido. Nestas condições, indevido o adicional de insalubridade em razão da mera eventualidade no contato. (TRT, 12ª R., 6ª Câmara Proc. 0000635-87.2015.5.12.0036, Rel.: Mirna UlianoBertoldi, Data de Assinatura: 28.11.2016)

— O Anexo 14 da NR-15 restringe a insalubridade apenas aos trabalhadores em contato permanente com pacientes em estabelecimento de saúde, bem como aos que manuseiam objetos de uso desses pacientes, não previamente esterilizados.

4. ADICIONAL DE INSALUBRIDADE. O Regional, com base no laudo pericial, ao entender devido o adicional de insalubridade em grau máximo, deferido em sentença, consignou que o reclamante, "laborando no setor da lavanderia do hospital realiza a higienização das roupas de todos os pacientes do hospital, até mesmo do setor de isolamento por moléstias infecciosas (fato confirmado pela testemunha do autor — fl.293), ficando exposto a agentes biológicos nocivos a sua saúde, o que caracteriza a insalubridade em grau máximo, nos termos da NR-15 da Portaria n. 3.214/78 do TEM". Óbice da Súmula n. 126 do TST. Arestos inservíveis. 2. (TST, 8ª T., AIRR 594-09.2013.5.15.0101, Publicação: 1º.04.2016, rel. Dora Maria da Costa).

— O Anexo 14 da NR-15 considera como insalubre de grau máximo o contato permanente com pacientes em isolamento por doenças infectocontagiosas, bem como objetos de seu uso, não previamente esterilizados.

5. LIMPEZA DE BANHEIROS EM ESCOLA PÚBLICA. ADICIONAL DE INSALUBRIDADE EM GRAU MÁXIMO. SÚMULA N. 448, II, DO TST. Conforme entendimento sedimentado na Súmula n. 448, II, do TST, aos empregados que realizam a limpeza de banheiros em escola pública, com grande circulação, é devido o pagamento de adicional de insalubridade, em grau máximo (40%), sobre o valor do salário mínimo, pela exposição a agentes biológicos oriundos do "lixo urbano", conforme Anexo XIV da NR-15, da Portaria n. 3.214/78 do MTE. (TRT 17ª R., 2ª T., RO 0000549-81.2015.5.17.0132, rel. Wanda Lúcia Costa Leite França Decuzzi, Publicação: 28.09.2016).

— Ver comentário da Súmula n. 448 do TST.

6. INSALUBRIDADE. LIMPEZA DE BANHEIROS DE AEROPORTO — É insalubre o trabalho de limpeza e higienização dos banheiros de aeroporto, que são utilizados por um grande número de pessoas, uma vez que expõe o empregado, durante o exercício de suas atividades, a agentes biológicos nocivos à saúde. (TRT 17ª R., 1ª T., RO 0000282-96.2015.5.17.0007, rel. Gerson Fernando da Sylveira Novais, Publicação: 31.08.2016).

— Ver comentário da Súmula n. 448 do TST.

7. ADICIONAL DE INSALUBRIDADE. LIMPEZA DE BANHEIROS EM ESCOLA PÚBLICA. A limpeza e higienização dos banheiros de uma escola, os quais são utilizados por grande número de alunos, está mais próximo de ser equiparada a limpeza de banheiros públicos do que de banheiro de uma residência ou de um escritório cujo acesso é restrito a um número menor de pessoas. Portanto, a atividade exercida pelo reclamante insere-se entre aquelas previstas no Anexo 14 da NR-15, mais precisamente lixo urbano. (TRT 17ª R., 1ª T., RO 0000660-68.2015.5.17.0131, rel. Gerson Fernando da Sylveira Novais, Publicação: 03.11.2016).

— Ver comentário da Súmula n. 448 do TST.

8. ADICIONAL DE INSALUBRIDADE. CONTATO COM AGENTES BIOLÓGICOS. EXPOSIÇÃO EVENTUAL. A caracterização da insalubridade por contato com agentes biológicos, na forma descrita no Anexo 14 da NR-15 da Portaria n. 3.214/78 do MTE pressupõe contato permanente com carnes, glândulas, vísceras, sangue, ossos, couros, pêlo e dejeções de animais portadores de doenças infectocontagiosas (carbúnculos, brucelose, tuberculose). A exposição eventual (muito menos a eventualíssima) não autoriza a condenação ao pretendido adicional de insalubridade. (TRT, 3ª R., 7ª T., RO 0001356-04.2011.5.03.0077, Publicação: 16.04.2013, rel. Luis Felipe Lopes Boson).

— Exposição eventual a agentes biológicos.

9. ADICIONAL DE INSALUBRIDADE. AGENTES BIOLÓGICOS. ANEXO 14 DA NR-15 DA PORTARIA N. 3.214/78 DO MTE. Constatado pela perícia que a autora laborava como técnica de enfermagem em sala de hemodiálise destinada a segregar pacientes eventualmente portadores de doenças infectocontagiosas, em contato com objetos por estes utilizados e não previamente esterilizados, conclui-se que sua exposição ao fator de risco ocorria de modo permanente, o que torna devido o adicional de insalubridade em grau máximo, na forma prevista no Anexo 14 da NR-15 da Portaria n. 3.214/78 do Ministério do Trabalho e Emprego. Sentença mantida. (TRT, 3ª R., 4ª T., RO 00779-2007-137-03-00-6, Publicação: 03.06.2013, rel. Paulo Chaves Correa Filho).

— Ver Súmula n. 47 do TST.

10. ADICIONAL DE INSALUBRIDADE. GRAU MÁXIMO. AGENTES BIOLOGICOS. TÉCNICA DE ENFERMAGEM. LABOR EM PRONTO SOCORRO. AUSÊNCIA DE ÁREA DE ISOLAMENTO. Comprovado nos autos que a autora como técnica em enfermagem do pronto socorro municipal atendia de forma indistinta todos os pacientes que procuravam o hospital, o qual não possuía área de isolamento para aqueles portadores de doenças infecto-contagiosas, caracterizada está a insalubridade em grau máximo pelo contato com agentes biológicos por força do anexo 14 da NR-15, eis que inconteste a exposição da obreira a possibilidade diária de contato e contágio de possíveis doenças infecto-contagiosas. (TRT, 3ª R., 4ª T., RO 01944-2011-047-03-00-2, Publicação: 04.03.2013, rel. Maria Lucia Cardoso Magalhães).

— A orientação normativa da Secretaria de Gestão Pública do Ministério do Planejamento, Orçamento e Gestão — SEGEP n. 6 de 18.03.2013, que estabelece critérios de concessão de adicionais

de insalubridade e periculosidade para servidores públicos da União, em seu quadro anexo define que a concessão do adicional de insalubridade ocorrerá somente com o contato com pacientes em isolamento por bloqueio. Segundo essa norma, o isolamento por bloqueio é aquele em que há o afastamento do paciente do convívio coletivo com vistas a impedir a transmissão de agentes infecciosos a indivíduos suscetíveis. Neste isolamento, além das precauções universais, são compulsoriamente adotadas barreiras físicas secundárias.

11. ADICIONAL DE INSALUBRIDADE. MOTORISTA DE AMBULÂNCIA. CONFIGURAÇÃO. A caracterização da atividade insalubre pela exposição a agentes biológicos, nos termos do Anexo n. 14, NR-15, da Portaria n. 3.214, de 1978, exige o contato permanente do trabalhador com pacientes em condição de isolamento, circunstância esta verificada na atividade de motorista de ambulância, mormente porquanto comprovado que este transportava portadores com quaisquer tipos de doenças, sem o uso de equipamentos de proteção suficientes a eliminar a possibilidade de contágio. (TRT, 3ª R., 6ª T., RO 02342-2011-047-03-00-2, Publicação: 18.02.2013, rel. Jorge Berg de Mendonça).

— Ver comentário na decisão anterior.

12. ADICIONAL DE INSALUBRIDADE. AGENTE BIOLÓGICO. DEVIDO. Constatado pela prova pericial que o reclamante, na função de fisioterapeuta, mantinha contato habitual com pacientes de estabelecimento destinado aos cuidados da saúde humana, dentre os quais portadores de doenças infectocontagiosas, correto o enquadramento no Anexo 14 da Norma Regulamentadora n. 15 da Portaria n. 3.214/78 do MTE. Logo, correto o deferimento do adicional de insalubridade durante todo o contrato de trabalho. (TRT, 3ª R., 6ª T., RO 01810-2012-111-03-00-0, Publicação: 02.07.2013, rel. Rosemary de O. Pires).

13. ADICIONAL DE INSALUBRIDADE. LIXO URBANO. MOTORISTA DO CAMINHÃO COLETOR. INDEVIDO. Deve-se fazer uma distinção entre o trabalho dos motoristas de caminhão de lixo e o dos garis que laboram nestes veículos, embora todos envolvidos com as tarefas de efetuar a coleta do lixo urbano. Apenas estes últimos profissionais laboram carregando e manuseando sacos e latões de lixo, e de fato ficam expostos ao contato direto e manual, e também permanente, com agentes biológicos geradores de insalubridade, o que não ocorre com aqueles que apenas dirigem o veículo e permanecem distantes deste contato dentre de suas cabines. (TRT, 3ª R., 9ª T., RO 01186-2012-053-03-00-5, Publicação: 19.06.2013, rel. João Bosco Pinto Lara).

— A decisão não considerou a atividade do motorista do caminhão de lixo como insalubre.

14. ADICIONAL DE INSALUBRIDADE. GRAU MÉDIO. AGENTE FUNERÁRIO. A atividade do Reclamante (Agente Funerário) se equipara àqueles que exercem exumação de corpos em cemitérios e àqueles que exercem autópsias, anatomia ou exames relacionados, cuja insalubridade é caracterizada em grau médio, conforme a NR-15, Anexo 14. O simples fato de eventualmente o Agente Funerário ter contato com corpos portadores de doenças infectocontagiosas, não justifica o deferimento da insalubridade em grau máximo. Recurso. (TRT, 15ª R., 2ª T., RO 0116900-61.2009.5.15.0017, Disponibilização: 13.01.2012, rel. Helcio Dantas Lobo Junior).

— A decisão considerou a exposição eventual a agentes biológicos.

15. ADICIONAL DE INSALUBRIDADE. BALCONISTA. APLICAÇÃO DE MEDICAMENTO INJETÁVEL. Não se enquadra o autor no disposto no Anexo 14 da NR-15 da Portaria n. 3.214/78, eis que, na hipótese, não manteve contato permanente com pacientes ou material infectocontagiante. Como farmacêutico, além de outras atividades, o reclamante aplicava injeções em clientes da reclamada que, por sua vez, não explora atividade de atendimento e assistência à saúde, tendo como objeto social o comércio varejista de drogas e medicamentos, razão pela qual não pode ser equiparada a "postos de vacinação" para fins de enquadramento na referida norma regulamentar. (TRT, 3ª R., 6ª T., RO 00824-2012-080-03-00-3, Publicação: 24.06.2013, rel. Rogerio Valle Ferreira).

— A Portaria n. 12, de 12.11.1979, acrescentou a esse anexo o conceito de contato permanente conforme redação que se segue:

Contato permanente com pacientes, animais ou material infectocontagiante é o trabalho resultante da prestação de serviço contínuo, decorrente de exigência firmada no próprio contrato de trabalho, com exposição permanente aos agentes insalubres.

16. ADICIONAL DE INSALUBRIDADE. TÉCNICA DE ENFERMAGEM. SAMU. Não há razão para o Magistrado adotar conclusão diversa daquela exarada no laudo pericial, se este aponta, de forma clara e confiável, que as atividades desenvolvidas por técnica de enfermagem do Serviço de Atendimento Móvel de Urgência eram insalubres em grau médio, uma vez que os equipamentos de proteção utilizados não elidiam o contato com agentes biológicos nocivos à saúde. (TRT, 12ª R., 3ª T., RO 0001902-92.2013.5.12.0027, Rel.: Gisele Pereira Alexandrino, Data de Publ. 13.06.14)

— Não se pode afirmar de maneira objetiva e técnica que o uso de EPI's afasta o risco de exposição aos agentes biológicos.

17. ADICIONAL DE INSALUBRIDADE. ENFERMEIRA. A enfermeira contratada para atuar no Programa de Saúde da Família, realizando, dentre outros procedimentos, curativos e coleta de sangue com a utilização de agulhas e seringas, está sujeita à contaminação por agentes biológicos ainda que utilize luvas cirúrgicas, tendo em vista a possibilidade de perfuração do aludido EPI. Logo, devido é o adicional de insalubridade vindicado. (TRT, 12ª R., 1ª T., RO 0002246-39.2013.5.12.0006, Rel.: Águeda Maria Lavorato Pereira, Data de Publ. 28.11.14)

— *Ver comentário anterior.*

18. ADICIONAL DE INSALUBRIDADE. No caso em tela, não é devido o ADICIONAL DE INSALUBRIDADE, visto que, apesar do laudo pericial ter concluído pelo enquadramento da atividade como insalubre, o Anexo 14 da NR-15 da Portaria n. 3.214/78 do Ministério do Trabalho e Emprego dispõe que no caso de atividades que envolvam agentes biológicos, estas devem ocorrer em locais tais como "hospitais, serviços de emergência, enfermarias, ambulatórios, postos de vacinação e outros estabelecimentos destinados aos cuidados da saúde humana". Portanto, como no presente caso a obreira realizava seu trabalho na comunidade, através de visitas domiciliares, a maioria da 2ª Turma deste Regional entende não ser devido o ADICIONAL DE INSALUBRIDADE. (TRT, 16ª R., 0098700-46.2013.5.16.0014, Relator: James Magno Araújo Farias, Publicação: 11.08.2016).

— *A decisão considerou que o trabalho realizado na comunidade não se enquadra como insalubre.*

19. ADICIONAL DE INSALUBRIDADE: AGENTES BIOLÓGICOS: ESGOTOS: TRABALHO EM GALERIAS E TANQUES DE ESTAÇÃO DE TRATAMENTO DE DEJETOS DE ORIGEM HUMANA x LIMPEZA DE CAIXA DE ESGOTO, CAIXA DE GORDURA, VASO SANITÁRIO RALO, SIFÃO DE PIA E TUBOS DE 100 MM: DIFERENÇAS GRITANTES: ANÁLISE DO ANEXO 14 DA NR-15/MTE: EXIGÊNCIA DE CONTATO PERMANENTE COM GALERIAS E TANQUES DE ESGOTO: BOMBEIRO HIDRÁULICO: IMPROCEDÊNCIA DO PEDIDO DE ADICIONAL DE INSALUBRIDADE. A NR-15/MTE estabelece insalubridade apenas para o labor permanente com esgotos, em tanques e galerias, ou seja, o esgoto transferido nas galerias ou mantido nos tanques de decantação para tratamento, não alcançando as tubulações menores, os vasos e as pequenas caixas de retenção. Recurso da Reclamada conhecido e provido. (TRT, 10ª R., 2ª T., RO 01604-2013-006-10-00-0, Relator: Alexandre Nery de Oliveira, Data de Publicação: 14.10.2016)

— *A decisão não considerou como insalubre a atividade do bombeiro hidráulico, pois sua atividade não era executada em galeria ou tanque de esgoto.*

20. VENDEDOR PROPAGANDISTA. ADICIONAL DE INSALUBRIDADE. Ao vendedor propagandista que atua junto a hospitais, consultórios e laboratórios não é devido o adicional de insalubridade, por não se encontrar permanentemente exposto aos agentes biológicos (TST, 1ª T., RR 8.284/90.7, Ac. 379/91, rel. Min. Afonso Celso).

— *Vendedor propagandista não tem contato com paciente nem objetos dos mesmos.*

21. ADICIONAL DE INSALUBRIDADE. LIMPEZA DE SANITÁRIOS DE ESTAÇÃO FERROVIÁRIA. Constatada a limpeza de banheiros de estação ferroviária, local onde transitam um universo diversificado de pessoas, expondo o Reclamante à ação de agentes biológicos nocivos à saúde, não há como lhe negar o direito ao adicional de insalubridade, já que tal situação equipara-se ao lixo urbano, enquadrado nas disposições do Anexo n. 14 da NR-15 da Portaria n. 3.214/78, do Ministério do Trabalho. Recurso conhecido e não provido. Processo: E-RR — 642068-77.2000.5.12.5555 Data de Julgamento: 15.03.06, Relator Ministro: Carlos Alberto Reis de Paula, 3ª Turma, Data de Publicação: DJ 11.04.06.

— *Ver comentário da Súmula n. 448 do TST.*

22. ADICIONAL DE INSALUBRIDADE. AGENTE COMUNITÁRIO. Na forma do anexo XIV da NR-15, não é possível enquadrar-se o Agente Comunitário em atividade insalubre, uma vez que ele não desempenha atividade permanente com agentes infectocontagiosos. Não é concebível entender-se incursa neste item a Comunidade. A Norma Regulamentar é muito clara ao especificar a atividade enquadrável nesta situação. (Decisão n. 004303/2012-PATR. Recurso Ordinário Relator: José Pitas, 2ª turma, TRT 15ª Região).

— *A atividade do agente comunitário não foi enquadrada como insalubre. O Anexo 14 da NR-15 restringe a insalubridade ao contato permanente com pacientes em estabelecimentos de saúde.*

23. ADICIONAL DE INSALUBRIDADE. AGENTE COMUNITÁRIO DE SAÚDE. INDEVIDO. O trabalho de orientar e acompanhar a comunidade acerca de questões referentes à saúde, definida na Portaria n. 648/2006, em visitas domiciliares, não gera direito ao adicional, porque o contato com agentes nocivos ocorre de forma eventual e a norma que disciplina a concessão do adicional exige que tal trabalho desenvolva-se de forma permanente (0001425-54.2010.5.04.0332 (RO) Redator: Clóvis Fernando Schuch Santos. TRT 4ª Região. Data de Publicação: 04.08.11).

— *Ver comentário anterior.*

24. ADICIONAL DE INSALUBRIDADE. Indevido, na forma da conclusão do laudo pericial, pois com o fornecimento dos EPI's as exposições aos agentes insalubres ruído e poeira de carvão foram devidamente neutralizadas. (TRT 17ª R., 1ª T., RO 0000477-93.2015.5.17.0003, rel. José Luiz Serafini, Publicação: 13.10.2016)

25. INSALUBRIDADE. AGENTE BIOLÓGICO. EMPRESA DE MANUTENÇÃO DE BOMBA DE INFUSÃO. LIMPEZA. O objetivo do Anexo 14 da NR-15 do MTE é regular aqueles trabalhadores que atuam dentro dos hospitais e clínicas, cujo perigo de contágio é iminente em razão do contato direto e permanente com pacientes com doenças infecto-contagiosas ou com objetos de seu uso, não se estendendo à empresa de manutenção de bomba de infusão, para a qual o aparelho percorre um longo caminho até chegar às mãos do empregado, ainda mais quando admitido o uso de luvas e avental de plástico para o manuseio dos equipamentos e quando há prova indicando que eles já vinham do hospital previamente esterilizados. (TRT, 17ª R., 2ª T., RO 0000991-22.2015.5.17.0011, rel. Gerson Fernando da Sylveira Novais, Publicação: 10.11.2016).

— *Não foi caracterizada a insalubridade, pois não havia enquadramento no Anexo 14 da NR-15.*

26. ADICIONAL DE INSALUBRIDADE. LIMPEZA DE BANHEIRO DE ESCRITÓRIO DE EMPRESA. A limpeza e higienização de banheiro de escritório de uma empresa, cujo acesso é restrito a um pequeno número de pessoas não se insere dentre aquelas atividades previstas no Anexo 14 da NR-15, mais precisamente lixo urbano (coleta e industrialização). (TRT 17ª R., 1ª T., RO 0000924-85.2014.5.17.0013, rel. Gerson Fernando da Sylveira Novais, Publicação: 03.11.2016).

— *Ver comentário da Súmula n. 448 do TST.*

27. RECURSO ORDINÁRIO. INSALUBRIDADE. LAUDO PERICIAL FAVORÁVEL. LIMPEZA DE BANHEIROS E COLETA DE LIXO. ATIVIDADE NÃO CLASSIFICADA PELO MINISTÉRIO DO TRABALHO. SÚMULA N. 448 DO TST. Em que pese a constatação da insalubridade por laudo pericial, necessário também a classificação da atividade insalubre na relação oficial do Ministério do Trabalho. Sendo que a higienização de instalações sanitárias de uso não público, nem coletivo, e a coleta de lixo, quando de residências ou escritórios, não ensejam o pagamento de adicional de insalubridade, Súmula n. 448 do TST. (TRT, 14ª R., 1ª T., RO 0000967-87.2015.5.14.0007, Relator: Juiz Convocado Afrânio Viana Gonçalves)

— *Ver comentário da Súmula n. 448 do TST.*

28. HIGIENIZAÇÃO DE INSTALAÇÕES SANITÁRIAS NÃO INCLUÍDAS NO CONCEITO DE USO COLETIVO DE GRANDE CIRCULAÇÃO. ADICIONAL DE INSALUBRIDADE INDEVIDO. Nos termos do item II da Súmula n. 448 do TST e da Súmula n. 46 do TRT12, a atividade de limpeza de instalações sanitárias utilizadas por grande fluxo de pessoas, pela sua equiparação à coleta de lixo urbano, é insalubre em grau máximo, diante do enquadramento no Anexo 14 da Norma Regulamentadora n. 15 da Portaria n. 3.214/78 do Ministério do Trabalho. Contudo, tal situação não ocorre na hipótese de limpeza e conservação de apenas dois banheiros de uso restrito dos empregados e um outro utilizado pelos clientes de agência bancária, tendo em vista a inocorrência de uso coletivo de grande circulação. Dessa maneira, a atividade correspondente não acarreta a incidência do adicional de insalubridade. (TRT, 12ª R., Ac. 5ª Câmara Proc. 0000704-77.2014.5.12.0029, Rel.: Irno Ilmar Resener, Data de Assinatura: 08.12.2015)

— *Ver comentário da Súmula n. 448 do TST.*

29. ADICIONAL DE INSALUBRIDADE. AGENTES COMUNITÁRIOS. GRAU DE INSALUBRIDADE. Considerando que os agentes comunitários de saúde atendem os pacientes em suas próprias residências, deve lhes ser pago o adicional de insalubridade em grau médio, por se tratar de labor equivalente àquele realizado em ambulatórios e enfermarias, nos termos do anexo 14 da NR-15 do MTE. (TRT, 12ª R., 2ª T., RO 0009253-29.2011.5.12.0014, Rel.: Amarildo Carlos de Lima, Data de Publ. 26.03.14)

— *Ver comentários anteriores.*

30. ADICIONAL DE INSALUBRIDADE. LIMPEZA DE SANITÁRIOS E MANUSEIO DE LIXO EM ESTABELECIMENTO DE ENSINO. O recolhimento do lixo de banheiros com grande afluxo de pessoas pode e deve ser considerado até mais prejudicial à saúde do que a coleta de lixo urbano, hoje quase totalmente confinada em recipientes plásticos. Nesse caso, é inaplicável o inciso II da Orientação Jurisprudencial n. 4 do TST, em razão de que ele se reporta especificamente à limpeza em residências e escritórios e a respectiva coleta de lixo. Seria impróprio pensar que a limpeza em banheiro de uso público é semelhante à que se faz em residências e escritórios, mormente se a exposição a eventuais agentes insalubres é potencializada pela não utilização de qualquer equipamento de proteção. (TRT, 12ª R., 1ª T., RO 0000494-84.2013.5.12.0021, Rel.: Garibaldi Tadeu Pereira Ferreira, Data de Publ. 28.03.14)

— *Ver comentário da Súmula n. 448 do TST.*

31. ADICIONAL DE INSALUBRIDADE. AGENTE DE SAÚDE. A legislação definidora do direito ao adicional de insalubridade abrange o trabalho em hospitais, emergências, enfermarias, ambulatórios e postos de vacinação (Anexo 14 da NR-15 da Portaria n. 3.214/78).

Não se enquadra na hipótese o agente de saúde, que procede à visitação em residências, desempenhando atividades não voltadas ao efetivo tratamento de doenças, mas restritas a políticas públicas de saúde e vinculadas a programas de conscientização, prevenção, catalogação e acompanhamento (dos anteriores). (TRT, 12ª R., 2ª T., RO 0000611-43.2012.5.12.0043, Rel.: Mari Eleda Migliorini, Data de Publ. 20.06.14)

— Ver comentários anteriores.

32. INSALUBRIDADE. FAXINEIRO DE PRÉDIO COMERCIAL E INDUSTRIAL. GRAU MÍNIMO. Embora o Anexo 14 da NR-15 da Portaria n. 3.214, de 08.06.78, caracterize o trabalho ou operações em contato permanente com lixo urbano como atividade insalubre em grau máximo, há que distingui-la daquela exercida no âmbito de estabelecimento comercial ou industrial, na qual o trabalho se restringe à limpeza dos banheiros dos funcionários e do público. Avaliadas as circunstâncias do caso, bem como o procedimento do empregador, que fornecia alguns equipamentos de proteção, é razoável, com fundamento no art. 436 do CPC, acolher o pleito do adicional de insalubridade no grau mínimo (TRT, 12ª R., 1ª T., RO 7.117/93, rel. Juiz Humberto d'Ávila Rufino, DJSC de 26.9.95, p. 42 — Dicionário de Decisões Trabalhistas de B. Calheiros Bomfim, Silvério Mattos dos Santos e Cristina Kaway Stamato, 26. ed.).

— A insalubridade por agentes biológicos é de grau médio ou máximo.

33. GRAU MÁXIMO. LIMPEZA DE BANHEIROS. A Orientação Jurisprudencial n. 4 da SBDI-1 desta Corte Superior consagra o entendimento de que os serviços de limpeza desenvolvidos no âmbito residencial ou comercial não configuram trabalho insalubre, ainda que o contrário tenha sido afirmado em laudo pericial, porquanto não se amolda ao conceito de "lixo urbano" previsto nos Anexos 13 e 14 da Norma Regulamentadora n. 15 do Ministério do Trabalho. Recurso de revista de que se conhece parcialmente e a que se dá provimento. (Processo: RR — 28040-03.2003.5.04.0017 Data de Julgamento: 5.5.10, Relator Ministro: Pedro Paulo Manus, 7ª Turma, Data de Publicação: DEJT 14.05.10.)

— Ver comentário da Súmula n. 448 do TST.

34. ADICIONAL DE INSALUBRIDADE. FAXINEIRA DE BANHEIRO COLETIVO. INEXISTÊNCIA. O ser humano em geral não pode ser reputado como agente insalubre, pelo simples fato de se utilizar de sanitário público, não podendo ser confundido o esgoto com banheiro público. A se adotar o posicionamento pretendido pela reclamante, até o contato pessoa a pessoa seria considerado como insalubre, quando a legislação fala em secreções humanas daqueles provenientes dos portadores de patologias transmissíveis. Processo RO — 16086/94 — Data de Publicação: 27.01.95 — DJMG — 1ª Turma — Relator: Marcos Heluey Molinari — TRT 3ª Região.

— Ver comentário da Súmula n. 448 do TST.

35. RECURSO DA PRIMEIRA RECLAMADA: LIXO URBANO. COLETA. ATIVIDADE DE VARRIÇÃO. INSALUBRIDADE. GRAU MÁXIMO. A atividade do reclamante como gari, retratada pela prova técnica, não afasta o seu direito à percepção do adicional de insalubridade nos termos do Anexo 14 da NR-15 da Portaria n. 3.214/78 do Ministério do Trabalho e Emprego, sendo certo que a norma não distingue o lixo coletado pelos garis que trabalham em caminhões e usinas de processamento daquele proveniente da varrição de rua, restando configurada, no caso, a insalubridade em grau máximo. Recurso não provido. (TRT, 13ª R., Processo 0131644-44.2015.5.13.0005, rel. Francisco de Assis Carvalho e Silva, Julgamento: 29.11.2016).

— A decisão deferiu a insalubridade para o gari.

36. ADCIONAL DE INSALUBRIDADE. SERVENTE. TRABALHO EM POSTO DE SAÚDE. O Anexo 14 da NR-15 do MTE é taxativo ao caracterizar como atividade insalubre os trabalhos e operações realizados em contato permanente com pacientes, animais ou com material infecto-contagiante, em hospitais, serviços de emergência, enfermarias, ambulatórios, postos de vacinação e outros estabelecimentos destinados aos cuidados da saúde humana, bem como aos que manuseiam objetos de uso desses pacientes, (não previamente esterilizados). Assim, comprovado no laudo pericial que as atividades desenvolvidas pela autora de limpeza de equipamentos, lençóis e toalhas utilizados pelos pacientes e de coleta de lixo pessoal dos pacientes eram insalubres e desempenhadas sem a utilização de EPIs, é devido o pagamento do adicional de insalubridade. (TRT, 12ª R, 1ª T., RO 0000967-38.2011.5.12.0022)

— A decisão deferiu a insalubridade para trabalhador em contato com objetos de uso dos pacientes, não esterilizados.

37. ADICIONAL DE INSALUBRIDADE. ATIVIDADE QUE ENVOLVE O CONTATO COM LIXO URBANO. O Anexo 14 da NR-15 relaciona como insalubres, em grau máximo, as atividades ou operações que envolvam o contato permanente com lixo urbano. Esta situação certamente se verifica em relação aos trabalhadores que efetuam a limpeza das vias públicas que, no dia a dia, se deparam com todo o tipo de lixo, como restos de animais em decomposição, dejetos, águas paradas, além de outros objetos que possam conter agentes patogênicos. (TRT, 12ª R., RO 0002489-36.2013.5.12.0053, Rel.: Gisele Pereira Alexandrino, Publicação: 04.02.16)

— A decisão deferiu a insalubridade para trabalhador em contato com lixo urbano.

38. RECURSO ORDINÁRIO. ADICIONAL DE INSALUBRIDADE INDEVIDO. GARI MUNICIPAL. VARRIÇÃO DE RUAS. NÃO REALIZAÇÃO DE COLETA DE LIXO. De acordo com a prova pericial, não elidida por outros elementos dos autos, na atividade de gari, a autora não realizava coleta de lixo e não mantinha contato com o material da varrição, revelando-se indevido o pagamento de adicional de insalubridade, porque não caracterizada a hipótese da Súmula n. 448 do TST. Recurso da autora improvido. (TRT, 9ª R., 3ª T., 01391-2014-073-09-00-4-ACO-40520-2016, Relator: Thereza Cristina Gosdal, Publicado no DEJT em 29.11.2016)

— A decisão indeferiu a insalubridade para o gari.

39. DIFERENÇA DE ADICIONAL DE INSALUBRIDADE. ADICIONAL EM GRAU MÁXIMO. AGENTE BIOLÓGICO. CONTATO PERMANENTE COM CARNES, GLÂNDULAS, SANGUE, OSSOS, COUROS E PÊLOS DE ANIMAIS PORTADORES DE DOENÇAS INFECTOCONTAGIOSAS (CARBUNCULOSE, BRUCELOSE, TUBERCULOSE). DESCABIMENTO. Tão somente o contato do empregado com partes de animais não enseja o pagamento do adicional de insalubridade no grau máximo por agente biológico. Para tanto, o contato deve ser permanente, o que não se verificou em face das medidas de inspeção sanitárias com a finalidade de impedir o manuseio, na linha de produção, de produtos derivados de animais contaminados. Embora não seja impossível o contado, este não pode ser entendido como permanente. Recurso provido. (TRT, 23ª R., 1ª T., RO 00072.2013.126.23.00-5, rel. Osmair Couto, Publicação: 24.03.15).

— A decisão não considerou o contato permanente.

40. PRELIMINAR ARGUIDA PELA RÉ. CERCEAMENTO DE DEFESA. NÃO CARACTERIZAÇÃO. PEDIDO DE REALIZAÇÃO DE NOVA PERÍCIA. O mero inconformismo da Ré com a conclusão do laudo pericial não autoriza a declaração de nulidade deste. Ademais, o julgador não está adstrito à prova pericial, podendo decidir contrariamente ao laudo apresentado, desde que de maneira fundamentada. Na hipótese, o laudo mostra-se esclarecedor e sem qualquer mácula, além de elaborado por perito com conhecimento técnico para tanto. Não se há falar em nulidade da mencionada prova, tampouco em cerceamento de defesa, na medida em que foi oportunizado à Ré manifestar-se acerca do laudo pericial elaborado pelo expert nomeado pelo Juízo. Rejeita-se a preliminar. INSALUBRIDADE. LAUDO PERICIAL CONCLUSIVO QUANTO À EXPOSIÇÃO DO AUTOR A AGENTES INSALUBRES BIOLÓGICOS. ADICIONAL DEVIDO. GRAU MÉDIO. O art. 195 da CLT dispõe que a caracterização e a classificação da insalubridade e da periculosidade, segundo as normas do Ministério do Trabalho, ocorrerão por meio de perícia realizada por Médico ou Engenheiro do Trabalho registrados no referido Órgão. No caso, o laudo pericial foi esclarecedor e conclusivo quanto à exposição contínua do Autor a agentes insalubres biológicos — vacinas, atendimento e tratamento de animais — nocivos à sua saúde, sem a utilização de todos os EPI's necessários para eliminar tal nocividade, razão pela qual é devida a percepção do respectivo adicional e reflexos. Nega-se provimento no particular. Recurso Ordinário da Ré ao qual se nega provimento. (TRT, 23ª R., 2ª T., RO 0000568-89.2014.5.23.0121, rel. Maria Berenice Carvalho Castro Souza, Publicação: 02.03.15).

— O EPI não afasta a insalubridade por exposição a agentes biológicos.

41. ADICIONAL DE INSALUBRIDADE. GRAU MÁXIMO. PROVA PERICIAL. MOTORISTA DE CAMINHÃO TRANSPORTADOR DO LIXO. AUSÊNCIA DE CONTATO PERMANENTE. Nos termos do art. 436 do CPC, o Juízo não está vinculado às conclusões do perito, que é apenas seu auxiliar na apreciação de matéria fática que exija conhecimentos técnicos especiais. A teor do mesmo dispositivo legal, a decisão judicial contrária à manifestação técnica do expert só será possível se existirem, nos autos, outros elementos e fatos provados que fundamentem tal entendimento. À sua falta, deve-se prestigiar o conteúdo da prova técnica, a qual concluiu que o motorista não trabalhava exposto a agentes insalubres (biológicos), uma vez que não tinha contato direto com o lixo recolhido no veículo, limitando-se à função de transporte. É que nos termos do Anexo 14 da NR-15 da Portaria n. 3.214/78 do Ministério do Trabalho, somente são considerados trabalhos ou operações insalubres aquelas que mantenham contato permanente com o lixo urbano, gerando direito ao adicional de insalubridade em grau máximo, o que não se comprovou nos autos, afastando a pretensão demandada. (TRT-01150-2005-112-03-00-5-RO, Relator Juiz Heriberto de Castro, TRT 3ª Região, de DJMG em 1º.04.06).

— A decisão indeferiu a insalubridade para o motorista de caminhão de transporte de lixo, pois não tinha contato direto com o mesmo.

42. ADICIONAL DE INSALUBRIDADE. MOTORISTA DE CAMINHÃO. COLETA DE LIXO URBANO. Inexistindo prova de que o empregado, motorista de caminhão de lixo, trabalhava em contato direto com o agente insalubre, fazendo a coleta do lixo urbano, não é devido o adicional de insalubridade correspondente, consoante o anexo 14 da NR-15 da Portaria 3.214 do MTE — Processo 01285-2004-251-05-00-0 RO — Data de Publicação: 28.11.2006 — 6ª Turma — Relator Desembargador Alcino Felizola — TRT 5ª Região.

— Não foi caracterizada a insalubridade para o motorista, pois não havia contato direto com lixo.

43. O adicional de insalubridade é devido somente para o serviço de limpeza urbana, coleta de lixo urbano. Todavia, não se pode deferir tal adicional para aqueles prestadores de serviços que exerçam suas atividades em faxinas ou limpezas de sanitários e pátios de empresas que são consideradas como coleta de lixo domiciliar (TST, 5ª T., RR 27.427/91.7, Ac. 1.140/92, rel. Min. Antonio Amaral).

— Ver comentário da Súmula n. 448 do TST.

44. ADICIONAL DE INSALUBRIDADE. AGENTE COMUNITÁRIA DE SAÚDE. A hipótese não revela o contato permanente com pacientes ou material infectocontagioso, sendo esta, na forma da NR-15, condição para o recebimento do adicional de insalubridade. (TRT, 1ª R., 4ª T., RO 00017124620135010283, Publicação: 09.04.2014, rel. Álvaro Luiz Carvalho Moreira).

— Ver comentários anteriores.

45. ADICIONAL DE INSALUBRIDADE PAGO EM GRAU MÉDIO. PEDIDO DE DIFERENÇAS. INDEFERIMENTO FACE OS TERMOS DA NR-15, ANEXO 14 E AUSÊNCIA DE CONTATO HABITUAL E PERMANENTE COM PORTADORES DE DOENÇAS INFECTOCONTAGIOSAS. O anexo 14 da norma regulamentar n. 15 prevê a insalubridade em grau médio para "trabalhos e operações em contato permanente com pacientes, animais ou com material infecto-contagiante, em: hospitais, serviços de emergência, enfermarias, ambulatórios, postos de vacinação e outros estabelecimentos destinados aos cuidados da saúde humana (aplica-se unicamente ao pessoal que tenha contato com os pacientes, bem como aos que manuseiam objetos de uso destes, não previamente esterilizados". Assim, não comprovado que o trabalhador mantinha contato permanente com pacientes, animais ou com material infecto-contagiante, não há falar em insalubridade em grau máximo. (TRT, 12ª R., 3ª T., RO 0000624-68.2013.5.12.0023, Rel.: Lília Leonor Abreu, Data de Publ. 14.11.14)

— Foi deferido o adicional de insalubridade em grau médio.

46. ADICIONAL DE INSALUBRIDADE. FRIGORÍFICO. POSTO DE TRABALHO ANTES DAS LINHAS DE INSPEÇÃO. AGENTES BIOLÓGICOS. Não há o que reparar na sentença em que reconhecido o grau máximo para o adicional de insalubridade, na forma do anexo 14 da NR-15 do MTE, pois em prova pericial se constatou que o posto de trabalho do reclamante estava antes das linhas de inspeção, exposto a risco biológico, pois os animais neste estágio ainda não foram analisados pelo SIF, ou seja, são animais potencialmente portadores de doenças como Brucelose, Cisticercose, Tuberculose, as quais somente são diagnosticadas analisando-se os órgãos vitais e vísceras, ao passo que os EPIs fornecidos não são capazes de neutralizar por completo o risco de contágio.

— O anexo 14 da NR-15 estabelece como insalubre de grau máximo: o contato permanente com carnes, glândulas, vísceras, sangue, ossos, couros, pêlos e dejeções de animais portadores de doenças infectocontagiosas (carbunculose, brucelose, tuberculose). Nesses caso, a nosso ver, o perito deveria analisar a ocorrência das doenças infectocontagiosas mencionadas visando definir o contato permanente ou não.

47. ADICIONAL DE INSALUBRIDADE. INEXISTÊNCIA DE CONTATO PERMANENTE COM PACIENTE OU MATERIAL INFECTOCONTAGIOSO. SÚMULA N. 126. NÃO CONHECIMENTO. O direito ao adicional de insalubridade depende de classificação da atividade insalubre pelo Ministério do Trabalho, conforme entendimento pacífico desta Corte, consubstanciado na Súmula n. 448, I. A Norma Regulamentadora n. 15, Anexo 14, da Portaria n. 3.214/78, do Ministério do Trabalho, exige, para deferimento do adicional de insalubridade em grau máximo ou médio, que haja contato permanente com paciente ou material infectocontagioso. No presente caso, o Tribunal Regional desconsiderou a conclusão do laudo pericial por constatar, a partir do exame das provas, que a reclamante exercia as atribuições de "atendente de *call center* por telefone e, após, como auxiliar administrativo, fazendo atendimento atrás de um balcão ou por telefone de associados do plano de saúde". Julgou, assim, que tais tarefas são de cunho administrativo e que o contato com possíveis agentes insalubres não se enquadraria no conceito de permanência a que alude a NR-15 em seu anexo 14. Para enquadramento diverso, seria necessário o reexame do conjunto fático-probatório, o que é defeso nesta fase recursal, nos termos da Súmula n. 126. Recurso de revista de que não se conhece. (ARR — 1199-81.2011.5.04.0019 , Relator Ministro: Guilherme Augusto Caputo Bastos, Data de Julgamento: 16.05.2018, 4ª Turma, Data de Publicação: DEJT 18.05.2018)

— A Orientação Normativa n. 4, de 14.02.2017 do Ministério do Planejamento Desenvolvimento e Gestão, que estabelece orientação sobre a concessão dos adicionais de insalubridade, periculosidade para os servidores públicos federais. O art.12, parágrafo único, incisos II e III dessa orientação normativa, determina que não caracterizam situação para pagamento do adicional:

II — as atividades em que o servidor somente mantenha contato com pacientes em área de convivência e circulação, ainda que o servidor permaneça nesses locais; e

III — as atividades em que o servidor manuseie objetos que não se enquadrem como veiculadores de secreções do paciente, ainda que sejam prontuários, receitas, vidros de remédio, recipientes fechados para exame de laboratório e documentos em geral.

— A exposição do trabalhador que exerce atividade administrativa não pode ser equiparada aos profissionais da área de saúde.

48. ADICIONAL DE INSALUBRIDADE. CONTATO HABITUAL COM PACIENTES PORTADORES DE DOENÇAS INFECTOCONTAGIOSAS. Com base na prova produzida, notadamente o laudo pericial, o Regional concluiu que a reclamante, no desempenho das funções de recepcionista, estava exposta habitualmente a agentes biológicos, porquanto mantinha contato com pacientes portadores de doenças

infectocontagiosas. Para se chegar a conclusão diversa, necessário seria o revolvimento da matéria fático-probatória, o que é vedado nesta esfera recursal, diante do que dispõe a Súmula n. 126 do TST. Recurso de revista não conhecido. (RR — 1358-05.2012.5.04.0305, Relatora Ministra: Maria Helena Mallmann, Data de Julgamento: 06.03.2018, 2ª Turma, Data de Publicação: DEJT 09.03.2018)

— *Ver comentário da decisão anterior.*

49. RECURSO DE REVISTA INTERPOSTO NA VIGÊNCIA DA LEI N. 13.015/2014. ADICIONAL DE INSALUBRIDADE. CONTATO HABITUAL COM PACIENTES PORTADORES DE DOENÇAS INFECTOCONTAGIOSAS. Com base na prova produzida, notadamente o laudo pericial, o Regional concluiu que a reclamante, no desempenho das funções de recepcionista, estava exposta habitualmente a agentes biológicos, porquanto mantinha contato com pacientes portadores de doenças infectocontagiosas. Para se chegar a conclusão diversa, necessário seria o revolvimento da matéria fático-probatória, o que é vedado nesta esfera recursal, diante do que dispõe a Súmula n. 126 do TST. Recurso de revista não conhecido. (RR — 1358-05.2012.5.04.0305, Relatora Ministra: Maria Helena Mallmann, Data de Julgamento: 06.03.2018, 2ª Turma, Data de Publicação: DEJT 09.03.2018)

— *Ver comentario da decisão n. 47.*

50. CAMAREIRA. LIMPEZA DE CERCA DE DEZ BANHEIROS POR DIA E RETIRADA DE LIXO. AUSÊNCIA DE PROVA DA PERCEPÇÃO DE EPI. TRABALHO INSALUBRE. SÚMULA N. 448 DO TST. A limpeza de banheiros de quartos de hotéis, diante da intensa quantidade de usuários, caracteriza-se como trabalho insalubre, nos termos da NR-15, anexo 14, tanto mais no caso em concreto em que sequer houve prova de entrega de EPIs à Autora. (TRT1 — 7ª Turma - Rel. Giselle Bondim Lopes Ribeiro — 0011567-88.2015.5.01.0021 — 19.06.2020.)

— *Ver Súmula n. 448/TST.*

Equipamento de Proteção Individual — EPI

CONSIDERAÇÕES GERAIS

O art. 191 da CLT estabelece que:

A eliminação ou a neutralização da insalubridade ocorrerá:

I — com a adoção de medidas que conservem o ambiente de trabalho dentro dos limites de tolerância;

II — com a utilização de equipamentos de proteção individual ao trabalhador, que diminuam a intensidade do agente agressivo a limites de tolerância.

No mesmo sentido o subitem 15.4.1 da NR-15 diz que a eliminação ou neutralização da insalubridade deverá ocorrer:

— Com adoção de medidas de ordem geral que conservem o ambiente de trabalho dentro dos limites de tolerância;

— Com a utilização de equipamento de proteção individual.

Já a NR-6 dispõe:

6.6. Responsabilidades do empregador.

6.6.1. Cabe ao empregador quanto ao EPI:

a) adquirir o adequado ao risco de cada atividade;

b) exigir seu uso;

c) fornecer ao trabalhador somente o aprovado pelo órgão nacional competente em matéria de segurança e saúde no trabalho;

d) orientar e treinar o trabalhador sobre o uso adequado, guarda e conservação;

e) substituir imediatamente, quando danificado ou extraviado;

f) responsabilizar-se pela higienização e manutenção periódica; e,

g) comunicar ao MTE qualquer irregularidade observada;

h) registrar o seu fornecimento ao trabalhador, podendo ser adotados livros, fichas ou sistema eletrônico.

6.7. Responsabilidades do trabalhador.

6.7.1. Cabe ao empregado quanto ao EPI:

a) usar, utilizando-o apenas para a finalidade a que se destina;

b) responsabilizar-se pela guarda e conservação;

c) comunicar ao empregador qualquer alteração que o torne impróprio para uso; e,

d) cumprir as determinações do empregador sobre o uso adequado.

No mesmo sentido a NR-9 determina:

9.3.5.5. A utilização de EPI no âmbito do programa deverá considerar as Normas Legais e administrativas em vigor e envolver no mínimo:

a) seleção do EPI adequado tecnicamente ao risco a que o trabalhador está exposto e à atividade exercida, considerando-se a eficiência necessária para o controle da exposição ao risco e o conforto oferecido segundo avaliação do trabalhador usuário;

b) programa de treinamento dos trabalhadores quanto à sua correta utilização e orientação sobre as limitações de proteção que o EPI oferece;

c) estabelecimento de normas ou procedimento para promover o fornecimento, o uso, a guarda, a higienização, a conservação, a manutenção e a reposição do EPI, visando garantir as condições de proteção originalmente estabelecidas;

d) caracterização das funções ou atividades dos trabalhadores, com a respectiva identificação dos EPI's utilizados para os riscos ambientais.

SÚMULAS DO TST / TRT

SÚMULA N. 80 — TST

INSALUBRIDADE — Res. 121/2003, DJ 19, 20 e 21.11.2003. A eliminação da insalubridade, pelo fornecimento de aparelhos protetores aprovados pelo órgão competente do Poder Executivo, exclui a percepção do adicional respectivo.

— A NR-6 dispõe:

6.2. O equipamento de proteção individual, de fabricação nacional ou importado, só poderá ser posto à venda ou utilizado com a indicação do Certificado de Aprovação — CA, expedido pelo órgão nacional competente em matéria de segurança e saúde no trabalho do Ministério do Trabalho e Emprego.

6.9. Certificado de Aprovação — CA

6.9.1. Para fins de comercialização o CA concedido aos EPI terá validade:

a) de 5 (cinco) anos, para aqueles equipamentos com laudos de ensaio que não tenham sua conformidade avaliada no âmbito do SINMETRO;

b) do prazo vinculado à avaliação da conformidade no âmbito do SINMETRO, quando for o caso.

6.9.2. O órgão nacional competente em matéria de segurança e saúde no trabalho, quando necessário e mediante justificativa, poderá estabelecer prazos diversos daqueles dispostos no subitem 6.9.1.

6.9.3. Todo EPI deverá apresentar em caracteres indeléveis e bem visíveis, o nome comercial da empresa fabricante, o lote de fabricação e o número do CA, ou, no caso de EPI importado, o nome do importador, o lote de fabricação e o número do CA.

SÚMULA N. 289 — TST

O simples fornecimento do aparelho de proteção pelo empregador não o exime do pagamento do adicional de insalubridade, cabendo-lhe tomar as medidas que conduzam à diminuição ou eliminação da nocividade, dentre as quais as relativas ao uso efetivo do equipamento pelo empregado.

— De acordo com o entendimento da Súmula, a neutralização da insalubridade por meio de EPI exige a comprovação de seu uso efetivo.

SÚMULA N. 40 — TRT 22ª REGIÃO

ELIMINAÇÃO DA INSALUBRIDADE. EXCLUSÃO DO ADICIONAL. NÃO OFENSA AO PRINCÍPIO DA IRREDUTIBILIDADE SALARIAL. A eliminação da insalubridade mediante fornecimento de aparelhos protetores aprovados pelo órgão competente do Poder Executivo exclui a percepção do respectivo adicional, não importando irredutibilidade do salário, uma vez superados os motivos do salário-condição.

— Ver Súmula n. 80 do TST.

SÚMULA N. 44 — TRT 22ª REGIÃO

INSALUBRIDADE. ADICIONAL. FORNECIMENTO DO APARELHO DE PROTEÇÃO. EFEITO. O simples fornecimento do aparelho de proteção pelo empregador não o exime do pagamento do adicional de insalubridade. Cabe-lhe tomar as medidas que conduzam à diminuição ou eliminação da nocividade, entre as quais as relativas ao uso efetivo do equipamento pelo empregado.

— Mesmo entendimento da Súmula n. 289 do TST.

JURISPRUDÊNCIA

1. FORNECIMENTO DE EPI. PROVA. Nos termos do art. 195, § 2º, da CLT, a perícia, em princípio, o meio de prova, por excelência, para assinalar a periculosidade, ou insalubridade, e, obviamente, para apurar a existência (ou não) de quaisquer elementos neutralizantes dos eventuais agentes deletérios constatados — a exemplo do que ocorre com o EPI. Neste passo, a oitiva testemunhal assume posição meramente subsidiária no processo, limitada às circunstâncias em que se revele impraticável a perícia (extinção do setor, ou do estabelecimento, ou da função, etc.). Por isso, viabilizados os trabalhos técnicos, ociosa a produção de prova oral. Rejeitada a prefacial de cerceio de defesa. (TRT, 3ª R., 2ª T., RO/0731/01, rel. Juiz Fernando Antônio de Menezes Lopes, DJMG de 04.04.01, p. 24).

2. PROVA PERICIAL. NOVA PERÍCIA. PRERROGATIVA DO JUIZ. A realização de nova perícia, nos termos do art. 437 do CPC, não constitui direito da parte, mas prerrogativa do juiz, no uso de seu douto critério. Cabe exclusivamente ao julgador avaliar a necessidade de realização de nova perícia, caso não se sinta suficientemente convencido, em face dos subsídios técnicos propiciados pela prova pericial existente nos autos. II) INSALUBRIDADE. PROTEÇÃO INDIVIDUAL. E. 289 DO C. TST. De acordo com o entendimento cristalizado no Enunciado 289 do C. TST, o simples fornecimento do aparelho de proteção pelo empregador não o exime do pagamento do adicional, cabendo-lhe tomar as medidas que conduzam à diminuição ou eliminação da nocividade, dentre as quais as relativas ao uso efetivo do equipamento pelo empregado. Cabe à empregadora, nesse contexto, ao fornecer Equipamentos de Proteção Individual, observar escrupulosamente o disposto na NR-6 da Portaria n. 6/83 do MTb. De acordo com o item 6.6.1 daquela norma, constituem obrigações do empregador fornecer o tipo de EPI adequado à atividade do empregado, aprovado pelo Ministério do Trabalho e adquirido de empresas cadastradas no DNSST, além de treinar o trabalhador e tornar obrigatório o uso dos equipamentos protetores, assim como substituí-los imediatamente, quando danificados ou extraviados. (DOE SP — 2ª Região — 21.09.09 — 4ª turma — RO — 02960087725, DJMG).

— Na comprovação do uso efetivo do EPI, a decisão vinculou o cumprimento dos requisitos da NR-6.

3. Ônus da prova. Crédito do laudo oficial. Desde que a rigor técnico-processual (e à luz do art. 160 da CLT) cumpre ao empregador a prova das condições ambientais e de trabalho em que se processam as atividades de seu estabelecimento (nos termos legalmente enunciados), não só a descoberto daquela, mas também da prova idônea da compra e fornecimento de EPI's ao reclamante (cuja prova igualmente lhe compete); e, ainda por cima, contando no processo com conclusão desfavorável, emitida por perito independente (porque nomeado pelo Juízo), defere-se àquele o adicional de insalubridade nos limites e condições concluídas nesta última peça (TRT, 1ª T., RO 17.119/94, rel. Juiz Manuel Cândido Rodrigues, MG de 10.2.95).

— Ver Súmulas ns. 80 e 289 do TST.

4. Não há amparo normativo para o perito declarar insalubre a atividade do empregado por não lhe exibir o empregador o CA — Certificado de Aprovação do Equipamento. Desde que comercializado, é evidente a existência do CA, expedido pelo Ministério do Trabalho e da Administração, destinado ao fabricante ou importador do EPI e não ao empregador (TRT 3ª da região, 5ª T., RO 8.504/94, rel. Juiz Ricardo Antônio Mohallem, MG de 1º.10.94).

— Ver Súmula n. 80 do TST.

5. Prova testemunhal indeferida. Inocorrência de cerceamento de defesa. Não constitui cerceamento de defesa o indeferimento de prova testemunhal para se opor a minucioso laudo técnico, com acompanhamento do reclamante, concluindo pela neutralização dos agentes insalutíferos com o uso dos EPI's adequados à proteção do empregado, a ele regularmente entregues, máxime havendo no laudo pericial demonstração fotográfica da efetiva utilização dos equipamentos de proteção pelos empregados da empresa (TRT, 3ª T., RO 1.242/94, rel. Juíza Denise Alves Horta, MG de 26.11.94).

— A decisão considerou o uso efetivo do EPI demonstrado inclusive por fotografia.

6. ADICIONAL DE INSALUBRIDADE. USO DE EQUIPAMENTOS DE PROTEÇÃO. Ainda que se considere comprovada a efetiva utilização de protetores auriculares pela reclamante, é sabido que os equipamentos individuais de proteção não têm o condão de eliminar a nocividade no ambiente do trabalho, apenas ameniza-a, provocando irreparáveis lesões ao operário a longo prazo. (TRT — 2ª Região — 10ª turma — RO — 02940085123, DOE SP, PJ, TRT 06.03.98).

— Mesmo com o uso efetivo do EPI, a decisão considerou a atividade como insalubre, contrariando as normas legais pertinentes e a jurisprudência sumulada do TST.

7. O perito que, em diligência, verifica que os atuais empregados não usam EPI, está autorizado a afirmar que o reclamante não o usava também (TRT/SP, 1ª T., RO 5.094/90.9, Ac. 17.324/91, rel. Juiz José Serson).

— Ver Súmulas ns. 80 e 289 do TST.

8. INSALUBRIDADE. LIDE. MODIFICAÇÃO PELO PERITO. Afirmando o pedido que o empregado lidava em condições insalubres sem receber os EPI's e contestadas estas afirmações, aí se firma a lide. Injustificada a tentativa do perito em mudar os rumos daquela ao dizer que o empregador não instruía o empregado sobre o alcance do agente insalubre porque contra esta afirmação não foi dada à parte oportunidade de defesa. O uso desta estratégia pelos peritos, na defesa de seus honorários, há que ser repudiado pelo Judiciário, não podendo o expert ir além de responder os quesitos formulados sem passar a "advogar" o deferimento de um adicional fora dos limites da lide (TRT 3ª Região, 1ª T., RO 09159/94, rel. Juiz Antônio Miranda de Mendonça, MG de 02.09.94).

— A comprovação do uso efetivo deve ser feita por meio de critérios objetivos e técnicos.

9. ISENÇÃO ADICIONAL DE INSALUBRIDADE. FORNECIMENTO DE EQUIPAMENTO DE SEGURANÇA. PREJUÍZO À SAÚDE NÃO ELIMINADO. INCABÍVEL. Se o fornecimento de equipamento de proteção individual não for capaz de eliminar o prejuízo à saúde do obreiro, permanece a obrigação de remunerar o trabalho com o adicional devido, vez que subsiste o fato gerador do adicional insalubridade. (TRT 20ª R., 0281800-94.1997.5.20.0000, Relator(a): Antônio Carlos Pacheco de Almeida, Publicação: 20.05.1998).

— Ver Súmulas ns. 80 e 289 do TST.

10. ADICIONAL DE INSALUBRIDADE. USO DO EQUIPAMENTO DE PROTEÇÃO INDIVIDUAL. O mero uso do equipamento de proteção individual não tem o condão de eliminar os ruídos existentes no ambiente de trabalho de modo a afastar a insalubridade, quando não observadas as regras estipuladas na Norma Regulamentadora n. 6, do Ministério do Trabalho e Emprego. O laudo pericial do assistente técnico das reclamantes é conclusivo quanto à insalubridade decorrente de ruído e poeira de fibras respiráveis. De celulose o algodão, no galpão da fábrica. (TRT, 1ª R., 2ª T., RO 01552007320025010261, Publicação: 21.09.2007, rel. Maria das Graças Cabral Viega Paranhos).

— Ver Súmulas ns. 80 e 289 do TST.

11. ADICIONAL DE INSALUBRIDADE. EQUIPAMENTOS DE PROTEÇÃO INDIVIDUAL. AUSÊNCIA DE COMPROVAÇÃO DE EFICÁCIA. ADICIONAL DEVIDO. O fornecimento do equipamento de proteção individual, por si só, não afasta a responsabilidade do empregador pelos danos causados à saúde do trabalhador. Necessário que o equipamento fornecido neutralize de forma efetiva os danos que a atividade pode causar ao trabalhador, o que não foi observado no caso em discussão, já que ausente prova de que o EPI utilizado foi aprovado pelos órgãos de fiscalização. Cumpre notar, nesse passo, que, nos termos do art. 167 da CLT, "O equipamento de proteção só poderá ser posto à venda ou utilizado com a indicação do Certificado de Aprovação do Ministério do Trabalho". Era ônus da reclamada provar que os equipamentos de proteção neutralizavam os ruídos verificados no ambiente de trabalho, conforme exegese do art. 818 da CLT e art. 333, II do CPC, obrigação da qual não se desvencilhou. (TRT, 9ª R., 6ª T., 40692-2014-014-09-00-6-ACO-25369-2016, Relator: Sérgio Murilo Rodrigues Lemos, Publicado em 19.07.2016)

— Ver Súmulas ns. 80 e 289 do TST.

12. ADICIONAL DE INSALUBRIDADE. PROTETOR AURICULAR. VIDA ÚTIL. PARECER DO PERITO JUDICIAL. Se o fabricante do protetor auricular não estabelece o prazo da vida útil desse equipamento de proteção individual a partir de quando passa a ser usado pelo empregado, e sim esclarece que esse parâmetro é variável, pois depende da condição do ambiente de trabalho e do usuário, e que cabe ao profissional de segurança da empresa controlar e dirigir o uso correto, deve prevalecer parecer do perito judicial que depois de vistoria no local conclui que é recomendável a troca depois de 1 (um) ano, sob a justificativa que após esse período começa a perder a atenuação por causa do tipo de atividade, higiene pessoal, cuidado no manejo, armazenamento e transpiração do trabalhador, principalmente se o item 3.4.1 do Anexo I da Norma Regulamentadora — NR — 7 prevê a realização de exame audiométrico anualmente. (TRT, 12ª R., 3ª T., RO 0000467-85.2014.5.12.0015, Rel.: Juíza Maria De Lourdes Leiria, Data de Publ. 02.09.15)

— A vida útil ou durabilidade do protetor auricular depende de vários fatores, dentre eles o cuidado do usuário. A definição da vida útil dos protetores auriculares deverá considerar a redução do NRRsf

ao longo do tempo. Essa verificação deverá ser feita mediante novo ensaio em laboratório especializado, visando definir o novo fator de proteção — NRRsf. Assim, o procedimento correto cientificamente é recolher o protetor utilizado pelo trabalhador e enviá-lo ao laboratório para efetuar novo teste.

O professor Samir N. Y. Gerges, especialista em acústica, fundador e supervisor do Laboratório de Ruído Industrial — LARI, da Universidade Federal de Santa Catarina, credenciado pela MTE para realizar ensaios em protetores auriculares, realizou um estudo da vida útil desses equipamentos. Nesse estudo, foram analisados protetores novos e usados classificados em lotes por tempo de uso. Os ensaios foram realizados de acordo com a norma ANSI 12.06.97 — método B, com participação de 20 pessoas, sendo 11 do sexo masculino e 9 do sexo feminino. Esses ensaios foram feitos mais de uma vez em cada protetor. Os resultados experimentais demonstraram que, nos protetores auditivos tipo concha, houve diminuição de atenuação ao longo do tempo de uso, sendo que esta começa a ocorrer a partir do segundo mês de uso, e, no intervalo de uso de 6 a 10 meses, essa diminuição foi aproximadamente de 3,0 dB. Nos protetores com 12 a 20 meses de uso, ao contrário do que se esperava, a diminuição da atenuação foi menor que 3,0 dB. O professor Samir justifica essa menor redução da atenuação ao desvio padrão, tanto na força do arco como no próprio ensaio de atenuação (desvio padrão na faixa de 3,8 a 7,9 dB), tendo em vista que visualmente esse protetores apresentavam mais desgaste que os outros[(3)]*.*

Outra controvérsia na jurisprudência é a falta de treinamento do uso do protetor auricular. Do ponto de vista técnico, não é possível definir o valor da redução do NRRsf pela falta de treinamento. No entanto, é importante a conscientização do trabalhador para importância e uso correto dos EPI's.

Vale ressaltar que a Portaria n. 121/2009 do MTE estabelece as normas técnicas de ensaios e os requisitos obrigatórios aplicáveis aos Equipamentos de Proteção Individual (EPI) enquadrados no Anexo I da NR. O subitem 4.1, letra "k" dessa norma determina que as instruções técnicas que acompanham os EPI devem informar a vida útil ou a periodicidade de substituição de todo ou das partes do EPI que sofram deterioração com o uso.

13. ADICIONAL DE INSALUBRIADE. DURABILIDADE DE PROTETOR AURICULAR. Ultrapassado o período de durabilidade do equipamento de proteção individual do trabalho, sem que o empregador o substitua, faz jus o reclamante ao adicional de insalubridade, ainda que não seja constatado dano efetivo à sua saúde. (TRT18, RO — 0001387-49.2012.5.18.0181, Rel. Gentil Pio de Oliveira, 1ª TURMA, 06.09.2013).

— Ver comentário da decisão do item 12.

14. ADICIONAL DE INSALUBRIDADE. EPI'S. Não cabe ao perito ou a esta Justiça perquirir a ineficácia ou insuficiência dos EPI's fornecidos, salvo se produzido exame específico no equipamento utilizado pelo obreiro, demonstrando sua imprestabilidade para o efeito pretendido. Tal constatação decorre do fato de não caber ao perito ou a esta Justiça determinar o tipo/modelo de protetor, decidir sobre sua eficácia, tempo de vida útil ou exigir certificado de aprovação, pois os equipamentos de proteção individual, para serem colocados à venda, comercializados ou utilizados, necessariamente devem estar de acordo com as normas emanadas do Ministério do Trabalho, órgão competente para tanto, a teor do que dispõe a NR-6, item 6.5, da Portaria n. 3.214/78 do MTb. Tais equipamentos não possuem validade determinada, dependendo do cuidado do empregado que os utiliza, que também é responsável pela solicitação de novo EPI quando o seu está danificado ou não tem mais prestabilidade. (TRT, 3ª R., 4ª T., RO/9511/00, rel. Juíza Maria Jos Castro Baptista de Oliveira, DJMG de 03.02.01, p. 19).

— Ver comentário da decisão anterior.

15. INSALUBRIDADE. TRABALHO NO CAIS E PORÃO DE NAVIOS. INSUFICIÊNCIA DOS EPI's. ADICIONAL DEVIDO. Atividade no cais do porto e nos porões dos navios, em contato com a poeira de carvão mineral, gera direito ao adicional de insalubridade. *In casu*, o perito discorreu acerca da dispersão da poeira do carvão nos locais de trabalho do reclamante (porão dos navios, conveses e costados), bem como da insuficiência das máscaras fornecidas, tendo sido específico ao apontar que as condições nos porões dos navios assemelham-se àquelas encontradas no subsolo de uma mina, ensejando o recebimento do adicional em grau médio (Anexo 13 da NR-15). Tampouco se fez prova de que a atividade não tivesse a habitualidade apta a ensejar a percepção do adicional em tela. (TRT, 2ª R, 4ª T., RO 0001856-94.2010.5.02.0251, Publicação: 23.08.2013, Relator Ricardo Artur Costa e Trigueiros).

— A decisão deferiu a insalubridade pela falta de máscaras.

---

(3) GERGES, Samir Nagi Yousri. *Protetores auriculares*. 1. ed. Florianópolis: S.N.Y. Gerges, 2003. 138p, p.125 a 128.

16. RECURSO ORDINÁRIO. ADICIONAL DE INSALUBRIDADE. NEUTRALIZAÇÃO POR MEIO DE EPI. APTIDÃO DO EQUIPAMENTO. Para a neutralização do agente insalubre por meio do Equipamento de Proteção Individual é inarredável que este tenha sido projetado para neutralizá-lo, de forma específica. Inexistindo correlação entre o equipamento e o agente, não há falar em sua neutralização, sendo devido o pagamento do adicional. (TRT 17ª R., RO 0001643-94.2014.5.17.0004, rel. Claudia Cardoso de Souza, Publicação: 30.03.2016).

— *Ver Súmula n. 80 do TST.*

17. ADICIONAL DE INSALUBRIDADE. Comprovada a entrega e uso dos EPI's necessários para ilidir a insalubridade no ambiente de trabalho, resta indevido o adicional pretendido. (TRT, 2ª R., 3ª T., RO 1001510-43.2014.5.02.0492, rel. Sonia Maria Forster do Amaral, Data: 11.02.2016).

18. ADICIONAL DE INSALUBRIDADE. EFICÁCIA NO FORNECIMENTO DOS EPI's PARA DETERMINAR O AGENTE INSALUBRE CONFORME ATESTADO EM LAUDO PERICIAL. Conforme previsto na Súmula n. 80 do TST, "a eliminação da insalubridade mediante fornecimento de aparelhos protetores aprovados pelo órgão competente do Poder Executivo exclui a percepção do respectivo adicional". Registre-se que a insalubridade é caracterizada por meio de laudo pericial. Nossa legislação trabalhista reconhece a possibilidade de utilização de equipamentos de proteção individual que sejam capazes de elidir ou diminuir a intensidade do agente agressivo. O Regional, na decisão recorrida, consignou, expressamente, que "o expert concluiu que face a doação de todos os EPI's necessários à lide e a participação do autor em treinamentos específicos quanto ao correto uso dos equipamentos de proteção individual, considera-se a insalubridade neutralizada, na forma da lei". Não obstante as conclusões do perito, o Colegiado condenou a reclamada ao pagamento do adicional de insalubridade em grau mínimo, sob a singela fundamentação de que "o fornecimento de EPI ameniza mas não elimina a insalubridade" — e, ainda, de que "a lei não dá opção ao empregador de fornecer o EPI ou pagar o adicional". Se a insalubridade pode tornar-se, inexistente, em face de fornecimento de EPI's e treinamento quanto ao seu uso, não se pode simplesmente desprezar a conclusão do perito de que o agente insalubre foi neutralizado pelo uso de protetores. Assim, comprovada nos autos a neutralização da insalubridade, em face da utilização de equipamentos de proteção individual, tem-se que o reclamante não faz jus ao adicional de insalubridade. Recurso de revista conhecido e provido. (TST, 2ª T., RR 19600-93.2005.5.17.0014, Data de Julgamento: 28.03.2012, Publicação: 13.04.2012, rel. José Roberto Freire Pimenta).

— *Ver Súmula n. 289 do TST.*

19. ADICIONAL DE INSALUBRIDADE. EQUIPAÇÃO DE PROTEÇÃO. CERTIFICADO DE APROVAÇÃO. Para afastar o direito de o empregado receber o adicional de insalubridade, deverá o empregador comprovar a entrega de EPI's que possuam Certificado de Aprovação — CA expedido pelo órgão nacional competente em matéria de segurança e saúde no trabalho do Ministério do Trabalho e Emprego, conforme exigência inserta na NR-6. (TRT, 12ª R, 1ª T., RO 0001340-65.2012.5.12.0012, desembargador Viviane Colucci, Publicação: 09.08.2013).

— *Ver Súmula n. 80 do TST.*

20. ADICIONAL DE INSALUBRIDADE. AGENTES INSALUBRES. EPI. NEUTRALIZAÇÃO DOS EFEITOS NOCIVOS. Comprovado nos autos mediante laudo pericial, não desconstituído por outros elementos de prova, que os equipamentos de proteção utilizados pelo trabalhador eram incapazes de neutralizar os efeitos nocivos do agente insalubre, justifica-se a condenação ao pagamento do adicional de insalubridade. (TRT12 — RO — 0010622-25.2015.5.12.0012, Rel. Amarildo Carlos de Lima, 3ª Câmara, Data de Assinatura: 15.08.2016)

— *Ver Súmula n. 80 do TST.*

21. ADICIONAL DE INSALUBRIDADE. "CA" E "EPI". VALIDADES DISTINTAS. De acordo com a nota técnica 146/2015 do MTE, distinguem-se a validade do "CA" e do "EPI", porquanto este possui validade estipulada pelos fabricantes do produto, a qual é diferente da validade do certificado de aprovação emitido pelo MTE. Se adquirido o EPI durante a validade do CA, poderá ser utilizado pelo tempo definido pelo fabricante, observadas as condições de uso e conservação. (TRT, 12ª R., 6ª Câmara Proc. 0000739-47.2014.5.12.0058, Rel.: Ligia Maria Teixeira Gouvêa, Data de Assinatura: 14.10.2015)

— *Ver Súmula n. 80 do TST.*

22. EPI. O simples fornecimento de equipamento de proteção individual é insuficiente para descaracterizar a insalubridade, pois necessário, ainda, que o empregador exija correta utilização do equipamento e mantenha-o em condições adequadas para redução ou inibição do agente insalutífero (TRT, 2ª T., RO 13.396/94, rel. Juiz José César de Oliveira, MG de 11.11.94).

— *Ver Súmula n. 289 do TST.*

23. ADICIONAL DE INSALUBRIDADE. Fornecimento de EPI. A obrigação patronal não se resume em fornecer o equipamento de proteção individual. Cabe ao empregador, também, o dever de ensinar o uso correto e pressionar pelos modos possíveis o trabalhador a utilizar referido equipamento. Assim sendo, o simples fornecimento do EPI, sem efetiva fiscalização por parte do empregador, não tem o condão de eximi-lo do pagamento do adicional de insalubridade. (SP -- 7ª turma — RO — 02970112633, DOE SP, PJ, TRT 2ª região, 21.06.95).

— *Ver Súmula n. 289 do TST.*

24. ADICIONAL DE INSALUBRIDADE. AUSÊNCIA DE PROVA DE FORNECIMENTO DE EPI'S Não provando a empresa, como lhe cumpria, o fornecimento do equipamento de proteção individual, e estando demonstrado, através de perícia técnica, que o empregado trabalhava em condições insalubres, impõe-se a condenação no adicional respectivo — Processo 01550/2001-006-07-00-5 (RO) — Data de Publicação: 07.04.03 — DOJT — Relator Antonio Marques Cavalcante Filho — TRT 7ª Região.

— Ver NR-6 e art. 191 da CLT.

25. INSALUBRIDADE. EPI. VIDA ÚTIL. OBRIGAÇÃO DO EMPREGADOR DE PROVIDENCIAR A SUBSTITUIÇÃO REGULAR DOS EQUIPAMENTOS. Não basta ao empregador fornecer e fiscalizar o uso dos EPI's, devendo ainda, observar as condições de durabilidade e validade especificadas para cada um desses equipamentos, providenciando sua regular substituição, vez que é notório o desgaste com o decorrer do tempo, a tornar ineficazes referidos instrumentos essenciais à proteção da saúde e vida do trabalhador. Apuradas as condições insalutíferas e constatada a superação da vida útil dos equipamentos de proteção individual, deve ser mantida a decisão que com apoio no laudo pericial deferiu ao reclamante o adicional de insalubridade. (RT-2 — Recurso Ordinário Record 834200202702003 SP 00834-2002-027-02-00-3 (TRT-2) — Data de publicação: 17.03.2006)

— Ver comentário da decisão do item 12 (vida útil).

26. ADICIONAL DE INSALUBRIDADE. USO DE EPI. Acolhe-se a conclusão da perícia técnica realizada nos autos, que indicou a inexistência de insalubridade no trabalho do autor, em face do uso de equipamento de proteção individual — EPI, creme de proteção para as mãos, fornecido pelo reclamante era dotado de Certificado de Aprovação. (TRT — 4ª Região — 3ª turma — RO — 01292025-95-6 — 22.05.00).

— Ver NR-6; subitem 15.4.1, letra b, da NR-15 e art. 191 da CLT.

27. ADICIONAL DE INSALUBRIDADE. A reclamada não provou que fornecia equipamentos de proteção, nem o uso desses equipamentos e nem que eles eram suficientes para neutralizar os efeitos da insalubridade. Ademais, o perito médico esclareceu em juízo que os empregados da reclamada estavam sujeitos à absorção das substâncias que comprometeriam a qualidade de vida do trabalhador. Recurso conhecido e não provido. (TRT, 16ª R., 0050200-24.2009.5.16.0002, Relator: Gerson de Oliveira Costa Filho, Publicação: 21.05.2013).

— Ver NR-6; subitem 15.4.1, letra b, da NR-15 e art. 191 da CLT.

28. ADICIONAL DE INSALUBRIDADE. ENTREGA DE TODOS OS EPI'S. É indevido o adicional de insalubridade quando as fichas de controle individual de EPI's (mídia digital) comprovam que a reclamada forneceu todos os EPI's necessários à neutralização dos ambientes insalubres no local de trabalho, cumprindo com sua obrigação de manter o ambiente laboral hígido e sadio, livre de qualquer agente que prejudique a saúde do trabalhador. (TRT da 8ª Região; Processo: 0001320-92.2016.5.08.0126 RO; Data: 03.07.2018; Órgão Julgador: 4ª Turma; Relator: Maria Zuila Lima Dutra)

— Ver NR-6 e Súmulas ns. 80 e 289 do TST.

29. ADICIONAL DE INSALUBRIDADE. FORNECIMENTO DOS EQUIPAMENTOS DE PROTEÇÃO INDIVIDUAL. NEUTRALIZAÇÃO DO AGENTE. É indevido o pagamento de adicional de insalubridade nos casos em que, embora a perícia tenha atestado a presença de agente insalubre no local de trabalho, a empregadora comprove a neutralização deste em virtude do fornecimento dos equipamentos de proteção individual de forma contínua, nos termos do art. 191, inc. II, da CLT. (TRT da 3ª Região; PJe: 0010873-82.2019.5.03.0164 (RO); Disponibilização: 09.04.2021, DEJT/TRT3/Cad.Jud, Página 621; Órgão Julgador: Segunda Turma; Relator: Sebastiao Geraldo de .Oliveira).

— No mesmo sentido as Súmulas ns. 80 e 289/TST.

30. PRESTAÇÃO DE SERVIÇO EM AMBIENTE PERIGOSO. NÃO FORNECIMENTO DE EPI'S. DANOS MORAIS. NÃO CONFIGURAÇÃO. Nos termos do inc. XXII do art. 7º da Constituição da República, é dever do empregador garantir aos empregados condições laborais dignas, reduzindo os riscos inerentes ao trabalho, por meio de normas de saúde, higiene, proteção e segurança. No caso concreto, não obstante o empregado tenha laborado em ambiente perigoso sem que lhe tenha sido disponibilizado, pelo empregado, equipamentos de segurança, não há nos autos registro de qualquer evento que pudesse ensejar a reparação vindicada. É certo que a omissão do empregador deve adquirir relevância pedagógica e punitiva quando comprovada a culpa que ensejou a necessidade de reparação por lesão causada ao empregado. Porém, a mera alegação, sem qualquer prova (art. 818 CLT) da ocorrência do dano, por si só, não autoriza a procedência do pleito, frisando, ainda, que não há prova nos autos da alegada ocorrência de acidente de trabalho por ausência de uso de EPI. Recurso provido no aspecto para extirpar a condenação imposta em primeira instância. (TRT da 3ª Região; PJe: 0011244-49.2019.5.03.0163 (RO); Disponibilização: 19.02.2021, DEJT/TRT3/Cad.Jud, Página 1398; Órgão Julgador: Quarta Turma; Redator: Convocada Maria Cristina Diniz Caixeta)

— Não houve comprovação do dano à integridade física do trabalhador, embora o trabalhador tenha trabalhado em local perigoso sem EPI.

SÚMULAS DO TST/TRT E ORIENTAÇÕES JURISPRUDENCIAIS DO TST

SÚMULA N. 47 — TST

INSALUBRIDADE. O trabalho executado em condições insalubres, em caráter intermitente, não afasta, só por essa circunstância, o direito à percepção do respectivo adicional.

— O art. 194 da CLT dispõe:

O direito do empregado ao adicional de insalubridade ou de periculosidade cessará com a eliminação do risco à sua saúde ou integridade física, nos termos desta Seção e das normas expedidas pelo Ministério do Trabalho.

Portanto, é importante observar esse dispositivo. Assim, por exemplo, um trabalhador rural, no período da entressafra, cessa a exposição. Nas avaliações quantitativas, os limites de tolerância levam em conta o tempo de exposição diário.

SÚMULA N. 293 — TST

INSALUBRIDADE. ADICIONAL. CAUSA DE PEDIR. AGENTE NOCIVO DIVERSO DO APONTADO NA INICIAL. A verificação mediante perícia de prestação de serviços em condições nocivas, considerado agente insalubre diverso do apontado na inicial, não prejudica o pedido de adicional de insalubridade.

SÚMULA N. 45 — TRT 22ª REGIÃO

ADICIONAL DE INSALUBRIDADE. ADICIONAL DE PERICULOSIDADE. CAUSA DE PEDIR. DIVERSIDADE DE AGENTE OU DE CONDIÇÃO. A constatação mediante perícia de prestação de serviços em condições insalubres ou perigosas diversas das apontadas na inicial não prejudica o pedido de adicional de insalubridade ou de periculosidade.

— Ver Súmula n. 293 do TST.

SÚMULA N. 248 — TST

ADICIONAL DE INSALUBRIDADE. DIREITO ADQUIRIDO. A reclassificação ou descaracterização da insalubridade, por ato de autoridade competente, repercute na satisfação do respectivo adicional, sem ofensa a direito adquirido ou ao princípio da irredutibilidade salarial.

— É importante destacar que a descaracterização da insalubridade ou periculosidade, mesmo extrajudicial, deve ser feita por meio da prova pericial realizada por engenheiro de segurança ou médico do trabalho, conforme determina o art. 195 da CLT.

SÚMULA N. 76 — TRT 4ª REGIÃO

ADICIONAIS DE INSALUBRIDADE E PERICULOSIDADE. ACUMULAÇÃO. IMPOSSIBILIDADE.O pagamento cumulativo dos adicionais de insalubridade e periculosidade encontra óbice no art. 193, § 2º, da CLT, o qual faculta ao empregado o direito de optar pelo adicional mais favorável. Inexistência de violação aos incisos XXII e XXIII, do art. 7º, da Constituição. (RA 33/2015 Disponibilizada no DEJT dias 2, 3 e 4 de setembro de 2015, considerada publicada dias 3, 4 e 8 de setembro de 2015, Acórdão Proc. TRT n. 0002534-56.2015.5.04.0000 IUJ)

— O art. 193, § 2º da CLT determina que:

O empregado poderá optar pelo adicional de insalubridade que porventura lhe seja devido.

SÚMULA N. 39 — TRT 22ª REGIÃO

ADICIONAL DE INSALUBRIDADE. Enquanto percebido, o adicional de insalubridade integra a remuneração para todos os efeitos legais.

— Ver Súmula n. 248 do TST.

SÚMULA N. 41 — TRT 22ª REGIÃO

ADICIONAL DE INSALUBRIDADE. REPOUSO SEMANAL E FERIADOS. O adicional de insalubridade já remunera os dias de repouso semanal e feriados.

SÚMULA N. 43 — TRT 22ª REGIÃO

ADICIONAL DE INSALUBRIDADE. DIREITO ADQUIRIDO. SALÁRIO-CONDIÇÃO. A reclassificação ou a descaracterização da insalubridade, por ato da autoridade competente, repercute na satisfação do respectivo adicional, sem ofensa a direito adquirido ou ao princípio da irredutibilidade salarial, porquanto superada a situação fática antes ensejadora do direito ao salário-condição.

SÚMULA N. 43 — TRT 23ª Região

INTERPRETAÇÃO DO ART. 29 DA CLT. ANOTAÇÃO DO ADICIONAL DE INSALUBRIDADE NA CTPS. O empregador não tem obrigação de proceder à anotação do adicional de insalubridade na CTPS.

— *Art. 29 da CLT:*

— *A Carteira do Trabalho e Previdência Social será obrigatoriamente apresentada, contra recibo, pelo trabalhador ao empregador que o admitir, o qual terá o prazo de 48 horas para anotar, especificadamente, a data de admissão, a remuneração e as condições especiais, se houver, sendo facultada a adoção de sistema manual, mecânico ou eletrônico, conforme instruções a serem expedidas pelo Ministério do Trabalho.*

ORIENTAÇÃO JURISPRUDENCIAL N. 172 — TST

ADICIONAL DE INSALUBRIDADE OU PERICULOSIDADE. CONDENAÇÃO. INSERÇÃO EM FOLHA DE PAGAMENTO. Condenada ao pagamento do adicional de insalubridade ou periculosidade, a empresa deverá inserir, mês a mês e enquanto o trabalho for executado sob essas condições, o valor correspondente em folha de pagamento.

ORIENTAÇÃO JURISPRUDENCIAL N. 121 — TST

SUBSTITUIÇÃO PROCESSUAL. DIFERENÇA DO ADICIONAL DE INSALUBRIDADE. LEGITIMIDADE. O sindicato tem legitimidade para atuar na qualidade de substituto processual para pleitear diferença de adicional de insalubridade.

JURISPRUDÊNCIA

1. ADICIONAL DE INSALUBRIDADE. PERCEPÇÃO CUMULATIVA COM O ADICIONAL DE PERICULOSIDADE. VEDAÇÃO LEGAL (ART. 193, § 2º, CLT). A norma disposta no art. 193, § 2º, da CLT, ao dispor sobre o direito à percepção de adicional de periculosidade, assegura ao empregado a opção pelo adicional de insalubridade porventura devido, o que nos permite inferir pela proibição legal quanto à cumulação dos referidos adicionais, entendimento este em consonância com o recente posicionamento consolidado no âmbito do C. TST. (TRT, 7ª R, RO 0000825-48.2015.5.07.0017, rel.: Maria Roseli Mendes Alencar, Data de publicação: 14.12.2016).

— *Ver art. 193, § 2º da CLT e Súmula n. 76 do TRT 4ª Região.*

2. INSALUBRIDADE OU PERICULOSIDADE. ENQUADRAMENTO OFICIAL. REQUISITO. A CLT (art. 193) transfere toda a aplicabilidade à regulamentação ministerial, sendo esta a fonte geradora do direito. Assim, inexiste adicional para atividades ou operações omitidas pelas normas regulamentares editadas pelo Ministério do Trabalho (TRT, 2ª R., 9ª T., Proc. 02950455961, Ac. 02970153089, j. em 09.04.97, rel. Juiz Valentin Carrion, Data da publicação: 06.05.1997).

— *Ver art. 190 da CLT e Súmula n. 460 do STF.*

3. ADICIONAL DE PERICULOSIDADE E INSALUBRIDADE. CUMULAÇÃO. PEDIDO ALTERNATIVO. IMPOSSIBILIDADE. A teor do § 2º do art. 193, CLT, os adicionais de insalubridade são excludentes, na medida em que vedada sua cumulação, cabendo a opção por um ou outro adicional compulsório ao credor e não ao devedor da obrigação. Diante de tais termos, não é possível a postulação alternativa de ambos os adicionais, ante a incompatibilidade a eles subjacente, sendo certo que o cúmulo, no particular, apenas seria possível na forma vertical e sucessiva tratada pelo art. 289, CPC, o que restou inobservado no caso em exame. Desta forma, a cumulação de pedidos afronta o inciso I, § 1º, do art. 292, CPC, devendo a pretensão ser extinta sem resolução do mérito. (RO-01584-2006-024-01-00-9, 7ª T, DOERJ, P. III, S. II, Federal, Data de publicação: 06.11.2009. Relator: Alexandre Teixeira de Freitas Bastos Cunha).

— *Ver art. 193, § 2º da CLT e Súmula n. 76 do TRT 4ª Região.*

4. ADICIONAIS DE INSALUBRIDADE E DE PERICULOSIDADE. IMPOSSIBILIDADE DE CUMULAÇÃO. Não é possível o pagamento cumulado dos adicionais de insalubridade e periculosidade, conforme dispõe e o art. 193, § 2º, da CLT, cabendo ao empregado optar pela percepção daquele que lhe for mais favorável (Inteligência da Súmula n. 48 do TRT da 12ª Região). (TRT, 12ª R., 3ª T., RO 0001678-56.2014.5.12.0016, Rel. Reinaldo Branco de Moraes, Publicação: 16.05.2012).

— *Ver art. 193, § 2º da CLT e Súmula n. 76 do TRT 4ª Região.*

5. EMPRESA BRASILEIRA DE CORREIOS E TELÉGRAFOS. CUMULAÇÃO DO ADICIONAL DE ATIVIDADE DE DISTRIBUIÇÃO E COLETA (AADC) COM O ADICIONAL DE PERICULOSIDADE. INEXISTÊNCIA DE *BIS IN IDEM*. O Adicional de Atividade de Distribuição e/ou Coleta Externa — AADC, previsto no PCCS/2008, é devido a todos os empregados que atuam no exercício efetivo da atividade postal externa de distribuição e/ou coleta em vias públicas, tratando-se, pois, de um incentivo aos carteiros, que, no dia a dia do trabalho, se submetem a inúmeros percalços, a exemplo das intempéries (calor, chuva etc), risco de assalto e, até mesmo, ataque por cães. Já o adicional de periculosidade previsto no § 4º do art. 193 da CLT objetiva remunerar o trabalho em condições perigosas, pelo uso de motocicleta. Patente, portanto, que referidos adicionais possuem razões de existir diversas, pelo que o pagamento cumulativo de ambos não constitui bis in idem. Recurso não provido. (TRT, 23ª R., RO 0001326-40.2015.5.23.0022, Data de Publicação: 06.07.2016; Órgão Julgador: Tribunal Pleno-PJe; Relator: João Carlos Ribeiro de Souza).

— Ver art. 193, § 2º da CLT e Súmula n. 76 do TRT 4ª Região.

6. PAUSAS PARA DESCANSO PREVISTAS NA NR-31. INEXISTÊNCIA DA AVALIAÇÃO DE RISCO. APLICAÇÃO ANALÓGICA DO ART. 72 CONSOLIDADO. DEDUÇÃO E REMUNERAÇÃO. I — Inexistindo a avaliação de risco exigida pela NR-31 (item 31.3.3, b) são devidas as pausas estipuladas pelo art. 72 da CLT, aplicado por analogia (CLT, art. 8º e LINDB, art. 4º). II — As pausas concedidas em desacordo com o disposto no art. 72 da CLT (10 minutos a cada 90 de trabalho consecutivo) não serão deduzidas por não atenderem ao escopo de proteção do trabalhador. III — A não concessão ou a concessão parcial das pausas para descanso implica o pagamento total do período correspondente, com acréscimo de, no mínimo, 50% sobre o valor da remuneração da hora normal de trabalho. (Súmula n. 27 do TRT da 18ª Região). (TRT, 18ª R., 1ª T., ROPS — 0010490-8.2015.5.18.0171, Rel. Eugenio Jose Cesario Rosa, Data da publicação: 15.12.2016).

— Ver NR-17.

7. ADICIONAL DE INSALUBRIDADE PARA ATIVIDADE NÃO CATALOGADA NA NR-15. O Direito do Trabalho é regido pelo princípio da realidade, mas a Justiça do Trabalho não tem competência para proceder à classificação das atividades insalubres, assunto de natureza técnica privado do Executivo (TST, 4ª T., RR 41.147/91.1, Ac. 1.937/92, rel. Min. Marcelo Pimentel).

— Ver art. 190 da CLT e Súmula n. 460 do STF.

8. TEMPO DE EXPOSIÇÃO. Para se caracterizar a insalubridade é necessária a exposição do empregado a agentes nocivos à saúde, acima dos limites de tolerância fixados em razão da natureza e da intensidade do agente e do tempo de exposição e seus efeitos (art. 189 da CLT). Se o tempo de exposição ao risco for mínimo, a atividade não se caracteriza como insalubre por esse agente (TRT, 4ª T., RO 5.439/94, rel. Juíza Ana Maria Valério Riccio, MG de 05.11.94).

9. ADICIONAL DE INSALUBRIDADE. NÃO CABIMENTO. O trabalho eventual em presença de agentes insalubres não autoriza o deferimento do adicional respectivo. Eventualidade não se confunde com intermitência — que é reiteração — de forma que a hipótese não se enquadra no verbete do Enunciado 47 do colendo TST (TRT, 2ª R., 9ª T., Proc. 02940479873, Ac. 02960119368, j. em 28.2.96, rel. Juiz Gilberto Alain Baldacci, publicado em 12.03.1996).

— Ver Súmula n. 47 do TST.

10. ATIVIDADE INSALUBRE. PRORROGAÇÃO DA JORNADA DE TRABALHO. DESNECESSIDADE DE LICENÇA PRÉVIA DO MINISTÉRIO DO TRABALHO E EMPREGO. A existência de norma coletiva autorizando a compensação da jornada de trabalho em atividades insalubres (subsolo de minas) torna válido, sob o aspecto formal, o regime adotado. O art. 7º, XIII, da CF, ao permitir a compensação e redução de jornada de trabalho, condicionou apenas à existência de acordo ou convenção coletiva de trabalho, tornando despicienda a autorização do Ministério do Trabalho exigida no art. 60 da CLT. (TRT, 12ª R., RO 0003456-41.2014.5.12.0055, Rel.: Nivaldo Stankiewicz, Data de Publ.: 16.03.16)

11. ADICIONAL DE INSALUBRIDADE. RECONHECIMENTO JUDICIAL DO DIREITO À VERBA EM DEMANDA ANTERIOR. SUSPENSÃO DO PAGAMENTO POR ATO UNILATERAL DO EMPREGADOR, COM BASE EM NOVO LTCAT. IMPOSSIBILIDADE. Havendo decisão judicial que determina o pagamento do adicional de insalubridade, não pode o empregador interromper o pagamento, podendo, quando muito, valer-se de ação revisional para demonstrar que as condições de trabalho que justificam o deferimento foram alteradas. Sem a alteração nas condições de trabalho e ainda, sem decisão em ação revisional que autorizasse a suspensão do pagamento, a mera retificação do LTCAT não se sobrepõe à coisa julgada. (TRT, 12ª R., 3ª T., RO 0000413-67.2015.5.12.0021, Rel.: Juiz José Ernesto Manzi, Data de Publ. 20.08.15)

— Ver Súmula n. 448 do TST.

12. ADICIONAL DE INSALUBRIDADE. ERGONOMIA. AUSÊNCIA DE CLASSIFICAÇÃO COMO ATIVIDADE OU OPERAÇÃO INSALUBRE PELA NR-15. "Não basta a constatação da insalubridade por meio de prova pericial para que o empregado tenha direito ao respectivo adicional, sendo necessária a classificação da atividade insalubre na relação oficial elaborada pelo Ministério do Trabalho", nos termos da Súmula n. 448, item I, da SDI-1 do Col. TST. Os riscos ergonômicos não se encontram classificados como atividades ou operações insalubres pela NR-15 da Portaria n. 3.214/78. Recurso patronal provido, no particular. (TRT18, RO — 0000879-42.2011.5.18.0051, Rel. Rosa Nair da Silva Nogueira Reis, 1ª TURMA, 30.04.2015).

— Ver art. 190 da CLT e Súmula n. 460 do STF. Os agentes insalubres e os critérios de caracterização estão regulamentados na NR-15 e seus 14 anexos.

13. AGENTE DE PATRIMÔNIO. VIGILANTE. DESVIO FUNCIONAL NÃO CARACTERIZADO. Para ser reconhecido o direito às diferenças derivadas do desvio funcional, há necessidade de comprovação do desenvolvimento, pelo empregado, de atribuições distintas daquelas para as quais fora contratado, cujo desempenho mereceria melhor remuneração. Na concreta situação em julgamento, o autor ativou-se como Agente de Patrimônio, cujas atividades, segundo a exegese da Lei n. 7.102/1983, não se enquadram como sendo de segurança ostensiva. Nesse diapasão, torna-se inviável o enquadramento do autor na categoria profissional de Vigilante. 2. Recurso ordinário conhecido e desprovido. (TRT, 10ª R., 3ª T., RO 00942-2014-006-10-00-5, Relator: Ribamar Lima Junior, Data de Publicação: 09.09.2016)

14. RECURSO DE REVISTA. ANOTAÇÃO DA CTPS. ART. 11, § 1º, DA CLT. PRESCRIÇÃO. PEDIDO DE ENTREGA DE PERFIL PROFISSIOGRÁFICO PREVIDENCIÁRIO — PPP. A ação declaratória é imprescritível, conforme cediço e sedimentado na doutrina e jurisprudência, uma vez que sua finalidade é definir a existência ou não de relação jurídica, sem produzir efeitos constitutivos. Ademais, a imprescritibilidade a que se refere o § 1º do art. 11 da CLT não se circunscreve às ações meramente declaratórias, mas abrange qualquer modalidade de ação que tenha como finalidade a certificação de situações fáticas necessárias à comprovação de algum direito junto à Previdência Social. Recurso de Revista conhecido e provido. (TST — RR: 12834320105010038 1283-43.2010.5.01.0038, Relator: Maria de Assis Calsing, Data de Julgamento: 06.02.2013, 4ª Turma, Data de Publicação: DEJT 15.02.2013).

15. ADICIONAL DE INSALUBRIDADE. SUPRESSÃO DO PAGAMENTO. INEXISTÊNCIA DE MODIFICAÇÃO NAS CONDIÇÕES EM QUE REALIZADO O TRABALHO. RESTABELECIMENTO DA VANTAGEM. Considerando que as condições em que realizado o labor autoral não sofreram quaisquer modificações, permanecendo inalteradas a partir do início da percepção do adicional de insalubridade, desarrazoada se afigura a supressão do pagamento correspondente. Recurso conhecido e desprovido (processo 0000467-16.2016.5.07.0028: Recurso Ordinário. TRT 7ª Região. Relator: Antonio Marques Cavalcante Filho, Data do Julga-mento: 16.07.2018)

— Ver Súmula n. 248/TST.

CAPÍTULO III

CARACTERIZAÇÃO DE PERICULOSIDADE

CONSIDERAÇÕES GERAIS SOBRE PERICULOSIDADE

O art. 193 da CLT estabelece:

> São consideradas atividades ou operações perigosas, na forma da regulamentação aprovada pelo Ministério do Trabalho e Emprego, aquelas que, por sua natureza ou métodos de trabalho, impliquem risco acentuado em virtude de exposição permanente do trabalhador a:
>
> I — inflamáveis, explosivos ou energia elétrica;
>
> II — roubos ou outras espécies de violência física nas atividades profissionais de segurança pessoal ou patrimonial.
>
> § 1º O trabalho em condições de periculosidade assegura ao empregado um adicional de 30% (trinta por cento) sobre o salário sem os acréscimos resultantes de gratificações, prêmios ou participações nos lucros da empresa. *(Incluído pela Lei n. 6.514, de 22.12.1977)*
>
> § 2º O empregado poderá optar pelo adicional de insalubridade que porventura lhe seja devido. *(Incluído pela Lei n. 6.514, de 22.12.1977)*
>
> § 3º Serão descontados ou compensados do adicional outros da mesma natureza eventualmente já concedidos ao vigilante por meio de acordo coletivo. *(Incluído pela Lei n. 12.740, de 2012)*
>
> § 4º São também consideradas perigosas as atividades de trabalhador em motocicleta. *(Incluído pela Lei n. 12.997, de 2014)*

Examinando a definição do art. 193, verifica-se que a caracterização da periculosidade exige os seguintes requisitos:

— Contato com inflamáveis, explosivos, energia elétrica, roubos ou outras espécies de violência física nas atividades profissionais de segurança pessoal ou patrimonial e, ainda, atividades em motocicletas;

— Exposição permanente;

— Risco acentuado.

Outro agente perigoso é a exposição à radiação ionizante, conforme determina a Portaria n. 518/03 do MTE. Em 12.01.2009, a Lei n. 11.901 instituiu o adicional de periculosidade para aqueles que exercem a função de bombeiro civil.

Portanto, esses são os agentes considerados perigosos normatizados.

VALOR DO ADICIONAL

O art. 193, § 1º da CLT estabelece:

> § 1º O trabalho em condições de periculosidade assegura ao empregado um adicional de 30% (trinta por cento) sobre o salário sem os acréscimos resultantes de gratificações, prêmios ou participações nos lucros da empresa.

O empregado poderá optar pelo adicional de insalubridade que porventura lhe seja devido (art. 193, § 2º da CLT).

REGULAMENTAÇÃO

O MTE regulamentou a periculosidade na Norma Regulamentadora — NR-16, conforme discriminação a seguir:

— Anexo 1 — Explosivos;

— Anexo 2 — Inflamáveis;

— Anexo 3 — Roubos e outras espécies de violência físicas nas atividades profissionais de segurança patrimonial e pessoal;

— Anexo 4 — Energia elétrica; e

— Anexo 5 — Atividade com motocicleta.

Além das hipóteses previstas na NR-16, a Portaria n. 518/03 do MTE estabelece periculosidade para Radiação ionizante. Essa Portaria define atividade/área de risco nas situações de exposição à radiação ionizante.

Outra hipótese de periculosidade é para o bombeiro civil. A Lei n. 11.901/09 estabelece o direito ao adicional de periculosidade para esses profissionais, ou seja, aqueles que exercem, em caráter habitual, função remunerada e exclusiva de prevenção e combate a incêndio, como empregado contratado diretamente por empresas privadas ou públicas, sociedades de economia mista, ou empresas especializadas em prestação de serviços de prevenção e combate a incêndio (Art. 2º da Lei n. 11.901/09).

SÚMULAS, ORIENTAÇÕES JURISPRUDENCIAIS E JURISPRUDÊNCIA DO TST/TRT

A seguir foram selecionadas Jurisprudência, Súmulas do TST e dos Tribunais Regionais do Trabalho, sobre periculosidade, além das orientações jurisprudenciais (TST). As decisões foram agrupadas em função da matéria julgada.

Exposição eventual, intermitente e permanente

SÚMULAS DO TST/TRT

SÚMULA N. 364 — TST

ADICIONAL DE PERICULOSIDADE. EXPOSIÇÃO EVENTUAL, PERMANENTE E INTERMITENTE

I — Tem direito ao adicional de periculosidade o empregado exposto permanentemente ou que, de forma intermitente, sujeita-se a condições de risco. Indevido, apenas, quando o contato dá-se de forma eventual, assim considerado o fortuito, ou o que, sendo habitual, dá-se por tempo extremamente reduzido.

II — Não é válida a cláusula de acordo ou convenção coletiva de trabalho fixando o adicional de periculosidade em percentual inferior ao estabelecido em lei e proporcional ao tempo de exposição ao risco, pois tal parcela constitui medida de higiene, saúde e segurança do trabalho, garantida por norma de ordem pública (arts. 7º, XXII e XXIII, da CF e 193, § 1º, da CLT).

— O item I dessa Súmula gera grande controvérsia. Esse item define a exposição eventual em condições de periculosidade da seguinte maneira:

- *Quando a exposição ocorrer de maneira fortuita;*
- *A exposição habitual, porém, num tempo extremamente reduzido.*

Se não ocorrer uma das hipóteses, a exposição é considerada permanente e, consequentemente, a atividade é considerada perigosa. A exposição habitual com tempo extremamente reduzido é subjetiva e deve ser interpretada com razoabilidade, tendo em vista o seguinte:

A frequência e o tempo de exposição são fatores importantíssimos na probabilidade da ocorrência dos acidentes. A probabilidade de ocorrência de dano à integridade física de um traba-

lhador exposto numa área de risco depende da frequência e do tempo (NTP-330, 1993). Assim, por exemplo, considerando um eletricista de manutenção que executa preponderantemente atividade em linhas aéreas energizadas em alta tensão, a probabilidade de ele sofrer acidente fatal é muito maior do que em relação ao trabalhador que executa inspeção nas linhas em curto tempo durante a jornada, como, por exemplo, dez minutos. O tempo de exposição de dez minutos é extremamente reduzido? A interpretação é subjetiva. Qualquer cidadão, ao caminhar pela cidade no seu dia a dia, pode ficar exposto em áreas consideradas de risco pelas normas pertinentes. Pode passar dentro de um posto de abastecimento; circular debaixo de linha aérea energizada em alta tensão. Além disso, pode trocar botijão de gás em sua casa, reparar chuveiro, entre outros. Ou seja, normalmente, pode ficar exposto a mais de dez minutos em área considerada de risco. Todavia, nas decisões transcritas, pode ser constatado que a tendência é considerar eventual apenas a exposição fortuita. Para o tempo extremamente reduzido, mesmo para exposição em tempo inferior a cinco minutos, há decisões que não o consideram eventual. Desse modo, a meu ver, a definição do tempo de exposição extremamente reduzido deve ser interpretada com razoabilidade.

SÚMULA N. 361 — TST

ADICIONAL DE PERICULOSIDADE. ELETRICITÁRIOS. EXPOSIÇÃO INTERMITENTE. O trabalho exercido em condições perigosas, embora de forma intermitente, dá direito ao empregado a receber o adicional de periculosidade de forma integral, tendo em vista que a Lei n. 7.369/85 não estabeleceu qualquer proporcionalidade em relação ao seu pagamento (Res. n. 83, DJ de 20.08.98).

— Ver Súmula n. 364 do TST.

O Decreto n. 93.412/86 que regulamentava a Lei n. 7.369/85 (revogada pela Lei n. 12.740, de 2012), previa o pagamento da periculosidade proporcional ao tempo de exposição para atividades com energia elétrica.

SÚMULA N. 20 — TRT 5ª REGIÃO

ADICIONAL DE PERICULOSIDADE. REDUÇÃO DO PERCENTUAL PREVISTO EM LEI POR MEIO DE NORMA COLETIVA. ART. 7º, INCISOS XXII E XXVI, DA CONSTITUIÇÃO FEDERAL. ART. 193, § 1º, DA CLT. SÚMULA N. 364 DO TST. IMPOSSIBILIDADE. CLÁUSULA NULA. É inválida cláusula de norma coletiva que estabelece gradação para o adicional de periculosidade em percentual inferior àquele determinado em lei, pois não pode a negociação coletiva retirar direitos assegurados em texto legal, que fixam o mínimo devido ao trabalhador, salvo nos expressos casos autorizados na Constituição Federal. (RA n. 0067/2015 — Divulgada no Diário Eletrônico do TRT da 5ª Região, edições de 09, 10 e 11.12.2015, de acordo com o disposto no art. 187-B do Regimento Interno do TRT da 5ª Região)

— A Súmula n. 364 do TST também veda o pagamento do adicional de periculosidade em percentual inferior àquele determinado na lei.

JURISPRUDÊNCIA

1. ADICIONAL DE PERICULOSIDADE. DIVERGÊNCIA ENTRE AS ATIVIDADES DESCRITAS NO LAUDO PERICIAL E AS INFORMADAS NA PROVA ORAL. EXPOSIÇÃO EVENTUAL OU POR TEMPO EXTREMAMENTE REDUZIDO. NÃO CARACTERIZAÇÃO. É indevido o adicional de periculosidade se há divergências entre as atividades descritas no laudo pericial e as informadas na prova oral, diante da impossibilidade de se avaliarem, com amplitude e profundidade, os riscos a elas inerentes, ainda mais quando a prova técnica revela sujeição eventual ou por tempo extremamente reduzido às condições de risco, o que afasta o direito à percepção do adicional de periculosidade, nos termos da Súmula n. 364, inc. I, parte final, do TST. (TRT, 3ª R., 9ª T., RO 00727201406703002 0000727-55.2014.5.03.0067, rel. Ricardo Antonio Mohallem, Publicação 08.07.2015)

— A decisão considerou como eventual a exposição em condições de periculosidade.

2. OPERADOR DE SONDA. ATIVIDADE DE ACOMPANHAMENTO AO ABASTECIMENTO DO EQUIPAMENTO COM PRODUTO INFLAMÁVEL, INSERIDA NO COTIDIANO LABORAL DO EMPREGADO. NÃO CARACTERIZAÇÃO DE TEMPO EXTREMAMENTE REDUZIDO DA EXPOSIÇÃO. Operador de sonda que, comprovadamente, acompanha o abastecimento de tal equipamento diariamente, por cinco minutos, faz jus ao adicional de periculosidade, nos termos da conclusão pericial. Com efeito, a atividade geradora da periculosidade

fazia parte do cotidiano funcional do autor, sendo o risco, nesses casos, iminente, podendo o sinistro acontecer em uma fração de segundos, ceifando a vida do empregado. (TRT, 3ª R., 5ª T., RO 01410201308203005 0001410-81.2013.5.03.0082, rel. Marcio Flavio Salem Vidigal, Publicação 29.06.2015)

— A decisão considerou que cinco minutos de exposição diária é perigosa. Conforme nosso comentário da Súmula n. 364 do TST, qualquer cidadão em seu dia a dia fica exposto em áreas de risco normalizadas para fins de periculosidade.

3. Faz jus ao adicional de periculosidade integral o mecânico de aeronaves, que trabalhava em área de risco, de forma intermitente, posto que imprevisível o momento em que o infortúnio poderia ocorrer (TRT, 3ª Região, 2ª T., RO 11.520/94, rel. Juíza Alice Monteiro de Barros, MG de 14.10.94).

— Ver Súmula n. 364 do TST.

4. PERICULOSIDADE. Permanente, na dicção da legislação trabalhista no aspecto da periculosidade, diz respeito com o que tem organização estável, que permanece durável. Trabalho em condição periculosa, por situar-se a prestação laborativa em área de risco, que repetido intermitentemente, permanente, porque eventual efetivamente não o é, assim, a excludente da lei faz-se ausente. Aliás, a se tomar ao pé da letra o adjetivo (que provém do latim) permanente, ir-se-ia à concepção de contínuo, de ininterrupto, numa confração ao próprio elemento teleológico da lei, no sentido de que nem mesmo a porção diária de trabalho — jornada — capacitaria a configuração da periculosidade. Com efeito, delimitada a duração do trabalho, acena-se a jornada. E o retorno no dia seguinte, outra jornada, e assim por diante, sempre com interregno entre uma e outra, aliás prescrito o intervalo de onze horas entre elas, ao que se assoma o repouso que a folga de mais vinte e quatro horas. No estudo da finalidade da norma, permanente tem a ver com a jornada, e não com a ininterruptividade, e havendo reiteração de trabalho em área de risco consoante previsão da regulamentação legal, excluída se faz a eventualidade, captando a intermitência que o traço vernacular da dicção do instituto em apreço (TRT, 3ª R., 1ª T., RO 487898 4878/98, rel. Ricardo Antônio Mohallem, Publicação: 19.03.1999).

— O art. 193 da CLT estabelece que são consideradas atividades ou operações perigosas aquelas que, por sua natureza ou métodos de trabalho, impliquem risco acentuado em virtude de exposição permanente do trabalhador ao agente perigoso.

5. PERICULOSIDADE. ADICIONAL. ÁREA DE RISCO. INGRESSO EVENTUAL. Não sendo habitual ou intermitente, mas meramente eventual o ingresso do empregado em área de risco (em média, trinta minutos por mês), não faz ele jus ao pagamento do adicional de periculosidade (TRT 3ª R., 2ª T., RO/20696/98, rel. Juiz Gilberto Goulart Pessoa, DJMG de 16.07.99, p. 22).

— Exposição foi considerada eventual (30 minutos por mês).

6. Exposição, por duas ou três horas, em área de risco, caracteriza o contato permanente de que fala o art. 193 da CLT, ensejando o pagamento do adicional de periculosidade (TST, 3ª T., RR 2.397/86.9, Ac. 5.256/86, rel. Juiz Orlando da Costa).

— Exposição foi considerada permanente (duas a três horas em área de risco).

7. ADICIONAL DE PERICULOSIDADE. INFLAMÁVEIS. Devido ao adicional de periculosidade ao empregado que exerce suas atividades em área de risco, assim caracterizada pela presença de inflamáveis, sendo irrelevante se a exposição se dava de forma permanente, intermitente ou ainda eventual. A exposição ao risco, por mínima que seja, pode proporcionar a perda da vida, bem maior de toda e qualquer pessoa. Não há falar-se em distinção entre intermitência e eventualidade para efeitos de concessão do adicional em tela, vez que o que se protege são a saúde e a vida do trabalhador, constitucionalmente garantidas. (TRT, 3ª R., 3ª T., RO/1965/00, rel. Juíza Cristiana Maria Valadares Fenelon, DJMG de 25.07.2000).

— O entendimento nessa decisão é de que até a exposição eventual gera o direito a periculosidade.

8. PERICULOSIDADE. LOCAL DE TRABALHO. ADICIONAL DE SALÁRIO. Sendo integrante do contrato de trabalho do autor a obrigação de transitar, diariamente, por área de risco, embora por pouco tempo, esta circunstância torna a sua atividade enquadrável na regra do art. 193 da CLT, e assegura-lhe o recebimento do adicional previsto no § 1º dessa disposição legal. Esse trânsito intermitente e diário, em área de risco, como obrigação contratual, configura o contato permanente a que se refere a lei, que não exige a permanência de forma ininterrupta por todo o período de trabalho. Revista conhecida e a que se nega provimento (TST, 4ª R., 3ª T., RR 2.399/88.9, Ac. 1.398/89, rel. Ermes Pedro Pedrassani, DJU de 26.05.89, p. 8992, in SJP n. 12/89, p. 526).

— A decisão considerou que a obrigação de transitar em área de risco gera o direito ao adicional. Ver comentário da Súmula n. 364 do TST.

9. O termo "permanente" expresso no art. 193 da CLT comporta interpretação no sentido de diário, bastando o ingresso do empregado na área de risco, durante a jornada de trabalho, ainda que em tempo reduzido, pois o perigo é constante, existindo a cada momento — TST, RR 41.977/91.2, rel. Ministro Ursulino Santos (TRT, 1ª R., 2ª T., RO 30.090/93, rel. Juíza Amélia Valadão Lopes, DORJ de 29.11.95).

— Ver comentário da Súmula n. 364 do TST.

10. ADICIONAL DE PERICULOSIDADE. Operador de empilhadeira movida a gás não exerce atividade considerada perigosa, ainda que promova o seu abastecimento eis que a troca dos cilindros, mesmo adentrando o trabalhador no depósito, dada a ausência de permanência constante e integral em local considerado de risco, não gera direito ao adicional almejado. (01182-2005-131-03-00-9-RO, Relator Juiz Hegel de Brito Bóson, sexta turma, TRT 3ª Região, de DJMG 06.07.06)

— Ver comentário da Súmula n. 364 do TST.

11. ADICIONAL DE PERICULOSIDADE. ABASTECIMENTO DE EMPILHADEIRA COM GÁS LIQUIFEITO DE PETRÓLEO — GLP. TEMPO DE EXPOSIÇÃO AO RISCO POR CINCO MINUTOS POR DIA. Prevê a Súmula n. 364, item I, do TST, *in verbis*: ADICIONAL DE PERICULOSIDADE. EXPOSIÇÃO EVENTUAL, PERMANENTE E INTERMITENTE (conversão das Orientações Jurisprudenciais ns. 5, 258 e 280 da SBDI-1) — Res. 129/2005, DJ 20, 22 e 25.04.2005 I — Faz jus ao adicional de periculosidade o empregado exposto permanentemente ou que, de forma intermitente, sujeita-se a condições de risco. Indevido, apenas, quando o contato dá-se de forma eventual, assim considerado o fortuito, ou o que, sendo habitual, dá-se por tempo extremamente reduzido. No caso, o reclamante abastecia diariamente a empilhadeira com gás liquefeito de petróleo — GLP, o que o expunha ao risco de incêndio, caracterizada na letra 'q' do anexo 2 da NR-16, da Portaria n. 3.214/78, que regulamenta a Lei n. 6.514/77 (TRT, 18ª R., RO — 0000314-36.2014.5.18.0128, Rel. Geraldo Rodrigues do Nascimento, 1ª Turma, 05.03.2015)

— A decisão não levou em consideração o tempo de exposição.

12. ADICIONAL DE PERICULOSIDADE. ABASTECIMENTO. COMPROVAÇÃO. Comprovada nos autos a exposição habitual, ainda que intermitente, do empregado em área de risco para a atividade de abastecimento, consoante previsão de NR-16, é devido o adicional de periculosidade, conforme constatado no laudo pericial e reconhecido na decisão recorrida que se mantém — Processo 00228-2002-001-20-00-7 RO — Data de publicação: 18.12.02 — DJ/SE — TRT 20ª Região.

13. DO ADICIONAL DE PERICULOSIDADE. Motorista de ônibus que acompanha por poucos minutos o abastecimento do veículo não tem direito ao adicional de periculosidade. Consoante o item 2 do Anexo 2 da NR-16 da Portaria n. 3.214/78, devem ser entendidas como Operações em postos de serviço e bombas de abastecimento de inflamáveis líquidos as atividades ligadas diretamente ao abastecimento. Recurso da reclamada a que se dá provimento (...) — Processo 01491-2004-221-04-00-3(RO) — Data de Publicação: 05.06.07 — Relator: Ione Salin Gonçalves — TRT 4ª Região.

— A decisão considerou eventual a exposição de poucos minutos em área de risco.

14. ADICIONAL DE PERICULOSIDADE — TEMPO DE EXPOSIÇÃO — OPERADOR DE EMPILHADEIRA — ABASTECIMENTO. O contato intermitente com agentes que ensejam periculosidade no ambiente laboral enquadra-se na regra do art. 193 da CLT, porquanto mesmo que o risco não perdure durante a integralidade da prestação laboral, há constância na exposição ao perigo no curso do vínculo empregatício, sendo o que basta para configurar o direito ao adicional de periculosidade integral. Neste sentido, faz jus ao recebimento do adicional de periculosidade, por exposição a agente inflamável, o empregado que promove a troca de cilindros de GLP necessários ao abastecimento de empilhadeira, quando demonstrado que, para tal finalidade, se ativava em área de risco por cerca de 10 a 20 minutos diários, pois não se considera que este tempo seja extremamente reduzido a ponto de excluir o direito em análise (inteligência do disposto na Súmula n. 364, item I, do col. TST). (0021600-94.2008.5.03.0032 RO, Relator Cleube de Freitas Pereira, 8ª Turma. TRT 3ª Região. Data da Publicação: 16.11.2009).

— A decisão entendeu que a exposição de dez a vinte minutos em área de risco não é considerada como tempo extremamente reduzido.

15. ADICIONAL DE PERICULOSIDADE. ABASTECIMENTO DE MÁQUINA. TEMPO REDUZIDO. Restando comprovado pelo trabalho pericial que a atividade diária de abastecimento da máquina utilizada pelo empregado ocorria pelo tempo médio de 15 minutos, ainda que tal atividade esteja enquadrada como perigosa, não enseja direito ao adicional de periculosidade, nos termos do entendimento firmado pela Súmula n. 364, I, do C. TST. A situação em questão não se confunde com a previsão da NR-16, Anexo 2, aplicável apenas aos exercentes da função de frentista de posto de gasolina ou aos empregados que se ativam continuamente no abastecimento de veículo, os quais se expõem de forma permanente ao agente de risco. (TRT, 15ª R., RO 73396 SP 073396/2010, rel.: Gisela Rodrigues Magalhaes de Araújo e Moraes, Data da Publicação: 03.12.2010).

— A decisão considerou que a exposição de quinze minutos no posto de gasolina não é considerada perigosa, pois a função do trabalhador não era frentista.

16. ADICIONAL DE PERICULOSIDADE. INFLAMÁVEIS. TEMPO DE EXPOSIÇÃO. PERMANÊNCIA DE 5 A 10 MINUTOS. PROVIMENTO. A exposição do empregado, em ambiente de risco, pelo período de cinco a dez minutos, três vezes por semana, deve ser considerado para o pagamento do adicional de periculosidade, diante da habitualidade do ingresso do empregado e porque não configurado tempo extremamente reduzido em ambiente em que há contato com inflamáveis, pois a qualquer momento pode ocorrer o sinistro. (TST — RECURSO DE REVISTA RR 2132008220095030029 213200-82.2009.5.03.0029 (TST) — 18.05.2012)

— Exposição de cinco a dez minutos, três vezes por semana, foi considerada perigosa. Ver comentário da Súmula n. 364 do TST.

17. ADICIONAL DE PERICULOSIDADE. INFLAMÁVEIS. CONTATO INTERMITENTE. SÚMULA N. 364 DO TST 1. A Súmula n. 364 do TST consagrou o entendimento de que o empregado exposto de forma intermitente a condições de risco tem direito ao adicional de periculosidade. 2. A permanência de empregado em área de risco, por aproximadamente três minutos diários, não consubstancia contato habitual, por tempo extremamente reduzido, com o agente perigoso. Em circunstâncias que tais frações de tempo podem significar a diferença entre a vida e a eternidade, cuida-se de contato intermitente, com risco potencial de dano efetivo ao trabalhador. (TST — RECURSO DE REVISTA RR 2111009520065150007 211100-95.2006.5.15.0007 (TST) — 17.05.2013)

— Exposição de três minutos diários foi considerada perigosa. Ver comentário da Súmula n. 364 do TST.

18. ADICIONAL DE PERICULOSIDADE. LAUDO CONCLUSIVO. EXPOSIÇÃO A INFLAMÁVEIS. DEVIDO. Ainda que o reclamante não exercesse a função de frentista de posto, efetuava o abastecimento de ao menos 6 veículos todos os dias pela manhã, além de outros veículos quando necessário, de 1 a 2 vezes por semana, razão pela qual o pagamento do adicional de periculosidade era medida obrigatória não observada pela reclamada. Registre, outrossim, que pela habitualidade da atividade, afasta-se a possibilidade de aplicação da Súmula n. 364/TST, não havendo que se falar em contato eventual ou fortuito. Ademais, cumpre registrar que a hipótese dos autos atrai o entendimento já pacificado pela jurisprudência trabalhista por meio do verbete Súmula n. 39 do c. TST, segundo o qual "os empregados que operam em bomba de gasolina têm direito ao adicional de periculosidade". (TRT, 3ª R., 2ª T., RO 0000800-48.2012.5.03.0018, Publicação: 1º.10.2014, rel. Deoclecia Amorelli Dias).

— Ver comentário da Súmula n. 364 do TST.

19. ADICIONAL DE PERICULOSIDADE. MANOBRISTA DE ÔNIBUS. Existe risco ao trabalhador, independentemente do tempo de exposição, quando as atividades exercidas, de forma rotineira ou periódica, ocorrem próximas a inflamáveis em condições perigosas, ainda que de forma intermitente, uma vez que o sinistro pode ocorrer a qualquer momento, quando há prestação de serviço na área de risco, nos termos da Súmula n. 364/TST. (TRT, 3ª R., 1ª T., RO 0001369-36.2012.5.03.0087, Publicação: 23.05.2014, rel. Maria Cecília Alves Pinto).

— Nessa decisão, o entendimento é no sentido de que a periculosidade independe do tempo de exposição. Qualquer exposição é perigosa.

20. ADICIONAL DE PERICULOSIDADE. ÁREA DE RISCO. Operador de empilhadeira movida a gás que permanecia no veículo durante o abastecimento, atividade executada diariamente, por cerca de 4 a 5 minutos. Circunstância que se traduz como contato intermitente, com potencial risco de dano efetivo ao trabalhador, proporcionando, portanto, o direito ao recebimento do adicional de periculosidade (Súmula n. 364, TST). (TRT, 2ª R., 6ª T., RO 00027075320125020061 A28, Publicação: 10.09.2014, rel. Rafael Edson Pugliese Ribeiro).

— A decisão considerou como intermitente a exposição de quatro a cinco minutos diários.

21. ADICIONAL DE PERICULOSIDADE. EXPLOSIVO. GÁS GLP. CONTATO INTERMITENTE. OJ N. 05 DA SBDI-1 DO TST. 1. A jurisprudência remansosa do Tribunal Superior do Trabalho, interpretando extensivamente as disposições do art. 193 da CLT, considera que não só o empregado exposto permanentemente, mas também aquele que, de forma intermitente, sujeita-se a condições de risco em contato com inflamáveis e/ou explosivos, faz jus ao adicional de periculosidade (OJ n. 05/SBDI-1). Indevido o pagamento do referido adicional apenas nos casos em que o contato dá-se de forma eventual, esporádica, circunstância que, por si só, afasta o risco acentuado (OJ n. 280/SBDI-1). 2. A permanência de empregado em área de risco, diariamente, na frequência de duas vezes por dia, a cada troca de cilindros de GLP, não consubstancia contato eventual, ou seja, acidental, casual, fortuito, com o agente periculoso. Cuida-se, sim, de contato intermitente, com risco potencial de dano efetivo ao trabalhador. Inteligência da OJ n. 5 da SBDI-1. (TST, Processo: RR — 12800-02.2002.5.03.0028 Data de Julgamento: 16.03.2005, Relator Ministro: João Oreste Dalazen, 1ª Turma, Data de Publicação: DJ 22.04.2005).

— Ver comentário da Súmula n. 364 do TST.

22. ADICIONAL DE PERICULOSIDADE. ÁREA DE RISCO. EXPOSIÇÃO DIÁRIA REDUZIDA. Segundo o entendimento consagrado nesta Corte, consubstanciado na Súmula n. 364, "Faz jus ao adicional de periculosidade o empregado exposto permanentemente ou que, de forma intermitente, sujeita-se a condições de risco. Indevido, apenas, quando o contato dá-se de forma eventual, assim considerado o fortuito, ou o que, sendo habitual, dá-se por tempo extremamente reduzido. (ex-OJs n. 5 — Inserida em 14.03.1994 e n. 280 — DJ 11.08.2003)". Nesse contexto, devido o adicional de periculosidade ao empregado que adentrava em área de risco todos os dias, lá permanecendo entre 5 e 15 minutos. Recurso de revista parcialmente conhecido e provido. (TST, RR — 4571300-63.2002.5.02.0900, Relator Ministro: Emmanoel Pereira, Data de Julgamento: 17.09.2008, 5ª Turma, Data de Publicação: DEJT 06.10.2008)

— A decisão considerou como intermitente a exposição de cinco a quinze minutos todos os dias.

23. AGRAVO DE INSTRUMENTO EM RECURSO DE REVISTA. DECISÃO MONOCRÁTICA DENEGATÓRIA DE SEGUIMENTO. ADICIONAL DE PERICULOSIDADE. ABASTECIMENTO DE EMPILHADEIRA. EXPOSIÇÃO DIÁRIA AO GÁS GLP. SÚMULA N. 364 DO TST. (...). 3. No caso da atividade de abastecimento de empilhadeiras, tem-se, ainda, firmado o entendimento de que a exposição ao gás GLP submete o empregado a risco contínuo de explosões, de modo que o tempo gasto nesta atividade por cerca de quatro minutos, diariamente, apesar de intermitente, não pode ser considerado extremamente reduzido para afastar o risco ao qual fica exposto o empregado, não sendo aplicável a exceção descrita na parte final da Súmula n. 364. (...) (TST, AIRR — 1463-80.2011.5.02.0431, Relator Ministro: Hugo Carlos Scheuermann, Data de Julgamento: 02.04.2014, 1ª Turma, Data de Publicação: DEJT 15.04.2014)

— A decisão considerou como intermitente a exposição de quatro minutos todos os dias. Ou seja, esse tempo não é considerado extremamente reduzido.

24. ADICIONAL DE PERICULOSIDADE. EXPOSIÇÃO INTERMITENTE AO RISCO COM INFLAMÁVEIS. ABASTECIMENTO. Prevê a Súmula n. 364, item I, do TST, *in verbis*: — ADICIONAL DE PERICULOSIDADE. EXPOSIÇÃO EVENTUAL, PERMANENTE E INTERMITENTE (conversão das Orientações Jurisprudenciais ns. 5, 258 e 280 da SBDI-1) — Res. 129/2005, DJ 20, 22 e 25.04.2005. I — Faz jus ao adicional de periculosidade o empregado exposto permanentemente ou que, de forma intermitente, sujeita-se a condições de risco. Indevido, apenas, quando o contato dá-se de forma eventual, assim considerado o fortuito, ou o que, sendo habitual, dá-se por tempo extremamente reduzido. No caso, conforme se depreende do acórdão regional o reclamante se expunha duas vezes ao dia ao risco com inflamáveis — Gás GLP —, de 5 a 8 minutos, durante o abastecimento da empilhadeira. Como o risco de explosão com inflamáveis pode ocorrer numa fração de segundos, o citado período diário de exposição para o abastecimento do veículo não caracteriza tempo extremamente reduzido ou eventual para retirar do reclamante o direito ao adicional. Recurso de revista conhecido e provido. (TST, RR — 86600-49.2008.5.15.0083, Relator Ministro: José Roberto Freire Pimenta, Data de Julgamento: 04.09.2013, 2ª Turma, Data de Publicação: DEJT 13.09.2013)

— A decisão considerou como não eventual a exposição de cinco a oito minutos todos os dias.

25. AGRAVO. AGRAVO DE INSTRUMENTO EM RECURSO DE REVISTA. DECISÃO MONOCRÁTICA DENEGATÓRIA DE SEGUIMENTO. ADICIONAL DE PERICULOSIDADE. ABASTECIMENTO DE EMPILHADEIRA. EXPOSIÇÃO DIÁRIA AO GÁS GLP. SÚMULA N. 364 DO TST. (...). 3. No caso da atividade de abastecimento de empilhadeiras, tem-se, ainda, firmado o entendimento de que a exposição ao gás GLP submete o empregado a risco contínuo de explosões, de modo que o tempo gasto nesta atividade por cerca de quatro minutos, diariamente, apesar de intermitente, não pode ser considerado extremamente reduzido para afastar o risco ao qual fica exposto o empregado, não sendo aplicável a exceção descrita na parte final da Súmula n. 364. (...) (TST, Ag-AIRR — 1463-80.2011.5.02.0431, Relator Ministro: Hugo Carlos Scheuermann, Data de Julgamento: 02.04.2014, 1ª Turma, Data de Publicação: DEJT 15.04.2014)

— A decisão considerou como perigosa a exposição de apenas quatro minutos diariamente.

26. ADICIONAL DE PERICULOSIDADE — CONTATO COM INFLAMÁVEIS — ABASTECIMENTO DE VEÍCULO — OITO A DEZ MINUTOS DIÁRIOS — INTERMITÊNCIA — SÚMULA N. 364, I, DO TST. 1. Nos termos da Súmula n. 364, I, do TST, o empregado exposto, de forma permanente ou intermitente, às condições de risco faz jus ao percebimento integral do adicional de periculosidade. Esse adicional somente é indevido quando o contato dá-se de forma eventual, assim considerado o fortuito, ou o que, sendo habitual, ocorre por tempo extremamente reduzido. 2. No caso, o Regional, invocando a referida súmula, deferiu o pagamento do adicional de periculosidade, por concluir que a exposição do Reclamante às condições de risco, durante o abastecimento do veículo em que trabalhava, era intermitente, pois ocorria diariamente pelo tempo médio de oito a dez minutos. 3. Assim, o apelo não prospera, tendo sido corretamente aplicada à hipótese o disposto na Súmula n. 364, I, do TST, pois a habitualidade era diária, podendo o sinistro ocorrer em qualquer dia no momento do abastecimento do veículo. Recurso de revista não conhecido. (TST, RR — 58200-54.2004.5.15.0054, Relator Ministro: Ives Gandra Martins Filho, Data de Julgamento: 22.11.2006, 4ª Turma, Data de Publicação: DJ 19.12.2006)

— A decisão considerou como não eventual a exposição de cinco a oito minutos todos os dias, ou seja, o tempo não é extremamente reduzido.

27. ADICIONAL DE PERICULOSIDADE. TROCA DE CILINDROS DE GÁS LIQUEFEITO DE PETRÓLEO — GLP. HABITUALIDADE. O Tribunal Regional registrou que o Reclamante promovia a troca de cilindros de gás liquefeito de petróleo — GLP, tarefa que deveria ser realizada

a cada 8 horas e durava de dois a três minutos, ressaltando que a realização das trocas se inseria nas atividades habituais do Reclamante e, assim, concluiu ser devido o pagamento do adicional de periculosidade. Esta Corte tem entendido que a expressão "tempo extremamente reduzido" refere-se ao tempo de exposição e ao tipo de agente a qual fica exposto o trabalhador. Assim, a jurisprudência atual é no sentido de que a exposição ao agente perigoso gás GLP pelo tempo aproximado de cinco minutos não configura exposição eventual ou por tempo extremamente reduzido, em razão da possibilidade de explosões a qualquer instante, mostrando-se devido o adicional de periculosidade. Diante dessas premissas fáticas, o Tribunal Regional do Trabalho ao deferir o pagamento do adicional de periculosidade, considerando que o Autor permanecia exposto ao agente perigoso — gás GLP, decidiu em consonância com a atual jurisprudência desta Corte Superior. A alteração da conclusão demandaria, antes, o revolvimento de fatos e provas, expediente vedado nessa esfera recursal, ante o óbice da Súmula n. 126/TST. Agravo de instrumento não provido. (TST, ARR — 4900-44.2009.5.15.0074, Relator Ministro: Douglas Alencar Rodrigues, Data de Julgamento: 08.02.2017, 7ª Turma, Data de Publicação: DEJT 17.02.2017)

— A decisão entendeu que o tempo aproximado de cinco minutos não configura exposição eventual ou por tempo extremamente reduzido.

28. RECURSO DE REVISTA 1. ADICIONAL DE PERICULOSIDADE. TEMPO DE EXPOSIÇÃO. SÚMULA N. 364. PROVIMENTO. Consta no acórdão que a perícia concluiu que o reclamante não estava exposto à situação de periculosidade, porque sua exposição ao risco era eventual, totalizava 30 minutos em cada jornada de trabalho, cerca de 6,25% de uma jornada de 8 horas. Ocorre que este Tribunal Superior tem entendido que o conceito jurídico de tempo extremamente reduzido, a que se refere a Súmula n. 364, envolve não apenas a quantidade de minutos considerada em si mesma, mas também o tipo de perigo ao qual o empregado é exposto, sendo que a exposição a produtos inflamáveis, independe de qualquer gradação temporal, pois passível de explosão a qualquer momento. Dessa forma, empregado que entra em contato com produtos inflamáveis, de forma intermitente, faz jus ao adicional de periculosidade, visto não se tratar de contato eventual ou casual, tampouco tempo extremamente reduzido. Assim, a decisão da Corte Regional não está em sintonia com a Súmula n. 364. Precedentes. Recurso de revista conhecido e provido. (TST, RR — 463-97.2013.5.15.0080, Relator Ministro: Guilherme Augusto Caputo Bastos, Data de Julgamento: 08.02.2017, 5ª Turma, Data de Publicação: DEJT 17.02.2017)

— Ver comentário da Súmula n. 364 do TST.

29. Quando o risco a que se submete o empregado (20 minutos a cada 45 dias) não configura algo que extrapole o risco do cotidiano da generalidade dos trabalhadores, não há por que pagar-lhe o adicional de periculosidade. (TST, 3ª T., RR 110.539/94.0, Ac. 1.741/95, rel. Min. José Luiz Vasconcellos)

— Essa decisão é razoável, convergindo com nosso comentário da Súmula n. 364 do TST.

30. ADICIONAL DE PERICULOSIDADE. TEMPO DE EXPOSIÇÃO. EVENTUALIDADE. A Portaria n. 3.311 de 29.11.89 "estabelece os princípios norteadores do programa de desenvolvimento do Sistema Federal de Inspeção do Trabalho e dá outras providências". Nas instruções para elaboração de laudo de insalubridade e periculosidade está fixado que a análise qualitativa do risco deve considerar o tempo de exposição ao agente, para se concluir pela eventualidade do fenômeno, sua intermitência ou a exposição contínua. A análise do tempo de exposição traduz a quantidade de exposições em tempo (horas, minutos, segundos) a determinado risco operacional sem proteção, multiplicado pelo número de vezes que esta exposição ocorre ao longo da jornada de trabalho. Na presente hipótese, o reclamante abastecia diretamente os veículos na bomba de combustível, em média, apenas duas vezes por semana, durante 5 minutos, tempo que caracteriza, indiscutivelmente, a eventualidade desta atividade. (TRT, 3ª R., 01068-2007-138-03-00-5 RO, 6ª Turma, Relator convocado João Bosco Pinto Lara, Data da Publicação: 19.03.08)

— Essa decisão é razoável, convergindo com nosso comentário da Súmula n. 364 do TST.

31. ADICIONAL DE PERICULOSIDADE. NÃO CONFIGURAÇÃO. EXPOSIÇÃO POR TEMPO REDUZIDO. OPERADOR DE EMPILHADEIRA. A exposição ao risco durante o abastecimento, além de não ser diária, ocorria por tempo extremamente reduzido (um minuto), o que não é suficiente para configurar o potencial lesivo, razão pela qual, incabível o pagamento do adicional de periculosidade e reflexos, nos termos da Súmula n. 364 do C. TST. Apelo a que se nega provimento. (TRT, 2ª R., 12ª T., RO 00014362420135020271 A28, Publicação: 26.09.2014, rel. Benedito Valentini)

— Ver comentário da Súmula n. 364 do TST.

32. T-PR-11-05-2007 ADICIONAL DE PERICULOSIDADE. INFLAMÁVEIS. OPERADOR DE EMPILHADEIRA. CONTATO NÃO EVENTUAL. Constatado pela perícia técnica que o empregado mantinha contato com agentes inflamáveis quando do abastecimento das empilhadeiras movidas à gás ou à óleo diesel, é devido o adicional de periculosidade, pois o contato, ainda que intermitente, era habitual. A Súmula n. 364 do C. TST deixa claro que o referido adicional somente é indevido quando o contato é fortuito ou, se habitual, dá-se por tempo extremamente reduzido, circunstância não verificada na suposta análise. Recurso da Reclamada a que se nega provimento. (TRT, 9ª R., 01585-2004-022-09-00-5-ACO-11729-2007 — 1ª Turma, Relator: Ubirajara Carlos Mendes, Publicado no DJPR em 11.05.2007)

— Ver comentário da Súmula n. 364 do TST.

33. ADICIONAL DE PERICULOSIDADE. TROCA DE CILINDROS DE GLP. EXPOSIÇÃO EVENTUAL. A mera troca de cilindros de gás liquefeito de petróleo, usado em veículos de transporte de carga, não configura operação perigosa, devendo ser considerada eventual a exposição ao risco, nos termos do item I da Súmula n. 364 do Colendo TST. As normas regulamentares dispõem que o combustível utilizado para movimentação do veículo não caracteriza situação de risco, pois em caso contrário todos os motoristas teriam direito ao adicional. Se a presença constante do propelente não resulta em risco legalmente reconhecido, durante toda a duração da jornada, agravada pelos riscos do trânsito, muito menos poderá ser assim considerado o ato de mero reabastecimento. Trata-se de combustível seguro, de uso constante em residências, veículos de passeio e carga, inclusive aqueles licenciados para uso público (táxis e ônibus). O exagero na interpretação da lei deve ser evitado, para evitar o efeito contrário ao pretendido. (TRT 3ª Região, 00934-2005-026-03-00-0-RO, Relator Juiz Jales Valadão Cardoso, de DJMG em 03.05.06)

— Essa decisão é razoável, convergindo com nosso comentário da Súmula n. 364 do TST.

34. RECURSO ORDINÁRIO. PERICULOSIDADE. INFLAMÁVEIS. CONTATO INTERMITENTE. SÚMULA N. 364 DO TST. 1. Dispõe a Súmula n. 364 do TST que o empregado exposto de forma intermitente a condições de risco tem direito ao adicional de periculosidade, o qual todavia não é devido em caso de contato eventual. 2. Aferido que o autor permanecia em área de risco com inflamáveis na frequência aproximada de 10 minutos diários em torno de 8 dias por mês, fica caracterizado o contato intermitente, com risco potencial de dano efetivo à vida e/ou integridade física. Registra-se que a exposição a produtos inflamáveis não depende de gradação temporal, em face do risco de explosão a qualquer tempo. Cabível, portanto, o adicional de periculosidade, por não se tratar de contato eventual, casual ou em tempo extremamente reduzido. 3. Recurso da ré a que se nega provimento. (TRT, 9ª R., 01808-2014-562-09-00-6-ACO-21591-2016 — 7ª Turma, Relator: Rosalie Michaele Bacila Batista. Publicado no DEJT em 24.06.2016)

— Ver comentário da Súmula n. 364 do TST.

35. ADICIONAL DE PERICULOSIDADE. MOTORISTA DE CAMINHÃO. ABASTECIMENTO DO VEÍCULO. EXPOSIÇÃO A FATORES DE RISCO POR TEMPO EXTREMAMENTE REDUZIDO. Exposto o empregado a fatores de risco por período de tempo extremamente reduzido, ainda que diário, mormente quando apenas acompanhava o abastecimento, não faz jus ao adicional de periculosidade pleiteado. Interpretação da Súmula 364 do c. TST. (TRT, 18ª R., RO — 0000817-52.2013.5.18.0141, Rel. Kathia Maria Bomtempo de Albuquerque, 1ª Turma, 12.09.2014).

— Ver comentário da Súmula n. 364 do TST.

36. ADICIONAL DE PERICULOSIDADE. AGENTE DE BAGAGEM. Nos termos do entendimento contido na Súmula n. 364 do C. TST, "faz jus ao adicional de periculosidade o empregado exposto permanentemente ou que, de forma intermitente, sujeita-se a condições de risco. Indevido, apenas, quando o contato dá-se de forma eventual, assim considerado o fortuito, ou o que, sendo habitual, dá-se por tempo extremamente reduzido". Logo, consoante laudo pericial repousante nos autos, a permanência do reclamante em área de risco (área de abastecimento de aeronaves), de forma diária, na execução de suas atividades laborais de carga e descarga de bagagens e mercadorias, não consubstancia contato acidental, casual ou fortuito com o agente de perigo, mas, sim, contato intermitente, com potencial risco de dano efetivo ao trabalhador, apto a autorizar o pagamento de adicional de periculosidade. Recurso parcialmente provido. (TRT, 7ª R, 1ª T, Processo 0000566-30.2013.5.07.0015, rel. Maria Roseli Mendes Alencar, Publicação: 25.05.2015).

— Ver comentário da Súmula n. 364 do TST.

37. EMENTA ADICIONAL DE PERICULOSIDADE. AJUDANTE DE OPERAÇÕES. EXPOSIÇÃO A PRODUTOS INFLAMÁVEIS. TRABALHO EM TERMINAL DE GRANÉIS LÍQUIDOS. CONTATO HABITUAL. O trabalho desenvolvido próximo a terminais de descarga de materiais inflamáveis, 115 vezes em aproximadamente 16 meses de trabalho não pode ser considerado eventual, mas permanente, sendo suficiente a caracterizar a periculosidade tratada no art. 193, da CLT. Inteligência da Súmula n. 364, do C. TST. Vistos, relatados e discutidos. (TRT, 17ª R., 2ª T., RO 0133400-39.2013.5.17.0008, Publicação: 10.11.2016, rel. Gerson Fernando da Sylveira Novais).

— Ver comentário da Súmula n. 364 do TST.

Explosivos

JURISPRUDÊNCIA

1. ADICIONAL DE PERICULOSIDADE. ARMAZENAMENTO DE MUNIÇÃO. AUSÊNCIA DE CONTATO DIRETO E PERMANENTE. FATOS E PROVAS. O Tribunal Regional, com base conjunto fático-probatório delineado nos autos, concluiu que "de qualquer modo, jamais

esteve a obreira em contato permanente e em condições de risco acentuado no exercício das suas tarefas". Acrescenta-se ainda que o art. 193 da CLT dispõe que são atividades perigosas aquelas que impliquem o contato permanente com explosivos em condições de risco acentuado. Isto porque o art. 3º do Decreto Presidencial n. 3.665/2000 faz nítida diferenciação entre explosivos e munição, os quais não se confundem, sendo que este pode se enquadrado na definição de "explosivos em condições de risco acentuado". Ficou demonstrado que as munições são armazenadas em local próprio, afastado num raio de 45 a 75 metros do local de trabalho da reclamante. É razoável concluir que, por trabalhar como assistente administrativo, a reclamante não mantinha contato direto e permanente com o equipamento, não se submetendo a condições de risco acentuado. Óbice da Súmula n. 126. Agravo de instrumento a que se nega provimento. (TST, Processo: AIRR — 1897-93.2009.5.10.0018, Data de Julgamento: 26.10.2016, Relatora Ministra: Maria Helena Mallmann, 2ª Turma, Data de Publicação: DEJT 04.11.2016.)

— O Decreto n. 3.665, de 20 de novembro de 2000, em seu art. 3º dispõe:

LI — explosivo: tipo de matéria que, quando iniciada, sofre decomposição muito rápida em produtos mais estáveis, com grande liberação de calor e desenvolvimento súbito de pressão;

LXIV — munição: artefato completo, pronto para carregamento e disparo de uma arma, cujo efeito desejado pode ser: destruição, iluminação ou ocultamento do alvo; efeito moral sobre pessoal; exercício; manejo; outros efeitos especiais;

2. RECURSO DE REVISTA. ADICIONAL DE PERICULOSIDADE. I — No caso dos autos, a Corte Regional registrou que o Reclamante foi contrato para exercer a "função de Motorista de Caminhão na Mina de Exploração de Calcário da recorrida, cuja tarefa envolvia o transporte de calcário e argila", "em proximidade à área de montagem de explosivos no raio de operações da exploração de calcário e argila". Consta do laudo pericial que "na efetivação da detonação explosiva, não era permitido o acesso de colaboradores ao raio de 1000 metros da área de risco (perímetro de segurança) de explosividade operacional, e que neste evento os trabalhadores apenas assistiam o evento em um recinto designado mirante, ou então, na área urbana da Vila de Jatapú" e que "o evento somente ocorria 1 vez ao dia, conforme programação operacional". Ademais, consta do julgado que as testemunhas declararam que "no momento das detonações de explosivos na mina, [o Reclamante] encontrava-se fora da área de risco, aguardando em um mirante localizado no perímetro de segurança". II — Do quadro fático delineado no acórdão regional, extrai-se que o Reclamante não laborava em área de risco. A primeira parte da Súmula n. 364 do TST consagra entendimento no sentido de que "tem direito ao adicional de o empregado exposto permanentemente ou que, de forma intermitente, sujeita-se a condições de risco". III — Assim, a decisão regional, em que se condenou a Reclamada ao pagamento de adicional de, contraria o entendimento consagrado na Súmula n. 364 do TST, uma vez que o Reclamante não laborava exposto a condições de risco. IV — Recurso de revista de que se conhece e a que se dá provimento. (TST, Processo: RR — 993-38.2012.5.11.0019 Data de Julgamento: 02.12.2015, Relatora Desembargadora Convocada: Cilene Ferreira Amaro Santos, 4ª Turma, Data de Publicação: DEJT 04.12.2015).

— Ver NR-16, Anexo 1, Quadros 2, 3 e 4.

3. EXPOSIÇÃO HABITUAL E INTERMITENTE A AGENTE DE RISCO — EXPLOSIVOS. A sujeição do empregado a risco intermitente — regular contato com o agente nocivo, mesmo que somente em parte da jornada de trabalho — dá direito ao recebimento do adicional de periculosidade. Assim, desde que não haja exposição por tempo extremamente reduzido ou contato eventual (casual ou fortuito) com o material periculoso, há potencial risco de dano efetivo ao trabalhador. A exceção se dá quando a execução das atividades laborais do obreiro não enseja o contato com o agente perigoso ou sua entrada em área de risco. No caso, o Tribunal Regional verificou que a autora laborava diariamente em salas situadas a menos de 45 metros do almoxarifado, local onde eram armazenados materiais explosivos. A perícia constatou que a obreira ficava diariamente exposta ao risco em distâncias inferiores ao raio de abrangência estatuído pela NR n. 16. Logo, a autora estava exposta habitualmente e por tempo considerável a agente periculoso sendo devido o pagamento do adicional de periculosidade. Incide a Súmula n. 364 do TST. Agravo de instrumento desprovido. (TST, Processo: AIRR — 2429-87.2014.5.03.0050 Data de Julgamento: 18.11.2015, Relator Ministro: Luiz Philippe Vieira de Mello Filho, 7ª Turma, Data de Publicação: DEJT 20.11.2015)

— Ver NR-16, Anexo 1, Quadros 2,3 e 4.

4. ADICIONAL DE PERICULOSIDADE. PÓ DE ALUMÍNIO. Nos termos da legislação em vigor e da bibliografia técnica, o pó de alumínio é considerado como explosivo, pois, em certas condições — formação de nuvem de pó dispersa e umidificação do material, às quais o autor se submetia cotidianamente — ele gera condição de risco. Assim, constatado por perícia no local de trabalho que o empregado permanecia rotineiramente em área de risco normatizada, tendo em vista o armazenamento e manuseio do aludido produto nas condições de risco mencionadas, ele faz jus ao adicional de periculosidade. (TRT, 3ª R.; 0001124-46.2014.5.03.0025 RO; Data de Publicação: 19.02.2016; Disponibilização: 18.02.2016, DEJT/TRT3/Cad.Jud, p. 123; Órgão Julgador: Primeira Turma; Relator: Emerson Jose Alves Lage; Revisor: Convocado Vitor Salino de Moura Eca)

— Inicialmente, é importante destacar que a NR-15 considera o pó de alumínio como insalubre, conforme dispõe o Anexo 13:

OPERAÇÕES DIVERSAS

Insalubridade de grau médio

— Fabricação de pós de alumínio (trituração e moagem).

As operações de moagem e trituração podem gerar grande quantidade de poeira, por esse motivo a norma presume a exposição nociva à saúde nesses processos de trabalho. Portanto, o MTE não considerou o pó de alumínio como atividade perigosa, senão as operações de moagem e trituração teriam sido inseridas na NR-16. É importante lembrar que o MTE é órgão competente para regulamentar os critérios de caracterização da insalubridade e periculosidade, conforme determinam os arts. 190 e 193 da CLT.

O possível risco de explosão de partículas em suspensão não permite interpretações extensivas da NR-16. Esse tipo de explosão somente ocorrerá sob condições específicas, conforme análise a seguir.

De acordo com a OSHA, qualquer material combustível pode queimar rapidamente, quando em forma finamente dividida. Dentre os materiais que podem formar poeiras explosivas, destacam-se: madeira, carvão, plásticos, açúcar, amido, farinha, ração, grãos, fertilizantes, tabaco, papel, sabão, borracha, medicamentos, tinturas, certos têxteis e metais, como alumínio e magnésio. No entanto, para que ocorra uma explosão, é necessária a ocorrência de 5 (cinco) elementos simultaneamente: combustível, calor, oxigênio, dispersão de uma nuvem de poeira em concentração adequada e confinamento dessa nuvem de pó (OSHA, 2009). Na falta de um desses elementos, a explosão não ocorre.

Nesse sentido, o especialista Ary de Sá também opina sobre as condições necessárias para ocorrer explosão com poeira em suspensão:

> *Para que ocorra uma explosão com poeira é necessário que estejam presentes alguns fatores, tais como:*
>
> *Mistura de pó e ar sob forma de nuvem — caracterizado por quantidade de material em suspensão dentro da faixa de explosividade, suas características e condições ambientais.*
>
> *Fonte de energia de ativação — qualquer elemento do sistema que possa causar uma centelha que se situe dentro dos padrões de inflamabilidade e energia de ativação, ou ainda de cargas eletrostáticas inerentes do processo de produção ou de elementos do transporte pneumáticos, como motores e faiscamentos por atrito entre partes metálicas, rotor e carcaça do ventilador.*
>
> *Presença de oxigênio — em concentração mínima para a combustão total da massa de pó.*
>
> *Grau de concentração — é a quantidade de material em suspensão em g/m3, dentro de uma faixa passível de explodir. Definida como limites de explosividade superior e inferior, acima ou abaixo do qual não ocorre explosão.*
>
> *Umidade — quanto maior a umidade do material, bem como a do ar, mais difícil se torna a deflagração do mesmo, pois a água residual, ao evaporar, empobrece o ambiente, deslocando o oxigênio existente. Quanto mais seco, porém, mais suscetível fica.*
>
> *Granulometria — quanto mais fina, maior o poder de deflagração do pó e maior a velocidade da mesma. Materiais compactos, de grande massa e de pouca superfície específica, não são passíveis de explosão, mas sim de incêndio, podendo queimar por diversas horas, de difícil extinção[(4)].*

Entre os elementos necessários para ocorrência de uma explosão, é fundamental que a concentração de poeira esteja dentro de certos limites no ambiente, ou seja, deve possuir um valor que atinja o MEC (Minimum Explosible Concentration). Assim, por exemplo, para o alumínio, a concentração estequiométrica é de 90.000 mg/m^3, enquanto para o magnésio e silício as concentrações são de 55.000 mg/m^3 e 200.000 mg/m^3, respectivamente,para que haja explosão[(5)]. Esses valores são eleva-

(4) *Revista Proteção*, n. 61, ano 97, "Pó explosão". Ary de Sá é engenheiro mecânico com especialização em ventilação industrial, especialista em controle de poeiras explosivas.

(5) *Explosion Temperatures and Pressures of Metals and Other Elemental Dust Clouds* — Kenneth L. Cashdollar' and Isaac A. Zlochower — Pittsburgh Research Laboratory, National Institute for Occupational Safety and Health, Pittsburgh, PA, U.S.A. Disponível em: <https://www.cdc.gov/niosh/mining/userfiles/works/pdfs/etapo.pdf>. Acesso em: 23.12.16.

díssimos, formando nuvem de poeira no ambiente, que impede a visualização de uma lâmpada de bulbo (incandescente) de 25 watts a 2m de distância[(6)].

5. ADICIONAL DE PERICULOSIDADE. EXPLOSIVOS. PÓ DE ALUMÍNIO. O art. 193, caput e § 1º, da CLT, assegura o adicional de periculosidade aos empregados que trabalham em contato permanente com inflamáveis ou explosivos em condição de risco acentuado. Nos termos da Portaria n. 3.214/78 do MTE, NR-16, item 16.5, são consideradas atividades ou operações perigosas aquelas executadas com explosivos sujeitos a ação de agentes exteriores, tal como o pó de alumínio que forma mistura explosiva com o ar. (TRT da 3ª Região; PJe: 0011357-84.2014.5.03.0031 (RO); Disponibilização: 19.08.2016, DEJT/TRT3/Cad.Jud, Página 194; Órgão Julgador: Segunda Turma; Relator: Convocado Antônio G. de Vasconcelos)

— Ver comentário da decisão anterior.

6. PERICULOSIDADE. ÁREA DE RISCO GERADA POR ARMAZENAMENTO DE MATERIAL EXPLOSIVO. CARACTERIZAÇÃO. Os Quadros 1 e 2 do Anexo 1 da NR-16 (Portaria GM n. 3.214/78) aludem, expressamente, como causas geradoras de periculosidade, atividades ou operações realizadas em área onde se dá o armazenamento de explosivos. Armazenar, sabidamente, tem o significado de "estocar; depositar provisoriamente em armazém; pôr em depósito; conservar". Assim é que está longe de ensejar a periculosidade o fato de o reclamante ter laborado em setor administrativo da empresa, próximo a laboratório de análises da reclamada, no qual era mantida quantidade insignificante de pó de alumínio, sem qualquer propósito de armazenagem. (TRT da 3ª Região; Processo: 0137700-19.2009.5.03.0026 RO; Data de Publicação: 18.05.2010; Disponibilização: 17.05.2010, DEJT, p. 131; Órgão Julgador: Décima Turma; Relator: Taisa Maria M. de Lima; Revisor: Convocada Wilmeia da Costa Benevides)

— Ver comentário sobre a periculosidade de pó de alumínio na decisão do item 4.

7. ADICIONAL DE PERICULOSIDADE. PROXIMIDADE DO LOCAL DE ARMAZENAMENTO DE ARMAS E MUNIÇÃO. Não se reconhece o direito ao adicional de periculosidade, pela permanência do empregado em área próxima ao local de armazenamento de armas e munição, porque em tal circunstância a substância explosiva está acondicionada em estojo de munição e não há risco de explosão espontânea. (TRT da 3ª Região; Processo: 0000960-50.2014.5.03.0003 RO; Data de Publicação: 13.05.2015; Disponibilização: 12.05.2015, DEJT/TRT3/Cad.Jud, p. 285; Órgão Julgador: Segunda Turma; Relator: Lucas Vanucci Lins; Revisor: Convocada Sabrina de Faria F. Leão)

— Ver Quadro 1, Anexo 1 da NR-16.

8. PERICULOSIDADE. O transporte de explosivos aos sábados e/ou nas eventuais ausências do encarregado não caracteriza o contato permanente a que alude o art. 193/CLT. (TRT da 3ª Região; Processo: RO — 4315/92; Data de Publicação: 13.02.1993, DJMG; Órgão Julgador: Primeira Turma; Relator: Pedro Lopes Martins)

— Ver Súmula n. 364 do TST.

9. ADICIONAL DE PERICULOSIDADE. EXPLOSIVOS. RISCO. PERIGO. CARACTERIZAÇÃO. Para o reclamante, o perigo não se restringia apenas ao período em que ocorriam as explosões. O perigo estava presente desde o momento do carregamento do material, perdurando durante todo o lapso de transporte até o local onde os explosivos seriam usados, durante o preparo das explosões, bem como no transporte de volta do material explosivo não utilizado até o paiol e respectivo descarregamento. Isto porque o autor, como técnico de segurança, tinha que acompanhar tais procedimentos a poucos metros de distância dos produtos explosivos. Obviamente que, no momento das explosões, o reclamante (assim como todas as demais pessoas envolvidas) tinham que se afastar do local, ficando fora da área de risco, o que, entretanto, não afasta a constatação de que ele se submetia à situações de riscos nos outros procedimentos mencionadas. (TRT-9) (TRT, 9ª R., 4ª TURMA, Processo 1462007659903 PR 146-2007-659-9-0-3, Relator: Sérgio Murilo Rodrigues Lemos, Publicado: 04.07.2008)

— A NR-16 determina como perigosas as atividades listadas no Quadro 1 do Anexo 1, bem como aquelas realizadas nas áreas de risco definidas nos Quadros 2, 3 e 4.

10. ADICIONAL DE PERICULOSIDADE. Técnico de segurança que controla o manuseio de explosivos faz jus ao adicional de periculosidade, sem qualquer restrição quanto ao tempo exato de permanência na área de risco, dada a impossibilidade de se prever o momento em que o infortúnio possa se verificar. (TRT da 3ª Região; Processo: RO — 148/91; Data de Publicação: 13.09.1991, DJMG; Órgão Julgador: Segunda Turma; Relator: Alice Monteiro de Barros)

— Ver Súmula n. 364 do TST.

---

(6) Disponível em: <http://www.ufrrj.br/institutos/it/de/acidentes/silo.htm>. Acesso em: 22.8.2016.

11. ADICIONAL DE PERICULOSIDADE. TRANSPORTE DE EXPLOSIVO. CONTATO PERMANENTE. Tem direito ao adicional de periculosidade no transporte de explosivos todos os trabalhadores nessa atividade e, obviamente, que estejam expostos a condição de risco acentuado, cujo contato permanente não é aferido a partir da exposição ao longo de todas as horas de trabalho diárias, e sim se era inerente à atividade executada pelo empregado. (RO 0002231-67.2010.5.12.0041, Secretaria da 1ª Turma, TRT12, Helio Bastida Lopes, publicado no TRTSC/DOE em 22.08.2012)

— Ver Quadro 1, Anexo 1 da NR-16.

12. ADICIONAL DE PERICULOSIDADE. ÁREA DE RISCO. Comprovado que o trabalhador adentrava e permanecia a menos de setenta e cinco metros da área de risco de explosivos para desempenhar o seu mister, manter a condenação da empresa ao pagamento do adicional de periculosidade é medida que se impõe. (RO 01300-2004-007-12-00-7, Secretaria da 1ª Turma, TRT12, Maria de Lourdes Leiria, publicado no TRTSC/DOE em 19.05.2008)

— As áreas de risco são definidas em função da quantidade de explosivos armazenada, conforme os Quadros 2, 3 e 4, Anexo 1 da NR-16.

13. ADICIONAL DE PERICULOSIDADE. TRABALHADOR DE SUBSOLO. ÁREA DE RISCO. DEPÓSITO DE EXPLOSIVOS. O trabalho realizado no subsolo, com passagem próxima a depósito de explosivos, mesmo em caráter intermitente, é de acentuado risco, o que enseja o direito ao pagamento do adicional de periculosidade deferido, como previsto na Súmula n. 364 do TST. (RO 03409-2003-003-12-85-5, Secretaria da 3ª Turma, TRT12, Gilmar Cavalieri, publicado no TRTSC/DOE em 22.11.2007)

— Ver Quadros 2, 3 e 4, Anexo 1 da NR-16 e Súmula n. 364 do TST.

Inflamáveis

ARMAZENAMENTO DE INFLAMÁVEIS

ORIENTAÇÃO JURISPRUDENCIAL – TST

ORIENTAÇÃO JURISPRUDENCIAL N. 385 DO TST

ADICIONAL DE PERICULOSIDADE. DEVIDO. ARMAZENAMENTO DE LÍQUIDO INFLAMÁVEL NO PRÉDIO. CONSTRUÇÃO VERTICAL. É devido o pagamento do adicional de periculosidade ao empregado que desenvolve suas atividades em edifício (construção vertical), seja em pavimento igual ou distinto daquele onde estão instalados tanques para armazenamento de líquido inflamável, em quantidade acima do limite legal, considerando-se como área de risco toda a área interna da construção vertical.

— A Orientação Jurisprudencial se restringe à periculosidade dos tanques para armazenamento acima do limite legal. Por se tratar de pequena quantidade, o subitem 16.6 da NR-16 limita a quantidade de inflamáveis líquidos até 200 litros. A meu ver, a Súmula deveria definir esse limite legal, vez que existem decisões que, equivocadamente, não reconhecem esse limite.

A OJ menciona expressamente tanques, e o armazenamento de líquido inflamável. E outros vasilhames, não se enquadram como perigosos?

O entendimento jurisprudencial considerada como área de risco toda a área interna da construção vertical. Esse entendimento, com todo respeito aos ministros do TST, é equivocado e carece de embasamento científico sobre os riscos de armazenamento de líquido inflamável. Assim, suponhamos um tanque com 250 litros de óleo diesel (líquido inflamável) instalado no primeiro piso de um prédio para alimentar, por exemplo, um gerador de emergência. De acordo com o entendimento da OJ n. 385 do TST, o décimo andar é área considerada de risco. Ora, a probabilidade de dano à integridade física de um indivíduo que trabalha nesse local é ínfima em caso de acidente com o tanque instalado no primeiro piso.

SÚMULA N. 135 — TRT 12ª Região

ADICIONAL DE PERICULOSIDADE. ARMAZENAMENTO DE INFLAMÁVEL. LIMITE QUANTITATIVO. Aplica-se o limite de 200 (duzentos) litros previsto no item 16.6 da NR-16 da Portaria n. 3.214/1978 do Ministério do Trabalho também ao armazenamento de inflamáveis líquidos no ambiente de trabalho.

— Esse entedimento é tecnicamente correto. O subitem 16.6 da NR-16 exclui como perigosa a quantidade de inflamável líquidos até o limte de 200 litros, por se tratar de pequena quantidade. Ou seja, a norma considera que possivel acidente até 200 litros não oferece risco a integridade física do trabalhador. A súmula não fez interpretação gramatical restringindo a regra somente ao transporte. A finalidade da norma foi excluir a quantidade independente da operação realizada.

JURISPRUDÊNCIA

1. PIRELLI. ADICIONAL DE PERICULOSIDADE. A NR-16 considera toda a área interna do recinto como de risco quando do armazenamento de vasilhames que contenham inflamáveis líquidos ou vazios não desgaseificados, ou decantados, em recinto fechado, não havendo restrição quanto à dimensão do ambiente na norma regulamentar. (TRT, 4ª Região, 3ª Turma, RO 0000804-24.2014.5.04.0233 , Redator: Angela Rosi Almeida Chapper, Data: 27.09.2016)

— O item 3 da NR-16 estabelece a área de risco referente ao armazenamento em locais internos:

s. Armazenamento de vasilhames que contenham inflamáveis líquidos ou vazios não desgaseificados, ou decantados, em recinto fechado	*Toda a área interna do recinto.*

A definição da área de risco nos locais de armazenamento em área interna deve ser interpretada com razoabilidade. A interpretação deve levar em conta as dimensões do local e a quantidade armazenada. Assim, por exemplo, ao armazenar 220 (duzentos e vinte) litros de líquido inflamável num galpão de 500 (quinhentos) metros quadrados, toda a área interna será considerada de risco? Tecnicamente, obviamente que não. Aliás, a maior área de risco prevista no item 3 da NR-16 é de 30 (trinta) metros nas atividades de poços de petróleo em produção de gás. Portanto, é fundamental a análise de risco em cada tipo de armazenamento.

Para armazenamento em tanques, o item 3 da NR-16 dispõe:

d. Tanques de inflamáveis líquidos	*Toda a bacia de segurança*
e. Tanques elevados de inflamáveis gasosos	*Círculo com raio de 3 metros com centro nos pontos de vazamento eventual (válvula registros, dispositivos de medição por escapamento, gaxetas).*

2. ADICIONAL DE PERICULOSIDADE. LIMITE DE ARMAZENAMENTO DE INFLAMÁVEIS LÍQUIDOS. A caracterização da área de risco depende diretamente da quantidade de produtos inflamáveis armazenados. A norma regulamentadora, quando faz referência ao limite de 200 litros para que se configure a condição de perigo, estabelece parâmetro aplicável também para a hipótese de armazenamento do produto, que não pode ser considerada diversa e de maior risco que a de transporte expressamente referida no texto legal. O risco acentuado condiciona-se à quantidade de inflamáveis, configurando-se quando excedido o limite de 200 litros tanto nas operações de transporte quanto no armazenamento do produto. Não excedido tal limite no período, não se caracteriza periculosa a atividade. Provimento negado. (TRT, 4ª Região, 4ª Turma, RO 0021225-86.2015.5.04.0334, Redator: Ana Luiza Heineck Kruse, Data: 26.09.2016)

3. ADICIONAL DE PERICULOSIDADE. ARMAZENAMENTO DE INFLAMÁVEIS. LIMITE DE TOLERÂNCIA A 200 LITROS. A interpretação sistemática da NR-16 da Portaria n. 3.214/78 conduz à conclusão de que, se o transporte até 200 litros não é considerado periculoso, com mais razão, ainda, o armazenamento também deve ser superior aos 200 litros de inflamáveis para a caracterização de periculosidade, pois os riscos de explosão são bem menores do que no transporte. Não é razoável admitir que a aludida NR-16 não contemple um limite de tolerância para a armazenagem do agente perigoso em exame, pois se chegariam a situações desproporcionais, em que a armazenagem de diminutas quantidades caracterizaria área de risco. (TRT-4 — Recurso Ordinário RO 00008063020125040373 RS 0000806-30.2012.5.04.0373 (TRT-4) — 07.05.2014)

— O item 16.6 dispõe:

16.6. As operações de transporte de inflamáveis líquidos ou gasosos liquefeitos, em quaisquer vasilhames e a granel, são consideradas em condições de periculosidade, exclusão para o transporte em pequenas quantidades, até o limite de 200 (duzentos) litros para os inflamáveis líquidos e 135 (cento e trinta e cinco) quilos para os inflamáveis gasosos liquefeitos.

Embora a norma mencione expressamente o transporte, por se tratar de pequena quantidade, o armazenamento também deve ser excluído.

4. ADICIONAL DE PERICULOSIDADE. INFLAMÁVEIS. Caracteriza-se como perigosa, nos termos do Anexo 2 da NR 16, item 3, alínea "s", da Portaria n. 3.214/78 do Ministério do Trabalho e Emprego, a atividade laboral prestada em área contendo líquidos inflamáveis em quantidade superior a 200 litros, armazenados em recipientes não lacrados em sua integralidade, e com capacidade de até 20 litros. (TRT-4 — Recurso Ordinário RO 00013919520125040401 RS 0001391-95.2012.5.04.0401 (TRT-4) — 27.03.2014)

— O item 4 do anexo 2 da NR-16 define:

4. Não caracterizam periculosidade, para fins de percepção de adicional:

4.1. o manuseio, a armazenagem e o transporte de líquidos inflamáveis em embalagens certificadas, simples, compostas ou combinadas, desde que obedecidos os limites consignados no Quadro I abaixo, independentemente do número total de embalagens manuseadas, armazenadas ou transportadas, sempre que obedecidas as Normas Regulamentadoras expedidas pelo Ministério do Trabalho e Emprego, a Norma NBR 11564/91 e a legislação sobre produtos perigosos relativa aos meios de transporte utilizados;

4.2. o manuseio, a armazenagem e o transporte de recipientes de até cinco litros, lacrados na fabricação, contendo líquidos inflamáveis, independentemente do número total de recipientes manuseados, armazenados ou transportados, sempre que obedecidas as Normas Regulamentadoras expedidas pelo Ministério do Trabalho e Emprego e a legislação sobre produtos perigosos relativa aos meios de transporte utilizados.

No item 4 da NR-16, é excluída a periculosidade para o armazenamento em qualquer quantidade, desde que as embalagens sejam certificadas e o local atenda às normas de segurança do Ministério do Trabalho e Emprego. No item 4.2, os recipientes até 5 (cinco) litros lacrados na sua fabricação também são excluídos para fins de periculosidade, independentemente da quantidade. Portanto, a prova pericial nesses casos deve realizar análise de risco do armazenamento visando verificar o cumprimento ou não dos requisitos previstos nos itens 4.1 ou 4.2.

....

6. ADICIONAL DE PERICULOSIDADE. A existência de depósito de produtos inflamáveis armazenados em embalagens individualmente lacradas, em tambores de até 200 litros e em embalagens de até 18 litros, não caracteriza a periculosidade, a teor do item 16.6 da NR-16, da Portaria/MTE n. 3.214/78 e respectivo Anexo 2, item 4, subitem 4.1. (TRT-4 — Recurso Ordinário RO 00002177520125040781 RS 0000217-75.2012.5.04.0781 (TRT-4) — 20.06.2013)

— Ver subitem 16.6 e 4 do Anexo 2 da NR-16.

7. TRANSPORTE DE COMBUSTÍVEL JUNTO COM TRABALHADORES. CARACTERIZAÇÃO DE RISCO. DEVIDO ADICIONAL DE PERICULOSIDADE, INDEPENDENTE DA QUANTIDADE DE GASOLINA. A NR-16 que exclui a periculosidade quanto às operações de transporte de inflamáveis até limite de 200 litros, sendo razoável a interpretação de que tal exclusão não considera que o transporte é feito no mesmo ambiente em que viajam trabalhadores. No mesmo sentido as explicações de ordem técnica, levadas a efeito pelo Sr. Perito, que assinala que as quantidades descritas no item 16.1 da norma em comento somente são aplicáveis se e somente se, as embalagens forem CERTIFICADAS e LACRADAS, conforme o referido glossário, e ainda transportadas, conforme legislação de transporte de produtos perigosos, o que não é o caso da relação existente entre as partes, em que a gasolina era levada dentro do ônibus com os trabalhadores. Cumpre ressaltar que a exposição do reclamante a condições de risco não se dava de forma eventual, mas, sim, permanente e intermitente (duas vezes por semana, durante todo o percurso até o local de trabalho), pelo que não se aplica a Súmula n. 364 do TST. (TRT-3 — RECURSO ORDINARIO TRABALHISTA RO 00927200913403005 0092700-60.2009.5.03.0134 (TRT-3) 25.04.2011)

— Ver item 4 do Anexo 2 da NR-16 e Súmula n. 364 do TST.

8. PERICULOSIDADE. TRABALHO EXECUTADO EM LOCAL COM ARMAZENAMENTO DE INFLAMÁVEIS EM QUANTIDADE SUPERIOR A 200 LITROS. Consoante o disposto nos itens 2.III.b e 3.s, anexo 2, da NR-16 — Portaria n. 3.214/78 do Ministério do Trabalho, conjugados com o item 16.6 da mesma norma, este aplicado por analogia, são consideradas atividades perigosas, ensejando o pagamento do respectivo adicional, aquelas executadas, habitualmente, em setor de trabalho no qual há armazenamento de inflamáveis em quantidade superior a 200 litros (TRT, 3ª R., 6ª T., RO 02059-2003-031-03-00-5, Publicação: 18.08.2005, rel. João Bosco de Barcelos Coura).

— A decisão considerou que a quantidade de 200 litros de inflamáveis líquidos, por analogia, aplica-se também ao armazenamento.

9. RECURSO DE REVISTA INTERPOSTO NA VIGÊNCIA DA LEI N. 13.015/2014. ADICIONAL DE PERICULOSIDADE. LÍQUIDOS INFLAMÁVEIS. ARMAZENAMENTO. QUANTIDADE. NR-16 DO MINISTÉRIO DO TRABALHO E EMPREGO. A c. Subseção I Especializada em Dissídios Individuais do TST, órgão que uniformiza a jurisprudência "interna corporis", tem firme entendimento no sentido de que "A NR-16 da Portaria n. 3.214/78 do Ministério do Trabalho não estabelece o volume mínimo de líquidos inflamáveis, para efeito de reconhecimento do direito ao adicional de periculosidade a empregado que labora na área de risco em que se dá o armazenamento, somente impondo tal restrição no caso de transporte de inflamável. Em semelhante circunstância, o direito ao adicional de periculosidade não está jungido ao limite mínimo de 200 litros de líquidos inflamáveis armazenados no local da prestação dos serviços". Recurso de revista conhecido e provido. (RR — 2735-37.2013.5.12.0019 , Relator Ministro: Walmir Oliveira da Costa, Data de Julgamento: 14.12.2016, 1ª Turma, Data de Publicação: DEJT 19.12.2016)

— A NR-16 exclui a quantidade de 200 (duzentos) litros para os inflamáveis líquidos e 135 (cento e trinta e cinco) quilos para os inflamáveis gasosos liquefeitos, pois trata-se de pequena quantidade. Assim, a norma presume que possível acidente com essas quantidades não oferece risco à integridade física do trabalhador. Portanto, a interpretação dessa norma não pode ser apenas gramatical, de forma a considerar a exceção somente para operação de transporte. Na operação de armazenamento essa quantidade também deve ser obedecida, pois essa operação, na maioria das vezes, tecnicamente oferece menor perigo do que transportar. Aliás, no item 4, a NR-16 equipara as operações de armazenamento, transporte e manuseio de inflamáveis.

Se a quantidade mínima não for considerada, a periculosidade pode ser estendida a diversos ramos de atividade. Assim, por exemplo, todos os bares e restaurantes serão considerados áreas de risco, pois há armazenamento de inflamáveis: vários tipos de bebidas alcoólicas. Todos os supermercados e farmácias também serão áreas de risco, pois existe armazenamento de álcool. Aliás, até a sede do TST, provavelmente deve ter alguns litros de álcool armazenados para serem utilizados na limpeza.

10. AGRAVO DE INSTRUMENTO. RECURSO DE REVISTA INTERPOSTO ANTES DA LEI N. 13.015/2014. ADICIONAL DE PERICULOSIDADE. INFLAMÁVEIS. O Regional consignou que o trabalho do reclamante era perigoso por armazenar produto líquido inflamável não excedido de 200 litros. Entendimento diferente esbarra no óbice da Súmula n. 126 do TST. Ademais, a SBDI-1/TST já pacificou o entendimento no sentido de que é devido o adicional de periculosidade ao trabalhador que labora em ambiente no qual há o armazenamento de inflamáveis, independentemente da quantidade da substância armazenada, eis que a NR-16 da Portaria/MTE n. 3.214/78 não estabelece a quantidade mínima do volume conservado para a caracterização do risco. Precedente da SDI-1 do TST. Agravo de instrumento não provido. (Processo: AIRR — 212-29.2015.5.11.0013, Data de Julgamento: 07.12.2016, Relatora Ministra: Maria Helena Mallmann, 2ª Turma, Data de Publicação: DEJT 19.12.2016).

— Se adotado o entendimento dessa decisão, o armazenamento de um litro de álcool gera periculosidade. Ora, essa quantidade armazenada não pode ser considerada risco acentuado nos termos do art. 193 da CLT.

11. ADICIONAL DE PERICULOSIDADE INDEVIDO. LÍQUIDOS INFLAMÁVEIS EM AMBIENTE FECHADO. PEQUENA QUANTIDADE. INEXISTÊNCIA DE EXPOSIÇÃO AO RISCO. EXPOSIÇÃO INTERMITENTE AO AGENTE PERIGOSO. A existência, no ambiente de trabalho, de líquidos inflamáveis acondicionados em pequenos frascos, que juntos nem mesmo superam cinco litros, não tem o condão de caracterizar o local como área de risco, dada a evidente ausência de risco acentuado. Eventual omissão legislativa acerca dos limites de tolerância atinentes ao armazenamento e manuseio de líquidos inflamáveis em ambientes fechados deve ser dirimida à luz do princípio constitucional da razoabilidade e pela aplicação analógica de diretrizes outras contidas na NR-16 do MTE. (TRT, 12ª R., 1ª T. Proc. RO 0001754-74.2014.5.12.0018, Rel.: Sonia Maria Ferreira Roberts, Data de Publ. 10.10.16)

— Ver subitem 4.1, Anexo 2 da NR-16.

12. TRT-PR-13-02-2009 ADICIONAL DE PERICULOSIDADE. INFLAMÁVEIS. EXPOSIÇÃO INTERMITENTE E HABITUAL. DIREITO DEVIDO. Incontroversa a exposição do empregado a fator de risco pelo contato com substância inflamável, faz jus ao pagamento do adicional de periculosidade. O Reclamante, como responsável pelo setor de almoxarifado, recebia e transportava manualmente a matéria-prima do produto fabricado pela empresa-Ré, onde se inclui o álcool, confinado em galões de 200 (duzentos) litros denominados "bombonas". O fato de os galões serem hermeticamente fechados não ameniza ou neutraliza o risco eminente à integridade física e à vida do Autor e daqueles que trabalham no mesmo setor, em virtude da substância inflamável neles contida. A exposição mesmo que intermitente, mas habitual, enseja o direito ao pagamento do adicional de periculosidade de forma integral, na medida em que o período a que se expõe o obreiro em área de risco é suficiente para caracterizar a atividade laboral perigosa (Súmula n. 364 do C. TST). Recurso ordinário da Reclamada a que se nega provimento. (TRT, 9ª R., 23386-2007-002-09-00-6-ACO-05001-2009 — 1ª Turma, Relator: Janete do Amarante Publicado no DJPR em 13.02.2009)

— Ver subitem 4.1, Anexo 2 da NR-16.

13. ADICIONAL DE PERICULOSIDADE. A mera existência de tubulação de gás no local de trabalho, por si só, não se enquadra em qualquer das hipóteses da NR-16 da Portaria/MTE n. 3.214/78, para fins de caracterização da periculosidade alegada, notadamente quando não há elementos de prova a evidenciar labor em posto de trabalho contíguo à rede de gás, realização de atividades atinentes a instalação ou reparo da referida tubulação, ou ainda a realização ou acompanhamento do abastecimento de reservatórios do inflamável. (TRT, 4ª R., RO 0021301-53.2014.5.04.0332, Data: 1º.04.2016, Órgão julgador: 11ª Turma, Redator: Herbert Paulo Beck)

— A NR-16 menciona expressamente armazenamento de gás inflamável no estado liquefeito.

14. ADICIONAL DE PERICULOSIDADE. TUBULAÇÃO DE GÁS SUSPENSA. LABOR À DISTÂNCIA DE ATÉ TRÊS METROS DE DISPOSITIVOS PASSÍVEIS DE VAZAMENTO DE GÁS. ENQUADRAMENTO NA ALÍNEA *"E"* ITEM 3 ANEXO II DA NR-16 DA PORTARIA N. 3.214/78 DO MTE. Se o labor é realizado à distância de até três metros de dispositivos passíveis de vazamento eventual de gás, entende-se enquadrada a situação naquela prevista no item 3, alínea "e", do anexo II da NR-16, vez que a previsão visa reconhecer o perigo decorrente de vazamento eventual nesses dispositivos, pouco importando se estão colocados em tanques ou tubulação suspensa de gás, sendo devido o adicional de periculosidade. (TRT 17ª R., RO 0001348-22.2017.5.17.0014, Divisão da 2ª Turma, Rel. Desembargadora Wanda Lúcia Costa Leite França Decuzzi, DEJT 17.07.2018).

*— A decisão equiparou a tubulação com Tanques elevados de inflamáveis gasosos (item 3, alínea "*e*" da NR-16). No caso de inflamável gasoso é importante determinar a quantidade de gás dentro da tubulação e possibilidade vazamento.*

15. ADICIONAL DE PERICULOSIDADE. LÍQUIDOS INFLAMÁVEIS. NR-16, PORTARIA N. 3.214/1978 DO MINISTÉRIO DO TRABALHO. O limite aceitável de armazenamento de líquidos inflamáveis, apto a afastar o direito à percepção do adicional respectivo, refere-se apenas ao acondicionamento em embalagens certificadas. Ausente a comprovação de que as embalagens atendem a tal requisito, permanece devido o adicional. (Número Único1000905-91.2017.5.02.0363, Relatora Rosa Maria Zuccaro, TRT 2ª Região, 10ª Turma — Cadeira 3, Data da publicação: 19.07.2018)

— Ver item 4.1 da NR-16.

16. ADICIONAL DE PERICULOSIDADE. ARMAZENAMENTO DE INFLAMÁVEIS. O armazenamento de inflamáveis líquidos em recinto fechado, representa área de risco apenas quando a quantidade for acima de 200 litros, nos termos do Anexo 2 da Norma Regulamentadora 16, item 3, alíneas *"m"* e *"s"*. Caso contrário, não há falar em direito ao adicional de periculosidade. Recurso a que se nega provimento. (TRT da 4ª Região, 4ª Turma, 0020758-91.2016.5.04.0231 RO, em 19.07.2018, Desembargadora Ana Luiza Heineck Kruse)

— Ver Súmula n. 135 do TRT 12ª Região.

17. EMENTA PERICULOSIDADE. ATIVIDADE EM ÁREA ONDE SE ENCONTRAM INFLAMÁVEIS. LIMITE DE QUANTIDADE E DE TEMPO DE EXPOSIÇÃO DESNECESSÁRIOS DEVIDO AO RISCO. ADICIONAL DEVIDO. Comprovado o labor do empregado com inflamáveis, faz jus ao adicional de periculosidade, nos termos do art. 193, I, da CLT, e do Anexo 2 da NR-16 da Portaria n. 3.214/78, independentemente da quantidade de inflamáveis e do tempo de exposição, pois o risco presente não tem momento definido para ocorrer. (TRT da 4ª Região, 2ª Turma, 0020592-53.2017.5.04.0351 RO, em 11.06.2018, Marcelo Jose Ferlin D'Ambroso)

— O subitem 16.6 da NR-16 exclui como perigosa a quantidade de inflamáveis líquidos até o limite de 200 litros para líquidos inflamáveis, por se tratar de pequena quantidade.

18. ADICIONAL DE PERICULOSIDADE DEVIDO. ARMAZENAMENTO DE LÍQUIDO INFLAMÁVEL NO PRÉDIO. CONSTRUÇÃO VERTICAL. OJ 385/SBDI-I/TST. Demonstrado no agravo de instrumento que o recurso de revista preenchia os requisitos do art. 896 da CLT, quanto ao adicional de periculosidade, dá-se provimento ao agravo de instrumento, para melhor análise da arguição de contrariedade à OJ 385/SBDI-I/TST, suscitada no apelo. Agravo de instrumento provido. B) RECURSO DE REVISTA. PROCESSO SOB A ÉGIDE DA LEI N. 13.015/2014 E ANTERIOR À LEI N. 13.467/2017. ADICIONAL DE PERICULOSIDADE DEVIDO. ARMAZENAMENTO DE LÍQUIDO INFLAMÁVEL NO PRÉDIO. CONSTRUÇÃO VERTICAL. OJ 385/SBDI-I/TST. A jurisprudência desta Corte vem se firmando no sentido de que é devido o pagamento do adicional de periculosidade ao empregado que desenvolve suas atividades em edifício (construção vertical), seja em pavimento igual ou distinto daquele onde estão instalados tanques para armazenamento de líquido inflamável, em quantidade acima do limite legal, considerando-se como área de risco toda a área interna da construção vertical (OJ 385/SBDI-1/TST). Na hipótese, se extrai do acórdão recorrido que consta do laudo pericial, transcrito no referido acórdão, que em "no pavimento térreo, fora da projeção horizontal do setor operacional, em área isolada, verificou-se a existência de uma sala de Grupo Motores Geradores (G.M.G.) dotada de porta corta-fogo. No interior da sala de G.M.G. há quatro geradores de energia de potência nominal de 575KVA cada. Na área externa do pavilhão, até 4 de setembro de 2018, havia um tanque de armazenamento, de capacidade volumétrica de 5.000 litros, instalado em bacia de contenção. O óleo diesel era transferido do tanque de armazenamento localizado na área externa, através de bombas de transferência, para um tanque pulmão, de capacidade volumétrica de 300 litros, instalado em bacia de contenção. O tanque pulmão, por gravidade, transferia o óleo diesel para outros 2 tanques de consumo, de capacidade volumétrica de 250 litros,

instalados de forma individualizada em bacia de contenção. Os dois tanques consumo e o tanque pulmão permanecem instalados no interior da sala de Grupo Motores Geradores". A caracterização da periculosidade em razão do armazenamento de líquido inflamável, no local de trabalho, ainda que se trate de recinto fechado, encontra-se expressamente tratada no Anexo 2 da NR-16 da Portaria n. 3.214/78 do Ministério do Trabalho. No caso em exame, a quantidade armazenada nos tanques supera o limite estabelecido na NR-16, qual seja, 250 litros, ensejando o pagamento do adicional de periculosidade. Julgados desta Corte. Recurso de revista conhecido e provido (RR-1000865-57.2018.5.02.0078, 3ª Turma, Relator Ministro Mauricio Godinho Delgado, DEJT 16.04.2021).

— A decisão considerou que a quantidade armazenada superior a 200 litros é considerada perigosa.

19. ARMAZENAMENTO DE COMBUSTÍVEL NA AGÊNCIA. LIMITE DE TOLERÂNCIA. IMPROCEDÊNCIA. Não provado que havia armazenamento de líquido inflamável acima do limite de 200 litros na agência bancária, não faz jus o Reclamante ao pagamento do adicional de periculosidade. Interpretação da NR 16-MTE e da Orientação Jurisprudencial n. 385, da SBDI-1, do TST. Pedido improcedente. (Processo 000129814.2017.5.05.0019, Origem PJE, Relator(a) Desembargador(a) Lea Reis Nunes, Terceira Turma, DJ 27.04.2021).

— Nessa decisão, o limite de 200 litros foi considerado para fins de armazenamento de inflamáveis.

ABASTECIMENTO

SÚMULAS DO TST/TRT

SÚMULA N. 59 — TRT 3ª REGIÃO

ADICIONAL DE PERICULOSIDADE. MOTORISTA. ACOMPANHAMENTO DE ABASTECIMENTO DE VEÍCULO. O motorista que apenas acompanha o abastecimento de veículo que conduz não tem direito ao pagamento de adicional de periculosidade.

— O anexo 2 da NR-16 estabelece que a periculosidade é devida para aqueles que executam as atividades previstas no quadro, bem como os trabalhadores obrigados a operar em área de risco. Durante o abastecimento o motorista não é obrigado a ficar na área de risco, ou seja, pode se afastar do local. Ademais, a exposição do motorista que apenas acompanha o abastecimento do veículo que conduz, se equipara à de qualquer cidadão usuário de posto de serviços (abastecimento).

SÚMULA N. 43 — TRT 8ª REGIÃO

ADICIONAL DE PERICULOSIDADE. AEROVIÁRIO. DIREITO À PERCEPÇÃO. Os aeroviários têm direito à percepção de adicional de periculosidade pelo tempo de permanência na área de risco, que é aquela com raio de 7,5 metros a partir do ponto de abastecimento. Esse adicional é devido no percentual de 30%, desde que o empregado esteja realizando serviços de limpeza interna e externa ou carregamento e descarregamento de bagagens e atividades afins.

— Essa Súmula interpretou que a área de risco no abastecimento de aeronaves é de 7,5 metros.

O item 3 da NR-16 dispõe:

	ATIVIDADE	ÁREA DE RISCO
g.	*Abastecimento de aeronaves*	*Toda a área de operação.*
q.	*abastecimento de inflamáveis*	*Toda a área de operação, abrangendo, no mínimo, círculo com raio de 7,5 metros com centro no ponto de abastecimento e o círculo com raio de 7,5 metros com centro na bomba de abastecimento da viatura e faixa de 7,5 metros de largura para ambos os lados da máquina.*

No abastecimento de veículos, a norma define claramente a área de risco. Sendo assim, a atividade de abastecimento é considerada perigosa, bem como aquelas executadas dentro da área de risco. No abastecimento de aeronave, a norma menciona como risco toda a área de operação. Todavia, não define o que vem a ser área de operação.

Interpretando historicamente as normas pertinentes, verifica-se que até 1978, a periculosidade por inflamáveis líquidos era regulamentada pela Portaria n. 608 de 26.10.65 do M.T.P.S. Essa norma detalhava as operações perigosas no reabastecimento de aviões:

Reabastecimento de aviões com inflamáveis líquidos

a) Operações ligadas diretamente ao reabastecimento de aviões: todos os trabalhadores dos caminhões-tanques do abastecimento, da operação, da manutenção e da medição dos tanques;

b) Outras atividades executadas dentro das áreas de operação, consideradas perigosas ad referendum *do M.T.P.S.: serviços de supervisão, de mecânica, de ajudância de mecânica e outros.*

Analisando esse dispositivo legal, depreende que a norma expressamente restringia o pagamento do adicional, apenas nas operações ligadas diretamente ao reabastecimento das aeronaves. Além disso, essa norma mencionava as funções dos trabalhadores que executam operações diretamente ao reabastecimento de aeronave e, consequentemente, ficam expostos na área de operação (área de risco).

A NR-16, Anexo 2, item 1, considera como perigosa a atividade/área de risco entre as quais destacam-se:

	ATIVIDADE	**ÁREA DE RISCO**
b	Unidade de processamento das refinarias.	Faixa de 30 metros de largura, no mínimo, contornando a área de operação.
f	Carga e descarga de inflamáveis líquidos contidos em navios, chatas e batelões.	Afastamento de 15 metros da beira do cais, durante a operação, com extensão correspondente ao comprimento da embarcação.
g	Abastecimento de aeronaves	Toda a área de operação.
h	Enchimento de vagões-tanques e caminhões-tanques com inflamáveis líquidos.	Círculo com raio de 15 metros com centro nas bocas de enchimento dos tanques.
q	Abastecimento de inflamáveis	Toda a área de operação, abrangendo, no mínimo, círculo com raio de 7,5 metros com centro no ponto de abastecimento e o círculo com raio de 7,5 metros com centro na bomba de abastecimento da viatura e faixa de 7,5 metros de largura para ambos os lados da máquina.

A definição da área de risco durante o abastecimento de aeronaves gera interpretações controvertidas, vez que a norma menciona, como risco, toda a área de operação. Todavia, a definição dessa área de operação não pode ser interpretada somente em sua literalidade, mas também de maneira lógica e sistemática. Examinando as áreas de risco destacadas no quadro do Anexo 2 da NR-16, verifica-se que:

— na letra f do quadro, a norma define área de risco de 15 metros para operações de carga e descarga de inflamáveis líquidos contidos em navios;

— na letra h, na operação de enchimento de vagões-tanques e caminhões-tanque, a área de risco é definida como círculo de 15 metros com centro nas bocas de enchimento. No abastecimento das aeronaves, o volume de líquido inflamável processado é bem inferior ao das operações de enchimento de vagões-tanques e navios e, consequentemente, oferecem menor risco.

Sendo assim, a área de risco no abastecimento das aeronaves deve ser idêntica à da letra q do quadro. Ou seja:

"Toda a área de operação, abrangendo, no mínimo, círculo com raio de 7,5 metros com centro no ponto de abastecimento e o círculo com raio de 7,5 metros com centro na bomba de abastecimento da viatura e faixa de 7,5 metros de largura para ambos os lados da máquina."

SÚMULA N. 447 do TST

ADICIONAL DE PERICULOSIDADE. PERMANÊNCIA A BORDO DURANTE O ABASTECIMENTO DA AERONAVE. INDEVIDO. Os tripulantes e demais empregados em serviços auxiliares de transporte aéreo que, no momento do abastecimento da aeronave, permanecem a bordo não têm direito ao adicional de periculosidade a que aludem o art. 193 da CLT e o Anexo 2, item 1, "c", da NR-16 do MTE.

— A NR-16, anexo 2, item 1, considera como perigosa a atividade/área de risco entre as quais destacam-se:

g	*Abastecimento de aeronaves*	*Toda a área de operação.*

q	*Abastecimento de inflamáveis*	*Toda a área de operação, abrangendo, no mínimo, círculo com raio de 7,5 metros com centro no ponto de abastecimento e o círculo com raio de 7,5 metros com centro na bomba de abastecimento da viatura e faixa de 7,5 metros de largura para ambos os lados da máquina.*

A súmula considera que durante o reabastecimento o interior da aeronave não é área de risco. Ou seja, os tripulantes e demais empregados em serviços auxiliares de transporte aéreo não estão envolvidos na operação de abastecimento das aeronaves.

SÚMULA N. 38 — TRT 2ª REGIÃO

ADICIONAL DE PERICULOSIDADE. AERONAUTA. INDEVIDO. Adicional de periculosidade não é devido ao empregado tripulante que permanece a bordo durante o abastecimento da aeronave.

— Ver Súmula n. 447 do TST.

SÚMULA N. 26 — TRT 11ª REGIÃO

ADICIONAL DE PERICULOSIDADE. ÁREA DE ABASTECIMENTO DE AERONAVES. RISCO. Considera-se perigoso o trabalho realizado na área de abastecimento das aeronaves com combustível.

— Ver comentário da Súmula n. 43 — TRT 8ª Região.

SÚMULA N. 99 — TRT 15ª REGIÃO

ADICIONAL DE PERICULOSIDADE. ABASTECIMENTO DO PRÓPRIO VEÍCULO DE TRABALHO. É devido o adicional de periculosidade ao empregado que abastece o próprio veículo de trabalho de maneira não eventual, porque em tal tarefa está sujeito a condições de risco.

— Quando o motorista abastece o seu veículo a atividade se enquadra como insalubre no anexo 2, quadro do item 1, letra "m".

SÚMULA N. 27 — TRT 23ª REGIÃO

ADICIONAL DE PERICULOSIDADE. EMPREGADO QUE ACOMPANHA O ABASTECIMENTO DE VEÍCULO — O Empregado motorista de veículo ou operador de máquinas que apenas acompanha o abastecimento de combustível não tem direito ao adicional de periculosidade.

— O Anexo 2 da NR-16 menciona expressamente que: são consideradas atividades ou operações perigosas aquelas mencionadas no quadro do referido anexo, bem como aqueles que operam na área de risco. Ou seja, operar em área de risco, a meu ver, é a obrigação de executar serviços em área de risco. Aliás, todo motorista conduz seu veículo ao posto de combustível, no entanto, não tem obrigação de permanecer na área de risco, podendo afastar-se do local durante a operação de abastecimento.

1. PERICULOSIDADE. AEROVIÁRIA. TRABALHO NO PÁTIO DE MANOBRA DAS AERONAVES NO AEROPORTO INTERNACIONAL DE BELÉM. Constatado que a reclamante como aeroviária acompanhava o embarque e o desembarque de passageiros no Aeroporto Internacional de Val-de-Cans, tal atividade diária, não pode ser considerada como eventual, mas sim de exposição intermitente. Risco que merece ser compensado pecuniariamente, ainda mais quando a empregadora reconhece que a trabalhadora faz jus ao adicional, ao registrar tal condição em sua CTPS e remunera a mesma por dois meses. Decisão mantida, pois bem apreciada a prova dos autos. (TRT, 8ª R., RO 00441007820095080001 0044100-78.2009.5.08.0001, Publicação: 31.07.2009)

— Ver NR-16, Anexo 2 — abastecimento de aeronaves.

2. ADICIONAL DE PERICULOSIDADE. LIMPEZA INTERNA DA AERONAVE. ATIVIDADES REALIZADAS SIMULTANEAMENTE COM O REABASTECIMENTO DE AERONAVE. VERBA INDEVIDA. Não enseja o pagamento do adicional de periculosidade a atividade de limpeza interna da aeronave simultânea ao reabastecimento da mesma, em consonância com a Súmula n. 447 do TST, a qual consigna que é indevido o referido adicional para os empregados que permanecem a bordo durante o abastecimento da aeronave, conforme se extrai da Súmula n. 447 do TST. (TRT 20ª R., 0000672-37.2014.5.20.0001 (PJe), Relator(a): Maria das Graças Monteiro Melo, Publicação: 30.09.2016).

— Ver Súmula n. 447 do TST.

3. ADICIONAL DE PERICULOSIDADE. TRABALHO PRÓXIMO E SIMULTÂNEO COM O ABASTECIMENTO DE AERONAVES. O obreiro que exerce atividades concomitantemente com o abastecimento de aeronaves, em perímetros localizados a menos de 7,5 metros de distância da boca de enchimento dos tanques, faz jus ao adicional de periculosidade. Ressalte-se ser irrelevante o fato de ele não realizar pessoalmente os abastecimentos das aeronaves. O que é importante é o fato de trabalhar próximo à área de abastecimento, o que lhe acarreta risco. (TRT18, RO — 0010949-84.2015.5.18.0017, Rel. Kathia Maria Bomtempo de Albuquerque, 1ª TURMA, 05.12.2016)

— A operação realizada dentro do raio de 7,5 metros da boca de enchimento do tanque da aeronave, a meu ver, caracteriza-se como perigosa.

4. ADICIONAL DE PERICULOSIDADE. AUSÊNCIA DE CABIMENTO. TRABALHO PRESTADO NO INTERIOR DE AERONAVE OU FORA DA ÁREA DE RISCO. Empregados de serviços auxiliares de transporte aéreo, que, no momento do abastecimento da aeronave, permanecem a bordo não têm direito ao adicional de periculosidade; não comprovada, no laudo pericial a prestação de serviços em condições perigosas, indevido o referido adicional. (TRT, 7ª R, 1ª T, Processo 0001260-09.2011.5.07.0002, rel. Dulcina de Holanda Palhano, Publicação: 30.06.2014).

— Ver Súmula n. 447 do TST.

5. ADICIONAL DE PERICULOSIDADE. AGENTE DE BAGAGEM. Nos termos do entendimento contido na Súmula n. 364 do C. TST, "faz jus ao adicional de periculosidade o empregado exposto permanentemente ou que, de forma intermitente, sujeita-se a condições de risco. Indevido, apenas, quando o contato dá-se de forma eventual, assim considerado o fortuito, ou o que, sendo habitual, dá-se por tempo extremamente reduzido". Logo, consoante laudo pericial repousante nos autos, a permanência do reclamante em área de risco (área de abastecimento de aeronaves), de forma diária, na execução de suas atividades laborais de carga e descarga de bagagens e mercadorias, não consubstancia contato acidental, casual ou fortuito com o agente de perigo, mas, sim, contato intermitente, com potencial risco de dano efetivo ao trabalhador, apto a autorizar o pagamento de adicional de periculosidade. Recurso parcialmente provido. (TRT, 7ª R, 1ª T, Processo 0000566-30.2013.5.07.0015, rel. Maria Roseli Mendes Alencar, Publicação: 25.05.2015).

— Ver NR-16, Anexo 2 — abastecimento de aeronaves.

6. RECURSO DE REVISTA. ADICIONAL DE PERICULOSIDADE. MOTORISTA QUE ACOMPANHA ABASTECIMENTO DE VEÍCULO. AUSÊNCIA DE RISCO ACENTUADO. Nos termos da jurisprudência firmada pela SBDI-1, a Norma Regulamentadora 16 do Ministério do Trabalho somente define como perigosa a atividade de contato direto do trabalhador com o inflamável no momento de abastecimento do veículo. O simples fato de o Autor acompanhar o reabastecimento do caminhão que dirige não configura risco acentuado apto a ensejar o pagamento do adicional de periculosidade. Precedentes. Recurso de Revista não conhecido." (Processo: RR — 797—52.2010.5.15.0011 Data de Julgamento: 07.08.2013, Relator Desembargador Convocado: João Pedro Silvestrin, 8ª Turma, Data de Publicação: DEJT 09.08.2013). Sentença mantida. (TRT18, RO — 0000818-37.2013.5.18.0141, Rel. Paulo Pimenta, 2ª Turma, 19.02.2014)

— A operação realizada dentro do raio de 7,5 metros da boca de enchimento do tanque da aeronave, a meu ver, caracteriza-se como perigosa.

7. ADICIONAL DE PERICULOSIDADE. AUSÊNCIA DE PRESSUPOSTOS PARA O DEFERIMENTO. CONDUÇÃO DO VEÍCULO PARA ABASTECIMENTO. EVENTUALIDADE. Caracterizado no laudo pericial que o reclamante apenas conduzia o veículo para o abastecimento,

por certo que não estava exposto a condições de risco, não fazendo juz, assim, ao pagamento do adicional de periculosidade nos termos previstos no art. 193 da CLT. Inviável, também, o deferimento do adicional em face do transporte uma vez por mês de tambor contendo líquido inflamável, porque eventual a atividade (TRT 3ª R., 5ª T., RO/18212/99, rel. Juiz Eduardo Augusto Lobato, DJMG de 20.05.00, p. 19). (TST, 2ª T., RR 1.042/86.4, rel. Min. Marcelo Pimentel, DJ de 17.10.86).

— O Anexo 2 da NR-16 menciona expressamente que: são consideradas atividades ou operações perigosas aquelas mencionadas no quadro do referido anexo, bem como aqueles que operam na área de risco. Ou seja, operar em área de risco, a meu ver, é a obrigação de executar serviços em área de risco.

8. ADICIONAL DE PERICULOSIDADE. MOTORISTAS QUE ACOMPANHAM O ABASTECIMENTO DO VEÍCULO. Os motoristas que apenas acompanham o abastecimento de veículos, sem intervir diretamente na operação da bomba, não têm direito à percepção do adicional de periculosidade (NR 16, Anexo 2, item 1, letra "m"). (TRT18, RO — 0000612-23.2013.5.18.0141, Rel. Mário Sérgio Bottazzo, 3ª Turma, 05.05.2015)

— Ver comentário da Súmula n. 27 do TRT-23ª Região.

9. MOTORISTA. ADICIONAL DE PERICULOSIDADE. As atividades do motorista ocorrem, tradicionalmente, fora da área de risco e ao contrário dos frentistas de postos de gasolina ou empregados que lidam ininterruptamente com o mister de abastecimento. A mera circunstância de conduzi-lo até o posto de abastecimento e, ainda, ao realizar manobras em aéreas consideradas de risco não caracteriza o desempenho de função de caráter periculoso e não rende ensejo ao adicional em apreço nos termos da tipificação legal, uma vez que inexiste contato permanente com inflamáveis, como exigido pelo art. 193/CLT, em especial quando não há prova do tempo de exposição do motorista que também lida com outros tipos de atividade e transporte, como caminhão betoneira, transporte de carretas, dentro de um canteiro de obras. Ademais, o direito ao adicional de periculosidade supõe que a atividade exercida esteja estritamente tipificada como atividade de risco pela normatização. Tarefas eventualmente relacionadas ao acompanhamento de abastecimento com inflamáveis ou afetas à detonação de explosivos não ensejam a percepção do adicional quando não se encontram inseridas no tipo legal e, notadamente, quando existe pessoal especialmente encarregado para lidar com aquelas funções consideradas em si perigosas. (00578-2004-045-03-00-2-RO, Relator Juiz Hegel de Brito Bóson, TRT 3ª Região, de DJMG em 02.02.05)

— Ver comentário da Súmula n. 27 do TRT-23ª Região.

10. ADICIONAL DE PERICULOSIDADE. MOTORISTA. AUSÊNCIA DE DIREITO. Não faz jus ao adicional de periculosidade o motorista de ônibus que apenas conduz o veículo ao local de abastecimento, mas não o abastece e nem é obrigado a ficar no interior do veículo, uma vez que tal situação não caracteriza trabalho em situação de risco nos termos definidos no Anexo 2, da NR-16, da Portaria n. 3.214/78. Recurso a que se nega provimento. RO-00589-1998-282-01-00-0, 2ª T, DOERJ, P. III, S. II, Federal, de 30.04.09. Relatora: Des. Aurora de Oliveira Coentro.

— Ver comentário da Súmula n. 27 do TRT-23ª Região.

11. ADICIONAL DE PERICULOSIDADE. MOTORISTA. EXPOSIÇÃO EVENTUAL. PERMANÊNCIA JUNTO AO VEÍCULO DURANTE O ABASTECIMENTO. INDEVIDO. A simples presença do motorista nas proximidades da bomba, durante o abastecimento de combustível, não caracteriza periculosidade, pois configura exposição apenas eventual e não enseja direito ao recebimento do adicional. Ainda que o perito oficial tenha caracterizado a periculosidade, é certo que o Juiz não está vinculado às conclusões periciais, podendo formar seu convencimento com base em outros fatos e elementos probantes existentes nos autos, nos termos do art. 436 do CPC, sendo certo, ainda, que, nos termos do item 2, V, "a" do anexo 2 da NR-16, somente os empregados diretamente ligados ao abastecimento (frentistas) fazem jus ao adicional. (TRT, 3ª R., 6ª T., RO 0000527-72.2013.5.03.0135, Publicação: 12.05.2014, rel. Rogério Valle Ferreira).

— Ver comentário da Súmula n. 27 do TRT-23ª Região.

12. ADICIONAL DE PERICULOSIDADE. INFLAMÁVEIS LÍQUIDOS. ACOMPANHAMENTO DO ABASTECIMENTO DE EMPILHADEIRA. ATIVIDADE DE RISCO NÃO CONFIGURADA. Ausente previsão em norma regulamentadora, não faz jus ao adicional de periculosidade o empregado — operador de empilhadeira — tão somente em razão de acompanhar o abastecimento da empilhadeira efetuado por terceiro. Não há como reconhecer como área de risco, para fins de adicional de periculosidade, o mero acompanhamento ao abastecimento do veículo, pois o simples ingresso na área de abastecimento não é suficiente para garantir o adicional de periculosidade. Recurso de revista conhecido e provido. Agravo de Instrumento do Reclamante. (ARR 19019520105020252 (TST) — 25.04.2014)

— Ver comentário da Súmula n. 27 do TRT-23ª Região.

13. RECURSO ORDINÁRIO DO RECLAMANTE. ADICIONAL DE PERICULOSIDADE. INFLAMÁVEIS. BOMBAS DE COMBUSTÍVEL. Entendimento de que a exposição do empregado, em áreas de abastecimento, sem operação da bomba de combustível, não é suficiente

para caracterizar contato permanente ou intermitente com inflamáveis em condições de risco acentuado, de forma a ensejar o pagamento de adicional de periculosidade. Recurso improvido. (TRT-4 — Recurso Ordinário RO 00009224820135040002 RS 0000922-48.2013.5.04.0002– 10.04.2014).

— *Ver comentário da Súmula n. 27 do TRT-23ª Região.*

14. ADICIONAL DE PERICULOSIDADE. ABASTECIMENTO EM POSTOS DE COMBUSTÍVEIS. Usuário. Inadmissibilidade. Incabível a alegação do reclamante, motorista de caminhão-baú da reclamada, de que se expunha a condições de risco quando abastecia o veículo diariamente, sob pena de admitir-se o direito ao percebimento do adicional de periculosidade a todos os usuários de postos de abastecimento de combustíveis do País (TRT, 2ª R., 7ª T., Proc. 02960006229, Ac. 02970164013, j. em 14.04.97, rel. Juiz Gualdo Formica, publicado em 28.05.97).

— *Ver comentário da Súmula n. 27 do TRT-23ª Região.*

15. ADICIONAL DE PERICULOSIDADE. ÁREA DE RISCO. MANUSEIO DE BOMBA DE ABASTECIMENTO. Conforme NR-16 da Portaria n. 3.214/78 do MTE e Súmula n. 364 do TST, faz jus ao adicional de periculosidade o empregado que permanece, de forma habitual e intermitente, em área de risco normativo. Esta engloba toda a área de operação de abastecimento de inflamáveis líquidos, que abrange, no mínimo, círculo com raio de 7,5 metros do ponto ou bomba de abastecimento. O fato de o trabalhador não manusear bomba de abastecimento não afasta o direito à percepção do adicional de periculosidade. LEVAR VEÍCULOS PARA ABASTECIMENTO. Caso seja atribuição do empregado levar veículos para abastecimento, realizando tal atividade de forma habitual e intermitente durante a jornada de trabalho, é devido o adicional de periculosidade. (TRT, 3ª R., 3ª T., RO 0002225-02.2012.5.03.0054, Publicação: 14.07.2014, rel. Cesar Machado).

— *Todo motorista conduz veículo até o posto de abastecimento, no entanto, é importante verificar se o trabalhador tem obrigação de executar operação em área de risco.*

16. ADICIONAL DE PERICULOSIDADE. ABASTECIMENTO. INTERPRETAÇÃO DA SÚMULA N. 364 DO TST. A condição para que o trabalhador faça jus à percepção do adicional de periculosidade é o exercício não eventual de atividades dentro da área de risco, uma vez que o sinistro pode ocorrer a qualquer momento. Considera-se eventual a exposição que é aleatória, esporádica, incerta, não vinculada às funções do empregado, hipótese que não é a dos autos. Ainda que o obreiro não estivesse exposto ao perigo ao longo de toda a jornada, é preciso considerar que o abastecimento era atividade rotineiramente inserida em sua função e que não se dava por tempo extremamente reduzido. (TRT, 3ª R., 7ª T., RO 0000246-86.2013.5.03.0048, Publicação: 27.05.2014, rel. Paulo Roberto de Castro).

— *Ver Súmula n. 364 do TST.*

17. AGENTE DE AEROPORTO. ADICIONAL DE PERICULOSIDADE. ÁREA CONSIDERADA DE RISCO. No caso de abastecimento de aeronaves, a área de risco a ser considerada é toda a área de operação, nos termos da NR-16 da Portaria n. 3.214/78 do MTE. Assim, ainda que a reclamante não efetue o abastecimento da aeronave, mas permaneça em sua lateral durante a operação, no exercício da função de agente de aeroporto, é devido o pagamento de adicional de periculosidade, já que o sinistro pode ocorrer a qualquer momento, incapacitando-a ou até mesmo ceifando-lhe a vida (exegese do item I, da Súmula n. 364, do Col. TST). (TRT, 3ª R., Turma Recursal de Juiz de Fora, RO 0001735-62.2011.5.03.0038, Publicação: 26.07.2012, rel. Maria Raquel Ferraz Zagari Valentim).

— *Ver comentário da Súmula n. 43 do TRT-8ª Região.*

18. Em razão da permanência do autor na área e durante a operação de reabastecimento, de forma habitual e permanente, a Expert concluiu que as atividades por ele desempenhadas são perigosas, nos termos da Norma Regulamentadora n. 16 da Portaria Ministerial n. 3.214/78, sendo mesmo devido o adicional correspondente, conforme já sedimentado através da Súmula n. 364, I, do C. TST. O fato de, em geral, os tripulantes não terem direito ao adicional de periculosidade, não implica reconhecer que o reclamante também não tenha. Isso porque, na hipótese, restou comprovado e esclarecido que ele não só permanecia dentro da aeronave, mas circulava pela área de risco (pista do aeroporto) no momento de abastecimento dos aviões. (TRT, 2ª R., 17ª T., RO 00025745220105020070 A28, Publicação: 28.11.2013, rel. Thais Verrastro de Almeida).

— *Ver Súmulas ns. 364 e 447 do TST.*

19. PERICULOSIDADE. AERONAUTA. AGENTE DE AEROPORTO. Trabalhador que não atua na operação de abastecimento da aeronave nem adentra a área de operação do abastecimento. A área de risco não alcança toda a área do aeroporto nem o interior da aeronave, mas apenas a "área de operação" (NR-16, Anexo 2, item 3, alínea "*g*"), que é limitada ao círculo com raio de 7,5 metros com centro no ponto de abastecimento (*idem*, alínea "*q*"). Periculosidade não configurada, seja em função da atividade, seja em função da área de risco. Recurso da ré a que se dá provimento, nesse ponto (TRT, 2ª R., 11ª T., RO 20110632462, Publicação: 13.01.2012, rel. Eduardo de Azevedo Silva).

— *Ver comentário da Súmula n. 43 do TRT-8ª Região.*

20. ADICIONAL DE PERICULOSIDADE. PÁTIO DO AEROPORTO. ABASTECIMENTO DE AERONAVES. A área de risco, na hipótese de abastecimento de aeronaves, não compreende somente os 7,5 metros fixados no item "q" do anexo II da NR 16, mas "toda a área de operação", tal como define o item "g" da mesma norma regulamentar. Nesse contexto se insere o autor, que laborava na carga e descarga tramitando rotineiramente no pátio do aeroporto. (TRT, 10ª R., 2ª T., RO 01298-2014-022-10-00-1, Relator: Mário Macedo Fernandes Caron, Data de Publicação: 02.09.2016)

— Ver comentário da Súmula n. 43 do TRT-8ª Região.

21. ADICIONAL DE PERICULOSIDADE. MOTORISTA. ABASTECIMENTO. IMPROCEDÊNCIA. Bomba de combustível em Posto de Abastecimento só é área de risco para o frentista, não o sendo para o mero consumidor, mas ainda que assim não fosse, o laudo pericial afirmou que a permanência do reclamante nessa área de risco era por tempo extremamente reduzido, atraindo, pois, a incidência do entendimento jurisprudencial uniforme da Súmula n. 364 do TST, pelo que o reclamante não faz jus ao adicional de periculosidade. (TRT, 3ª R., 5ª T., RO 00676-2013-002-03-00-2, Publicação: 28.02.2014, rel. Milton V. Thibau de Almeida).

— Ver comentário da decisão do item 8.

22. ADICIONAL DE PERICULOSIDADE. OPERADOR DE MÁQUINA AGRÍCOLA QUE ACOMPANHA ABASTECIMENTO. SÚMULA 27 DO TRT. Considerando que na hipótese versada o Autor não abastecia a máquina propriamente, mas apenas ficava próximo ao local de abastecimento, o que ocorria uma vez por dia por aproximadamente 10 minutos, conclui-se que o contato com o agente periculoso era eventual e, por isso, o obreiro não faz jus ao adicional em comento. A alínea "*m*" do item 1 Quadro 3 do Anexo 2 da NR-16, define que é devido o adicional de periculosidade ao "operador de bomba e trabalhadores que operam na área de risco", o que não significa que o benefício seja devido a todo e qualquer empregado que se encontre nas proximidades da operação. Passível de registro, ainda, que o item 2, inciso V, da referida NR, considera como "Operações em postos de serviço e bombas de abastecimento de inflamáveis líquidos" apenas as "atividades ligadas diretamente ao abastecimento de viaturas com motor de explosão", o que, insista-se, não é o caso dos autos, onde o Reclamante apenas acompanhava o abastecimento, fazendo anotações pertinentes. (TRT, 23ª R., E-ED-RR — 594-54.2010.5.15.0120, rel. Augusto César Leite de Carvalho, Publicação: 25.05.2016).

— Ver comentário da Súmula n. 27 do TRT-23ª Região.

23. TRABALHO PERICULOSO. Balconista de lanchonete situada em posto de combustível. Apuração mediante perícia técnica. Caracterização dos riscos. Adicional de periculosidade. Cabimento laudo. Considera-se suficientemente válido para firmar convencimento no órgão judicial o trabalho pericial expresso em laudo que contém todos os dados referentes ao local em que o empregado exercia suas atividades e a proximidade do espaço físico com as bombas de combustível existentes. Empregado balconista que presta serviços a uma distância inferior àquela prevista no Anexo 2 da NR-16, da Portaria MTb n. 3.214/78, faz jus ao adicional de periculosidade correspondente. (Recurso Ordinário rejeitado— Processo 2003-906-06-00-0 (RO) — 6ª Turma — Relator Edmilson Alves Da Silva — TRT 6ª Região).

— A NR-16, anexo 2, item 1, considera como perigosa a atividade/área de risco entre as quais destacam-se.

q	*Abastecimento de inflamáveis*	*Toda a área de operação, abrangendo, no mínimo, círculo com raio de 7,5 metros com centro no ponto de abastecimento e o círculo com raio de 7,5 metros com centro na bomba de abastecimento da viatura e faixa de 7,5 metros de largura para ambos os lados da máquina.*

24. MOTOSSERRA MANUAL. ABASTECIMENTO. O fato de o empregado transportar um galão de cinco litros de combustível, com o qual abastece o pequeno motor de uma motosserra manual, ao ar livre, não tipifica a periculosidade preconizada na NR-16, da Portaria n. 3.214, eis que ausente, na espécie, o requisito indispensável do ACENTUADO RISCO DE VIDA. (TRT — 3ª Região — 1ª turma — RO — 2068, DJMG 04.02.00 — p. 14).

— O subitem 16.6 da NR-16 determina:

As operações de transporte de inflamáveis líquidos ou gasosos liquefeitos, em quaisquer vasilhames e a granel, são consideradas em condições de periculosidade, exclusão para o transporte em pequenas quantidades, até o limite de 200 (duzentos) litros para os inflamáveis líquidos e 135 (cento e trinta e cinco) quilos para os inflamáveis gasosos liquefeitos.

Portanto, a norma determina que pequenas quantidades (até os limites de 200 litros e 135 quilos), não representam riscos à integridade física dos trabalhadores. Sendo assim, cinco litros, a nosso ver, não se enquadra como perigosa.

25. ADICIONAL DE PERICULOSIDADE. COMBUSTÍVEL. PERMANÊNCIA EM ÁREA DE RISCO DURANTE ABASTECIMENTO REALIZADO POR OUTREM. PAGAMENTO INDEVIDO. Segundo reiteradas decisões do C. TST, a permanência do trabalhador em área de risco para acompanhar abastecimento de combustível em veículos ou máquinas agrícolas realizado por outrem não se enquadra na previsão do Anexo 2 da NR-16 da Portaria MTE n. 3.214/78, razão pela qual não gera direito a adicional de periculosidade. Recurso ordinário da reclamada a que se dá provimento, no particular.TRT-PR-04389-2015-129-09-00-8-ACO-02723-2018 — 7ª turma. Relator: Benedito Xavier da Silva. Publicado no DEJT em 20.02.2018)

— Ver Súmula n. 59 do TRT 3ª Região.

TANQUE DE CONSUMO PRÓPRIO

A NR-16, item 16.6.1, dispõe:

16.6 As operações de transporte de inflamáveis líquidos ou gasosos liquefeitos, em quaisquer vasilhames e a granel, são consideradas em condições de periculosidade, exclusão para o transporte em pequenas quantidades, até o limite de 200 (duzentos) litros para os inflamáveis lí-quidos e 135 (cento e trinta e cinco) quilos para os inflamáveis gasosos liquefeitos.

16.6.1 As quantidades de inflamáveis, contidas nos tanques de consumo próprio dos veículos, não serão consideradas para efeito desta Norma.

16.6.1.1 Não se aplica o item 16.6 às quantidades de inflamáveis contidas nos tanques de com-bustível originais de fábrica e suplementares, certificados pelo órgão competente. *(Incluído pela Portaria SEPRT n. 1.357, de 9 de dezembro de 2019)*

Observa-se que a norma expressamente exclui o tanque de consumo próprio para fins de periculosidade. Ou seja, a norma presume que nessa situação não há risco acentuado, pois o tanque é construído atendendo aos requisitos específicos para o consumo de combustível dos veículos.

Em 09.12.2019, a Portaria n. 1.357 SEPRT incluiu o subitem 16.6.1.1, que não se aplica a quantidade de 200 litros aos tanques originais de fábrica e suplementares.

JURISPRUDÊNCIA

1. ADICIONAL DE PERICULOSIDADE. TANQUE SUPLEMENTAR DE COMBUSTÍVEL. INEXISTÊNCIA DE RISCO. O fato de o veículo possuir tanque suplementar de combustível para consumo do próprio não enseja o pagamento de adicional de periculosidade ao respectivo condutor. Exegese que se extrai da NR-16, item 16. 6.1 e do art. 193 da CLT. Recurso de revista conhecido e provido. (TST, 4ª T. RR 4675728919985035555 467572-89.1998.5.03.5555, Publicação: 07.03.2003, rel. Horácio Raymundo de Senna Pires).

— Mesmo com tanque suplementar de combustível a decisão considerou que não há periculosidade, pois se trata de consumo do veículo.

2. ADICIONAL DE PERICULOSIDADE. COMBUSTÍVEL INFLAMÁVEL UTILIZADO PARA CONSUMO PRÓPRIO — Da mesma forma que as aeronaves, que possuem em seus tanques mais de 200 litros de combustível inflamável para seu consumo próprio e transportam pessoas, as carretas que transportam adubo/cereais e que possuem tanques auxiliares de combustível para aumento da sua autonomia de rodagem, instalados dentro das normas em vigor e com aprovação do DETRAN, não conferem aos seus motoristas o direito ao adicional de periculosidade. (TRT, 3ª R., 8ª T., RO 00348-2005-044-03-00-8, Publicação: 1º.10.2005, rel. José Marlon de Freitas).

— Indeferida a periculosidade para o motorista que conduz caminhão com o tanque suplementar instalado aprovado pelo DETRAN.

3. TANQUE DE COMBUSTÍVEL. LOCOMOTIVAS. CONSUMO PRÓPRIO. ADICIONAL DE PERICULOSIDADE. DESCARACTERIZADO. Não se pode deferir o adicional de periculosidade fora das hipóteses normativas, por equiparação do tanque de combustível das locomotivas ao de inflamáveis líquidos previsto na NR-16, notadamente quando esta excepciona da atividade periculosa os tanques de consumo próprio. Cabe ao Ministério do Trabalho e Emprego criar normas a respeito da configuração e classificação do trabalho em condições periculosas (arts. 193 e 195 da CLT). (TRT, 3ª R., 9ª T., RO 0002366-49.2013.5.03.0098; Publicação: 06.04.2015; rel. Ricardo Antonio Mohallem).

— A decisão não reconheceu a periculosidade do tanque de inflamável para consumo próprio.

4. ADICIONAL DE PERICULOSIDADE. TANQUE SUPLEMENTAR DE COMBUSTÍVEL. INEXISTÊNCIA DE RISCO. Por expressa previsão normativa, não se concede o pagamento de adicionais de periculosidade a condutor de veículos dotados de tanque suplementar de

combustível para consumo do próprio. Exegese que se extrai da NR-16, item 16. 6.1 e do art. 193 da CLT. Recurso de revista a que se dá provimento. (TST, 4ª T., RR 4369408019985035555 436940-80.1998.5.03.5555, Publicação: 31.10.2002, rel. Maria do Perpétuo Socorro Wanderley de Castro).

— Indeferida a periculosidade para tanque de combustível para consumo próprio.

5. MOTORISTA DE CARRETA. INFLAMÁVEIS. ADICIONAL DE PERICULOSIDADE. CABIMENTO. O motorista de caminhão que trabalha com veículo adaptado para a condução de tanque suplementar de combustível está sujeito a risco no desempenho de seu mister. Tal risco apresenta-se mais evidente quando comprovado em Laudo Técnico que cada um dos dois tanques transportados possui capacidade para armazenamento de 700 a 750 litros de combustível, sendo relevante ainda destacar que havia participação direta do motorista para transferência do óleo diesel armazenado no tanque-reserva para o tanque principal. Nesta hipótese, o caminhão dirigido pelo empregado figura como autêntico "mini-posto itinerante", de modo que a atividade desenvolvida deve ser considerada como de exposição permanente com inflamáveis, seja pelo transporte do combustível ou pela forma de abastecimento do tanque principal. Presente, portanto, o risco no desempenho das atividades, impõe-se o reconhecimento do direito ao adicional de periculosidade tratado no art. 193/CLT. Recurso do empregado a que se dá provimento. (TRT, 3ª R., 8ª T., RO 1440007 01601-2006-077-03-00-2, Publicação: 1º.09.2007, rel. Jose Marlon de Freitas).

— A decisão equiparou o tanque de consumo próprio ao transporte de combustível.

6. PERICULOSIDADE. INFLAMÁVEIS. VAGÕES ESTACIONADOS. É periculoso o trabalho realizado dentro de oficina mecânica onde ficam estacionadas várias locomotivas que, juntas, armazenam entre oito e dezesseis mil litros de óleo diesel, expostos a pontos de ignição pelo uso de solda e maçarico, ainda que os líquidos inflamáveis contidos nos tanques sejam para o consumo próprio das máquinas. Inteligência da Portaria n. 3.214/78 do MTE, NR-16, item 16.6.1. (TRT, 3ª R., 4ª T., RO 162501 1625/01, Publicação: 28.04.2001, rel. Deoclecia Amorelli Dias).

— A decisão interpretou de maneira extensiva o subitem 16.6.1 da NR-16. Vale ressaltar que o art. 193 da CLT remete a regulamentação da periculosidade ao MTE. No subitem 16.6.1 da NR-16, o MTE expressamente exclui o tanque de consumo próprio para fins de periculosidade.

7. ADICIONAL DE PERICULOSIDADE. LABOR PRÓXIMO ÀS TUBULAÇÕES DE GÁS INFLAMÁVEL. NORMA REGULAMENTADORA N. 16 DO MTE. ÁREA DE RISCO. EXPOSIÇÃO HABITUAL. O Tribunal Regional, soberano na análise do conjunto probatório, consignou que a prova pericial comprovou que os autores trabalhavam ou transitavam de forma habitual em raio de 2 metros em relação aos pontos de vazamento eventual de gás inflamável, como tubulações, queimadores, válvulas e dispositivos destinados ao sistema de queima de gás, nos moldes da NR- 16 do MTE. O anexo 2 dessa Norma Regulamentadora, que trata das atividades e operações perigosas com inflamáveis, dispõe que "São consideradas atividades ou operações perigosas, conferindo aos trabalhadores que se dedicam a essas atividades ou operações, bem como aqueles que operam na área de risco adicional de 30 (trinta) por cento, as realizadas: [...] b. no transporte e armazenagem de inflamáveis líquidos e gasosos liquefeitos e de vasilhames vazios não-desgaseificados ou decantados". Nessa hipótese, prevê que fazem jus ao adicional "todos os trabalhadores da área de operação". Por sua vez, o item 3 do mesmo anexo define como área de risco o "Círculo com raio de 3 metros com centro nos pontos de vazamento eventual (válvula registros, dispositivos de medição por escapamento, gaxetas)". Exatamente a hipótese dos autos, como registrou a Corte de origem. Não há falar, portanto, em violação do art. 193 da CLT. Precedentes. Ademais, a decisão regional está em consonância com a Súmula n. 364 do TST, uma vez que o Tribunal Regional registrou que a exposição ao risco era habitual. Recurso de revista de que não se conhece. (TST, 7ª T., RR 58400-19.2011.5.17.0003, Data de Julgamento: 24.08.2016, Publicação: 26.08.2016, rel. Cláudio Mascarenhas Brandão).

— A decisão equiparou o combustível que circula na tubulação ao armazenamento.

8. ADICIONAL DE PERICULOSIDADE. INFLAMÁVEIS. COMBUSTÍVEL CONTIDO NOS TANQUES DOS VEÍCULOS QUE PERMANECIAM NA OFICINA DA EMPRESA. Dispondo a Norma Regulamentadora n. 16 da Portaria n. 3.214/78 do Ministério do Trabalho que "16.6.1. As quantidades de inflamáveis, contidas nos tanques de consumo próprio dos veículos, não serão consideradas para efeito desta Norma", não há falar na existência de periculosidade nas atividades do reclamante com base em posição pessoal do perito, à qual o juiz não se encontra adstrito (TRT, 4ª R., RO 162662 RS 00162.662, Julgamento: 26.08.1999, rel. Belatrix Costa Prado).

— O tanque de combustível foi excluído para fins de periculosidade, ou seja, a decisão está em consonância com o subitem 16.6.1 da NR-16.

9. INFLAMÁVEL. ADICIONAL DE PERICULOSIDADE. TANQUES DE CONSUMO PRÓPRIO DOS VEÍCULOS. EXCLUSÃO EXPRESSA DO ITEM 16.6.1 DA NR-16. IMPROCEDÊNCIA. O laudo pericial, sobre o qual a r. sentença recorrida firmou o seu livre convencimento, equivocou-se ao entender que o reclamante trabalhou exposto a risco de inflamáveis só porque os caminhões nos quais viajou, no exercício da sua função de ajudante, eram equipados com tanques suplementares de óleo diesel. A jurisprudência trabalhista já se pronunciou inúmeras vezes a esse respeito, descartando o enquadramento da atividade de transporte de combustível, em tanque de combustível de veículos, como sendo atividade de risco frente à NR-16, tal como está expresso no item 16.6.1 da mesma regra, e que, apesar de ter

sido transcrita pelo laudo pericial às fls. 225 ("As quantidades de inflamáveis, contidas nos tanques de consumo próprio dos veículos, não serão consideradas para efeito desta Norma"), foi ignorada pelo Sr. Perito. (TRT, 3ª R., 5ª T., RO 0000455-31.2013.5.03.0153, Publicação: 28.02.2014, rel. Milton V. Thibau de Almeida).

— A decisão está em consonância com o subitem 16.6.1 da NR-16. É importante lembrar que o MTE é que tem a competência para regulamentar a periculosidade (art. 193 da CLT).

10. ADICIONAL DE PERICULOSIDADE. MARINHEIRO. Não se podem confundir as operações de transporte de inflamáveis (NR-16, item 16) com a utilização de combustível para o transporte (NR-16, item 16.6.1). O marinheiro, como o motorista, não está sujeito a condições perigosas em razão do combustível existente no tanque do iate (TRT, 2ª R., 3ª T., Proc. 02980367642, Ac. 19990414303, j. em 03.08.99, rel. Juíza Sílvia Regina P. Galvão Devonald, publicado em 17.08.99).

— Ver item 16.6.1 da NR-16.

11. ADICIONAL DE PERICULOSIDADE. TANQUE DE COMBUSTÍVEL SUPLEMENTAR. O item 16.6.1 da NR-16 (Portaria n. 3.214/78) ressalva que "as quantidades de inflamáveis, contidas nos tanques de consumo próprio dos veículos, não serão consideradas para efeito desta norma". Portanto, a existência de tanque suplementar não expõe o motorista ao invocado perigo, tendo em vista que o combustível utilizado para o consumo no tanque do veículo não caracteriza o transporte de inflamáveis. (TRT da 3ª Região; PJe: 0011315-08.2015.5.03.0061 (RO); Disponibilização: 10.04.2018, DEJT/TRT3/Cad.Jud, p. 568; Órgão Julgador: 3ª Turma; Relator: Milton V.Thibau de Almeida)

— Ver item 16.6.1 da NR-16.

— Em 9.12.2019, a Portaria SEPRT n. 1.357 incluiu o subitem 16.6.1.1:

16.6.1.1 Não se aplica o item 16.6 às quantidades de inflamáveis contidas nos tanques de combustível originais de fábrica e suplementares, certificados pelo órgão competente.

12. PERICULOSIDADE. TANQUE SUPLEMENTAR ORIGINAL DE FÁBRICA. Não há dúvida de que o motorista de veículo equipado com tanque suplementar de combustível, com capacidade superior a 200 litros, ainda que para abastecimento e consumo do próprio, está exposto a risco acentuado, especialmente se considerarmos que a capacidade do tanque adicional é maior que o limite normativo de 200 litros. (TRT da 3ª Região; PJe: 0011086-35.2017.5.03.0075 (RO); Disponibilização: 20.02.2020, DEJT/TRT3/Cad.Jud, Página 2788; Órgão Julgador: Setima Turma; Relator: Antonio Carlos R. Filho).

- Em 9.12.2019, a Portaria SEPRT n. 1.357 incluiu o subitem 16.6.1.1:

16.6.1.1 Não se aplica o item 16.6 às quantidades de inflamáveis contidas nos tanques de combustível originais de fábrica e suplementares, certificados pelo órgão competente.

OUTRAS DECISÕES

JURISPRUDÊNCIA

1. PERICULOSIDADE. DISTINÇÃO ENTRE INFLAMÁVEIS E COMBUSTÍVEIS. 1. O adicional de periculosidade é devido para empregados que mantêm contato permanente com inflamáveis ou explosivos em condições de risco acentuado. O art. 193 da CLT, ao impor tais condições, estende ao Ministério do Trabalho a competência para regulamentá-las (explicando, *v. g.*, que tipo de substância pode ser considerada inflamável). 2. Exercendo tal atribuição, o Ministério do Trabalho definiu duas espécies distintas de substâncias: os líquidos inflamáveis e os líquidos combustíveis. Tal distinção consta dos ítens "20.1" e "20.2" da Norma Regulamentadora n. 20 (NR-20). 3. Nos termos da NR-20, a definição de uma substância como líquido inflamável ou explosivo depende seu ponto de fulgor. Se este for inferior a 70ºC (setenta graus centígrados) a substância será considerada inflamável (e, portanto, haverá direito à periculosidade desde que o empregado permaneça na área de risco). 4. O ponto de fulgor é a temperatura na qual a substância inicia o processo de queima. Quanto menor for o ponto de fulgor (ou seja, menor a temperatura de queima) — maior será o risco de combustão. É por isso que só as substâncias que têm baixo ponto de fulgor (menor que 70ºC) — definidas como inflamáveis (e não como combustíveis)— caracterizam a periculosidade. (TRT-PR-00965-2004-657-09-00-5-ACO-15408-2006, rel. Odete Grasselli, Publicação: 26.05.2006)

— A nova redação da NR-20, dada pela Portaria SIT n. 308, de 29.02.2012, dispõe:

Líquidos inflamáveis: são líquidos que possuem ponto de fulgor ≤ 60ºC.

Gases inflamáveis: gases que inflamam com o ar a 20ºC e a uma pressão padrão de 101,3 kPa.

Líquidos combustíveis: são líquidos com ponto de fulgor > 60ºC e ≤ 93ºC

2. ADICIONAL DE PERICULOSIDADE. INFLAMÁVEIS. PONTO DE FULGOR. MÉTODO DE AFERIÇÃO. NOTA TÉCNICA. OBSERVÂNCIA. É do Ministério do Trabalho e Emprego a competência para estabelecer disposições complementares às normas de segurança e medicina do trabalho tendo em vista as peculiaridades de cada atividade ou setor de trabalho (art. 200). Cabe ainda àquele Ministério normatizar critérios e procedimentos a serem adotados na apuração da existência de atividades ou operações em condições de perigo que impliquem contato permanente com inflamáveis ou explosivos (art. 193, CLT). Além disto, prevê a Portaria n. 3.214/78 — NR-20 que as dúvidas suscitadas e os casos omissos serão decididos pela Secretaria de Segurança e Medicina. (art. 4º), uma vez que realidade multifacetária é insuscetível de ser reduzida às hipóteses previstas na ordem jurídica. Desta feita, havendo multiplicidade de critérios e métodos de apuração das condições adversas em que se realiza o trabalho, compete aos órgãos e setores próprios do Ministério do Trabalho determinar de forma cogente os métodos oficialmente reconhecidos. Na apuração do ponto de fulgor determinante do trabalho realizado em condições perigosas há de prevalecer os métodos indicados pela autoridade do trabalho em lugar daqueles indicados pela Associação Brasileira de Normas Técnicas que, *in casu*, têm aplicação supletiva em havendo omissão de norma ou ato normativo administrativo. Destarte, o ponto de fulgor das resinas e tintas com que lidava o autor é inferior a 70oC conforme concluiu o expert que adotou o método de determinação do ponto de fulgor dos líquidos inflamáveis (MB-48 — VASO FECHADO PENSKY-MARTENS / CETEC) como base na orientação expendida pelo Coordenador de Normalização do DSST/SIT — MTE. O referido método é o mais compatível com os princípios do Direito Obreiro uma vez que quanto menor o ponto de fulgor de um produto maior será o seu risco, o que implica em maiores e mais vigorosas medidas de segurança em relação a esse inflamável. Se os diversos métodos apresentam múltiplos pontos de fulgor, para maior proteção do trabalhador deve ser eleito aquele cujo resultado apresente, portanto, menor ponto de fulgor, como ocorreu no presente caso em que o sr. Perito agiu acertadamente (00698-2005-027-03-00-9-RO, Relator Juiz Antonio Gomes de Vasconcelos, TRT 3ª Região, de DJMG em 15.03.06)

— As NRs-16 e 20 não definem o método de determinação do ponto de fulgor (vaso fechado ou aberto).

3. TRABALHO EM ALTURA. ADICIONAL DE PERICULOSIDADE INDEVIDO. Carece de amparo legal o pedido de pagamento do adicional de periculosidade com fundamento no trabalho em altura. A previsão do art. 193 da CLT, por taxativa, deve ser interpretada restritivamente, revelando-se inapropriada a sua aplicação por analogia. A Portaria n. 313/2012 do MTE, que aprovou a NR-35, apenas regulamentou o trabalho em altura, estabelecendo requisitos mínimos e medidas de proteção, mas não a obrigação de pagamento do adicional de periculosidade. (TRT, 12ª R., 4ª Câmara Proc. 0000077-33.2015.5.12.0031, Rel.: Mari Eleda Migliorini, Data de Assinatura: 14.03.2016)

— O trabalho em altura não é contemplado pelas normas pertinentes de caracterização de periculosidade.

4. O trabalho do reclamante em uma draga que conduzia combustível apenas para sua manutenção não pode ser enquadrável na norma regulamentadora mencionada na sentença, que prevê periculosidade em determinados serviços que especifica (TRT, 8ª R., RO 67/87, v. un., j. em 16.03.87, rel. Juíza Lygia Simão Luiz Oliveira).

— Ver comentário do item anterior.

5. Oxigênio, nitrogênio, hidrogênio e acetileno, não está inserida dentre aquelas consideradas perigosas pela NR-16, anexo 2, da Portaria n. 3.214/78. (Processo 00116-2002-103-8-00-2 RO — Data de Publicação: 19.02.03 — TRT 8ª Região).

— O acetileno é um gás inflamável.

Energia Elétrica

SÚMULAS DO TRT E ORIENTAÇÕES JURISPRUDENCIAIS DO TST

SÚMULA N. 60 — TRT 2ª REGIÃO

Adicional de periculosidade com base na Lei n. 12.740. Vigência. Necessidade de regulamentação. A Lei n. 12.740 só passou a produzir efeitos pecuniários a partir da edição da Portaria 1.885, ocorrida em 03.12.2013, vez que o próprio texto do art. 193 da CLT estabelece a necessidade de regulamentação da norma. (Res. TP n. 05/2016 — DOEletrônico 31.05.2016).

— O art. 3ª da Lei n. 12.740 de 08.12.12 revogou a Lei n. 7.369, de 20 de setembro de 1985, e inseriu no art.193 da CLT a periculosidade por energia elétrica. Todavia, o Ministério do Trabalho

regulamentou a periculosidade por energia elétrica somente em 03.12.13. Sendo assim, de acordo com o entendimento sumulado pelo TRT 2ª Região, somente a partir dessa data é devido o adicional de periculosidade.

SÚMULA N. 18 — TRT 3ª REGIÃO

TELEMAR NORTE LESTE S/A. REDES DE TELEFONIA. ADICIONAL DE PERICULOSIDADE. LEI N. 7.369/85. O trabalho habitualmente desenvolvido em redes de telefonia não integrantes do sistema elétrico de potência, mas próximo a este, caracteriza-se como atividade em condições de periculosidade, nos termos do Decreto n. 93.412/86.

— A Orientação Jurisprudencial n. 347 do TST estende o direito à periculosidade aos cabistas, instaladores e reparadores de linhas e aparelhos em empresa de telefonia.

ORIENTAÇÃO JURISPRUDENCIAL N. 324 — TST

ADICIONAL DE PERICULOSIDADE. SISTEMA ELÉTRICO DE POTÊNCIA. Decreto n. 93.412/86, art. 2º, § 1º. DJ 09.12.03 – Parágrafo único do art. 168 do Regimento Interno do TST. É assegurado o adicional de periculosidade apenas aos empregados que trabalham em sistema elétrico de potência em condições de risco, ou que o façam com equipamentos e instalações elétricas similares, que ofereçam risco equivalente, ainda que em unidade consumidora de energia elétrica.

— O Decreto n. 93.412/86 mencionava o termo Sistema Elétrico de Potência (SEP), nos itens do quadro atividade/área de risco. Sendo assim, alguns intérpretes entendiam que a periculosidade por energia elétrica era devida apenas para os trabalhadores que executavam atividades em instalações integrantes do Sistema Elétrico de Potência (SEP). Segundo a NR-10, Sistema Elétrico de Potência (SEP) é o conjunto das instalações e equipamentos destinados à geração, transmissão e distribuição de energia elétrica até a medição, inclusive. A OJ n. 324/TST pacificou o entendimento que em outras instalações elétricas também é assegurado o adicional de periculosidade, desde que ofereçam risco equivalente.

A Portaria MTE n. 1.078, de 16 de julho de 2014, incluiu o Anexo 4 na NR-16. Essa norma define objetivamente o enquadramento ou não periculosidade nas instalações integrantes do Sistema Elétrico de Potência (SEP) e Sistema Elétrico de Consumo (SEC).

ORIENTAÇÃO JURISPRUDENCIAL N. 347 — TST

ADICIONAL DE PERICULOSIDADE. SISTEMA ELÉTRICO DE POTÊNCIA. Lei n. 7.369, de 20.09.1985, regulamentada pelo Decreto n. 93.412, de 14.10.86. Extensão do direito aos cabistas, instaladores e reparadores de linhas e aparelhos em empresa de telefonia. DJ 25.04.07 é devido o adicional de periculosidade aos empregados cabistas, instaladores e reparadores de linhas e aparelhos de empresas de telefonia, desde que, no exercício de suas funções, fiquem expostos a condições de risco.

— O Anexo 4 da NR-16 adotou critério similar ao Decreto n. 93.412/86 para caracterização da periculosidade em instalações elétricas integrantes do Sistema Elétrico de Potência. O item 1, letra d desse anexo determina que têm direito ao adicional de periculosidade os trabalhadores: das empresas que operam em instalações ou equipamentos integrantes do sistema elétrico de potência — SEP, bem como suas contratadas, em conformidade com as atividades e respectivas áreas de risco descritas no quadro I deste anexo. Esse quadro, estabelece com perigosas:

Quadro I

ATIVIDADES	ÁREA DE RISCO
I. Atividades, constantes no item 4.1, de construção, operação e manutenção de redes de linhas aéreas ou subterrâneas de alta e baixa tensão integrantes do SEP, energizados ou desenergizados, mas com possibilidade de energização acidental ou por falha operacional.	*a) Estruturas, condutores e equipamentos de linhas aéreas de transmissão, subtransmissão e distribuição, incluindo plataformas e cestos aéreos usados para execução dos trabalhos;* *b) Pátio e salas de operação de subestações;* *c) Cabines de distribuição;* *d) Estruturas, condutores e equipamentos de redes de tração elétrica, incluindo escadas, plataformas e cestos aéreos usados para execução dos trabalhos;*

Examinando esse item do quadro, verifica-se que são consideradas áreas de risco as escadas, plataformas e cestos aéreos usados na execução dos trabalhos. Portanto, a norma admite que o trabalho do cabista (trabalho em escada ou cesto) oferece risco.

JURISPRUDÊNCIA

1. ADICIONAL DE PERICULOSIDADE. ENERGIA ELÉTRICA. Segundo entendimento consubstanciado na Orientação Jurisprudencial n. 324 da SBDI-1 do C. TST, é assegurado o direito ao adicional de periculosidade aos empregados que trabalham em condições de risco equivalente ao do sistema elétrico de potência, ainda que em unidade consumidora de energia elétrica. Portanto, diante de trabalho técnico conclusivo quanto à existência de intermitente risco na atividade de manutenção, em contato com barramentos energizados, sem qualquer tipo de proteção, inegável o direito a referida verba. Recurso das Reclamadas a que se nega provimento, neste aspecto. (TRT, 9ª R., 38106-2011-010-09-00-5-ACO-20278-2014 — 7ª Turma Relator: Ubirajara Carlos Mendes Publicado no DEJT em 24.06.2014)

— Ver comentário da Orientação Jurisprudencial n. 324 do TST.

2. PERICULOSIDADE. ENERGIA ELÉTRICA. MOTORISTA DE TRÓLEBUS. RISCO EVENTUAL. NÃO CARACTERIZAÇÃO. As atividades laborais do autor não incluem construção, operação, manutenção ou manobras de redes de linhas aéreas de alta e baixa tensões, como se infere do quadro anexo ao revogado Decreto n. 93.412/86 (vigente à época da prestação dos serviços) e das descrições contidas no item 4.1 do Anexo 4 da NR-16 do MTE. Equivocado, pois, o enquadramento das atividades dele nos itens 1, 1.1 e 1.4 do "quadro de atividades/área de risco" anexo ao Decreto n. 93.412 de 1986. As atividades ou operações perigosas são, nos termos da lei, "aquelas que, por sua natureza ou métodos de trabalho, impliquem risco acentuado em virtude de exposição permanente do trabalhador" aos agentes elencados nos incisos do art. 193 da CLT, dentre os quais a eletricidade (inc. I). Sendo eventual o risco a que se sujeitam os motoristas de ônibus elétricos, não há direito ao adicional de periculosidade. Recurso ordinário ao qual se dá provimento. (TRT/SP N. 1000594-90.2014.5.02.0465 RO, 5ª VT de São Bernardo do Campo — SP, Recorrente: Metra — Sistema Metropolitano De Transportes Ltda., Recorrido: Rosael José De Lima)

— Motorista de Trólebus não possui enquadramento como atividade perigosa.

3. PERICULOSIDADE. OPERAÇÃO E MANUTENÇÃO DE SISTEMAS E EQUIPAMENTOS ELÉTRICOS EM CONDIÇÃO DE RISCO ACENTUADO. ADICIONAL DEVIDO. Evidenciando-se dos autos que o autor executava atividades de operação e manutenção de instalações e equipamentos elétricos em condição de risco acentuado, deve ser assegurado o pagamento do adicional de periculosidade, nos termos do art. 193, I e § 1º, da CLT, do Decreto n. 93.412/86 e do Anexo IV da NR-16 do Ministério do Trabalho e Emprego (Portaria n. 3.214/78; art. 200 da CLT). Ainda com fulcro na OJ n. 324 da SBDI-1 do TST, é assegurado o adicional de periculosidade aos empregados que trabalham em sistemas elétricos de potência em condição de risco, ou que o façam com equipamentos e instalações elétricas similares, que ofereçam risco equivalente, ainda que em unidade consumidora de energia elétrica. A constância/habitualidade da exposição ao fator de risco, como pressuposto para execução de tarefas/atribuições cometidas ao trabalhador, por si só traduz condição mais gravosa, a ensejar o pagamento do adicional, sendo para tanto desnecessária a ininterrupta sujeição à condição perigosa. A consumação do risco, com a ocorrência de acidentes passíveis de gerar grave lesão à integridade física do obreiro, não necessariamente está associada ao tempo ou à frequência da exposição, porquanto pode ser deflagrada, a qualquer momento, em virtude de falhas operacionais ou pessoais. (TRT da 3ª Região; PJe: 0011203-57.2015.5.03.0055 (RO); Disponibilização: 27.07.2016, DEJT/TRT3/ Cad.Jud, p. 270; Órgão Julgador: Sétima Turma; Relator: Convocado Cleber Lucio de Almeida)

— Ver comentário da Orientação Jurisprudencial n. 324 do TST.

4. ADICIONAL DE LINHA VIVA. NECESSIDADE DE CONTATO DIRETO COM A REDE ENERGIZADA. Num contexto em que o empregado eletricista não tem contato direto com a rede energizada, sendo seu contato com ela apenas por meio de ferramentas, não lhe é devido o adicional de linha viva postulado, não obstante seu trabalho em condições periculosas. (TRT, 12ª R., 1ª T., RO 0003949-36.2012.5.12.0007, Rel.: Jorge Luiz Volpato, Data de Publ. 13.10.15)

— O Anexo 4 da NR-16 estabelece como perigoso o contato direto e indireto (execução de serviços em áreas de risco).

5. ADICIONAL DE PERICULOSIDADE. LINHAS DE ALTA E BAIXA TENSÕES. DEVIDO. Restando induvidoso o trabalho, a teor da prova pericial, na supervisão e realização de serviços de montagem de linhas de alta e baixa tensões integrantes de sistemas elétricos de potência, tem jus o reclamante à percepção do adicional de periculosidade. (TRT, 7ª R, 2ª T, Processo 0001155-48.2010.5.07.0008, rel. Antonio Marques Cavalcante Filho, Publicação: 1º.04.2013).

— Ver Anexo 4 da NR-16 e Decreto n. 93.412/86.

6. ADICIONAL DE PERICULOSIDADE. ELETRICISTA. DESLIGAMENTO PRÉVIO DA CORRENTE ELÉTRICA PARA REALIZAÇÃO DE REPAROS E MANUTENÇÃO. AUSÊNCIA DE RISCO AO EMPREGADO. CONTATO EVENTUAL COM A LINHA VIVA. ADICIONAL INDEVIDO. Nos termos da Orientação Jurisprudencial n. 324 da SDI-1 do c. TST c/c o § 2º do Decreto n. 93.412/86, só é devido o adicional de periculosidade se houver labor em sistema elétrico de potência em condições de risco, entendido como aquele do qual possa resultar incapacitação, invalidez permanente ou morte. No caso dos autos, todavia, ficou comprovado que o reclamante cumpria seus misteres com a corrente elétrica desligada, não fazendo jus, por corolário, ao adicional de risco, sobretudo porque o contato com a linha viva se dava anualmente, de forma eventual, portanto. Recurso provido — Processo 00446-2004-056-24-00-0 (RO) — DO/MS — Relator André Luís Moraes de Oliveira — TRT 24ª Região.

— O Decreto n. 93.412/86 e o Anexo 4 da NR-16 estabelecem como perigoso o contato com instalações elétricas energizadas ou desenergizadas, mas com possibilidade de energização acidental.

7. ADICIONAL DE PERICULOSIDADE. SISTEMA ELÉTRICO DE POTÊNCIA. UNIDADE CONSUMIDORA DE ENERGIA ELÉTRICA. ELETRICISTA. O adicional de periculosidade é assegurado aos empregados expostos a risco que trabalham em sistema elétrico de potência, que abrange equipamentos e instalações elétricas existentes após o medidor de energia, situados na unidade consumidora. Constatado que o reclamante se ativou como eletricista, sendo incontroverso que se dedicou à manutenção na rede elétrica, exposto à tensão entre 127 e 380 volts, como apurado pelo perito, deflui-se a condição de risco. Impõe-se o deferimento do adicional de periculosidade. (TRT da 3ª Região; PJe: 0010807-21.2019.5.03.0094 (AP); Disponibilização: 03.08.2020, DEJT/TRT3/Cad.Jud, Página 1504; Órgão Julgador: Decima Primeira Turma; Relator: Marco Antonio Paulinelli Carvalho).

— Periculosidade caracterizada no contrato com instalação energizada em baixa tensão.

Segurança Patrimonial

SÚMULAS DO TRT

SÚMULA N. 44 — TRT 3ª Região

ADICIONAL DE PERICULOSIDADE. INCISO II DO ART. 193 DA CLT. VIGIA. É indevido o pagamento do adicional de periculosidade previsto no inciso II do art. 193 da CLT (inserido pela Lei n. 12.740/12) ao vigia, cuja atividade, diversamente daquela exercida pelo vigilante (Lei n. 7.102/83), não se enquadra no conceito de "segurança pessoal ou patrimonial" contido no item 2 do Anexo 3 da NR-16, que regulamentou o referido dispositivo.

— O Anexo 3 da NR-16 dispõe:

2. São considerados profissionais de segurança pessoal ou patrimonial os trabalhadores que atendam a uma das seguintes condições:

a) empregados das empresas prestadoras de serviço nas atividades de segurança privada ou que integrem serviço orgânico de segurança privada, devidamente registradas e autorizadas pelo Ministério da Justiça, conforme Lei n. 7.102/1983 e suas alterações posteriores.

b) empregados que exercem a atividade de segurança patrimonial ou pessoal em instalações metroviárias, ferroviárias, portuárias, rodoviárias, aeroportuárias e de bens públicos, contratados diretamente pela administração pública direta ou indireta.

3. As atividades ou operações que expõem os empregados a roubos ou outras espécies de violência física, desde que atendida uma das condições do item 2, são as constantes do quadro abaixo:

ATIVIDADES OU OPERAÇÕES	***DESCRIÇÃO***
Vigilância patrimonial	*Segurança patrimonial e/ou pessoal na preservação do patrimônio em estabelecimentos públicos ou privados e da incolumidade física de pessoas.*
Segurança de eventos	*Segurança patrimonial e/ou pessoal em espaços públicos ou privados, de uso comum do povo.*
Segurança nos transportes coletivos	*Segurança patrimonial e/ou pessoal nos transportes coletivos e em suas respectivas instalações.*

ATIVIDADES OU OPERAÇÕES	*DESCRIÇÃO*
Segurança ambiental e florestal	*Segurança patrimonial e/ou pessoal em áreas de conservação de fauna, flora natural e de reflorestamento.*
Transporte de valores	*Segurança na execução do serviço de transporte de valores.*
Escolta armada	*Segurança no acompanhamento de qualquer tipo de carga ou de valores.*
Segurança pessoal	*Acompanhamento e proteção da integridade física de pessoa ou de grupos.*
Supervisão/fiscalização operacional	*Supervisão e/ou fiscalização direta dos locais de trabalho para acompanhamento e orientação dos vigilantes.*
Telemonitoramento/telecontrole	*Execução de controle e/ou monitoramento de locais, por meio de sistemas eletrônicos de segurança.*

A Lei n. 7.102/83 dispõe:

Art. 16. Para o exercício da profissão, o vigilante preencherá os seguintes requisitos:

I — ser brasileiro;

II — ter idade mínima de 21 (vinte e um) anos;

III — ter instrução correspondente à quarta série do primeiro grau;

IV — ter sido aprovado, em curso de formação de vigilante, realizado em estabelecimento com funcionamento autorizado nos termos desta lei. (Redação dada pela Lei n. 8.863, de 1994)

V — ter sido aprovado em exame de saúde física, mental e psicotécnico;

VI — não ter antecedentes criminais registrados; e

VII — estar quite com as obrigações eleitorais e militares.

Parágrafo único. O requisito previsto no inciso III deste artigo não se aplica aos vigilantes admitidos até a publicação da presente Lei.

Art. 17. O exercício da profissão de vigilante requer prévio registro no Departamento de Polícia Federal, que se fará após a apresentação dos documentos comprobatórios das situações enumeradas no art. 16. (Redação dada pela Medida Provisória n. 2.184-23, de 2001)

Com base nos dispositivos legais mencionados, verifica-se que a finalidade foi a concessão do adicional para os profissionais de vigilância, por esse motivo o entendimento jurisprudencial da Súmula n. 44 exclui os vigias.

SÚMULA N. 009 — TRT 24ª REGIÃO

ADICIONAL DE PERICULOSIDADE. TRABALHADORES EM ATIVIDADES DE VIGILÂNCIA E SEGURANÇA PRIVADA. LEI N. 12.740/2012. PUBLICAÇÃO DA PORTARIA/MTE N. 1.885/2013. O adicional de periculosidade previsto no inciso II do art. 193 da CLT (Lei n. 12.740/2012) é devido aos trabalhadores em atividades de vigilância e segurança privada a partir de 03.12.2013, data de publicação da Portaria MTE n. 1.885/2013.

SÚMULA N. 77 — TRT 15ª REGIÃO

ADICIONAL DE PERICULOSIDADE. ATIVIDADES DE VIGILÂNCIA E SEGURANÇA PATRIMONIAL. LEI N. 12.740, DE 08.12.2012. É devido o adicional de periculosidade em favor dos trabalhadores sujeitos a roubos ou outras espécies de violência física, nas atividades de segurança pessoal ou patrimonial, somente a partir de 03.12.2013, data da publicação da Portaria MTPS n. 1.885/2013, que regulamentou o art. 193, II, da CLT.

— Ver anexo 3 da NR-16.

JURISPRUDÊNCIA

1. AGENTE DE CONTROLE DE PRESÍDIO. ADICIONAL DE PERICULOSIDADE. O exercente da novel função de agente penitenciário privado exerce atividade que o sujeita a outras espécies de violências físicas diversas dos roubos, para os fins do art. 193, II, da CLT,

ao exercerem suas atividades estabelecidas no CBO 5.89-30, qual seja, manutenção da ordem e segurança nas dependências dos presídios, vigilância dos detentos, atendimento das respectivas necessidades e zelo pela disciplina, evitando irregularidades e perturbações internas. Suas atividades, em local onde o nível de tensão, tipo de público e quantidade de elementos hostis pode ser de difícil controle, implica, indubitavelmente, em grave risco, atraindo a incidência do adicional de periculosidade. Contudo, apenas a partir de 08.12.2012, data da edição da Lei n. 12.740 é que o adicional tornou-se devido. (TRT, 12ª R., 3ª T., RO 0004412-47.2013.5.12.0005, Rel.: Juiz José Ernesto Manzi, Data de Publ. 18.12.14)

— A decisão estende o direito à periculosidade para o agente penitenciário.

2. ADICIONAL DE PERICULOSIDADE. GUARDA MUNICIPAL NOTURNO. Investido, o autor, no cargo de guarda municipal noturno, cujas funções são a vigia e guarda do patrimônio público municipal, está sujeito à aplicação do art. 193 da CLT, não havendo negar o seu direito à percepção do adicional de periculosidade, a partir da entrada em vigor da Lei n. 12.740/2012. (RO 0001046-86.2013.5.12.0041, Secretaria da 3ª Turma, TRT12, Gracio Ricardo Barboza Petrone, publicado no TRTSC/DOE em 27.02.2014)

— A decisão deferiu a periculosidade para o guarda municipal noturno.

3. ADICIONAL DE PERICULOSIDADE. VIGILANTE. LEI N. 12.740/2012. ART. 193, "CAPUT" E II, DA CLT. REGULAMENTAÇÃO. PORTARIA N. 1.885 DO MTE. Considerando-se que o art. 193, II, da CLT, com o advento da Lei n. 12.740/12, estabeleceu o adicional de periculosidade aos vigilantes, condicionando-o à regulamentação pelo MTE, imperioso concluir ser devida a verba à categoria somente a partir de 03.12.2013, quando, publicado o exigido regulamento ministerial, por meio da Portaria n. 1.885/13, não havendo falar, portanto, em aplicabilidade imediata do art. 193, II, da CLT, sob pena de violação aos seus próprios termos ("caput"). (TRT, 12ª R., RO 0000409-95.2014.5.12.0043, Rel.: Ligia Maria Teixeira Gouvêa, Data de Publ. 17.03.16)

4. VIGIA. ENQUADRAMENTO NAS DISPOSIÇÕES DO ANEXO N. 3 DA NR-16. ADICIONAL DE PERICULOSIDADE. DEVIDO. O vigia, que realiza a guarda de patrimônio, está abrigado pelas disposições do art. 193, II, da CLT, posteriormente regulamentado no Anexo n. 3 da NR-16. Faz jus, portanto, ao recebimento do adicional de periculosidade, a partir da vigência da Lei n. 12.740/2012, que alterou a redação deste artigo da CLT. (RO 0002651-39.2014.5.12.0039, Secretaria da 3ª Turma, TRT12, Teresa Regina Cotosky, publicado no TRTSC/DOE em 18.05.2016)

— Ver Súmula n. 44 — TRT 3ª Região.

5. ADICIONAL DE PERICULOSIDADE. LEI N. 12.740/12. ART. 193, II, DA CLT. VIGIA. As atividades laborais exercidas pelo vigia não se confundem com aquelas desempenhadas pelo vigilante que, no exercício laboral, sujeita-se a roubos ou outras espécies de violência física na preservação do patrimônio e da incolumidade física de pessoas. (RO 0000974-73.2014.5.12.0006, Secretaria da 1ª Turma, TRT12, Garibaldi Tadeu Pereira Ferreira, publicado no TRTSC/DOE em 24.09.2015)

— Ver Súmula n. 44 — TRT 3ª Região.

6. ADICIONAL DE PERICULOSIDADE. AGENTE DE TRÁFEGO. INEXISTÊNCIA DE RISCO ACENTUADO A ROUBOS OU OUTRAS ESPÉCIES DE VIOLÊNCIA FÍSICA. Restando demonstrado o trabalho em atividade como agente de tráfego, na qual não se evidencie a exposição do trabalhador a riscos acentuados de violência física, não faz jus o empregado ao adicional de periculosidade. Inteligência do art. 193, inciso II da CLT. (TRT, 12ª R., RO 0000894-78.2015.5.12.0005, Rel.: Amarildo Carlos de Lima, Data de Publ. 14.03.16)

— Ver Súmula n. 44 — TRT 3ª Região.

7. ADICIONAL DE PERICULOSIDADE. VIGILANTE. Confirma-se a sentença, visto o reclamante não ter comprovado que trabalhava nas condições previstas no art. 193, da CLT, além de que a atividade por ele desenvolvida, vigilante que fazia a conferência dos cilindros que entravam e saíam na empresa, contendo os gases oxigênio, nitrogênio, hidrogênio e acetileno, não está inserida dentre aquelas consideradas perigosas pela NR-16, anexo 2, da Portaria n. 3.214/78. (TRT, 8ª R., RO 01140005220035080004 0114000-52.2003.5.08.0004, Publicação: 12.11.2003)

8. ADICIONAL DE PERICULOSIDADE. VIGILANTE. DESNECESSIDADE DE PERÍCIA. ARTIGO 193 DA CLT COM A REDAÇÃO DADA PELA LEI N. 12.740/2012. Não se olvida que o art. 195 da CLT dispõe sobre a necessidade de perícia técnica para a caracterização e classificação da periculosidade e da insalubridade, razão por que, em regra, não é permitido ao juiz dispensar a prova técnica. No entanto, quando se trata de exercício de profissão expressamente prevista no art. 193 da CLT, que rege o adicional de periculosidade, sendo despicienda a realização de qualquer medição ou constatação, é dispensável a prova pericial para o reconhecimento do direito ao adicional respectivo. É devido ao Reclamante, pois, o adicional de periculosidade, observada a vigência da lei. NÚMERO CNJ: 0000254-55.2017.5.10.0104. TRT 10ª Região. Redator: Flávia Simões Falcão. Data de Julgamento: 27.03.2018)

— A decisão considerou que o adicional de periculosidade é inerente a profissão de vigilante e, portanto, não há necessidade de perícia.

9. ADICIONAL DE PERICULOSIDADE. SUPRESSÃO. VIGIA. As atividades laborais exercidas pelo vigia não se confundem com aquelas desempenhadas pelo vigilante, sendo indevido o pagamento do adicional de periculosidade previsto no inciso II do art. 193 da CLT. Exegese da Súmula n. 44 deste Regional. Neste contexto, o fato de a reclamada ter realizado o pagamento do adicional de periculosidade de dezembro de 2013 a agosto de 2015 não gera direito adquirido ao vigia/porteiro, não se configurando ilegalidade a sua supressão, por se tratar de salário-condição. Ressalte-se, a propósito, que era grande a controvérsia existente à época sobre a questão, até a posterior uniformização jurisprudencial da matéria. Logo, não evidenciada a exposição do empregado a condições de risco acentuado, a exclusão do adicional de periculosidade concedido ao trabalhador não importa violação à intangibilidade salarial, situação que se assemelha àquela consolidada na Súmula n. 248 do TST. (TRT da 3ª Região; PJe: 0010582-16.2020.5.03.0110 (RO); Disponibilização: 26.03.2021, DEJT/TRT3/Cad.Jud, Página 1547; Órgão Julgador: Oitava Turma; Relator: Jose Marlon de Freitas).

— A decisão não considerou o adicional de periculosidade como direito adquirido.

10. AUXILIAR DE MOTORISTA ENTREGADOR. COFRE NO INTERIOR DO CAMINHÃO. TRANSPORTE DE VA-LORES. INCREMENTO DO RISCO DE TENTATIVAS DE ROUBO. ADICIONAL DE PERICULOSIDADE. INCABÍVEL. A nova redação do art. 193 da CLT, com alteração dada pela Lei n. 12.740, de 8 de dezembro de 2012, pas-sou a prever o direito ao adicional de periculosidade em virtude de exposição permanente do trabalhador a "II — roubos ou outras espécies de violência física nas atividades profissionais de segurança pessoal ou patrimonial". Assim, para verificação das atividades laborais nos moldes do art. 193, II, da CLT, não há necessidade de conhecimento técnico específico (prova pericial). Contudo, a nova lei não se a aplica ao autor, pois a situação fática descrita na inicial (empregado auxiliar de motorista entregador, que eventualmente recebia pagamentos em decorrência da entrega de mercadorias da ré) não o enquadra em atividades profissionais de segurança pessoal e patrimonial, situação sequer alegada na inicial, que pudesse ensejar o pagamento do adicional de periculosidade nos termos postulados. Recurso ordinário do autor a que se nega provimento no particular. (TRT-PR-00467-2015-242-09-00-3-ACO-01717-2018 — 3ª Turma, Relator: Thereza Cristina Gosdal).

— A decisão não considerou a atividade como perigosa.

Motocicleta

JURISPRUDÊNCIA

1. CATEGORIA DIFERENCIADA. MOTOCICLISTA. A Lei n. 12.009/09 regulamenta "o exercício das atividades dos profissionais em transportes de passageiros, 'mototaxista', em entrega de mercadorias e em serviço comunitário de rua, e 'motoboy', com o uso de motocicleta", dispondo sobre as regras de segurança dos serviços de transporte remunerado de mercadorias em motocicletas, motonetas e moto-frete. Não alcança, portanto, os trabalhadores que utilizam o veículo como meio de transporte, como os técnicos de manutenção e vistoriadores, que por isso não integram a categoria diferenciada regulamentada pela mencionada lei. (TRT da 3ª Região; Processo: 0002055-52.2014.5.03.0024 RO; Data de Publicação: 13.02.2017; Disponibilização: 10.02.2017, DEJT/TRT3/Cad.Jud, p. 1988; Órgão Julgador: Sexta Turma; Relator: Rogerio Valle Ferreira; Revisor: Jose Murilo de Morais)

— O item 2, Anexo 5 da NR-16, dispõe:

Não são consideradas perigosas, para efeito deste anexo:

a) a utilização de motocicleta ou motoneta exclusivamente no percurso da residência para o local de trabalho ou deste para aquela;

b) as atividades em veículos que não necessitem de emplacamento ou que não exijam carteira nacional de habilitação para conduzi-los;

c) as atividades em motocicleta ou motoneta em locais privados.

d) as atividades com uso de motocicleta ou motoneta de forma eventual, assim considerado o fortuito, ou o que, sendo habitual, dá-se por tempo extremamente reduzido.

2. ADICIONAL DE PERICULOSIDADE — ATIVIDADES EM MOTOCICLETA — Conforme a Lei n. 12.997/14, que acrescentou o § 4º ao art. 193 da CLT, são consideradas perigosas as atividades de trabalhador em motocicleta. Comprovada a utilização de motocicleta para realização das atividades laborais, o trabalhador faz jus ao respectivo adicional, enquanto perdurar a situação fática. Recurso da reclamada a que se nega provimento, no particular. TRT-PR-01456-2014-073-09-00-1-ACO-03919-2017 — 7ª Turma, Relator: Benedito Xavier da Silva, Publicado em 10.02.2017)

— O item 1, Anexo 5 da NR-16 dispõe:

1. As atividades laborais com utilização de motocicleta ou motoneta no deslocamento de trabalhador em vias públicas são consideradas perigosas.

3. ADICIONAL DE PERICULOSIDADE. MOTOBOY. CABIMENTO. DESNECESSIDADE DE PROVA PERICIAL. FORNECIMENTO DE EPIS. Por força da inclusão do § 4º ao art. 193 da CLT, passaram a ser "consideradas perigosas as atividades de trabalhador em motocicleta", previsão legal que foi regulamentanda pelo MTE, por meio da Portaria n. 1.565/2014 que aprovou o Anexo 5 da NR-16, definindo as situações de trabalho aptas a gerar o direito ao adicional de periculosidade. No caso, é incontroverso o uso diário e constante de motocicleta pelo autor no desempenho das atividades laborais inerentes à função de vendedor, em visitas a clientes. Desnecessária a produção da prova técnica, na forma exigida no art. 195, § 2º, da CLT, porquanto o direito à percepção do adicional decorre do uso da motocicleta como ferramenta de trabalho, de forma não eventual (item 2. "c"), circunstância que assegura ao empregado o recebimento da verba, nos termos do citado Anexo 5 da NR-16. Ainda, o fornecimento de EPI's não afasta o direito pretendido. A periculosidade, diferentemente da insalubridade, não é passível de neutralização pelo simples fornecimento de capacete ou outra vestimenta, antes, o que caracteriza o trabalho em condições perigosas é o risco à integridade física a que o trabalhador está sujeito, podendo sofrer conseqüências fatais a qualquer instante, inexistindo equipamentos de proteção efetivamente eficazes em sua prevenção. (TRT, 9ª R., 6ª T., 29798-2015-005-09-00-9-ACO-31773-2016, Relator: Sueli Gil El Rafihi, Publicado em 16.09.2016)

— Não há previsão na Lei, determinando que o uso do EPI não afasta o pagamento do adicional de periculosidade.

4. RECURSO ORDINÁRIO. ADICIONAL DE PERICULOSIDADE. AUSÊNCIA DE COMPROVAÇÃO DO LABOR EM ATIVIDADE DE RISCO. INDEFERIMENTO. Não restando comprovado nos autos que a reclamante utilizava a motocicleta para desempenhar as atividades laborativas, não há que se falar no pagamento do adicional de periculosidade, nos termos do Anexo 5, item 2 da NR-16, da Portaria do MTE n. 1.565/2014, que regulamentou o § 4º, do art. 193 da CLT. (TRT, 13ª R, Processo 0000765-97.2016.5.13.0009, rel. Leonardo Jose Videres Trajano, Julgamento: 16.11.2016).

— Ver item 1, Anexo 5 da NR-16.

5. ADICIONAL DE PERICULOSIDADE. TRABALHADOR EM MOTOCICLETA. ART. 193, § 4º, DA CLT. REGULAMENTAÇÃO PELA PORTARIA DO MTE N.1.565/2014. O § 4º, do art. 193, da CLT, possuía eficácia limitada porque pendente de regulamentação pelo Ministério do Trabalho e do Emprego, que se aperfeiçoou somente com a publicação da Portaria MTE n. 1.565, em 16.10.2014, que editou o Anexo 5, da NR-16. Referido regulamento foi totalmente suspenso até 15.01.2015, pelas Portarias ns. 1.930/2014 e 5/2015, ambas do MTE, que após tal data, manteve a suspensão somente para determinadas categorias de empregadores. Considerando que a atividade do réu não se encontra abrangida pela suspensão regulamentar atual, deve ser afastada a condenação somente para o interregno em que a Portaria n. 1.565/2014 esteve suspensa para todos os empregadores. (TRT, 12ª R., RO 0002906-14.2015.5.12.0022, Rel.: Amarildo Carlos de Lima, Data de Publ. 17.03.16)

6. DO ADICIONAL DE PERICULOSIDADE. CONFIGURAÇÃO. SENTENÇA QUE SE MANTÉM. Da análise dos autos, verifica-se que, embora a Reclamada não exigisse o uso de motocicleta por seus empregados, ela beneficiava-se com uso regular do referido meio de transporte utilizado pela Reclamante que, com uma maior agilidade nos deslocamentos, desempenhava de forma mais eficiente o seu trabalho. Dessa forma, há de se manter irretocável a decisão basilar que reconheceu como perigosa a atividade da Reclamante nos termos do art. 193, § 4º, da CLT. DO TERMO INICIAL PARA INCIDÊNCIA DA LEI N. 12.997/2014 QUE INCLUIU O § 4º NO ART. 193 DA CLT. APLICABILIDADE IMEDIATA. RECURSO IMPROVIDO. Os trabalhadores em atividades com uso de moticicleta, com a vigência da Lei n. 12.997/2014, passaram a fazer jus à percepção do adicional de periculosidade, haja vista não se tratar de norma de eficácia contida, mas dispositivo autoaplicável, não dependendo de regulamentação para produzir seus efeitos. Cuida-se de norma legal que dispõe de modo claro e objeto acerca da caracterização da periculosidade. Recurso a que se nega provimento. (TRT 20ª R., 0000185-63.2016.5.20.0012 (PJe), Relator(a): Thenisson Santana Dória, Publicação: 25.11.2016).

— Ver itens 1 e 2, Anexo 5 da NR-16.

7. ADICIONAL DE PERICULOSIDADE. MOTOCICLETA. O art. 193 da CLT, em seu § 4º, incluído pela Lei n. 12.977/2014, considera perigosa a atividade de trabalhador em motocicleta, de modo que, restando comprovado que o reclamante laborava habitualmente com aludido tipo de veículo, e não verificada a ocorrência de quaisquer das excludentes elencadas no item 2 do Anexo 5 da NR-16 do MTE, faz jus o obreiro à percepção do adicional de periculosidade, no percentual de 30% sobre o seu salário base, relativamente ao período apontado na exordial (14.10.2014 a 1º.10.2015). Recurso obreiro provido, no particular. (Processo: RO — 0002461-06.2017.5.06.0341, Redator: Jose Luciano Alexo da Silva, Data de julgamento: 12.07.2018, TRT 6ª Região, Quarta Turma, Data da assinatura: 12.07.2018)

—O item 2, anexo 5 da NR-16 dispõe:

Não são consideradas perigosas, para efeito deste anexo:

a) a utilização de motocicleta ou motoneta exclusivamente no percurso da residência para o local de trabalho ou deste para aquela;

b) as atividades em veículos que não necessitem de emplacamento ou que não exijam carteira nacional de habilitação para conduzi-los;

c) as atividades em motocicleta ou motoneta em locais privados.

d) as atividades com uso de motocicleta ou motoneta de forma eventual, assim considerado o fortuito, ou o que, sendo habitual, dá-se por tempo extremamente reduzido.

8. ADICIONAL DE PERICULOSIDADE. MOTOCICLETA. O vendedor que utilizava a motocicleta para se deslocar entre os clientes não faz jus ao adicional de periculosidade (art. 193, § 4º da CLT), por não se confundir sua atividade com a dos motociclistas. Além disso, esse adicional carece de regulamentação. (TRT da 3ª Região; PJe: 0011215-65.2019.5.03.0044 (RO); Disponibilização: 25.02.2021, DEJT/TRT3/Cad.Jud, Página 1872; Órgão Julgador: Nona Turma; Relator: Ricardo Antonio Mohallem)

— A decisão rejeitou o adicional para atividade do motociclista.

Radiação ionizante

ORIENTAÇÃO JURISPRUDENCIAL DO TST

ORIENTAÇÃO JURISPRUDENCIAL N. 345 — TST

ADICIONAL DE PERICULOSIDADE. RADIAÇÃO IONIZANTE OU SUBSTÂNCIA RADIOATIVA. DEVIDO. DJ 22.06.05. A exposição do empregado à radiação ionizante ou à substância radioativa enseja a percepção do adicional de periculosidade, pois a regulamentação ministerial (Portarias do Ministério do Trabalho ns. 3.393, de 17.12.87, e 518, de 07.04.03), ao reputar perigosa a atividade, reveste-se de plena eficácia, porquanto expedida por força de delegação legislativa contida no art. 200, *caput*, e inciso VI, da CLT. No período de 12.12.02 a 06.04.2003, enquanto vigeu a Portaria n. 496 do Ministério do Trabalho, o empregado faz jus ao adicional de insalubridade.

— Atualmente, a periculosidade por exposição à radiação ionizante, está regulamentada na Portaria n. 518/03 do MTE. Essa norma adota como atividades de risco em potencial concernentes a radiações ionizantes ou substâncias radioativas, o "Quadro de Atividades e Operações Perigosas", aprovado pela CNEN, e dá outras providências.

JURISPRUDÊNCIA

1. ADICIONAL DE PERICULOSIDADE. RAIO-X MÓVEL. PORTARIA N. 518/2003 DO MTE. NOTA EXPLICATIVA/PORTARIA N. 595/2015. A Portaria n. 595 do MTE não estabelece novo critério de apuração da periculosidade e tampouco altera situações anteriormente especificadas pela Portaria n. 518, mas apenas esclareceu que nas atividades desenvolvidas em áreas que utilizam equipamentos móveis de Raio X para diagnóstico médico, não é devido o adicional de periculosidade, sepultando intensa controvérsia que existia anteriormente com relação à interpretação do risco potencial das radiações ionizantes. (TRT da 3ª Região; Processo: 0002139-74.2014.5.03.0114 RO; Data de Publicação: 19.12.2016; Disponibilização: 16.12.2016, DEJT/TRT3/Cad.Jud, p. 340; Órgão Julgador: Quinta Turma; Relator: Convocado Danilo Siqueira de C. Faria; Revisor: Manoel Barbosa da Silva)

— A Portaria n. 595/15 incluiu nota explicativa no quadro anexo à Portaria n. 518/2003:

1. Não são consideradas perigosas, para efeito deste anexo, as atividades desenvolvidas em áreas que utilizam equipamentos móveis de Raios X para diagnóstico médico.

2. Áreas tais como emergências, centro de tratamento intensivo, sala de recuperação e leitos de internação não são classificadas como salas de irradiação em razão do uso do equipamento móvel de Raios X.

2. ADICIONAL DE PERICULOSIDADE. AEROVIÁRIO. CONTATO COM RX. DEVIDO. A Portaria n. 518/2003, do Ministério do Trabalho e Emprego, adota como atividades de risco em potencial concernentes a radiações ionizantes ou substâncias radioativas as Atividades de operação com aparelhos de raios-X, com irradiadores de radiação gama, radiação beta ou radiação de nêutrons, considerando como área de risco Salas de irradiação e de operação de aparelhos de raios-X e de irradiadores gama, beta ou nêutrons. Logo, a permanência da autora em área de risco, conforme apurado pelo perito oficial do Juízo, lhe assegura o adicional de periculosidade, nos termos do art. 193, § 1º, da CLT e art. 2º da mencionada portaria ministerial. (TRT da 3ª Região; PJe: 0010350-34.2015.5.03.0092 (RO); Disponibilização: 14.02.2017, DEJT/TRT3/Cad.Jud, p. 875; Órgão Julgador: Decima Turma; Relator: Convocado Alexandre Wagner de Morais Albuquerque)

— Ver quadro atividade/área de risco da Portaria n. 518/03.

3. ADICIONAL DE PERICULOSIDADE. RADIAÇÃO IONIZANTE / SUBSTÂNCIA RADIOATIVA. ADICIONAL DE PERICULOSIDADE. EXPOSIÇÃO A RADIAÇÕES IONIZANTES. CRITÉRIO QUALITATIVO. O direito ao adicional de periculosidade decorrente da exposição a radiações ionizantes é aferido por critério qualitativo. Basta o trabalho habitual nas condições enunciadas no "Quadro de Atividades e Operações Perigosas", aprovado pela Comissão Nacional de Energia Nuclear — CNEN, a que se refere o Anexo da Portaria n. 518/2003, para que se confira o direito ao adicional de periculosidade. Segundo o referido quadro, configuram área de risco as salas de irradiação e de operação de aparelhos de raios-X e de irradiadores gama, beta ou nêutrons (item 4), pelo que, evidenciando-se da prova pericial coligida a exposição da autora a radiações ionizantes, é devido o pagamento do adicional de periculosidade e reflexos. (TRT da 3ª Região; Processo: 0000444-51.2015.5.03.0114 RO; Data de Publicação: 10.02.2017; Disponibilização: 09.02.2017, DEJT/TRT3/Cad. Jud, p. 237; Órgão Julgador: Sétima Turma; Relator: Convocada Sabrina de Faria F. Leão; Revisor: Fernando Luiz G. Rios Net)

— *Ver quadro atividade/área de risco da Portaria n. 518/03.*

4. ADICIONAL DE INSALUBRIDADE. TÉCNICO EM RESSONÂNCIA MAGNÉTICA. Nos termos do art. 2º, da Resolução n. 6/2009 do CONTER, a ressonância magnética nuclear está compreendida entre os procedimentos técnicos compreendidos como setor de diagnóstico por imagem de que trata o inciso I, do art. 1º da Lei n. 7.394/85. Assim, os técnicos em ressonância magnética, assim como os técnicos em radiologia, fazem jus ao recebimento do adicional de periculosidade no percentual de 40%. (TRT da 3ª R., 7ª t., RO 00774-2012-024-03-00-6, Data de Publicação: 22.03.2013, Relator: Erica Aparecida Pires Bessa)

— *A radiação de campos magnéticos não é ionizante, não podendo ser equiparada a Raio-X.*

5. ADICIONAL DE PERICULOSIDADE. RADIAÇÕES IONIZANTES. RAIO-X MÓVEL. Segundo entendimento desta Turma, a mera permanência do empregado em ambiente onde são realizados exames com aparelho móvel de raios-x não enseja a exposição a radiações ionizantes, caracterizadora da condição de periculosidade, sendo necessária a comprovação da participação direta na realização do exame no paciente, o que não se verifica no caso. (TRT, 15ª R., 11ª T., RO 0020533-17.2014.5.04.0013, Data: 14.06.2016, Redator: Herbert Paulo Beck)

— *Ver nota explicativa do quadro atividade/área de risco na Portaria n. 595/15 do MTE.*

6. ADICIONAL DE PERICULOSIDADE. EXPOSIÇÃO À AGENTE RADIOATIVO. Efetivamente constatada por prova pericial a exposição obreira a material radioativo, devido o adicional de periculosidade.2. Recurso ordinário parcialmente conhecido e desprovido. (TRT, 10ª R., 2ª T., RO 01370-2014-015-10-00-2, Relator: Gilberto Augusto Leitão Martins, Data de Publicação: 14.10.2016)

— *Ver Portaria n. 518/03 do MTE.*

7. ADICIONAL DE PERICULOSIDADE. RADIAÇÕES IONIZANTES. APARELHO DE RAIO-X MÓVEL. PORTARIA N. 595/2015. O trabalho sujeito a radiações ionizantes caracteriza-se como de risco acentuado e, na forma prevista na Portaria n. 518/2003, gera direito ao pagamento de adicional de periculosidade. Limitação da condenação à data da publicação da Portaria n. 595 de 07.05.2015, que inclui Nota Explicativa no final do Quadro Anexo da Portaria n. 518/2003 definindo que não são perigosas as atividades desenvolvidas em áreas que utilizam equipamentos móveis de Raio-x para diagnóstico médico. Sentença mantida. (TRT, 15ª R., 1ª T., RO 0021346-23.2014.5.04.0020, Data: 28.04.2016, Redator: Lais Helena Jaeger Nicotti)

— *Ver nota explicativa do quadro atividade/área de risco na Portaria n. 595/15 do MTE.*

8. ADICIONAL DE PERICULOSIDADE. RADIAÇÕES IONIZANTES. Ante a conclusão da prova técnica de que o trabalhador, no desempenho de suas atribuições ordinárias de dentista, realizava, ainda que de modo intermitente ou mesmo eventual, exames de raios-X dentários, inarredável se lhe reconheça o direito à percepção de adicional de periculosidade, pois o risco à saúde decorrente de tal atividade é reconhecido, independentemente da frequência com que o empregado se sujeita à radiação, nos termos da Portaria n. 518/2003 do MTE, cuja legalidade tem arrimo na delegação legislativa concedida no art. 200, *caput*, e inciso VI da CLT, e é prestigiada pela OJ n. 345 da SD1 do C. TST. (TRT, 7ª R, 2ª T, Processo 0000323-89.2013.5.07.0014, rel. Antonio Marques Cavalcante Filho, Publicação: 09.04.2015).

— *Ver item 4 do quadro atividade/área de risco da Portaria n. 518/03 do MTE.*

9. ADICIONAL DE PERICULOSIDADE RADIAÇÃO IONIZANTE. EFEITOS. Ministério do Trabalho. Regulamentação. Constitucionalidade. Dois efeitos decorrem em razão de exposição ou contato com agentes perigosos ou insalubres: o primeiro, podendo causar dano imediato; o segundo, a longo prazo, ambos causando agressões à saúde do trabalhador, razão de proteção legal, como erigido no art. 5º da Constituição da República. Visto o aspecto legal da matéria, tem-se que o art. 7º, XXIII, da Constituição da República recepcionou a norma estabelecida na Portaria n. 3.393/87, que assegurou aos trabalhadores no exercício de determinadas atividades o direito à percepção do adicional de periculosidade. Não se pode acoimar de inconstitucionalidade a mencionada Portaria tendo em vista o parágrafo único do art. 200 da CLT não delegar ao Ministro do Trabalho competência para deliberar sobre a matéria, tratando-se de normas sobre

radiações ionizantes. Vê-se que a Lei n. 2.573/55, hoje revogada pela Lei n. 6.514/77, já autoriza ao Ministério do Trabalho estender o adicional de periculosidade a outras atividades. E, sendo direito constitucionalmente assegurado ao trabalhador, não se pode falar em afronta ao inciso LII do art. 5º da Constituição da República (TRT, 3ª T., RO 10.972/98, rel. Juiz Bolivar Viegas Peixoto, MG de 16.03.99).

— Ver Orientação Jurisprudencial n. 345 do TST.

10. ADICIONAL DE PERICULOSIDADE. RADIAÇÃO IONIZANTE. Há nítida impropriedade em se tratar a radiação ionizante como agente periculoso, e não insalubre. Isto porque, a periculosidade decorre da exposição do trabalhador ao risco de sinistro por contato ou proximidade com determinados agentes (inflamáveis, explosivos ou eletricidade). O adicional se faz necessário diante do risco latente e das proporções de um acidente que, uma vez ocorrido, poderá trazer graves consequências à integridade física e até mesmo à vida do trabalhador. Todavia, se este não correr, o empregado permanece em perfeito estado de saúde, tal como se nunca houvesse trabalhado em tais condições. No caso da exposição à radiação ionizante, verifica-se que o potencial de lesão ao obreiro não decorre da probabilidade de sinistro, mas sim da natureza do agente agressor, sabidamente nocivo à saúde do trabalhador pela continuidade da exposição. A proteção legal neste caso advém dos danos causados pelo agente que ocorrem independentemente de qualquer acidente. Forçoso concluir, portanto, que a radiação ionizante pode ensejar o direito ao adicional de insalubridade, mas nunca o de periculosidade. Neste sentido, a Portaria n. 496/02, que revogou expressamente a de número 3.393/87 (TRT — 3ª Região — 7ª turma — RO — 7643, DJMG 24.06.03 — p. 59).

— Ver anexo 5 e Portaria n. 518/03 do MTE. Em 2012, a Lei n. 12.740 deu nova redação ao art. 193 da CLT, incluindo energia elétrica e segurança patrimonial. A radiação ionizante não foi incluída.

11. RADIAÇÕES IONIZANTES E PERICULOSIDADE. INEXISTÊNCIA DESTA. A largueza de atuação credenciada, por delegação do legislador, ao Ministério do Trabalho, tem a ver, exclusivamente, com insalubridade (arts. 190 e 192/CLT), nunca com periculosidade, pois esta é exigente de lei no sentido formal, e a legislação nacional apenas apreende inflamáveis, explosivos e eletricidade, cometida a regulamentação ao (atual) MTE apenas quanto a atividades/operações dos dois primeiros — tanto mais que o último agente possível de ser considerado aos propósitos da periculosidade é regulamentado por decreto, no exato atendimento ao art. 84, inciso IV, da Constituição da República (a propósito do que está interditada a delegação da atribuição, conforme parágrafo único do mesmo dispositivo). Se antes do ordenamento constitucional de 1988, pela expressa disposição que a Lei n. 6.514/77 imprimiu ao art. 193 da CLT, o Ministério do Trabalho apenas podia regulamentar atividades e operações concernentes a inflamáveis e explosivos para fins de periculosidade, e daquele em diante a questão veio pontuada com a pressuposição de lei em sentido formal, sem dúvida que a Portaria MTb n. 3.393/1987 sempre exorbitou do poder contido e delimitado delegado ao Órgão do Executivo, o que exprime a sua magna ilegalidade, e seu nenhum valor para pautar periculosidade em face de radiações ionizantes e substâncias radioativas, sendo indevido o adicional pecuniário por ela previsto (TRT — 3ª Região — 2ª turma — RO — 9983, DJMG 08.08.2002 — p. 11).

— A decisão considerou a Portaria sobre radiação ionizante inconstitucional.

12. APARELHOS DE RAIO X. RADIAÇÃO IONIZANTE. ADICIONAL DE PERICULOSIDADE. O manuseio com aparelhos de "Raio X" sem o uso adequado de equipamento individual/coletivo expõe o trabalhador a riscos em decorrência da radiação ionizante produzida por tais aparelhos e, via de consequência, confere-lhe o direito à percepção de adicional de periculosidade em grau que irá variar de acordo com a intensidade e potencialidade dos agentes nocivos à saúde, a teor do que dispõe o anexo da Portaria n. 3.393, de 17.12.87, republicada pela Portaria n. 518 em 04 de abril de 2003 — 64 — Processo 00667.2006.008.13.00-6 (RO) — TRT 12ª Região.

— Ver item 4 do quadro de atividade/área de risco da Portaria n. 518/03 do MTE.

13. ADICIONAL DE PERICULOSIDADE. TRABALHO EM ÁREA DE RISCO. Comprovado que o Reclamante, durante sua jornada, permanecia em contato com as máquinas da Raio-X, resta configurado labor perigoso, fazendo jus ao adicional de periculosidade no importe de 30% e reflexos. (TRT, 10ª R., 3ª T., RO 01336-2014-018-10-00-7, Relator: José Leone Cordeiro Leite, Data de Publicação: 07.10.2016)

— Ver item 4 do quadro de atividade/área de risco da Portaria n. 518/03 do MTE.

14. ADICIONAL DE PERICULOSIDADE. EXPOSIÇÃO À RADIAÇÃO IONIZANTE. PORTARIAS NS. 3.363/87 e 518/2003 DO MTE. São enquadradas como atividades de risco acentuado aquelas que implicam em exposição do trabalhador a radiações ionizantes ou substâncias radioativas, nos termos das Portarias ns. 3.363/87 e 518/2003 do MTE. Assim, é devido o adicional de periculosidade à técnica de enfermagem que era exposta de forma intermitente, mas habitual, à radiação ionizante, decorrente dos exames de Raio-x realizados nas cirurgias que auxiliava. (RO 0002088-76.2012.5.12.0019, Secretaria da 3ª Turma, TRT12, José Ernesto Manzi, publicado no TRTSC/DOE em 12.02.2015)

— Ver nota explicativa do quadro de atividade/área de risco na Portaria n. 595/15 do MTE.

15. ADICIONAL DE PERICULOSIDADE. TÉCNICO EM RADIOLOGIA. RADIAÇÃO IONIZANTE OU SUBSTÂNCIA RADIOATIVA. Dentre as atividades do empregado, técnico em radiologia, inclua-se a aproximação ou ingresso em campos de natureza radiativa, senão

permanentemente, de forma intermitente, mas usual, uma vez que, em média, acompanhava 15 raios-x diuturnamente, segundo o laudo pericial. Dessa sorte, enquadrado no item 4, da NR-16, da Portaria n. 3.214/78, reconhecível o crédito em relação ao adicional de periculosidade. (RO 0000851-41.2011.5.12.0019, Secretaria da 3ª Turma, TRT12, Ligia Maria Teixeira Gouvea, publicado no TRTSC/DOE em 30.01.2014)

— Ver item 4 do quadro de atividade/área de risco da Portaria n. 518/03 do MTE.

16. ADICIONAL DE PERICULOSIDADE. RADIAÇÃO IONIZANTE. APARELHO MÓVEL DE RAIOS-X. AUSÊNCIA DE PREVISÃO NORMATIVA. Nos termos da Portaria n. 595 de 07.05.2015 do MTE, não ensejam a percepção de adicional de periculosidade, porque não são consideradas perigosas, as atividades desenvolvidas em áreas que utilizam equipamentos móveis de raios-x para diagnóstico médico, como no caso dos autos. Recurso de revista conhecido e provido. (RR — 21318-52.2014.5.04.0021, Relatora Ministra: Dora Maria da Costa, Data de Julgamento: 08.02.2017, 8ª Turma, Data de Publicação: DEJT 10.02.2017)

— Ver item 4 do quadro de atividade/área de risco da Portaria n. 518/03 do MTE.

17. ADICIONAL DE PERICULOSIDADE. PERMANÊNCIA EM ÁREA DE OPERAÇÃO DE RAIO-X MÓVEL. INDEVIDO. Diante da celeuma jurisprudencial que envolve o tema, inclusive após a inclusão da nota explicativa, por meio da Portaria n. 595/2015 do MTE, no quadro anexo da Portaria n. 518/2003, elucidando que as áreas próximas à utilização de Raio X móvel não são classificadas como perigosas, e que no item 2 da referida nota, expressamente, menciona centro de tratamento intensivo, sala de recuperação e leitos de internação, a questão foi objeto de afetação à sistemática do rito repetitivo, sendo decidido pelo TST o seguinte: "INCIDENTE DE RECURSOS REPETITIVOS. ADICIONAL DE PERICULOSIDADE. ATIVIDADES POR TRABALHADORES QUE NÃO SEJAM TÉCNICOS DE RADIOLOGIA, EM ÁREAS DE EMERGÊNCIA EM QUE SE UTILIZA APARELHO MÓVEL DE RAIOS X PARA DIAGNÓSTICO MÉDICO. PORTARIA N. 595 DO MINISTÉRIO DO TRABALHO E EMPREGO. 1. A Portaria MTE n. 595/2019 e sua nota explicativa não padecem de inconstitucionalidade ou ilegalidade. 2. Não é devido o adicional de periculosidade a trabalhador que, sem operar o equipamento móvel de Raios X, permaneça, habitual, intermitente ou eventualmente, nas áreas de seu uso. 3. Os efeitos da Portaria n. 595/2015 do Ministério do Trabalho alcançam as situações anteriores à data de sua publicação". (TRT da 3ª Região; PJe: 0011534-38.2016.5.03.0044 (RO); Disponibilização: 20.02.2020, DEJT/TRT3/Cad.Jud, Página 1221; Órgão Julgador: Quinta Turma; Relator: Manoel Barbosa da Silva).

— A decisão não considerou como perigosa a atividade executada em áreas de uso de Raios X móvel.

18. RADIAÇÃO IONIZANTE. DOSAGEM DE EXPOSIÇÃO ATRELADA À INSALUBRIDADE. Mera atividade com equipamentos difratômetros emissores de radiações ionizantes classificada como de risco consoante anexo (*) da NR-16 do MTE. Adicional de periculosidade devido. A dosagem de exposição à radiação ionizante está atrelada a eventual grau de insalubridade, entretanto a mera atividade com equipamentos emissores de radiações ionizantes, por mais seguros que possam ser, de todo modo é classificada como perigosa, de acordo com o estipulado pela NR-16 e seu Anexo (*), do MTE, atraindo o pagamento do adicional de periculosidade, eis que não há critérios para aferição de níveis desta, bastando a presença de agente perigoso ou a atividade em área de risco. Atividades intermitentes, habituais e rotineiras com rede elétrica de baixa tensão. Risco de choque elétrico. Alínea "c" do item 1 do anexo IV da NR-16 c/c item 10.2.8 da NR-10, do MTE. Adicional de periculosidade devido. O exercício de atividades laborais intermitentes, habituais e rotineiras com rede elétrica, ainda que de baixa tensão, em havendo risco de choque elétrico com enquadramento na alínea "c" do item 1 do Anexo IV da NR-16, pela inexistência da comprovação de adoção das medidas de proteção coletiva, previstas no item 10.2.8 da NR-10, ambas do MTE, atrai o pagamento de adicional de periculosidade. (TRT1 — 1ª Turma — Rel. José Nascimento Araujo Netto — 00080011218-27.2015.5.01.0008 — 16.09.2020.)

— A decisão considerou a atividade como perigosa devido à exposição à radiação ionizante e energia elétrica.

Bombeiro Civil

JURISPRUDÊNCIA

1. ATIVIDADE DE COMBATE A INCÊNDIO — ADICIONAL DE PERICULOSIDADE — As atividades do reclamante, de acompanhamento das queimadas e de combate a incêndios com o fim de proteger o patrimônio da reclamada, configura atividade similar àquelas executadas pelos bombeiros civis, nível básico, combatente direto ou não do fogo. Logo, o reclamante esteve exposto, de forma habitual, a agente perigoso, ao longo do contrato de trabalho, sendo irreparável a. sentença que deferiu ao obreiro o adicional de periculosi-

dade pleiteado, notadamente porque, a partir de determinada data, a empresa passou a pagar a verba e não houve comprovação de alteração nas condições do contrato de trabalho. Havia a exposição do risco de forma habitual, nos termos da Súmula n. 364 do Col. TST. Somente há se falar em eventualidade quando a exposição ao risco ocorre de forma aleatória e imprevisível, exatamente por não decorrer das tarefas ínsitas ao exercício da função desempenhada pelo empregado na organização empresarial. A toda evidência, não era este o caso do autor. (TRT da 3ª Região; PJe: 0010112-20.2016.5.03.0176 (RO); Disponibilização: 27.10.2016, DEJT/TRT3/ Cad.Jud, p. 434; Órgão Julgador: Quinta Turma; Relator: Convocado João Bosco de Barcelos Coura)

— A Lei n. 11.901/09 estabelece o direito ao adicional de periculosidade ao bombeiro civil. O art. 2º dessa lei dispõe:

Considera-se Bombeiro Civil aquele que, habilitado nos termos desta Lei, exerça, em caráter habitual, função remunerada e exclusiva de prevenção e combate a incêndio, como empregado contratado diretamente por empresas privadas ou públicas, sociedades de economia mista, ou empresas especializadas em prestação de serviços de prevenção e combate a incêndio.

2. BOMBEIRO VOLUNTÁRIO. INAPLICABILIDADE DA LEI N. 11.901/09. A Lei n. 11.901/09, que dispõe sobre a profissão de bombeiro civil e dá outras providências, é clara, em seu art. 2º, quanto à definição dessa categoria profissional, estabelecendo ser bombeiro civil aquele que exerça, em caráter habitual, função remunerada e exclusiva de prevenção e combate a incêndio, como empregado contratado diretamente por empresas privadas ou públicas, sociedades de economia mista, ou empresas especializadas em prestação de serviços de prevenção e combate a incêndio. Desse modo, os bombeiros voluntários que, na condição de empregados de entidade sem fins lucrativos não exercem de forma exclusiva a função de prevenção e combate a incêndio, não podem ser equiparados aos bombeiros civis, ante os termos do art. 2º da Lei n. 11.901/09. (RO 0000618-31.2013.5.12.0033, Secretaria da 3ª Turma, TRT12, Lilia Leonor Abreu, publicado no TRTSC/DOE em 19.09.2014)

— Adicional de periculosidade indeferido.

3. BOMBEIRO CIVIL. ASSOCIAÇÃO SEM FIM LUCRATIVO. APLICAÇÃO DA LEI N. 11.901/2009. Aplica-se ao bombeiro civil contratado e remunerado por associação sem fim lucrativo a Lei n. 11.901/2009, pois a expressão empresas utilizada nessa norma possui sentido amplo e, assim, é incompatível interpretação restritiva, principalmente porque o enquadramento do empregado na correspondente categoria profissional se faz a partir da atividade preponderante do empregador, e não com base na finalidade econômica almejada pela pessoa jurídica. (RO 0000749-81.2013.5.12.0008, Secretaria da 3ª Turma, TRT12, Maria de Lourdes Leiria, publicado no TRTSC/ DOE em 30.06.2014)

— Adicional de periculosidade deferido.

4. BOMBEIRO CONTRATADO POR ASSOCIAÇÃO QUE PRESTA SERVIÇOS DE PREVENÇÃO E COMBATE A INCÊNDIO. APLICAÇÃO DA LEI N. 11.901/2009 QUE DISPÕE SOBRE A PROFISSÃO DE BOMBEIRO CIVIL. O fato de o autor não trabalhar exclusivamente na prevenção e atendimento de sinistros da contratante e esta ser denominada associação sem fins lucrativos, não é suficiente para que seja afastada a aplicação da Lei n. 11.901/09 ao contrato de trabalho firmado entre o autor e a demandada. (RO 0000975-54.2012.5.12.0030, Secretaria da 3ª Turma, TRT12, Gracio Ricardo Barboza Petrone, publicado no TRTSC/DOE em 19.04.2013)

— Adicional de periculosidade deferido.

5. ENQUADRAMENTO COMO BOMBEIRO CIVIL. POSSIBILIDADE. EMPREGADO QUE ATUA NA PREVENÇÃO E COMBATE A INCÊNDIOS. APLICAÇÃO DA LEI N. 11.901/2009. Deve ser enquadrado como bombeiro civil, na forma do art. 2º da Lei n. 11.901/2009, o empregado de sociedade de bombeiros voluntários que atue na prevenção e combate a incêndios. Desse modo, o trabalhador faz jus à jornada de 12x36 prevista no art. 5º da referida lei, que implica um total máximo de 36 horas semanais, fazendo jus ao que sobejar esse módulo semanal como extras. (RO 0000764-52.2011.5.12.0030, Secretaria da 3ª Turma, TRT12, Lilia Leonor Abreu, publicado no TRTSC/DOE em 30.07.2012)

— Foi deferido o enquadramento na categoria profissional de bombeiro civil.

6. VÍNCULO EMPREGATÍCIO NÃO CONFIGURADO. AUSÊNCIA DOS ELEMENTOS TIPIFICADORES. PRESTAÇÃO DE SERVIÇO VOLUNTÁRIO DE BOMBEIRO. O reconhecimento do vínculo de emprego está adstrito à presença de todos os elementos de que trata o art. 3º da CLT. O trabalho de bombeiro civil pressupõe os requisitos da habitualidade, remuneração e exclusividade de prevenção e combate a infortúnios em prol da comunidade. Não preenchidos esses requisitos no exercício da atividade de bombeiro voluntário, impõem-se a rejeição do pedido de vínculo de emprego. (RO 0001478-88.2010.5.12.0016, Secretaria da 3ª Turma, TRT12, Maria de Lourdes Leiria, publicado no TRTSC/DOE em 07.11.2011)

— Ver Lei n. 11.901/09.

Trabalho Portuário

SÚMULA E ORIENTAÇÃO JURISPRUDENCIAL DO TRT / TST

SÚMULA N. 54 — TRT2ª REGIÃO

PORTUÁRIO. ADICIONAL DE RISCO. Adicional de risco portuário previsto no art. 14 da Lei n. 4.860/65 é devido somente aos trabalhadores portuários que mantêm vínculo empregatício com a Administração do Porto, não beneficiando o trabalhador avulso.

— Ver Orientação Jurisprudencial n. 402 do TST.

ORIENTAÇÃO JURISPRUDENCIAL N. 402 — TST

ADICIONAL DE RISCO. PORTUÁRIO. TERMINAL PRIVATIVO. O adicional de risco previsto no art. 14 da Lei n. 4.860, de 26.11.1965, aplica-se somente aos portuários que trabalham em portos organizados, não podendo ser conferido aos que operam em terminal privativo.

— O art. 14 da Lei n. 4.860/65 dispõe:

Art. 14. A fim de remunerar os riscos relativos à insalubridade, periculosidade e outros porventura existentes, fica instituído o "adicional de riscos" de 40% (quarenta por cento) que incidirá sobre o valor do salário-hora ordinário do período diurno e substituirá todos aqueles que, com sentido ou caráter idêntico, vinham sendo pagos.

§ 1º Este adicional somente será devido enquanto não forem removidas ou eliminadas as causas de risco.

§ 2º Este adicional somente será devido durante o tempo efetivo no serviço considerado sob risco.

§ 3º As Administrações dos Portos, no prazo de 60 (sessenta) dias, discriminarão, ouvida a autoridade competente, os serviços considerados sob risco.

§ 4º Nenhum outro adicional será devido além do previsto neste artigo.

§ 5º Só será devido uma única vez, na execução da mesma tarefa, o adicional previsto neste artigo, mesmo quando ocorra, simultaneamente, mais de uma causa de risco.

CAPÍTULO IV

BASE DE CÁLCULO E ACUMULAÇÃO DE ADICIONAIS

BASE DE CÁLCULO DO ADICIONAL DE INSALUBRIDADE

O art. 192 da CLT dispõe:

O exercício de trabalho em condições insalubres, acima dos limites de tolerância estabelecidos pelo Ministério do Trabalho, assegura a percepção de adicional respectivamente de 40% (quarenta por cento), 20% (vinte por cento) e 10% (dez por cento) do salário mínimo da região, segundo se classifiquem nos graus máximo, médio e mínimo.

No mesmo sentido o subitem 15.2 da NR-15 determina que o exercício de trabalho em condições de insalubridade assegura ao trabalhador a percepção de adicional, incidente sobre o salário mínimo da região, equivalente a:

— 40% (quarenta por cento), para insalubridade de grau máximo;

— 20% (vinte por cento), para insalubridade de grau médio;

— 10% (dez por cento), para insalubridade de grau mínimo.

O subitem 15.3 da NR-15 estabelece que no caso de incidência de mais de um fator de insalubridade, será apenas considerado o degrau mais elevado, para efeito de acréscimo salarial, sendo vedada a percepção cumulativa.

SÚMULAS E ORIENTAÇÕES JURISPRUDENCIAIS DO TST

SÚMULA N. 139 — TST

ADICIONAL DE INSALUBRIDADE.

Enquanto percebido, o adicional de insalubridade integra a remuneração para todos os efeitos legais.

— Ver Orientação Jurisprudencial n. 102 do TST:

Adicional de insalubridade. Integração na remuneração. Enquanto percebido o adicional de insalubridade, integra a remuneração para todos os efeitos legais.

SÚMULA N. 228 — TST

ADICIONAL DE INSALUBRIDADE. BASE DE CÁLCULO (redação alterada na sessão do Tribunal Pleno em 26.06.2008) — Res. 148/2008, DJ 04 e 07.07.2008 — Republicada DJ 08, 09 e 10.07.2008. SÚMULA CUJA EFICÁCIA ESTÁ SUSPENSA POR DECISÃO LIMINAR DO SUPREMO TRIBUNAL FEDERAL — Res. 185/2012, DEJT divulgado em 25, 26 e 27.09.2012. A partir de 9 de maio de 2008, data da publicação da Súmula Vinculante n. 4 do Supremo Tribunal Federal, o adicional de insalubridade será calculado sobre o salário básico, salvo critério mais vantajoso fixado em instrumento coletivo.

— Em decorrência de liminar concedida pelo STF, foi suspensa a aplicação na parte em que permite a utilização do salário básico como base de cálculo. Desse modo, a base de cálculo do adicional de insalubridade continua sendo o salário mínimo.

ORIENTAÇÃO JURISPRUDENCIAL N. 47 — TST

HORA EXTRA. ADICIONAL DE INSALUBRIDADE. BASE DE CÁLCULO (alterada) — Res. 148/2008, DJ 04 e 07.07.2008 A base de cálculo da hora extra é o resultado da soma do salário contratual mais o adicional de insalubridade.

ORIENTAÇÃO JURISPRUDENCIAL N. 103 — TST

ADICIONAL DE INSALUBRIDADE. REPOUSO SEMANAL E FERIADOS. O adicional de insalubridade porque calculado sobre o salário mínimo legal já remunera os dias de repouso semanal e feriados.

SÚMULAS DO TRT

SÚMULA N. 01 — TRT 4ª REGIÃO

ADICIONAL DE INSALUBRIDADE — BASE DE INCIDÊNCIA — DL n. 2.351/87. No período de vigência do Decreto-Lei n. 2.351/87, a base de incidência do adicional de insalubridade era o piso nacional de salários e não o salário mínimo de referência.

— Ver Súmula n. 228 do TST.

SÚMULA N. 67 — TRT 4ª REGIÃO

REGIME DE COMPENSAÇÃO HORÁRIA. ATIVIDADE INSALUBRE. É inválido o regime de compensação horária em atividade insalubre quando não atendidas as exigências do art. 60 da CLT.

— O art. 60 da CLT dispõe:

Art. 60. Nas atividades insalubres, assim consideradas as constantes dos quadros mencionados no capítulo "Da Segurança e da Medicina do Trabalho", ou que neles venham a ser incluídas por ato do Ministro do Trabalho, Indústria e Comércio, quaisquer prorrogações só poderão ser acordadas mediante licença prévia das autoridades competentes em matéria de higiene do trabalho, as quais, para esse efeito, procederão aos necessários exames locais e à verificação dos métodos e processos de trabalho, quer diretamente, quer por intermédio de autoridades sanitárias federais, estaduais e municipais, com quem entrarão em entendimento para tal fim.

SÚMULA N. 62 — TRT 4ª REGIÃO

ADICIONAL DE INSALUBRIDADE. BASE DE CÁLCULO. A base de cálculo do adicional de insalubridade permanece sendo o salário mínimo nacional enquanto não sobrevier lei dispondo de forma diversa, salvo disposição contratual ou normativa prevendo base de cálculo mais benéfica ao trabalhador. (RA 14/2015 Disponibilizada no DEJT dias 2, 3 e 5 de junho de 2015, considerada publicada dias 3, 5 e 8 de junho de 2015)

— Ver Súmula n. 228 do TST.

SÚMULA N. 46 — TRT 3ª REGIÃO

ADICIONAL DE INSALUBRIDADE. BASE DE CÁLCULO. A base de cálculo do adicional de insalubridade é o salário mínimo, enquanto não sobrevier lei dispondo de forma diversa, salvo critério mais vantajoso para o trabalhador estabelecido em norma coletiva, condição mais benéfica ou em outra norma autônoma aplicável. (RA 224/2015, disponibilização: DEJT/TRT3/Cad. Jud. 25, 28 e 29.09.2015)

— Ver Súmula n. 228 do TST.

SÚMULA N. 28 — TRT 8ª REGIÃO

ADICIONAL DE INSALUBRIDADE. BASE DE CÁLCULO. A base de cálculo do adicional de insalubridade é o salário mínimo, até que haja definição legal (Resolução TST N. 185/2012). (Aprovada por meio da Resolução N. 015/2015, em sessão do dia 9 de março de 2015).

— A Súmula n. 228 do TST também considera o salário mínimo como base de cálculo do adicional de insalubridade.

SÚMULA N. 24 — TRT 8ª REGIÃO

ADICIONAL DE INSALUBRIDADE. BASE DE CÁLCULO. Após a edição da Súmula Vinculante n. 4, do STF, até que se edite norma legal ou convencional, a base de cálculo do adicional de insalubridade deve ser o salário mínimo nacional.

— Ver Súmula n. 228 do TST.

SÚMULA N. 38 — TRT 22ª REGIÃO

HORA EXTRA. ADICIONAL DE INSALUBRIDADE. ADICIONAL DE PERICULOSIDADE. BASE DE CÁLCULO. A base de cálculo da hora extra resulta da soma do salário contratual acrescido do adicional de insalubridade ou do adicional de periculosidade, porquanto o labor extraordinário efetiva-se em local insalubre ou perigoso.

1. AGRAVO DE INSTRUMENTO EM RECURSO DE REVISTA DO RECLAMANTE. JULGAMENTO EXTRA PETITA. SÚMULA N. 337, I, A, DO TST. PRESCRIÇÃO. SÚMULA N. 333 DO TST. SALÁRIO-FAMÍLIA. ART. 896, "C", DA CLT. SÚMULA N. 337, I, "A", DO TST. DIFERENÇAS SALARIAIS. ART. 896, "C", DA CLT. HORAS EXTRAS. ART. 896, § 7º, DA CLT. SÚMULA N. 333 DO TST. HORAS *IN ITINERE*. ART. 896, "A", DA CLT. HORAS DE SOBREAVISO. ART. 896, "A", DA CLT. ADICIONAL DE INSALUBRIDADE. SÚMULA N. 296, I, DO TST. Nega-se provimento ao Agravo de Instrumento que não logra desconstituir os fundamentos do despacho que denegou seguimento ao Recurso de Revista. Agravo de Instrumento a que se nega provimento. II — RECURSO DE REVISTA DA RECLAMADA. ADICIONAL DE INSALUBRIDADE. BASE DE CÁLCULO. Ante a impossibilidade de fixação de base de cálculo diversa por meio de decisão judicial, imperativa a manutenção do salário mínimo como base de cálculo do adicional de insalubridade até que sobrevenha lei específica ou norma coletiva disciplinando expressamente a base de cálculo a ser considerada na apuração do referido adicional. Recurso de Revista conhecido e provido. (TST ARR: 94300620075090671, Relator: Márcio Eurico Vitral Amaro, Data de Julgamento: 21.10.2015, 8ª Turma, Data de Publicação: DEJT 23.10.2015)

— O julgado considerou o salário mínimo como base de cálculo do adicional de insalubridade.

2. TÉCNICO EM RADIOLOGIA. BASE DE CÁLCULO. Tratando-se de institutos específicos da categoria dos técnicos em radiologia, o adicional de insalubridade e risco de vida previsto no art. 16 da Lei n. 7.394/85 deve obedecer aos ditames da lei que os criou, inclusive no que se refere à sua base de cálculo, que, no caso em questão, é o salário mínimo profissional, consubstanciado em dois salários mínimos, conforme jurisprudência pacífica desta Corte (Súmula/TST n. 358). Recurso de revista conhecido e provido (TST, 2ª T., RR — 1548866-56.2005.5.01.0900, Data de Publicação: DEJT 14.05.2010, Relator Ministro: Renato de Lacerda Paiva)

3. ADICIONAL DE INSALUBRIDADE. BASE DE CÁLCULO SALÁRIO MÍNIMO. Nos termos da jurisprudência dominante do Tribunal Superior do Trabalho, a base de cálculo do adicional de insalubridade será calculado sobre o valor do salário mínimo vigente, até que seja promulgada lei alterando a redação do art. 192 da CLT ou celebrada convenção coletiva de trabalho regulando a matéria. Recurso improvido. (TRT, 14ª R., 1ª T., 0000175-51.2016.5.14.0411, Relator: Afrânio Viana Gonçalves).

— Ver Súmula n. 228 do TST.

4. ADICIONAL DE INSALUBRIDADE. BASE DE CÁLCULO. SALÁRIO MÍNIMO NACIONAL. Segundo a recente Súmula n. 24, deste E. Tribunal, após a edição da Súmula Vinculante n. 4, do STF, até que se edite norma legal ou convencional, a base de cálculo do adicional de insalubridade deve ser o salário mínimo nacional. Recurso ordinário do reclamante conhecido e desprovido, no particular. (TRT, 9ª R., 03435-2015-012-09-00-1-ACO-40579-2016 — 2ª Turma Relator: Cássio Colombo Filho. Publicado no DEJT em 29.11.2016)

— Ver Súmula n. 228 do TST.

5. ADICIONAL DE INSALUBRIDADE SOBRE REMUNERAÇÃO. Ao usar, no art. 7º, item XXIII, o termo "remuneração" em vez de "salário" para qualificar o adicional que deve ser pago pelo trabalho prestado em condições penosas, insalubres ou perigosas, o legislador constituinte teve clara intenção de aumentar a base sobre a qual incide o trabalho realizado em condições adversas, revogando assim o art. 192 da CLT. Esta interpretação está autorizada, não só pela clara distinção entre remuneração e salário, assentada pelo próprio legislador consolidado no art. 457, como também pelo espírito do legislador constituinte ao prometer, no item XXII do art. 7º, "redução dos riscos inerentes ao trabalho, por meio de normas de saúde, higiene e segurança". Qualquer outra interpretação colocaria a Constituição em contradição consigo própria, pois, enquanto promete a redução dos riscos inerentes ao trabalho, por meio de normas de saúde, higiene e segurança, facilita sua prestação, permitindo que o empregador pague menos pelo trabalho exercido em condições desfavoráveis. Jamais se preservará o trabalho, valor repetidamente estimado pela Constituição brasileira (art. 1º, item IV, arts. 170 e 193), sem se preservar o trabalhador, que é a fonte única dos bens e serviços de que carece toda e qualquer coletividade organizada (TRT, 9ª R., 3ª T., RO 6.866/95, rel. Juiz Antônio Álvares da Silva, DJMG de 31.10.95, p. 55 — Dicionário de Decisões Trabalhistas, de B. Calheiros Bomfim, Silvério Mattos dos Santos e Cristina KawayStamato, 26. ed.).

— A decisão considerou a remuneração como base de cálculo do adicional de insalubridade.

6. ADICIONAL DE INSALUBRIDADE. BASE DE CÁLCULO. SALÁRIO MÍNIMO NACIONAL. A vedação contida no inciso IV do art. 7º da Constituição Federal não permite criar, por decisão judicial, novo critério para o cálculo do adicional de insalubridade. Assim, em consonância com o entendimento do STF (Súmula Vinculante n. 4), até a edição de norma legal ou convencional prevendo base de cálculo distinta, o salário mínimo nacional deve continuar a ser adotado. Recurso ordinário da ré a que se dá provimento, no particular. (TRT, 9ª R., 7ª T., 15402-2015-028-09-00-0-ACO-05183-2017, Relator: Benedito Xavier da Silva, Publicado em 17.02.2017).

— Ver Súmula n. 228 do TST.

BASE DE CÁLCULO DO ADICIONAL DE PERICULOSIDADE

SÚMULAS DO TST / TRT

SÚMULA N. 39 — TST

PERICULOSIDADE. Os empregados que operam em bomba de gasolina têm direito ao adicional de periculosidade.

— A NR-16, anexo 2, no quadro do item 1, considera como perigoso o abastecimento de veículos; e no item 3, letra q, é definida a área de risco:

— Abastecimento de inflamáveis — Área de risco: Toda a área de operação, abrangendo, no mínimo, círculo com raio de 7,5 metros com centro no ponto de abastecimento e o círculo com raio de 7,5 metros com centro na bomba de abastecimento da viatura e faixa de 7,5 metros de largura para ambos os lados da máquina.

SÚMULA N. 70 — TST

ADICIONAL DE PERICULOSIDADE. O adicional de periculosidade não incide sobre os triênios pagos pela Petrobras.

SÚMULA N. 132 — TST

ADICIONAL DE PERICULOSIDADE. INTEGRAÇÃO (incorporadas as Orientações Jurisprudenciais n.s 174 e 267 da SBDI-1) — Res. 129/2005, DJ 20, 22 e 25.04.2005

I — O adicional de periculosidade, pago em caráter permanente, integra o cálculo de indenização e de horas extras;

II — Durante as horas de sobreaviso, o empregado não se encontra em condições de risco, razão pela qual é incabível a integração do adicional de periculosidade sobre as mencionadas horas.

SÚMULA N. 191 — TST

ADICIONAL DE PERICULOSIDADE. INCIDÊNCIA. BASE DE CÁLCULO (cancelada a parte final da antiga redação e inseridos o itens II e III)

I — O adicional de periculosidade incide apenas sobre o salário básico e não sobre este acrescido de outros adicionais.

II — O adicional de periculosidade do empregado eletricitário, contratado sob a égide da Lei n. 7.369/1985, deve ser calculado sobre a totalidade das parcelas de natureza salarial. Não é válida norma coletiva mediante a qual se determina a incidência do referido adicional sobre o salário básico.

III — A alteração da base de cálculo do adicional de periculosidade do eletricitário promovida pela Lei n. 12.740/2012 atinge somente contrato de trabalho firmado a partir de sua vigência, de modo que, nesse caso, o cálculo será realizado exclusivamente sobre o salário básico, conforme determina o § 1º do art. 193 da CLT:

— Ver art. 193 da CLT:

Art. 193, § 1º O trabalho em condições de periculosidade assegura ao empregado um adicional de 30% (trinta por cento) sobre o salário sem os acréscimos resultantes de gratificações, prêmios ou participações nos lucros da empresa.

SÚMULA N. 24 — TRT 5ª REGIÃO

EMPREGADOS DA PETROBRAS S/A. ANUÊNIO. INTEGRAÇÃO. CÁLCULO DO ADICIONAL DE PERICULOSIDADE. O adicional de tempo de serviço (anuênio) pago pela PETROBRAS aos empregados não integra a base de cálculo para efeito de quantificação do adicional de periculosidade. (RA 0007/2016 — Divulgada no Diário Eletrônico do TRT da 5ª Região, edições de 29.02.2016, 01 e 02.03.2016, de acordo com o disposto no art. 187-B do Regimento Interno do TRT da 5ª Região)

— A Súmula n. 70 do TST veda a integração da base de cálculo do adicional de periculosidade nos triênios da Petrobras.

SÚMULA N. 29 — TRT 5ª REGIÃO

ADICIONAL POR TEMPO DE SERVIÇO. INTEGRAÇÃO NA BASE DE CÁLCULO DO ADICIONAL DE PERICULOSIDADE. EMPREGADO NÃO ELETRICITÁRIO. IMPOSSIBILIDADE. O adicional por tempo de serviço pago aos empregados não pertencentes à categoria dos eletricitários não integra a base de cálculo do adicional de periculosidade, nos termos do entendimento da Súmula n. 191 do TST. (RA 0038/2016 — Divulgada no Diário Eletrônico do TRT da 5ª Região, edições de 29 e 30.06.2016 e 1º.07.2016, de acordo com o disposto no art. 187-B do Regimento Interno do TRT da 5ª Região).

— A Súmula n. 191 do TST estabelece que:

I — O adicional de periculosidade incide apenas sobre o salário básico e não sobre este acrescido de outros adicionais.

II — O adicional de periculosidade do empregado eletricitário, contratado sob a égide da Lei n. 7.369/1985, deve ser calculado sobre a totalidade das parcelas de natureza salarial. Não é válida norma coletiva mediante a qual se determina a incidência do referido adicional sobre o salário básico.

III — A alteração da base de cálculo do adicional de periculosidade do eletricitário promovida pela Lei n. 12.740/2012 atinge somente contrato de trabalho firmado a partir de sua vigência, de modo que, nesse caso, o cálculo será realizado exclusivamente sobre o salário básico, conforme determina o § 1º do art. 193 da CLT.

SÚMULA N. 38 — TRT 6ª REGIÃO

ADICIONAL DE PERICULOSIDADE. BASE DE CÁLCULO. LABOR EM CONTATO COM ENERGIA ELÉTRICA. INCLUSÃO DA TOTALIDADE DAS PARCELAS DE NATUREZA SALARIAL. LEI N. 12.740/2012. INCIDÊNCIA. LIMITE TEMPORAL. I — É devido o adicional de periculosidade ao empregado que trabalhe em contato com energia elétrica, independentemente da atividade preponderante do empregador. II — O empregado contratado sob a égide da Lei n. 7.369/85 faz jus ao adicional de periculosidade calculado sobre a totalidade das parcelas de natureza salarial. A alteração promovida pela Lei n. 12.740/2012 atinge somente contrato de trabalho firmado a partir de sua vigência, hipótese em que deve ser aplicado o § 1º do art. 193 da CLT.

— Ver Súmula n. 191/TST.

SÚMULA N. 20 — TRT 8ª REGIÃO

PORTUÁRIOS. HORAS EXTRAORDINÁRIAS. ADICIONAL NOTURNO E ADICIONAL DE RISCO. LEI N. 4.860/1965, ART. 7º, § 5º. Para o cálculo das horas extraordinárias prestadas pelos trabalhadores portuários, observar-se-á somente o salário básico percebido, excluídos o adicional noturno e o adicional de risco, ressalvada norma coletiva mais favorável. Belém, 21 de março de 2013.

— Ver Orientação Jurisprudencial n. 402 do TST.

SÚMULA N. 2 — TRT 22ª REGIÃO

ELETRICITÁRIO. ADICIONAL DE PERICULOSIDADE. BASE DE CÁLCULO. O empregado eletricitário, admitido sob a égide da Lei n. 7.369/1985, faz jus ao pagamento de adicional de periculosidade calculado sobre todas as parcelas de natureza salarial. As disposições da Lei n. 12.740/2012 aplicam-se apenas aos contratos de trabalho celebrados após o início de sua vigência. (Revisada pela RA n. 48/2016 de 15.06.2016, publicada no DEJT n. 2003 de 20.06.2016).

ACUMULAÇÃO DOS ADICIONAIS

SÚMULA DO TRT

SÚMULA N. 76 — TRT 4ª REGIÃO

ADICIONAIS DE INSALUBRIDADE E PERICULOSIDADE. ACUMULAÇÃO. IMPOSSIBILIDADE. O pagamento cumulativo dos adicionais de insalubridade e periculosidade encontra óbice no art. 193, § 2º, da CLT, o qual faculta ao empregado o direito de optar pelo adicional mais favorável. Inexistência de violação aos incisos XXII e XXIII, do art. 7º, da Constituição.

SÚMULA N. 78 — TRT 2ª REGIÃO

ADICIONAIS DE PERICULOSIDADE E INSALUBRIDADE. CUMULAÇÃO. IMPOSSIBILIDADE. Os adicionais de periculosidade e insalubridade não são cumuláveis, em razão do que dispõe o art. 193, § 2º, da CLT.

— Ver no art. 193, § 2º, da CLT.

SÚMULA N. 40 — TRT 13ª REGIÃO

Adicionais de insalubridade e de periculosidade. Percepção cumulativa. Possibilidade. Agentes nocivos distintos.

— Ver no art. 193, § 2º, da CLT. O entendimento é diferente das súmulas dos tribunais TRT das regiões 4ª, 2ª e 17ª.

SÚMULA N. 47 — TRT DA 17ª REGIÃO

ADICIONAIS DE INSALUBRIDADE E DE PERICULOSIDADE. PAGAMENTO CUMULATIVO. IMPOSSIBILIDADE. A teor do art. 193, § 2º, da CLT, é vedada a percepção cumulativa dos adicionais de insalubridade e de periculosidade, ainda que o pedido de cumulação se baseie na existência de fatos geradores distintos.

— Ver no art. 193, § 2º, da CLT.

JURISPRUDÊNCIA

1. RECURSO DE REVISTA. LEI N. 13.015/2014. ADICIONAIS DE PERICULOSIDADE E INSALUBRIDADE. CUMULAÇÃO INDEVIDA. 1. O art. 193, § 2º, da Consolidação das Leis do Trabalho, recepcionado pela Constituição da República de 1988, preconiza caber ao empregado a opção quanto ao adicional que porventura lhe seja devido. 2. Na hipótese dos autos, deferiu-se ao obreiro o pagamento do adicional de insalubridade cumulado com o adicional de periculosidade, durante todo o período em que mantido o vínculo de emprego. 3. Nos termos do referido dispositivo legal, não há falar em cumulação de recebimento dos adicionais de periculosidade e de insalubridade, sendo que o reclamante deve optar pelo adicional que deseja receber. 4. Precedentes deste Tribunal Superior. 5. Recurso de Revista conhecido e provido, com ressalva de entendimento do Relator. (Processo: RR — 555-59.2015.5.19.0059 Data de Julgamento: 09.11.2016, Relator Desembargador Convocado: Marcelo Lamego Pertence, 1ª Turma, Data de Publicação: DEJT 11.11.2016)

— O empregado poderá optar pelo adicional de insalubridade que porventura lhe seja devido (Art. 193, § 2º da CLT).

2. ADICIONAIS DE INSALUBRIDADE E PERICULOSIDADE. POSSIBILIDADE DE CUMULAÇÃO. Para a d. maioria desta E. Turma, é possível a cumulação dos adicionais de periculosidade e insalubridade, nos termos da Convenção 155 da OIT, ratificada pelo Brasil. (TRT da 3ª Região; Processo: 0000779-93.2015.5.03.0074 RO; Data de Publicação: 23.01.2017; Disponibilização: 16.12.2016, DEJT/TRT3/Cad. Jud, p. 286; Órgão Julgador: Décima Primeira Turma; Relator: Convocado Marcio José Zebende; Revisor: Convocado Antonio G. de Vasconcelos)

— A decisão admitiu a possibilidade de acumular os adicionais de insalubridade e periculosidade.

3. ADICIONAL DE PERICULOSIDADE E ADICIONAL DE INSALUBRIDADE. IMPOSSIBILIDADE DE CUMULAÇÃO. Conforme dispõe o art. 193, § 2º, da CLT, o empregado que se submete a condições de insalubridade e riscos de periculosidade pode optar pelo adicional que lhe for mais benéfico. Significa que o legislador considerou a possibilidade de cumulação do risco, mas descartou a da sobreposição de adicionais. Assim, fica facultado ao reclamante o recebimento do adicional mais vantajoso, uma vez que ambos não se cumulam. (TRT da 3ª Região; PJe: 0010715-79.2015.5.03.0095 (RO); Disponibilização: 1º.07.2016, DEJT/TRT3/Cad.Jud, p. 267; Órgão Julgador: Décima Turma; Relator: Lucilde D'Ajuda Lyra de Almeida)

— A acumulação dos adicionais foi rejeitada.

4. AGRAVO DE INSTRUMENTO. RECURSO DE REVISTA INTERPOSTO NA VIGÊNCIA DA LEI N. 13.015/2014. ADICIONAIS. PERICULOSIDADE E INSALUBRIDADE. PERCEPÇÃO CUMULATIVA. ART. 193, § 2º, DA CLT. ALCANCE. 1. Consoante a jurisprudência firmada pela Subseção I Especializada em Dissídios Individuais do TST (ERR-1072-72.2011.5.02.0384, Rel. Min. Renato de Lacerda Paiva, julgado em 13.10.2016), a norma do art. 193, § 2º, da CLT veda, em toda e qualquer circunstância, a percepção cumulativa dos adicionais de insalubridade e de periculosidade, não importando se o pedido de acumulação de adicionais deriva de uma única causa de pedir ou de causas de pedir distintas. Ressalva de entendimento do Relator. 2. Agravo de instrumento do Reclamante a que se nega provimento. (Processo: ARR — 20872-43.2014.5.04.0023 Data de Julgamento: 08.02.2017, Relator Ministro: João Oreste Dalazen, 4ª Turma, Data de Publicação: DEJT 17.02.2017).

— A acumulação dos adicionais foi rejeitada.

5. AGRAVO DE INSTRUMENTO. 1. RECURSO DE REVISTA INTERPOSTO NA VIGÊNCIA DA LEI N. 13.015/2014. PRECEDÊNCIA DAS NORMAS DO CPC DE 1973 FRENTE AO CPC DE 2015. INCIDÊNCIA DA REGRA DE DIREITO INTERTEMPORAL SEGUNDO A QUAL *TEMPUS REGIT ACTUM*. ADICIONAL DE INSALUBRIDADE E DE PERICULOSIDADE CUMULAÇÃO. IMPOSSIBILIDADE. DECISÃO EM CONSONÂNCIA COM A JURISPRUDÊNCIA DA SBDI-1 DO TST. I — Cinge-se a controvérsia acerca da possibilidade de percepção cumulada dos adicionais de periculosidade e de insalubridade, quando o empregado exerce concomitantemente funções expostas a agentes agressivos à saúde e a risco de vida. II — Segundo preconiza o art. 193, § 2º, da CLT: "São consideradas atividades ou operações perigosas, na forma da regulamentação aprovada pelo Ministério do Trabalho e Emprego, aquelas que, por sua natureza ou métodos de trabalho, impliquem risco acentuado em virtude de exposição permanente do trabalhador a: (Redação dada pela Lei n. 12.740, de 2012)(...) § 2º O empregado poderá optar pelo adicional de insalubridade que porventura lhe seja devido. *(Incluído pela Lei n. 6.514, de 22.12.1977)*". III — Forçoso, reconhecer, portanto, o comando expresso, claramente discernível na literalidade

da norma consolidada, quanto à necessidade de o empregado, no exercício de atividades em condições perigosas e insalubres, fazer a opção pelo adicional que lhe seja mais vantajoso. IV — Com isso, atento à regra de hermenêutica, agiganta-se a certeza de não ser possível o pagamento cumulativo dos adicionais de periculosidade e insalubridade, em estrita observância ao teor impositivo do art. 193, § 2º, da CLT. V — No mais, se o Poder Judiciário se abalasse a adotar a tese da cumulatividade dos adicionais de periculosidade e de insalubridade, estaria a declarar a inconstitucionalidade do art. 193, § 2º, da CLT sem a observância da cláusula de reserva do plenário prevista no art. 97 da Constituição e da Súmula Vinculante n. 10 do excelso STF. VI — Nessa linha, a SBDI-1 desta Corte, recentemente, na sessão do dia 13.10.2016, na diretriz do voto da Relatoria do Exmo. Ministro Renato de Lacerda Paiva, firmou o entendimento majoritário de que os adicionais não são acumuláveis, a teor do disposto no § 2º do art. 193 da CLT, independentemente das causas de pedir. (TST-E-RR-1072.2011.5.02.0384). VII — Na hipótese dos autos, colhe-se do acórdão regional o registro da impossibilidade de cumulação dos adicionais de insalubridade e periculosidade por expressa vedação legal. VIII — Desse modo, tendo o Tribunal Regional decido em plena consonância com a atual jurisprudência do Tribunal Superior do Trabalho, avulta a convicção de que o recurso de revista não desafiava processamento, quer à guisa de violação legal e/ou constitucional, quer a título de divergência pretoriana, a teor do art. 896, § 7º, da CLT e da Súmula n. 333/TST. XII — Agravo de instrumento a que se nega provimento. (AIRR — 1061-28.2015.5.11.0004, Relator Ministro: Antonio José de Barros Levenhagen, Data de Julgamento: 14.12.2016, 5ª Turma, Data de Publicação: DEJT 19.12.2016)

— A decisão indeferiu o pagamento cumulativo dos adicionais de insalubridade e periculosidade.

6. LEI N. 13.015/2014. ADICIONAIS DE PERICULOSIDADE E INSALUBRIDADE. CUMULAÇÃO INDEVIDA. 1. O art. 193, § 2º, da Consolidação das Leis do Trabalho, recepcionado pela Constituição da República de 1988, preconiza caber ao empregado a opção quanto ao adicional que porventura lhe seja devido. Se o adicional de periculosidade melhor retribui o trabalho em condições de risco e em exposição a agentes insalutíferos, o empregado poderá fazer a opção por ele, ainda que auferisse, no curso do contrato, o adicional de insalubridade. Nesse caso, resta ao julgador somente determinar a dedução dos valores já pagos a título de adicional de insalubridade, de modo que não se configure o pagamento cumulativo das referidas parcelas. Precedentes da Corte. 2. Agravo de Instrumento a que se nega provimento, com ressalva de entendimento do Relator. (AIRR — 10570-70.2014.5.15.0112, Relator Desembargador Convocado: Marcelo Lamego Pertence, Data de Julgamento: 08.02.2017, 1ª Turma, Data de Publicação: DEJT 10.02.2017)

— A decisão indeferiu o pagamento cumulativo dos adicionais de insalubridade e periculosidade.

7. RECURSO DE REVISTA. HORAS EXTRAS. ATIVIDADE INSALUBRE. REGIME 12X36. NÃO ATENDIMENTO DA EXIGÊNCIA DO ART. 60 DA CLT. INVALIDADE. DECISÃO MOLDADA À SÚMULA N. 85, VI, DO TST. O TRT deu provimento ao recurso ordinário da reclamante, para declarar a invalidade da jornada compensatória e determinar o pagamento das horas extras e dos adicionais respectivos. A ré defende a validade do regime compensatório, ADICIONAIS DE PERICULOSIDADE E INSALUBRIDADE. FATOS GERADORES DISTINTOS. CUMULAÇÃO. POSSIBILIDADE. A interpretação a ser conferida ao art. 193, § 2º, da CLT não pode ser a mesma quando os fatos geradores da insalubridade e da periculosidade são diversos e não se confundem. Nesta hipótese, o dispositivo em questão não incide pelo simples fato de que não há opção a ser feita. São fatores distintos e cada qual faz incidir o adicional correspondente. Interpretação distinta corresponderia a negar um direito fundado na Constituição Federal, nos termos do art. 7º, XXIII, da Constituição Federal. É precisamente a hipótese em exame, ao extrair-se dos autos que a autora se ativava como técnica de enfermagem do hospital e já recebia adicional de insalubridade compensatório do trabalho de exposição a agentes físicos e biológicos potencialmente danosos a sua saúde e ainda se sujeitava à exposição permanente a radiações ionizantes, a justificar a incidência do adicional de periculosidade. Dessa forma, em que os fatos geradores são diversos, admite-se a cumulação dos adicionais. Recurso de revista não conhecido. (RR — 1249-45.2013.5.04.0017, Relator Ministro: Alexandre de Souza Agra Belmonte, Data de Julgamento: 15.02.2017, 3ª Turma, Data de Publicação: DEJT 17.02.2017)

— A decisão admite o pagamento cumulativo dos adicionais de periculosidade e insalubridade.

8. ADICIONAIS DE PERICULOSIDADE E INSALUBRIDADE. CUMULACAO INDEVIDA. O art. 193, § 2º, da Consolidação das Leis do Trabalho preconiza caber ao empregado a opção quanto ao adicional que porventura lhe seja devido. Se o adicional de periculosidade melhor retribui o trabalho em condições de risco e em exposição a agentes insalutiferos, o empregado poderá fazer a opção por aquele, ainda que auferisse, no curso do contrato, o adicional de insalubridade. Nesse caso, resta ao julgador determinar a dedução dos valores já pagos a titulo de adicional de insalubridade, de modo que não se configure o pagamento cumulativo das referidas parcelas. Precedentes da Corte. Recurso de revista conhecido e provido. (...) (RR — 49400-03.2008.5.04.0022, Data de Julgamento: 18.12.2012, Relator Ministro: Lélio Bentes Correa, 1ª Turma, Data de Publicação: DEJT 21.12.2012)

— O julgado considerou indevida a acumulação dos adicionais de insalubridade e periculosidade.

9. ADICIONAL DE PERICULOSIDADE E DE INSALUBRIDADE. CUMULACAO. IMPOSSIBILIDADE. Este Tribunal Superior, apos interpretação literal do art. 193, § 2º, da CLT, firmou o entendimento de impossibilidade de cumulação de recebimento dos adicionais de periculosidade e de insalubridade. Ao ser prevista a opção entre um adicional e o outro, depreende-se que ao empregado ficou inviabilizada a percepção de ambos os adicionais simultaneamente. Assim, se o reclamante recebia o pagamento do adicional de insalubridade e entende que a percepção do adicional de periculosidade lhe será mais vantajosa, poderá optar por deixar de recebê-lo e passar a receber o outro, ou vice-versa. Precedentes desta Corte. Recurso de revista conhecido e provido.(...). (RR — 645-40.2011.5.04.0022, Data de Julgamento: 05.02.2014, Relator Ministro: Jose Roberto Freire Pimenta, 2ª Turma, Data de Publicação: DEJT 14.02.2014)

— A decisão entendeu que o autor deve optar pelo adicional mais vantajoso (art. 193, § 2º da CLT)

10. ADICIONAIS DE PERICULOSIDADE E INSALUBRIDADE. CUMULACAO. Preceitua o art. 192 da CLT que "o exercício de trabalho em condições insalubres, acima dos limites de tolerância estabelecidos pelo Ministério do Trabalho, assegura a percepção de adicional respectivamente de 40% (quarenta por cento), 20% (vinte por cento) e 10% (dez por cento) do salário-mínimo da região, segundo se classifiquem nos graus Máximo, médio e mínimo". O art. 193, § 1º, da CLT, por sua vez, versa que "o trabalho em condições de periculosidade assegura ao empregado um adicional de 30% (trinta por cento) sobre o salário sem os acréscimos resultantes de gratificações, prêmios ou participações nos lucros da empresa". Já o § 2º do ultimo dispositivo consolidado indicado estabelece que "o empregado poderá optar pelo adicional de insalubridade que porventura lhe seja devido". Tem-se, assim, que o legislador, ao possibilitar ao empregado a opção, por certo, vedou o pagamento cumulado dos dois institutos. Recurso de revista conhecido e provido.(...). (RR – 832-33.2011.5.04.0221, Data de Julgamento: 16.10.2013, Relator Ministro: Alberto Luiz Bresciani de Fontan Pereira, 3ª Turma, Data de Publicação: DEJT 18.10.2013)

— O julgado considerou indevida a acumulação dos adicionais de insalubridade e periculosidade.

11. RECURSO DE REVISTA. CUMULACAO. ADICIONAL DE PERICULOSIDADE E DE INSALUBRIDADE. IMPOSSIBILIDADE. Não se vislumbra afronta direta e literal do art. 7º, XXIII, da Constituição Federal, uma vez que o aludido dispositivo constitucional estabelece o direito aos adicionais de periculosidade, insalubridade "na forma da lei". No caso, como escorreitamente decidido pelo Regional, e o disposto no § 2º do art. 193. E o aludido dispositivo celetista veda a cumulação dos adicionais de periculosidade e insalubridade, podendo, no entanto, o empregado fazer a opção pelo que lhe for mais benéfico. Precedentes desta Corte no mesmo sentido. Recurso de Revista não conhecido. (RR – 136000-37.2009.5.04.0751, Data de Julgamento: 22.05.2013, Relatora Ministra: Maria de Assis Calsing, 4ª Turma, Data de Publicação: DEJT 24.05.2013)

— A decisão considerou indevida a acumulação dos adicionais.

12. (...) 2. ADICIONAIS DE INSALUBRIDADE E PERICULOSIDADE. PERCEPCAO SIMULTANEA. IMPOSSIBILIDADE. O entendimento de que e devido ao trabalhador o pagamento apenas do adicional de insalubridade ou do adicional de periculosidade (o que for mais benéfico) encontra respaldo na jurisprudência desta colenda Corte Superior, que declara ser valida a norma prevista no art. 193, § 2º, da CLT, segundo a qual e vedada a percepção cumulativa dos referidos adicionais. Recurso de revista de que não se conhece. (RR – 1146-02.2012.5.03.0017, Data de Julgamento: 17.09.2013, Relator Ministro: Guilherme Augusto Caputo Bastos, 5ª Turma, Data de Publicação: DEJT 27.09.2013)

— A decisão considerou indevida a acumulação dos adicionais.

13. (...) ADICIONAL DE PERICULOSIDADE E INSALUBRIDADE. RECEBIMENTO CUMULADO. IMPOSSIBILIDADE. O recebimento cumulado de adicional de periculosidade com adicional de insalubridade e possibilidade vedada pela lei (art. 193, § 2º, da CLT). Recurso de revista conhecido e desprovido (...). (ARR – 119600-83.2008.5.04.0006, Data de Julgamento: 14.05.2013, Relator Ministro: Aloysio Correa da Veiga, 6ª Turma, Data de Publicação: DEJT 21.06.2013)

— A decisão considerou indevida a acumulação dos adicionais.

14. RECURSO DE REVISTA. CUMULACAO DOS ADICIONAIS DE INSALUBRIDADE E PERICULOSIDADE. IMPOSSIBILIDADE. OPCAO DO TRABALHADOR PELA VERBA MAIS VANTAJOSA, EM FASE DE LIQUIDACAO. COMPENSACAO. O art. 193, § 2º, da CLT veda a cumulação dos adicionais de periculosidade e insalubridade, podendo, no entanto, o empregado fazer a opção pelo que lhe for mais benéfico, em sede de liquidação de sentença, assegurada a dedução do titulo ate então recebido, a fim de se evitar o enriquecimento sem causa. Precedentes. Recurso de revista de que se conhece e a que se da provimento. (RR – 1011-58.2010.5.03.0114, Data de Julgamento: 22.05.2013, Relator Desembargador Convocado Valdir Florindo, 7ª Turma, Data de Publicação: DEJT 24.05.2013)

— A decisão considerou indevida a acumulação dos adicionais. O autor deve optar pelo adicional mais vantajoso.

15. RECURSO DE REVISTA. CUMULACAO DOS ADICIONAIS DE PERICULOSIDADE E INSALUBRIDADE. IMPOSSIBILIDADE. Esta Corte adota entendimento no sentido de que não e possível a cumulação dos adicionais de insalubridade e periculosidade, nos termos do art. 193, § 2º, da CLT. Tendo sido deferido o pagamento do adicional de periculosidade, e devida a dedução dos valores já recebidos a titulo de insalubridade. Recurso de revista conhecido e provido. (RR – 1088-24.2010.5.12.0015, Data de Julgamento: 27.02.2013, Relatora Ministra: Dora Maria da Costa, 8ª Turma, Data de Publicação: DEJT 01.03.2013)

— A decisão considerou indevida a acumulação dos adicionais.

16. CUMULATIVIDADE DOS ADICIONAIS DE PERICULOSIDADE E INSALUBRIDADE. E vedada a cumulação do adicional de periculosidade com o de insalubridade, não havendo falar que a opção prevista no § 2º do art. 193 da CLT refere-se a hipótese de exposição do

empregado a dois agentes insalubres. Não se configura, pois, violação aos arts. 5º, inc. II, da Constituição da Republica, 896 e 193, § 2º, da CLT (...) Recurso de Embargos de que não se conhece. (RR — 496019-87.1998.5.03.5555, Data de Julgamento: 25.08.2003, Relator Ministro: João Batista Brito Pereira, Subseção I Especializada em Dissídios Individuais, Data de Publicação: DJ 12.09.2003)

— A decisão considerou indevida a acumulação dos adicionais.

17. EMPRESA BRASILEIRA DE CORREIOS E TELÉGRAFOS. CARTEIRO MOTORIZADO. ADICIONAL DE ATIVIDADE DE DISTRIBUIÇÃO E/OU COLETA Externa (AADC). ADICIONAL DE PERICULOSIDADE PELA EXECUÇÃO DO LABOR EM MOTOCICLETA. FUNDAMENTOS DISTINTOS. POSSIBILIDADE DE ACUMULAÇÃO. O Adicional de Atividade de Distribuição e/ou Coleta Externa (AADC) é parcela instituída em norma interna da ré como devida "aos empregados que atuarem no exercício efetivo da atividade postal externa de Distribuição e/ou Coleta em vias públicas". Por sua, vez, o adicional de periculosidade previsto no § 4º do art. 193 da CLT (inserido no diploma celetista pela Lei n. 12.997/14) é um direito concedido a todos os trabalhadores que atuem "em motocicleta". Logo, em se tratando de verbas dotadas de fundamentos distintos, ambas devem ser pagas cumulativamente ao autor, que desempenha atividade de distribuição/coleta em vias públicas com o emprego de motocicleta. (TRT da 3ª Região; PJe: 0011074-63.2016.5.03.0137 (RO); Disponibilização: 15.02.2017, DEJT/TRT3/Cad.Jud, p. 518; Órgão Julgador: Décima Turma; Relator: Convocado Alexandre Wagner de Morais Albuquerque)

— A decisão admitiu acumular o adicional de Atividade de Distribuição e/ou Coleta Externa (AADC), instituída em norma interna da ré, com o da periculosidade.

18. ADICIONAL DE INSALUBRIDADE. EXPOSIÇÃO A MAIS DE UM AGENTE INSALUBRE. CUMULAÇÃO INVIÁVEL. Não prospera a pretensão do reclamante quanto à cumulação dos adicionais pela constatação de sua exposição a mais de um agente insalubre, conforme inteligência do art. 193, § 2º, da CLT, que proíbe a acumulação do adicional de insalubridade com o adicional de periculosidade. A par disso, há o disposto na NR-15, item 15.3, da Portaria Ministerial n. 3.214/78, *in verbis*: "15.3 — No caso de incidência de mais de um fator de insalubridade, será apenas considerado o de grau mais elevado, para efeito de acréscimo salarial, sendo vedada a percepção cumulativa". (TRT da 3ª Região; PJe: 0010666-86.2015.5.03.0079 (RO); Disponibilização: 22.07.2016, DEJT/TRT3/Cad.Jud, p. 222; Órgão Julgador: Nona Turma; Redator: João Bosco Pinto Lara)

— Como mencionado na decisão, a NR-15, item 15.3, da Portaria Ministerial n. 3.214/78, veda a percepção cumulativa dos adicionais de insalubridade.

CAPÍTULO V

ACIDENTE E DOENÇAS DO TRABALHO

CONSIDERAÇÕES GERAIS

A Constituição da República em seu art. 7º, XXVIII, assegura aos trabalhadores o direito aos benefícios do seguro contra acidentes do trabalho. O referido artigo dispõe:

> São direitos dos trabalhadores urbanos e rurais, além de outros que visem à melhoria de sua condição social:
>
> (...)
>
> XXVIII — seguro contra acidentes de trabalho, a cargo do empregador, sem excluir a indenização a que este está obrigado, quando incorrer em dolo ou culpa.

Examinando o dispositivo constitucional verificam-se duas formas de indenização por acidente e doença do trabalho. Uma a cargo do Instituto Nacional de Seguridade Social (INSS), decorrente do Seguro de Acidente do Trabalho previsto no art. 22 da Lei n. 8.212/91, e a outra fundamentada na responsabilidade civil subjetiva.

SEGURO CONTRA ACIDENTES E DOENÇAS DO TRABALHO

O Seguro de Acidente do Trabalho está regulamentado no art. 22 da Lei n. 8.212/91, que estabelece a contribuição a cargo da empresa, destinada à Seguridade Social, para o financiamento dos benefícios em razão do grau de incidência de incapacidade laborativa decorrente dos riscos ambientais do trabalho. O art. 22, II da Lei n. 8.212 dispõe:

> II — para o financiamento do benefício previsto nos arts. 57 e 58 da Lei n. 8.213, de 24 de julho de 1991, e daqueles concedidos em razão do grau de incidência de incapacidade laborativa decorrente dos riscos ambientais do trabalho, sobre o total das remunerações pagas ou creditadas, no decorrer do mês, aos segurados empregados e trabalhadores avulsos:
>
> a) 1% (um por cento) para as empresas em cuja atividade preponderante o risco de acidentes do trabalho seja considerado leve;
>
> *b) 2% (dois por cento) para as empresas em cuja atividade preponderante esse risco seja considerado médio;*
>
> *c) 3% (três por cento) para as empresas em cuja atividade preponderante esse risco seja considerado grave.*

Mais tarde, o Decreto n. 6.042, de 12.02.2007, acrescentou o art. 202-A do Decreto n. 3.048/99, Fator Acidentário de Prevenção (FAP), que poderá reduzir as alíquotas do Seguro de Acidente do Trabalho até cinquenta por cento ou poderão ser aumentadas em até cem por cento, em razão do desempenho da empresa em relação à sua respectiva atividade, no tocante à prevenção de acidentes e doenças de trabalho.

RESPONSABILIDADE SUBJETIVA E OBJETIVA

O art. 7º, XXVIII da Constituição prevê a indenização cumulativa a cargo do empregador, quando o acidente do trabalho decorrer de dolo ou culpa. Assim, além do valor pago pelo INSS, o empregado pode receber outra indenização, no entanto, a vítima deve comprovar o dolo ou culpa (negligência, imprudência ou imperícia) do empregador (responsabilidade subjetiva). No mesmo sentido, o art. 186 do Código Civil estabelece que aquele que, por ação ou omissão voluntária, negligência ou imprudência, violar direito e causar dano a outrem, ainda que exclusivamente moral, comete ato ilícito. Já o art. 927 determina que aquele que por ato ilícito causar dano a outrem, fica obrigado a repará-lo. Todavia, a doutrina e a jurisprudência trabalhista admitem a responsabilidade objetiva nos acidentes do trabalho, como base no art. 927, parágrafo único do Código Civil:

> Haverá obrigação de reparar o dano, independentemente de culpa, nos casos especificados em lei, ou quando a atividade normalmente desenvolvida pelo autor do dano implicar, por sua natureza, risco para os direitos de outrem.

Na responsabilidade objetiva não há necessidade de comprovar a culpa do empregador pelo acidente ou doença do trabalho. No entanto, a interpretação do dispositivo legal citado é subjetiva, pois é difícil definir as atividades que por sua natureza são perigosas. Assim, num mesmo ramo de atividade os riscos podem ser bem diferentes em função da política prevencionista, processo de trabalho, controle entre outros. Ou seja, a probabilidade de ocorrência de acidentes pode ser minimizada com ações de controle adotadas pelo empregador.

ACIDENTE DO TRABALHO/DOENÇA DO TRABALHO

CONCEITO LEGAL

Para fins de benefícios do INSS, acidente do trabalho é o que ocorre pelo exercício do trabalho a serviço da empresa ou pelo exercício do trabalho dos segurados provocando lesão corporal ou perturbação funcional que cause a morte ou a perda ou redução, permanente ou temporária, da capacidade para o trabalho (art. 19 da Lei n. 8.213/91).

O art. 20 da Lei n. 8.213/91 dispõe:

Consideram-se acidente do trabalho, nos termos do artigo anterior, as seguintes entidades mórbidas:

I — doença profissional, assim entendida a produzida ou desencadeada pelo exercício do trabalho peculiar a determinada atividade e constante da respectiva relação elaborada pelo Ministério do Trabalho e da Previdência Social;

II — doença do trabalho, assim entendida a adquirida ou desencadeada em função de condições especiais em que o trabalho é realizado e com ele se relacione diretamente, constante da relação mencionada no inciso I.

Portanto, para fins de indenização e outros benefícios o acidente do trabalho equipara-se à doença profissional e do trabalho. A relação das doenças do trabalho ou profissionais em função dos agentes patogênicos e da atividade desenvolvida encontra-se no anexo II do Decreto n. 3.048/99.

SITUAÇÕES QUE SE EQUIPARAM AO ACIDENTE DO TRABALHO

O art. 21 da Lei n. 8.213/91 determina que são equiparados ao acidente do trabalho as seguintes situações:

— O acidente ligado ao trabalho que, embora não tenha sido a causa única, haja contribuído diretamente para a morte do segurado, para redução ou perda da sua capacidade para o trabalho, ou produzido lesão que exija atenção médica para a sua recuperação;

— O acidente sofrido pelo segurado no local e no horário do trabalho, em consequência de:

a) ato de agressão, sabotagem ou terrorismo praticado por terceiro ou companheiro de trabalho;

b) ofensa física intencional, inclusive de terceiro, por motivo de disputa relacionada ao trabalho;

c) ato de imprudência, de negligência ou de imperícia de terceiro ou de companheiro de trabalho;

d) ato de pessoa privada do uso da razão;

e) desabamento, inundação, incêndio e outros casos fortuitos ou decorrentes de força maior;

— A doença proveniente de contaminação acidental do empregado no exercício de sua atividade;

— O acidente sofrido pelo segurado ainda que fora do local e horário de trabalho:

a) na execução de ordem ou na realização de serviço sob a autoridade da empresa;

b) na prestação espontânea de qualquer serviço à empresa para lhe evitar prejuízo ou proporcionar proveito;

c) em viagem a serviço da empresa, inclusive para estudo quando financiada por esta dentro de seus planos para melhor capacitação da mão de obra, independentemente do meio de locomoção utilizado, inclusive veículo de propriedade do segurado;

d) no percurso da residência para o local de trabalho ou deste para aquela, qualquer que seja o meio de locomoção, inclusive veículo de propriedade do segurado.

Nos períodos para refeição ou descanso, ou por ocasião da satisfação de outras necessidades fisiológicas, no local do trabalho ou durante este, o empregado é considerado no exercício do trabalho (art. 21, § 1º da Lei n. 8.213/91).

Não é considerada agravação ou complicação de acidente do trabalho a lesão que, resultante de acidente de outra origem, se associe ou se superponha às consequências do anterior (art. 21, § 2º da Lei n. 8.213/91).

CONSEQUÊNCIAS DO ACIDENTE DO TRABALHO

A Lei n. 8.213/91 estabelece algumas regras que visam a obrigar o empregador a prevenir os acidentes e doenças do trabalho e profissionais. Entre as normas previstas, destacam-se:

O segurado que sofreu acidente do trabalho tem garantido, pelo prazo mínimo de 12 meses, a manutenção do seu contrato de trabalho na empresa, após a cessação do auxílio-doença acidentário, independentemente da percepção de auxílio-acidente (art. 118 da Lei n. 8.213/91).

A Lei n. 8.213/91 dispõe que a empresa é responsável pela adoção e pelo uso das medidas coletivas e individuais de proteção e segurança da saúde do trabalhador (art. 19, § 1º), além de constituir contravenção penal, punível com multa, quando a empresa deixar de cumprir as normas de segurança e higiene do trabalho. Já no art. 120 da referida lei estabelece que, nos casos de negligência quanto às normas-padrão de segurança e higiene do trabalho indicadas para a proteção individual e coletiva, a Previdência Social proporá ação regressiva contra os responsáveis.

A indenização e outros benefícios por acidente ou doença do trabalho são concedidos administrativamente pelo INSS. Nesse caso, deve preencher a CAT (Comunicação de Acidente de Trabalho), conforme estabelecido no art. 22 da Lei n. 8.213/91. A indenização cumulativa por dolo ou culpa é arbitrada pelo juiz, conforme regras estabelecidas no Código Civil, entre as quais destacamos:

Art. 944. A indenização mede-se pela extensão do dano.

Parágrafo único. Se houver excessiva desproporção entre a gravidade da culpa e o dano, poderá o juiz reduzir, equitativamente, a indenização.

Art. 945. Se a vítima tiver concorrido culposamente para o evento danoso, a sua indenização será fixada tendo-se em conta a gravidade de sua culpa em confronto com a do autor do dano.

Art. 948. No caso de homicídio, a indenização consiste, sem excluir outras reparações:

I — no pagamento das despesas com o tratamento da vítima, seu funeral e o luto da família;

II — na prestação de alimentos às pessoas a quem o morto os devia, levando-se em conta a duração provável da vida da vítima.

Art. 949. No caso de lesão ou outra ofensa à saúde, o ofensor indenizará o ofendido das despesas do tratamento e dos lucros cessantes até ao fim da convalescença, além de algum outro prejuízo que o ofendido prove haver sofrido.

Art. 950. Se da ofensa resultar defeito pelo qual o ofendido não possa exercer o seu ofício ou profissão, ou se lhe diminua a capacidade de trabalho, a indenização, além das despesas do tratamento e lucros cessantes até ao fim da convalescença, incluirá pensão correspondente à importância do trabalho para que se inabilitou, ou da depreciação que ele sofreu.

Parágrafo único. O prejudicado, se preferir, poderá exigir que a indenização seja arbitrada e paga de uma só vez.

Art. 951. O disposto nos arts. 948, 949 e 950 aplica-se ainda no caso de indenização devida por aquele que, no exercício de atividade profissional, por negligência, imprudência ou imperícia, causar a morte do paciente, agravar-lhe o mal, causar-lhe lesão, ou inabilitá-lo para o trabalho.

SÚMULAS DO TST / TRT

SÚMULA N. 378 — TST

ESTABILIDADE PROVISÓRIA. ACIDENTE DO TRABALHO. ART. 118 DA LEI N. 8.213/1991.

I — É constitucional o art. 118 da Lei n. 8.213/1991 que assegura o direito à estabilidade provisória por período de 12 meses após a cessação do auxílio-doença ao empregado acidentado.

II — São pressupostos para a concessão da estabilidade o afastamento superior a 15 dias e a consequente percepção do auxílio-doença acidentário, salvo se constatada, após a despedida, doença profissional que guarde relação de causalidade com a execução do contrato de emprego.

III — O empregado submetido a contrato de trabalho por tempo determinado goza da garantia provisória de emprego decorrente de acidente de trabalho prevista no art. 118 da Lei n. 8.213/91.

— O trabalhador acidentado, além da dificuldade de reingresso no mercado de trabalho, muitas vezes era demitido após o retorno ao trabalho. Desse modo, a Lei n. 8.213/91 estabeleceu a estabilidade provisória no emprego de 12 (doze) meses, sendo o pressuposto para esse direito a concessão do auxílio-doença, que é devido após o afastamento por mais de 15 dias.

SÚMULA N. 25 — TRT 1ª REGIÃO

ACIDENTE DO TRABALHO. DANO MORAL. TEORIA DO RISCO. Quando a atividade exercida pelo empregador implicar, por sua própria natureza, risco acentuado para o empregado, a obrigação patronal de indenizar o dano moral decorrente de acidente do trabalho depende, exclusivamente, da comprovação do dano e do nexo de causalidade com o trabalho desenvolvido. Art. 927 do Código Civil.

— O art. 927 do Código Civil dispõe:

Art. 927. Aquele que, por ato ilícito (arts. 186 e 187), causar dano a outrem, fica obrigado a repará-lo.

Parágrafo único. Haverá obrigação de reparar o dano, independentemente de culpa, nos casos especificados em lei, ou quando a atividade normalmente desenvolvida pelo autor do dano implicar, por sua natureza, risco para os direitos de outrem.

SÚMULA N. 68 — TRT 3ª REGIÃO

INDENIZAÇÃO POR DANOS MORAIS. ASSALTO SOFRIDO POR COBRADOR DE TRANSPORTE COLETIVO. ATIVIDADE DE RISCO. RESPONSABILIDADE CIVIL OBJETIVA. A atividade de cobrador de transporte coletivo é de risco e enseja a responsabilidade objetiva do empregador, sendo devida indenização por danos morais em decorrência de assalto sofrido no desempenho da função, nos termos do parágrafo único do art. 927 do CC/2002. (RA 76/2018, disponibilização: DEJT/TRT-MG/Cad. Jud. 17, 18 e 21.05.2018).

— Ver art. 927 do Código Civil.

SÚMULA N. 91 — TRT 4ª REGIÃO

PRESCRIÇÃO. ACIDENTE DO TRABALHO OU DOENÇA A ELE EQUIPARADA. Aplica-se o prazo prescricional previsto no art. 7º, XXIX, da Constituição Federal à pretensão de pagamento de indenização por danos patrimoniais e extrapatrimoniais decorrentes de acidente do trabalho ou de doença a ele equiparada ocorridos após a edição da Emenda Constitucional n. 45/2004. (RA 27/2016. Disponibilizada no DEJT dos dias 29 e 30.06.2016 e 1º.07.2016, considerada publicada nos dias 30.06.2016 e 01 e 04.07.2016, Acórdão Proc. TRT n. 0006612-93.2015.5.04.0000 IUJ)

— O art. 7º, XXIX, do CF, dispõe:

Art. 7º São direitos dos trabalhadores urbanos e rurais, além de outros que visem à melhoria de sua condição social:

XXIX — ação, quanto aos créditos resultantes das relações de trabalho, com prazo prescricional de cinco anos para os trabalhadores urbanos e rurais, até o limite de dois anos após a extinção do contrato de trabalho; (Redação dada pela Emenda Constitucional n. 28, de 25.05.2000)

SÚMULA N. 28 — TRT 5ª REGIÃO

LUCROS CESSANTES. PENSÃO. PERDA OU REDUÇÃO DA CAPACIDADE LABORATIVA. DESNECESSIDADE DE PROVA DO EFETIVO PREJUÍZO PATRIMONIAL. A perda ou redução da capacidade laborativa oriunda de acidente de trabalho e/ou doença ocupacional confere ao empregado o direito à indenização por danos materiais nas espécies lucros cessantes e pensionamento, independentemente da prova do efetivo prejuízo patrimonial.

— Ver arts. 949 e 950 do Código Civil.

SÚMULA N. 32 — TRT 6ª REGIÃO

DOENÇA PROFISSIONAL. EMPREGADO EXPOSTO AO AMIANTO/ASBESTO. TRANSAÇÃO EXTRAJUDICIAL. DIREITO FUTURO. RENÚNCIA. INVALIDADE.

É inválida a transação extrajudicial, com o escopo de prevenir litígio decorrente do agravamento de saúde do ex-empregado resultante da exposição ao amianto/asbesto, que contenha cláusula de renúncia a direito futuro.

— O anexo 12 da NR-15 estabelece limite de tolerância para fibras de asbestos e várias medidas de controle obrigatórias que devem ser adotadas pelo empregador. Em razão da nocividade da exposição a esse agente, a súmula veda transação com cláusula de renúncia do direito futuro.

SÚMULA N. 8 — TRT 8ª REGIÃO

ACIDENTE DE TRABALHO. DOENÇA OCUPACIONAL. PRESCRIÇÃO. Nos termos da Súmula n. 278 do STJ o prazo prescricional para o ajuizamento de ação indenizatória por acidente de trabalho ou doença ocupacional começa a fluir da ciência inequívoca da incapacidade laboral do segurado, que ocorrerá:

a) a partir da concessão da aposentadoria pelo órgão previdenciário, quando o acidente ou a doença ocupacional resultam em aposentadoria por invalidez;

b) da data em que cessou o auxílio doença/acidente previdenciário, quando há retorno ao trabalho, por alta médica;

c) da data da juntada aos autos de ação indenizatória, do laudo pericial que reconheceu a existência de acidente ou doença ocupacional, quando o empregado retorna ao trabalho e continua com sequelas decorrentes do infortúnio.

— Súmula n. 278 — O termo inicial do prazo prescricional, na ação de indenização, é a data em que o segurado teve ciência inequívoca da incapacidade laboral.

SÚMULA N. 11 — TRT 8ª REGIÃO

AÇÕES DE INDENIZAÇÃO POR DANOS MORAIS E ESTÉTICOS DECORRENTES DE ACIDENTE DO TRABALHO OU DOENÇA OCUPACIONAL. JUROS E CORREÇÃO MONETÁRIA.

I — Danos morais e estéticos. Correção Monetária. O marco inicial da correção monetária devida em ações de indenização por danos morais e estéticos, decorrentes de acidente do trabalho ou doença ocupacional será a data do arbitramento do seu valor (sentença ou acórdão), que é quando a indenização se torna exigível.

II — Danos morais e estéticos. Juros. O marco inicial dos juros devidos em ações de indenização por danos morais e estéticos, decorrentes de acidente de trabalho ou doença ocupacional será a data do ajuizamento da ação.

— Os bens do responsável pela ofensa ou violação do direito de outrem ficam sujeitos à reparação do dano causado; e, se a ofensa tiver mais de um autor, todos responderão solidariamente pela reparação (art. 942 do Código Civil).O prejudicado, se preferir, poderá exigir que a indenização seja arbitrada e paga de uma só vez (art. 950, parágrafo único do Código Civil).

SÚMULA N. 12 — TRT 8ª REGIÃO

AÇÕES DE INDENIZAÇÃO POR DANOS MATERIAIS DECORRENTES DE ACIDENTE DO TRABALHO OU DOENÇA OCUPACIONAL. JUROS E CORREÇÃO MONETÁRIA.

I — Danos materiais. Danos emergentes. Correção Monetária e Juros. O marco inicial da correção monetária e juros em ações de indenização por danos materiais (danos emergentes) decorrentes de acidente do trabalho ou doença ocupacional será a data em que efetuada a despesa (como gastos com tratamento e despesas médicas), como orientam as Súmulas ns. 43 e 54 do STJ, até o efetivo pagamento.

II — Danos materiais. Indenização. Cota única. Correção Monetária. O marco inicial da correção monetária em ações de indenização por danos materiais, sob a forma de pensionamento, arbitrado de uma só vez, decorrentes de acidente do trabalho ou doença ocupacional será a data do arbitramento da indenização (sentença ou acórdão), que é quando a verba se torna juridicamente exigível.

III — Danos materiais. Indenização. Cota única. Juros. O marco inicial dos juros em ações de indenização por danos materiais, sob a forma de pensionamento, arbitrado de uma só vez, decorrentes de acidente do trabalho ou doença ocupacional será a data do arbitramento da indenização (sentença ou acórdão), pois não se pode considerar o devedor em mora antes da quantificação do valor.

IV — Danos materiais. Pensão mensal. Correção Monetária. O marco inicial da correção monetária em ações de indenização por danos materiais, sob a forma de pensionamento, decorrentes de acidente do trabalho ou doença ocupacional ocorrerá a partir da exigibilidade de cada parcela ou da decisão que arbitrou a indenização (sentença ou acórdão), quando, nessa última hipótese, o arbitramento se deu em valores atualizados ou não tiverem relação com a remuneração do trabalhador.

V — Danos materiais. Pensão mensal. Juros. Verbas vencidas. O marco inicial dos juros em ações de indenização por danos materiais, sob a forma de pensionamento, decorrentes de acidente do trabalho ou doença ocupacional será a data do ajuizamento da ação, nos termos dos arts. 883 da CLT e 39, § 1º, da Lei n. 8.177/1991, para as parcelas vencidas quando da propositura da ação.

VI — Danos materiais. Pensão mensal. Juros. Verbas vincendas. O marco inicial dos juros em ações de indenização por danos materiais, sob a forma de pensionamento, decorrentes de acidente do trabalho ou doença ocupacional será a época própria, conforme dispõe o art. 39, *caput*, da Lei n. 8.177/1991 e orienta a Súmula n. 381 do TST.

— O prejudicado, se preferir, poderá exigir que a indenização seja arbitrada e paga de uma só vez (art. 950, parágrafo único do Código Civil).

SÚMULA N. 21 — TRT 11ª REGIÃO

ACIDENTE DE TRABALHO. INDENIZAÇÃO POR DANOS MORAIS E MATERIAIS. RESPONSABILIDADE DO DONO DA OBRA. A mera condição de dono da obra não afasta a responsabilidade de indenizar os danos morais e materiais decorrentes do acidente de trabalho.

— O art. 932 do Código Civil dispõe:

Art. 932. São também responsáveis pela reparação civil:

I — os pais, pelos filhos menores que estiverem sob sua autoridade e em sua companhia;

II — o tutor e o curador, pelos pupilos e curatelados, que se acharem nas mesmas condições;

III — o empregador ou comitente, por seus empregados, serviçais e prepostos, no exercício do trabalho que lhes competir, ou em razão dele;

IV — os donos de hotéis, hospedarias, casas ou estabelecimentos onde se albergue por dinheiro, mesmo para fins de educação, pelos seus hóspedes, moradores e educandos;

V — os que gratuitamente houverem participado nos produtos do crime, até a concorrente quantia.

SÚMULA N. 23 — TRT 12ª REGIÃO

DANOS MORAL E ESTÉTICO. POSSIBILIDADE DE CUMULAÇÃO. Oriundos do mesmo fato, mas distintos pela sua causa, são cumuláveis os danos moral e estético.

— Art. 5º, inciso V da CF/88 dispõe:

É assegurado o direito de resposta, proporcional ao agravo, além da indenização por dano material, moral ou à imagem.

O ilustre desembargador Sebastião Geraldo de Oliveira[7] *ensina:*

> *A opção do Código Civil de 2002, de indicar genericamente outras reparações ou prejuízos que o ofendido prove haver sofrido (arts. 948 e 949), deixa espaço indiscutível para inclusão do dano estético, conforme se verificar no caso concreto. Assim, o acidente do trabalho que acarrete alguma deformação morfológica permanente gera o dano moral cumulado com o dano estético, ou apenas o primeiro, quando não ficar qualquer sequela. Em outras palavras, o acidentado que sofreu qualquer deformação deve receber uma indenização por danos morais agravada, cuja agravante (o dano estético) pode ser calculada separadamente.*

SÚMULA N. 44 — TRT 12ª REGIÃO

DOENÇA OCUPACIONAL. CONCAUSALIDADE. INDENIZAÇÃO DEVIDA. Mesmo que de origem multifatorial, comprovado que o trabalho contribuiu para a eclosão ou agravamento da patologia, o dano é passível de indenização.

— O art. 21, inciso I, da Lei n. 8.213/91, in verbis*:*

Art. 21. Equiparam-se também ao acidente do trabalho, para efeitos desta Lei:

I — o acidente ligado ao trabalho que, embora não tenha sido a causa única, haja contribuído diretamente para a morte do segurado, para redução ou perda da sua capacidade para o trabalho, ou produzido lesão que exija atenção médica para a sua recuperação.

SÚMULA N. 38 — TRT 15ª REGIÃO

ACIDENTE DE TRABALHO. CULPA EXCLUSIVA DA VÍTIMA. ÔNUS DA PROVA. É do empregador o ônus de provar a alegação de culpa exclusiva da vítima em acidente de trabalho.

SÚMULA N. 41 — TRT 18ª REGIÃO

INDENIZAÇÃO POR DANOS MATERIAIS. DANOS EMERGENTES. DESPESAS MÉDICAS FUTURAS. PRINCÍPIO DA RESTITUIÇÃO INTEGRAL DO DANO.

Evidenciada a necessidade de tratamento médico contínuo decorrente de acidente de trabalho ou doença ocupacional que acomete o empregado e havendo responsabilidade civil do empregador, impõe-se a condenação patronal ao pagamento das despesas médicas futuras.

— Art. 948. No caso de homicídio, a indenização consiste, sem excluir outras reparações:

I — no pagamento das despesas com o tratamento da vítima, seu funeral e o luto da família;

---

(7) OLIVEIRA, Sebastião Geraldo. *Indenizações por acidentes do trabalho ou doença ocupacional.* 4. ed. São Paulo: LTr, 2008.

II — na prestação de alimentos às pessoas a quem o morto os devia, levando-se em conta a duração provável da vida da vítima.

Art. 949. No caso de lesão ou outra ofensa à saúde, o ofensor indenizará o ofendido das despesas do tratamento e dos lucros cessantes até ao fim da convalescença, além de algum outro prejuízo que o ofendido prove haver sofrido.

Art. 950. Se da ofensa resultar defeito pelo qual o ofendido não possa exercer o seu ofício ou profissão, ou se lhe diminua a capacidade de trabalho, a indenização, além das despesas do tratamento e lucros cessantes até ao fim da convalescença, incluirá pensão correspondente à importância do trabalho para que se inabilitou, ou da depreciação que ele sofreu.

SÚMULA N. 44 — TRT 18ª REGIÃO

ACIDENTE DE TRABALHO. MOTORISTA. TRANSPORTE RODOVIÁRIO. ATIVIDADE DE RISCO. RESPONSABILIDADE OBJETIVA DO EMPREGADOR. O motorista do transporte rodoviário executa atividade de risco acentuado, incidindo a responsabilidade objetiva do empregador, em caso de acidente de trabalho.

— Haverá obrigação de reparar o dano, independentemente de culpa, nos casos especificados em lei, ou quando a atividade normalmente desenvolvida pelo autor do dano implicar, por sua natureza, risco para os direitos de outrem (art. 927 do CPC, parágrafo único). A súmula reconhece como atividade de risco o transporte rodoviário.

SÚMULA N. 52 — TRT 18ª REGIÃO

ACIDENTE DE TRABALHO. INDENIZAÇÃO POR LUCROS CESSANTES. PENSIONAMENTO. PARCELA ÚNICA OU MENSAL. Conquanto o parágrafo único do art. 950 do Código Civil estabeleça que o prejudicado pode exigir o pagamento da indenização arbitrada de uma só vez, cabe ao juiz analisar os critérios de conveniência e oportunidade do adimplemento em parcela única ou mensal da pensão estipulada.

— Art. 950. Se da ofensa resultar defeito pelo qual o ofendido não possa exercer o seu ofício ou profissão, ou se lhe diminua a capacidade de trabalho, a indenização, além das despesas do tratamento e lucros cessantes até ao fim da convalescença, incluirá pensão correspondente à importância do trabalho para que se inabilitou, ou da depreciação que ele sofreu.

Parágrafo único. O prejudicado, se preferir, poderá exigir que a indenização seja arbitrada e paga de uma só vez.

— A súmula uniformizou o entendimento de que o pagamento de uma só vez da indenização deve ser precedido da análise do juiz.

SÚMULA N. 16 — TRT 22ª REGIÃO

ACIDENTE DE TRABALHO COM EVENTO MORTE. CÁLCULO DA INDENIZAÇÃO. O cálculo da indenização por acidente de trabalho fatal observará a expectativa de vida do falecido, segundo dados oficiais, bem como a remuneração mensal na data do óbito ou, no caso de remuneração variável, a média da remuneração mensal nos últimos doze meses do contrato.

— Art. 948. No caso de homicídio, a indenização consiste, sem excluir outras reparações:

I — no pagamento das despesas com o tratamento da vítima, seu funeral e o luto da família;

II — na prestação de alimentos às pessoas a quem o morto os devia, levando-se em conta a duração provável da vida da vítima.

JURISPRUDÊNCIA – ACIDENTES E DOENÇAS DO TRABALHO

1. RECURSO DE REVISTA. INDENIZAÇÃO POR DANOS MORAIS E MATERIAIS. ASSALTO AO CARRO FORTE EM QUE LABORAVA O EX-EMPREGADO. ÓBITO. INEXISTÊNCIA DE NEXO DE CAUSALIDADE DE CULPA OU DOLO DA RECLAMADA. RESPONSABILIDADE OBJETIVA. INAPLICABILIDADE. CF, ART. 7º, XXVIII. 1. Para a existência do dever de reparar o dano causado, alguns pressupostos devem estar presentes, sem os quais o próprio instituto da responsabilidade não pode subsistir, quais sejam, o dano experimentado pelo ofendido, a ação ou a omissão do causador, o nexo de causalidade e a culpa ou o dolo. Trata-se do estabelecimento do nexo causal entre lesão e conduta omissiva ou comissiva do empregador, sabendo-se que o direito trabalhista brasileiro alberga tão-somente a teoria da responsabilidade subjetiva, derivada de culpa ou dolo do agente da lesão em matéria trabalhista (CF, art. 7º, XXVIII). 2. "In casu", o Regional confirmou a sentença condenatória de pagamento de indenização por danos morais e materiais decorrentes de acidente de trabalho, sob o fundamento de que a responsabilização da Empregadora seria objetiva, na forma do art. 927, parágrafo único, do CC, na medida em que desempenha atividade empresarial intrinsecamente perigosa (transporte e segurança de valores). Conforme analisado pela Corte Regional, verificou-se que o assalto que resultou no óbito do Ex-Empregado não decorreu de ato culposo ou doloso atribuível à Empregadora, mas de fato relacionado a terceiros, qual seja, os assaltantes, que utilizaram armas (calibre

ponto 50) capazes de perfurar a blindagem do "carro forte" no qual estava o "de cujus". 3. Se, por um lado, a norma civil não alcança a esfera trabalhista, iluminada pelo comando constitucional do art. 7º, XXVIII, por outro, nenhuma atividade laboral está infensa a riscos de acidente (no próprio dizer de Guimarães Rosa, em sua epopeia "Grande Sertão: Veredas", "viver é muito perigoso"), mas a CLT somente admite o adicional de periculosidade para as atividades de risco acentuado, ínsito ao manuseio de explosivos, inflamáveis (art. 193) e energia elétrica (Lei n. 7.369/85, art. 1º), o que descartaria, em tese, a invocação da responsabilidade objetiva por risco em relação ao setor de transporte e segurança de valores, que é a hipótese dos autos. 4. Assim, não há como se atribuir responsabilidade à Empregadora pelos danos morais e materiais decorrentes de acidente de trabalho que levou ao óbito o pai e marido das Reclamantes apenas considerando a teoria da responsabilidade objetiva. Recurso de revista parcialmente conhecido e provido. (RR — 140/2008-105-03-00.7, Relator Ministro: Ives Gandra Martins Filho, Data de Julgamento: 18.03.2009, 7ª Turma, Data de Publicação: 27.03.2009)

— A decisão considerou a responsabilidade como subjetiva.

2. DANOS MORAIS. FIXAÇÃO DO VALOR DA INDENIZAÇÃO. DECISÃO POR EQUIDADE E COM EQUIDADE. A fixação do quantum da indenização por dano moral, com base no art. 944, do CC, compreende decisão por equidade, que deve levar em conta a extensão do dano e o caráter pedagógico-punitivo para o infrator e compensatório para a vítima, não podendo ser meio de enriquecimento nem de ruína para nenhuma das partes. Para a fixação do valor, portanto, o magistrado deve decidir com equidade, observando os princípios da razoabilidade e da proporcionalidade à luz do caso concreto que lhe é submetido, bem como as condições socioeconômicas da vítima e do ofensor. (TRT, 17ª R., 3ª T., RO 0001529-27.2015.5.17.0003, rel. Carlos Henrique Bezerra Leite, Publicação: 20.10.2016).

— Dispõem os referidos dispositivos legais:

Art. 944. A indenização mede-se pela extensão do dano.

Parágrafo único. Se houver excessiva desproporção entre a gravidade da culpa e o dano, poderá o juiz reduzir, equitativamente, a indenização.

3. DANOS MORAL E MATERIAL. AUSÊNCIA DE CORRELAÇÃO ENTRE O TRABALHO E A DOENÇA ALEGADA PELA RECLAMANTE. INDENIZAÇÕES INDEVIDAS. A situação em análise revela-se como mais um caso de vulgarização do importante instituto de reparação por responsabilidade civil. Os elementos contidos nos autos não inspiram a menor convicção de que a reclamante tenha adquirido a alegada dermatite de contato em suas mãos em decorrência do trabalho desenvolvido nas dependências da instituição pública reclamada. Os parcos elementos trazidos com a inicial, consistentes em uma simplória ficha de encaminhamento ao dermatologista, são insuficientes para embasar a argumentação de que a suposta doença tenha tal gravidade que impeça a autora de trabalhar, ou até mesmo que reduza a sua capacidade laborativa, ao ponto de assegurar-lhe o direito à vultosa indenização por dano moral e à pensão vitalícia requeridas na peça inicial. Se não bastassem tais reflexões, a perícia médica indica que a patologia alegada pela reclamante, de origem eminentemente hereditária, não tem correlação com o trabalho realizado no ambiente da biblioteca da universidade pública, impondo-se destacar que, no momento do exame, a trabalhadora não apresentou nenhum sintoma ou sequela da enfermidade, a justificar as reparações pretendidas. Correto o Juízo de origem ao indeferir os pleitos. Sentença confirmada. Recurso não provido. (TRT, 13ª R, Processo 0130254-39.2015.5.13.0005, rel. Francisco de Assis Carvalho e Silva, Julgamento: 29.11.2016).

— De acordo com o art. 20 da Lei n. 8.213/91, a doença profissional, assim entendida a produzida ou desencadeada pelo exercício do trabalho peculiar a determinada atividade e constante da respectiva relação elaborada pelo Ministério do Trabalho e da Previdência Social. Já a doença do trabalho, é aquela adquirida ou desencadeada em função de condições especiais em que o trabalho é realizado e com ele se relacione diretamente.

4. INDENIZAÇÃO POR DANOS MORAIS E MATERIAIS. INEXISTÊNCIA DE CULPA OU DOLO DA RECLAMADA. RESPONSABILIDADE OBJETIVA. IMPOSSIBILIDADE. 1. Tendo o Regional confirmado a sentença condenatória que determinou o pagamento de indenização por danos morais e materiais decorrentes de acidente de trabalho, sob o fundamento de que, independentemente de culpa da Reclamada, a sua responsabilização seria objetiva, de se acolher o pleito recursal. 2. Isso porque a responsabilidade objetiva fundada no risco da atividade, configura-se, em tese, apenas quando a atividade desenvolvida pelo autor do dano vier a causar ao trabalhador um ônus maior do que os demais membros da coletividade. 3. Como o Empregado, no caso, foi vitimado por um acidente automobilístico quando retornava de sua atividade, não há de se falar em situação de risco superior a qualquer outro cidadão. Logo, para que pudesse haver a responsabilização do empregador pelo dano, haveria a necessidade de inequívoca prova de culpa, o que inocorreu. Recurso de revista provido. (TST, 7ª T., RR — 555/2005-012-17-00, Publicação: DEJT 25.09.2009, Rel. Min. Maria Doralice Novaes).

— A decisão isentou a empresa de culpa no acidente de trânsito, quando o trabalhador retornava de sua atividade.

5. INDENIZAÇÃO POR DANOS MATERIAIS. DOENÇA OCUPACIONAL. AUSÊNCIA DE NEXO DE CAUSALIDADE. INEXISTÊNCIA DE RESPONSABILIDADE CIVIL. O nexo de causalidade entre a doença e o labor constitui requisito imprescindível à responsabilização civil do

empregador. Sua constatação dá-se, principalmente, por intermédio de prova técnica, cujas conclusões somente podem ser infirmadas diante de prova robusta em sentido diverso. Ausente o nexo, não há falar na reparação pecuniária pretendida. (TRT18, RO — 0011292-84.2013.5.18.0006, Rel. Paulo Sergio Pimenta, 2ª Turma, 08.05.2015).

— A decisão julgou improcedente a indenização por doença do trabalho por falta de nexo.

6. RECURSO DE REVISTA. DANO MORAL. ART. 7º, XXVIII, DA CONSTITUIÇÃO FEDERAL. CULPA LATO SENSU. PRECEDENTE DA SBDI-1 DESTA CORTE. DESPROVIMENTO. A interpretação sistemática e teleológica do art. 7º, caput e XXVIII, da Constituição Federal, permite concluir que o rol de direitos dos trabalhadores ali enumerados não é taxativo, em nada impedindo que sejam atribuídos outros direitos aos trabalhadores, bastando que impliquem a melhoria de sua condição social. Assim, o inciso XXVIII do art. 7º da Carta Magna traz um direito mínimo do trabalhador à indenização por acidente de trabalho, no caso de dolo ou culpa, mas outra norma pode atribuir uma posição mais favorável ao empregado que permita a responsabilidade por culpa *lato sensu*. Assim, a teoria do risco profissional considera que o dever de indenizar decorre da própria atividade profissional, principalmente naquelas de risco acentuado ou excepcional pela natureza perigosa, de modo que a responsabilidade incide automaticamente. Assim, a obrigação de indenizar por ocorrência de acidente de trabalho subsiste, incidindo na hipótese a regra do parágrafo 13 único do art. 927 do Código Civil, no que se refere à ocorrência da responsabilidade sem culpa *stricto sensu*. Recurso de revista conhecido, por divergência jurisprudencial, e desprovido — (RR-2289/2005-482-01— 00.2 Data de Julgamento: 23.09.2009, Rel. Min. Aloysio Corrêa da Veiga, 6ª Turma, 02.10.2009).

— Foi reconhecida a responsabilidade como objetiva.

7. RECURSO DE REVISTA. ACIDENTE DO TRABALHO. INDENIZAÇÃO POR DANO MORAL E ESTÉTICO. RESPONSABILIDADE OBJETIVA. ÔNUS DA PROVA. A análise dos pleitos relativos à indenização por dano moral e estético em virtude de acidente do trabalho se dá à luz da responsabilidade objetiva, bastando a comprovação, de acordo com a teoria do risco da atividade, do dano e do nexo de causalidade entre este e a atividade desempenhada pela vítima. Configurada violação dos arts. 927, parágrafo único, do Código Civil e 333, II, do CPC. Recurso de revista conhecido e provido. (TST, 3ª T., RR — 830/2007-009-06-00.6, Data de Julgamento: 14.10.2009, Relatora Ministra: Rosa Maria Weber, Data de Divulgação: 13.11.2009).

— Ver comentário anterior.

8. ATIVIDADE DE RISCO. MANUSEIO DE MÁQUINA PERIGOSA QUE PODE PRENDER OS MEMBROS SUPERIORES DO TRABALHADOR EM CILINDRO EMBORRACHADO E NÃO DISPÕE DE ANTEPARO CAPAZ DE EVITAR O CONTATO COM A PEÇA. ENQUADRAMENTO DA HIPÓTESE NO DISPOSTO NO ART. 927, PARÁGRAFO ÚNICO, DO CÓDIGO CIVIL — RESPONSABILIDADE OBJETIVA DO EMPREGADOR PELOS DANOS CAUSADOS AO TRABALHADOR EM ACIDENTE DO TRABALHO. A atividade que implica o manuseio de máquina que contém cilindro emborrachado que gira em altas rotações, que não dispõe de anteparo capaz de evitar ou dificultar o contato eventual com o cilindro com os membros superiores do trabalhador enquadra-se na hipótese disposta no parágrafo único do art. 927 do CC e atrai a responsabilidade objetiva do empregador pelos danos causados ao empregado em acidente dessa espécie. (TRT, 12ª R., 3ª T., RO 0001304-91.2011.5.12.0033, Rel.: Juiz José Ernesto Manzi, Data de Publicação: 10.10.14).

— A decisão considerou a responsabilidade como objetiva com base no art. 927 do Código Civil.

9. CARVÃO MINERAL. TRABALHO NAS FRENTES DE EXTRAÇÃO. NEOPLASIA MALIGNA DOS PULMÕES. DOENÇA OCUPACIONAL. RESPONSABILIDADE DO EMPREGADOR. A natureza ocupacional da neoplasia maligna dos pulmões do trabalhador que desempenha atividades diárias junto às frentes de extração de carvão mineral encontra nexo etiológico previsto no Anexo II do Decreto n. 3.048/99, de modo que, se não infirmada pelos demais elementos de prova, justifica o deferimento de indenização pelos danos decorrentes, observados os demais requisitos necessários à responsabilização do empregador. (TRT, 4ª R., RO: 03274009320055040812 RS 0327400-93.2005.5.04.0812, Relator: Marcos Fagundes Salomão, Data de Julgamento: 06.05.2014, 2ª Vara do Trabalho de Bagé).

— A decisão reconheceu o nexo da doença ocupacional com base no anexo II do Decreto n. 3.048/99.

10. RUÍDO. HIPOACUSIA NEUROSSENSORIAL À ESQUERDA. PAIRO (PERDA AUDITIVA INDUZIDA POR RUÍDO OCUPACIONAL). NEXO CAUSAL NÃO CARACTERIZADO. A doença do trabalho, entendida como tal aquela adquirida ou desencadeada em função de condições especiais em que o trabalho é realizado, nos termos do inciso II do art. 20 da Lei n. 8.213/91, pressupõe demonstração do nexo de causalidade ou concausalidade com a atividade desenvolvida pelo empregado. Consta em CTPS que o Reclamante laborou para a Reclamada em duas ocasiões, a primeira delas, por menos de um mês, em 2009, e a segunda entre 16.11.09 e 16.10.12, ambas como motorista de betoneira, totalizando, somados os dois vínculos, em torno de três anos. Na anamnese pericial o Obreiro situou os primeiros sintomas em 2010, um ano depois da admissão. Por ocasião da prestação de serviços à Reclamada já contava com 20 (vinte) anos de experiência na função de motorista, sem que houvesse manifestado qualquer sintoma de perda auditiva, da qual só veio se queixar em 2010, em torno de um ano depois da admissão. Todavia, para que a hipoacusia à esquerda fosse caracterizada como PAIRO (perda auditiva de origem ocupacional) deveria permanecer exposto à pressão sonora elevada por, pelo menos, 4 (quatro) anos e, mais comumente, entre 6 (seis) e 10 (dez) anos. O ponto culminante em 4khz (entalhe em audiometria) seria atingido depois de 15 (quinze) anos de exposição a ruído, o que foge ao apurado nos exames audiométricos, em que nada foi constatado em 2010, mas, apenas, em 2012, não sendo possível identificar qualquer progressão na evolução da doença, como seria de se esperar pela evolução geralmente

lenta e insidiosa das mesopatias auditivas. Outro detalhe que chama atenção é que o Reclamante relatou ao perito que, antes de 2010, utilizava protetor tipo "plug", e depois fora orientado a trocar o EPI utilizado por abafador, utilizando concomitantemente com aquele. Todavia, mesmo contando com dupla proteção auricular contra pressão sonora, desenvolveu hipoacusia auricular à esquerda, diagnosticada em 2012. Ademais, segundo esboçado no estudo médico-pericial, o padrão das perdas auditivas relacionadas ao trabalho é serem bilaterais, diversamente do que sucedeu com o Reclamante, em que apenas um dos ouvidos foi atingido. Com base nesses elementos, conclui-se que a patologia que acomete o Reclamante não tem como causa ou concausa o trabalho desenvolvido junto à Reclamada. Recurso da Reclamada a que se dá provimento no particular. (TRT, 9ª R., 7ª T., 15220-2013-009-09-00-9-ACO-24176-2015, Relator: Ubirajara Carlos Mendes, Publicado no DEJT em 07.08.2015).

— Não foi reconhecido o nexo da perda auditiva do reclamante.

11. ACIDENTE DE TRABALHO. CULPA DO EMPREGADOR. TEORIA SUBJETIVA DO RISCO. TEORIA OBJETIVA. No Direito Brasileiro, a responsabilidade indenizatória pressupõe a ocorrência concomitante do dano, do nexo causal e da culpa do empregador. Sem a conjugação de todos esses requisitos, não se há falar em responsabilidade. Regra geral, a análise dos pleitos relativos à indenização por danos morais e materiais se dá à luz da responsabilidade subjetiva, pois é imprescindível a comprovação da culpa do empregador. É o que se extrai da exegese dos arts. 186 e 927, *caput*, do Código Civil. Em se tratando de atividade empresarial que implique risco aos empregados, a responsabilidade é objetiva, isto é, independe de culpa do empregador, porquanto, em tais hipóteses, a exigência de que a vítima comprove erro na conduta do agente quase sempre inviabiliza a reparação. A responsabilidade objetiva tem lugar somente quando o risco é inerente à atividade desenvolvida, ou seja, quando há grande probabilidade de que ocorra o infortúnio. No caso em tela, o Regional registra que a prova dos autos não permitiu concluir que a atividade desenvolvida era de risco, nem que existiam riscos ambientais, descumprimento das normas reguladoras, ou utilização de equipamentos inadequados. Diante da não configuração da atividade risco, não há que se falar em responsabilidade objetiva, mas sim em responsabilidade subjetiva do empregador. Dessa forma, imprescindível a ocorrência da culpa empresarial para o surgimento do dever de indenizar que, entretanto, consoante o quadro expresso pelo Regional, não foi comprovada. Recurso de Revista conhecido e não provido (TST, 3ª T., RR-115/2002-066-24-00, Rel. Min. Carlos Alberto Reis de Paula, 3ª Turma, Data de publicação: 24.10.2008).

— A decisão considerou a responsabilidade subjetiva, pois entendeu que a atividade da empresa não se enquadrava no art. 927, parágrafo único do Código Civil.

12. AGRAVO DE INSTRUMENTO. RECURSO DE REVISTA. ACIDENTE DO TRABALHO. AUXILIAR DE SERVIÇOS OPERACIONAIS. APOSENTADORIA POR INVALIDEZ. RESPONSABILIDADE CIVIL DO EMPREGADOR. A regra geral do ordenamento jurídico, no tocante à responsabilidade civil do autor do dano, mantém-se com a noção da responsabilidade subjetiva (arts. 186 e 927, caput, CC). Contudo, tratando-se de atividade empresarial, ou de dinâmica laborativa (independentemente da atividade da empresa), fixadoras de risco para os trabalhadores envolvidos, desponta a exceção ressaltada pelo parágrafo único do art. 927 do CC, tornando objetiva a responsabilidade empresarial por danos acidentários (responsabilidade em face do risco). (TST, 6ª T., AIRR-92/2006-015-04-40.3, Rel. Min. Mauricio Godinho Delgado, Data de publicação: 13.06.2008).

— Foi reconhecida a responsabilidade objetiva com base no art. 927, parágrafo único do Código Civil.

13. RECURSO DE REVISTA. TRABALHO EM REDE ELÉTRICA. ACIDENTE DO TRABALHO. RESPONSABILIDADE OBJETIVA 1. A teoria da responsabilidade objetiva, cujos elementos identificados são o dano e o nexo causal, prescinde da comprovação da culpa. Desse modo, a simples demonstração do nexo entre a conduta do empregador e o dano sofrido pelo empregado é suficiente para que surja o dever de indenizar. 2. O Eg. TST já afirmou a responsabilidade objetiva se a atividade do trabalhador é de risco, como na situação vertente. Precedentes. 3. Demonstrados, pois, o dano moral (morte do familiar) e nexo de causalidade (morte relacionada com o trabalho desenvolvido), é a empresa responsável pelos riscos oriundos do contrato, sendo devida indenização a título de danos morais e materiais. Inteligência dos arts. 186 e 927, *caput*, do Código Civil. Recurso de Revista conhecido e provido. (TST, 8ª T., Processo: RR — 404/2005-116-15-00.8, Data de Julgamento: 02.12.2009, Relatora Ministra: Maria Cristina Irigoyen Peduzzi, 8ª Turma, Data de Divulgação: 04.12.2009).

— Foi reconhecida a responsabilidade objetiva com base no art. 927, parágrafo único do Código Civil.

14. ACIDENTE DE TRABALHO. CULPA DO EMPREGADOR. NEGLIGÊNCIA. A disponibilização patronal de motocicleta para o empregado desempenhar tarefas de interesse da empresa, que descumpre a própria determinação interna de impossibilidade de uso desse tipo de veículo automotor, configura a culpa da empregadora quanto ao acidente de trabalho. Inevitável a responsabilização patronal em tais situações por ser perigosa a atividade de condução de motocicleta (CLT, art. 193, § 4º). 2. ACIDENTE DE TRABALHO. INDENIZAÇÃO. LUCROS CESSANTES. DANOS MATERIAIS. Não demonstrados pelo reclamante os danos materiais e a ocorrência de "lucros cessantes", ou seja, perda de rendimentos por força do ócio involuntário, mantém-se a decisão impugnada. 3. ACIDENTE DE TRABALHO. INDENIZAÇÃO POR DANOS MORAIS E ESTÉTICOS. QUANTUM. O universo das relações de trabalho é capaz de ensejar inúmeras práticas suscetíveis de ofensa à intimidade, à vida privada, à honra e à imagem de seus integrantes, contingências que, eventualmente, culminam com o comprometimento total ou parcial da capacidade laborativa do obreiro. Tipificada a conduta do empregador como ato ilícito e comprovados os danos ao empregado surge o dever de indenizar. Assim, demonstrando o empregado que a ação do empregador

ocasionou os danos de ordem moral e material alegados, há supedâneo, à luz da ordem jurídica positivada, para a reparação pretendida. Recurso conhecido e parcialmente provido. (TRT, 10ª R., RO 0001073-10.2013.5.10.0111, Relator: Antonio Umberto de Souza Junior, Data de Publicação: 22.08.2016).

— Ver arts. 948 e 949 do Código Civil.

15. ACIDENTE DE TRABALHO. RESPONSABILIDADE CIVIL. Comprovada a culpa do empregador, a relação de causalidade e o dano, presente está o dever de indenizar. Recurso do reclamado conhecido e não provido. Recurso adesivo da reclamante conhecido e não provido. (TRT, 10ª R., 2ª T., RO 01874-2011-002-10-00-3, Relator: Elke Doris Just, Data de Publicação: 02.08.2013).

— Ver art. 927 do Código Civil.

16. ACIDENTE DE TRABALHO. MOTORISTA DE CAMINHÃO. CARGA INFLAMÁVEL. RESPONSABILIDADE OBJETIVA. ÓBITO DO TRABALHADOR. INDENIZAÇÃO POR DANO MORAL E PENSIONAMENTO DEVIDOS. Tratando-se de motorista profissional que transporta carga inflamável e comprovada a ocorrência de acidente de trânsito no exercício da função, com óbito do trabalhador em razão da explosão decorrente da colisão dos veículos, há se reconhecer a existência da responsabilidade objetiva, na esteira do art. 927, parágrafo único, do CC, tendo em vista que a atividade desenvolvida, por sua natureza, implica risco acentuado. Assim, reconhecida a responsabilidade objetiva da Reclamada e inexistente controvérsia a respeito do nexo causal entre o acidente sofrido e óbito do Trabalhador, há se reconhecer o direito das Reclamantes (Viúva e Filhas) à indenização por danos morais e pensionamento. Recursos conhecidos e parcialmente providos. (TRT, 10ª R., RO 0000658-37.2015.5.10.0861, Relator: José Leone Cordeiro Leite, Data de Publicação: 07.10.2016)

— Reconhecida a responsabilidade objetiva na atividade de motorista de caminhão.

17. ACIDENTE DE TRABALHO. RESPONSABILIDADE CIVIL. Somente se caracteriza a culpa exclusiva da vítima se constatado que a conduta do trabalhador é a causa única do acidente. Comprovado nos autos o descumprimento por parte do empregador, empresa que comercializa materiais de construção, das normas previstas na NR-12 do MTE, resta configurada a culpa, que impõe seja reconhecida sua responsabilidade pelos danos materiais e morais, decorrentes do acidente de trabalho que resultou na morte do empregado, aos seus dependentes. (TRT, 12ª R., 3ª Câmara Proc. 0010020-73.2013.5.12.0054, Rel. Amarildo Carlos de Lima, Data de Assinatura: 09.09.2015)

— Ver arts. 936 e 945 do Código Civil.

18. ACIDENTE DE TRABALHO. CONSTRUÇÃO CIVIL. SERVIÇO EXECUTADO NA OBRA. ATIVIDADE DE RISCO. A construção civil, a qual contempla a edificação residencial, é enquadrada no grau de risco 3 (três) numa escala cujo parâmetro máximo é 4 (quatro), consoante o Anexo V do Decreto n. 3.048, de 1999, e o Quadro I da Norma Regulamentadora — NR-4, de modo que como na execução há contínua movimentação de máquinas e materiais, estes inclusive mediante içamento, o que potencializa o risco de queda, as instalações e os isolamentos de segurança são provisórios, a cada etapa elementos internos da estrutura ficam expostos, cuja sustentação é por escoras, e considerando que é necessário o emprego de ferramentas manuais e o esforço físico na sua utilização, cuja frequência ao longo da carga horária aumenta a chance do erro por causa da fadiga, o empregado que presta serviço no canteiro da obra enfrenta situação de perigo mais acentuado que os demais trabalhadores, razão pela qual se trata de atividade de risco e a ocorrência de acidente de trabalho nesse ambiente resulta no reconhecimento da responsabilidade patronal objetiva. (TRT, 12ª R., 3ª T., RO 0002928-86.2012.5.12.0019, Rel.: Maria de Lourdes Leiria, Data de Publ. 20.10.15).

— A decisão considerou como objetiva a responsabilidade pelo acidente do trabalho.

19. ACIDENTE DE TRABALHO. AMPUTAÇÃO DAS FALANGES DISTAIS DOS 4º E 5º DEDOS DA MÃO DIREITA. OPERAÇÃO IMPRUDENTE DE MÁQUINA EM FUNCIONAMENTO. INOBSERVÂNCIA DA RÉ A NORMAS MÍNIMAS DE SEGURANÇA. CULPA CONCORRENTE. É culpado pelo acidente de trabalho o empregador que desconsidera normas mínimas de segurança ao não fornecer treinamento ao empregado recém admitido, negligencia a entrega de EPI's e a instalação de dispositivos protetivos em equipamentos de seu estabelecimento. Porém, afigura-se inviável negar a imprudência do empregado ao fazer a manutenção de maquinário sem desligá-lo. Assim, cada uma das partes devem ser responsabilizadas, na medida da sua culpabilidade, pelo acidente que causou amputação parcial de dois dedos da mão direita do obreiro. Culpa concorrente configurada. (TRT, 12ª R., 3ª T., Proc. ED 0001783-15.2014.5.12.0022, Rel.: Ligia Maria Teixeira Gouvêa, Data de Publ. 03.12.15)

— Se a vítima tiver concorrido culposamente para o evento danoso, a sua indenização será fixada tendo-se em conta a gravidade de sua culpa em confronto com a do autor do dano (art. 945 do Código Civil).

20. ACIDENTE DE TRABALHO TÍPICO. ATO DA VÍTIMA. CONFISSÃO EXPRESSA CONSTANTE DE DOCUMENTO ELABORADO NO ÂMBITO DA CIPA. QUEBRA DO NEXO CAUSAL. Uma vez declarada, pelo trabalhador, a prática de ato inseguro, em documento elaborado

no âmbito da CIPA para fins de investigação das causas do acidente de trabalho havido (NR-5, item 5.16, "I"), presume-se verdadeiro o fato nele descrito, restando delineada a figura da confissão extrajudicial, cujos efeitos se equivalem ao da judicial (CPC, art. 353 e 368; CLT, art. 769). Não desconstituída pelos demais elementos suasórios, forçoso é o reconhecimento da quebra do nexo causal, na medida em que o dano experimentado pela vítima não tem origem em ação ou omissão do empregador. (TRT, 12ª R., 3ª T., RO 0000081-81.2012.5.12.0029, Rel. Juíza Ligia Maria Teixeira Gouvêa, Data de Publ. 21.07.14)

— A decisão não reconheceu a omissão do empregador no acidente do trabalho.

21. ACIDENTE DE TRABALHO — DOENÇA PROFISSIONAL — DANO MORAL. Se a autora era portadora da doença, que veio a ser desencadeada no exercício das suas funções na limpeza urbana, não há como se ter por caraterizada a doença profissional ou acidente de trabalho, não sendo devida qualquer indenização. (TRT, 1ª R., 4ª T., RO 00013939520115010203, Publicação: 02.12.2015, rel. Cesar Marques Carvalho)

— A decisão não reconheceu o nexo da doença da reclamante.

22. ESTABILIDADE PROVISÓRIA. FECHAMENTO DE FÁBRICA. ACIDENTE DE TRABALHO POR EQUIPARAÇÃO. O simples fechamento de uma unidade produtiva (fábrica) não exime a empregadora da obrigação legal de reintegrar o obreiro detentor de estabilidade provisória acidentária, razão pela qual é devido o pagamento da indenização substitutiva relativa ao período da garantia de emprego. (TRT, 1ª R., 4ª T., RO 00016800820125010079, Publicação: 29.01.2016, rel. Álvaro Luiz Carvalho Moreira)

— Ver art. 118 da Lei n. 8.213/91.

23. ACIDENTE DO TRABALHO. CULPA CONCORRENTE. Em regra, os riscos das atividades laborais não podem ser repassados ao trabalhador, devendo quem o contrata suportá-los. Contudo, evidenciado que acidente de trabalho típico ocorreu porque o reclamante utilizava incorretamente o EPI fornecido pelo empregador, forçoso reconhecer a caracterização da culpa concorrente, pois a empresa falhou no seu dever de fiscalização, enquanto o reclamante foi extremamente descuidado com sua própria segurança ao operar máquina notoriamente perigosa sem o EPI. (TRT, 12ª R., 1ª T., RO 0003789-42.2012.5.12.0029, Rel.: Juíza Águeda Maria Lavorato Pereira, Data de Publicação: 08.10.14)

— Ver art. 945 do Código Civil.

24. ACIDENTE DE TRABALHO. CULPA EXCLUSIVA DE TERCEIRO. RESPONSABILIDADE DO EMPREGADOR. AUSÊNCIA. No caso em apreço, depreende-se através do Laudo Pericial do Instituto de Criminalística, que o acidente ocorrido com o reclamante fora ocasionado por culpa exclusiva de terceiro, ou seja, pelo guiador do Coletivo que realizou uma ultrapassagem em cruzamento, vindo a colidir contra a motocicleta daquele. Não se vislumbrando qualquer ação ou omissão por parte da empregadora que haja contribuído para o infortúnio sofrido pelo obreiro. Sentença mantida. (TRT, 7ª R, 1ª T, Processo 0000908-75.2012.5.07.0015, rel. Regina Gláucia Cavalcante Nepomuceno, Publicação: 04.04.2014)

— A decisão considerou a culpa exclusiva do reclamante pelo acidente do trabalho.

25. ACIDENTE DE TRABALHO. CULPA EXCLUSIVA DO EMPREGADO. MAU USO DE EQUIPAMENTO. INDENIZAÇÕES INDEVIDAS. O deferimento de indenização por danos morais, materiais ou estéticos decorrentes de acidente de trabalho demanda seja demonstrada a existência de todos os pressupostos da responsabilidade civil, quais sejam: o dano, o nexo causal e a culpa do agente causador do prejuízo. Sem a comprovação desses requisitos, não há como se reconhecer o direito à indenização. Ante a confissão do reclamante do mal uso do equipamento que operava, entende-se que o acidente decorreu de culpa exclusiva do empregado. Indevidas as indenizações por danos morais, materiais ou estéticos. (TRT, 7ª R, 2ª T, Processo 0000067-66.2011.5.07.0031, rel. Judicael Sudário de Pinho, Publicação: 24.04.2014)

— Ver comentário do item anterior.

26. ACIDENTE DE TRABALHO. TRABALHADOR AUTÔNOMO. RISCO DA ATIVIDADE. Sendo o trabalhador autônomo aquele que executa suas tarefas por sua conta e risco, não está a empresa contratante obrigada a fornecer os equipamentos de proteção individual e tampouco fiscalizar e exigir o seu uso pelo contratado quando da execução dos seus serviços. Assim, cabendo ao autônomo o risco do negócio, é exclusivamente sua a responsabilidade por acidente de trabalho ocorrido pela não portabilidade dos instrumentos de segurança adequados, cujo encargo competia unicamente a ele. (TRT, 12ª R., 3ª T., RO 0000168-60.2013.5.12.0010, Rel.: Juíza Ligia Maria Teixeira Gouvêa, Data de Publ. 03.11.14)

— A decisão não reconheceu a responsabilidade do empregador pelo acidente.

27. ACIDENTE DE TRABALHO. MORTE DURANTE A ATIVIDADE EM DECORRÊNCIA DE ACIDENTE AUTOMOBILÍSTICO. AUSÊNCIA DE CULPA DO EMPREGADOR. CULPA EXCLUSIVA DA VÍTIMA. RECURSO ASSENTADO NA TEORIA DO RISCO. INAPLICABILIDADE. À

ação acidentária contra o empregador, conquanto fundada no direito comum, não se aplica a responsabilização objetiva trazida com o advento do novel Código Civil (CCB/02, art. 927, parágrafo único), senão o regime extraído diretamente do texto constitucional (CF/88, art. 7º, inciso XXVII), que condiciona expressamente o dever de reparação à presença de dolo ou culpa no comportamento do empregador. Evidenciada, do acervo probatório, hipótese de culpa exclusiva da vítima, que se deslocava na contramão de direção, sem a utilização de capacete e com velocidade elevada, bem assim não vislumbrada providência por parte do empregador capaz de evitar o sinistro ou lhe minorar as consequências, a simples alusão ao risco da atividade não serve de amparo a decreto condenatório, rompido, in casu, o próprio nexo de causalidade. Não se pode, ademais, enquadrar como atividade de risco aquela desenvolvida pelo de cujus, que, segundo a prova dos autos, deslocava-se a serviço, num trajeto pequeno, de cerca de 30 km, apenas. (TRT, 7ª R, 1ª T, Processo 0002752-96.2013.5.07.0024, rel. Maria Roseli Mendes Alencar, Publicação: 15.06.2015)

— A decisão considerou a responsabilidade subjetiva do empregador pelo acidente do trabalho.

28. ACIDENTE DE TRABALHO. RESPONSABILIDADE DO EMPREGADOR. SUBJETIVA. Consoante o entendimento sedimentado nesta Corte, a responsabilidade a ser imputada ao empregador, em caso de acidente de trabalho, é a subjetiva. Assim, não estando comprovada a culpa ou o dolo por parte do empregador não se fala em responsabilização por danos materiais e morais. Recurso de revista conhecido e não provido. (TST, 5ª T., RR-740/2006-009-05-00, Rel. Min. Emmanoel Pereira, Data do julgamento: 31.10.2008)

— A decisão considerou como subjetiva a responsabilidade pelo acidente do trabalho.

29. RECURSO DE REVISTA. INDENIZAÇÃO POR DANOS PROVENIENTES DE INFORTÚNIOS DO TRABALHO. RESPONSABILIDADE SUBJETIVA DO EMPREGADOR DE QUE TRATA O ART. 7º, INCISO XXVII DA CONSTITUIÇÃO EM DETRIMENTO DA RESPONSABILIDADE OBJETIVA CONSAGRADA NO PARÁGRAFO ÚNICO DO ART. 927 DO CÓDIGO CIVIL DE 2002. SUPREMACIA DA NORMA CONSTITUCIONAL. INAPLICABILIDADE DA REGRA DE DIREITO INTERTEMPORAL DO § 1º DO ART. 2º DA LICC. I — É sabido que o acidente de trabalho e a moléstia profissional são infortúnios intimamente relacionados ao contrato de emprego, e por isso só os empregados é que têm direito aos benefícios acidentários, daí ser impondo a conclusão de a indenização prevista no art. 7º, inciso XXVIII da Constituição se caracterizar como direito genuinamente trabalhista. II — Essa conclusão não é infirmável pela versão de a indenização prevista na norma constitucional achar-se vinculada à responsabilidade civil do empregador. Isso nem tanto pela evidência de ela reportar-se, na realidade, ao art. 7º, inciso XXVIII, da Constituição, mas sobretudo pela constatação de a pretensão indenizatória provir não da culpa aquiliana, mas da culpa contratual do empregador, extraída da não-observância dos deveres contidos no art. 157 da CLT. III — Sendo assim, havendo previsão na Constituição da República sobre o direito à indenização por danos material e moral, provenientes de infortúnios do trabalho, na qual se adotou a teoria da responsabilidade subjetiva do empregador, não cabe trazer à colação a responsabilidade objetiva de que trata o parágrafo único do art. 927 do Código Civil de 2002. IV — Isso em razão da supremacia da norma constitucional, ainda que oriunda do Poder Constituinte Derivado, sobre a norma infraconstitucional, segundo se constata do art. 59 da Constituição, pelo que não se pode absolutamente cogitar da revogação do art. 7º, inciso XXVIII, da Constituição, a partir da superveniência da norma do parágrafo único do art. 927 do Código Civil de 2002, não se aplicando, evidentemente, a regra de Direito Intertemporal do § 1º do art. 2º da LICC. Recurso conhecido e desprovido. (TST-RR-1.832/2006-026-12-00, 4ª Turma, Rel. Min. Barros Levenhagen, DJ 24.10.2008)

— Ver comentário do item anterior.

30. DOENÇA EQUIPARADA A ACIDENTE DE TRABALHO. INDENIZAÇÃO. RESPONSABILIDADE CIVIL SUBJETIVA. A responsabilidade civil, no que concerne ao acidente de trabalho e à doença a ele equiparada, é sempre subjetiva, forte no comando do art. 7º, XXVIII, da Carta Magna. Ausente a comprovação do nexo de causalidade, impõe-se a manutenção da decisão que indeferiu os pedidos de reparação. (TRT, 12ª, 6ª Câmara, RO 0001127-16.2014.5.12.0036, Rel. Teresa Regina Cotosky, Data de Assinatura: 12.12.2016)

— Ver comentário do item anterior.

31. DOENÇA OCUPACIONAL. PROVA TÉCNICA. PROVA DOCUMENTAL. INSS. IMPUGNAÇÃO. NÃO COMPROVADA. Para a instrução probatória de demanda que envolve doença ocupacional, ainda mais quando há diversas patologias envolvidas, é essencial, além da perícia técnica, a prova documental produzida pelo INSS em caso de afastamento previdenciário e a prova documental de prontuário médico quando a empresa possui serviço de saúde. Considerando tais elementos, se a perícia técnica conclui que a trabalhadora está apta ao labor no momento da perícia, entende não haver nexo das patologias com o labor e, ainda, é corroborada pela perícia técnica do órgão previdenciário e pelos demais elementos de prova produzidos nos autos, a conclusão técnica deve ser acolhida, uma vez que a presunção relativa do laudo pericial torna-se absoluta. (TRT, 12ª R., RO 0001416-94.2014.5.12.0020, Rel.: José Ernesto Manzi, Data de Publicação: 14.09.16)

— A decisão não reconheceu o nexo da doença do reclamante com seu trabalho.

32. DOENÇA PROFISSIONAL. PNEUMOCONIOSE. NEXO CAUSAL. Em se tratando de doença profissional, assim considerada aquela típica de determinada profissão ou atividade, no caso, pneumoconiose que acomete trabalhador de subsolo, o nexo causal é presumido, bastando a comprovação da prestação do serviço na atividade e o acometimento da doença profissional. (TRT, 12ª R., 2ª T., RO 0000759-87.2013.5.12.0053, Rel.: Juiz Nelson Hamilton Leiria, Data de Publ. 02.09.15)

— A decisão presumiu a doença do trabalho em função da profissão do reclamante.

33. DOENÇA OCUPACIONAL EQUIPARADA A ACIDENTE DE TRABALHO. PINTOR JATISTA. PNEUMOCONIOSE INDUZIDA PELA INALAÇÃO CONTINUADA DE PEQUENAS PARTÍCULAS DE SILÍCIO OU SILICATOS CONTIDOS NA AREIA DE JATEAMENTO. SILICOSE. RESPONSABILIDADE CIVIL. NEXO DE CAUSALIDADE. ÔNUS DA PROVA. INDENIZAÇÃO POR DANOS MATERIAIS E MORAIS. QUANTUM. A indenização por dano moral foi elevada à modalidade de garantia constitucional em face da violação aos direitos fundamentais, reparando todos os agravos à pessoa humana (art. 5º, incisos IV e V CRFB), com singular tutela para aqueles que decorrem das relações de trabalho, merecedores de uma Justiça especializada para conhecê-los e apreciá-los (art. 114, inciso VI, CRFB). O trabalho deve ser fonte de vida e não de morte, amputação ou redução permanente de capacidade, como ocorre no caso em que a enfermidade pulmonar, induzida pela inalação continuada de pequenas partículas de silício ou silicatos contidos na areia de jateamento, é incurável e irreversível, acompanhando o trabalhador por toda sua vida. Para seu arbitramento, devem ser considerados critérios como a gravidade do dano e sua repercussão, o grau de culpa, a capacidade econômico-financeira do ofensor e o caráter pedagógico-punitivo da medida, além da jurisprudência da Corte. No caso, restou comprovado que a silicose contraída pelo trabalhador, que culminou com sua aposentadoria por invalidez, decorreu das atividades prestadas em favor da empresa. (TRT, 1ª R., 1ª T., RO 00321009420095010242, rel. Gustavo Tadeu Alkmim, Publicação: 05.11.15)

— A decisão reconheceu o nexo da silicose com o trabalho do reclamante.

34. DOENÇA OCUPACIONAL — AUSÊNCIA DE PROVA DO NEXO CAUSAL. Constando na perícia que se trata de doença degenerativa, inerente à faixa etária e não havendo prova de que as condições de trabalho da reclamante foram determinantes para o seu agravamento, não há falar em estabilidade provisória e indenização por danos morais e materiais, mormente porque a reclamante, na função de auxiliar de cozinha — na qual não se presume grandes riscos ergonômicos —, trabalhou por menos de quatro meses antes do seu afastamento mediante auxílio-doença. Recurso da reclamada provido no particular. (TRT, 24ª R., 1ª T., 0024144-47.2014.5.24.0101, rel. Tomas Bawden de Castro Silva, Disponibilizado em: 15.12.2015)

— A decisão não reconheceu o nexo da doença da reclamante com o trabalho.

35. DOENÇA DO TRABALHO. ASMA BRÔNQUICA. AMBIENTE FRIO. TRABALHO INTERMITENTE. Comprovado nos autos que (a) exame laboratorial concluiu pela existência de "distúrbio ventilatório obstrutivo leve", (b) que há predisposição genética para adquirir asma brônquica, (c) que o comprometimento da saúde foi esporádico, (d) que foi fornecido equipamento de proteção individual e (e) que antes da admissão o autor trabalhou com caminhão frigorífico de sua propriedade, não há elementos de prova consistentes para a configuração da culpa patronal por inobservância das regras jurídicas do trabalho em ambiente frio, principalmente se o perito judicial deduziu o vínculo da doença partindo de declaração fornecida pelo próprio empregado e se afirmou que a causa não é a variação térmica, mas, sim, a exposição ao ar frio, pois inclusive fragiliza o nexo concausal que foi reconhecido, já que o trabalho na câmara fria não era contínuo, e sim intermitente. (TRT, 12ª R., 5ª Câmara, Proc. 0010146-92.2013.5.12.0032, Rel.: Narbal Antônio de Mendonça Fileti, Data de Assinatura: 14.10.2015)

— A decisão não reconheceu a culpa do empregador pela doença do reclamante.

36. Adicional de insalubridade. Exames audiométricos. Exibição. Desatendimento. O desatendimento injustificado por parte do empregador à solicitação do perito, bem como a intimação judicial, para apresentação da avaliação audiométrica periódica do empregado, aliado ao fato de haver apenas notícia de fornecimento de "EPI", sem a documentação própria para se constatar sua efetiva proteção pelo prazo de validade e certificação pelos órgãos responsáveis, traduz-se em presunção de veracidade da perda auditiva. Ref.: Art. 429, CPC, Art. 5º, II, CF/1988. (TRT, 3ª R., 5ª T., RO/14403/98, rel. Juiz Luiz Philippe Vieira de Mello Filho, DJMG de 08.05.99).

— A decisão presumiu a perda auditiva do reclamante, por causa do desatendimento do empregador em fornecer documentos solicitados pelo perito.

37. ACIDENTE DE TRABALHO. TRANSPORTE RODOVIÁRIO DE CARGA. DANOS MATERIAIS E MORAIS. RISCO EXCEPCIONAL DA ATIVIDADE. RESPONSABILIDADE OBJETIVA DO EMPREGADOR. Tratando-se a atividade (de transporte rodoviário de carga em viagens de longa distância) que implica exposição do obreiro a risco excepcional, compete ao empregador assumir, integralmente, independentemente de culpa, eventuais danos impingidos ao trabalhador (ou, de forma reflexa, em caso de óbito, aos seus sucessores) na execução do mister que lhe foi confiado (arts. 2º, *caput*, da CLT e 927, § único, do Código Civil). Nesse prisma, não cabe ao obreiro suportar os riscos inerentes ao desenvolvimento da atividade, inclusive aqueles afetos à periculosidade intrínseca afeta ao negócio (de transporte rodoviário de cargas), em face da notória precariedade das condições de trânsito/tráfego das rodovias brasileiras. Não se pode negar que a responsabilização objetiva, aplicada nos termos do art. 927, § único, do Código Civil, representa um avanço nas garantias individuais dos cidadãos e, em especial, da classe trabalhadora, o que restou prestigiado com a edição, pelo STF, da tese de repercussão geral insculpida sob o Tema 932 (no julgamento do RE 828040/DF, Relator Ministro Alexandre de Moraes, julgado em 12.03.20, publicado DJe em 26.06.20), editada nos seguintes termos: "O artigo 927, parágrafo único, do Código Civil é compatível com o artigo 7º, XXVIII, da Constituição Federal, sendo constitucional a responsabilização objetiva do empregador por danos decorrentes de acidentes de trabalho, nos casos especificados em lei, ou quando a atividade normalmente desenvolvida, por sua natureza, apresentar exposição habitual a risco especial, com potencialidade lesiva e implicar ao trabalhador ônus maior do que aos demais membros da coletividade". (TRT da 3ª Região; PJe: 0010602-36.2019.5.03.0047 (RO); Disponibilização: 10.02.2021, DEJT/TRT3/Cad.Jud, Página 1330; Órgão Julgador: Setima Turma; Relator: Marcelo Lamego Pertence)

— A decisão considerou a responsabilidade objetiva pelo acidente do trabalho.

38. ACIDENTE DE TRABALHO. NEXO DE CAUSALIDADE. FATO DE TERCEIRO. Nada pode ser imputado às rés, pois, quando o acidente deriva do ato alheio à relação de emprego, caracterizado está o fato de terceiro. É imprevisível e escapa do âmbito de prevenção do empregador. A letra do art. 7º, XXVIII, CF/88, estabelece responsabilidade do empregador somente em caráter subjetivo, ou seja, por culpa ou dolo, uma vez que o aspecto objetivo dessa responsabilidade já é socialmente coberto pelos benefícios previdenciários de caráter solidário. Não fosse assim, a agressão física praticada por um terceiro, em uma situação que não se insere necessariamente dentro da atividade do empregador, não pode ser havido como risco dessa mesma atividade. (TRT1 — 3ª Turma — Rel. Eduardo Henrique Raymundo Von Adamovich — 0011376-10.2015.5.01.0032 — 16.6.2020)

— A decisão considerou a responsabilidade como subjetiva.

39. ACIDENTE DE TRABALHO. QUEDA NA ESCADA. PENSÃO. No caso, foi uma queda sem participação de qualquer outro empregado. Certamente a culpabilidade do empregado é muito baixa, mas entendo que há culpa presumida. A culpabilidade baixa interfere na indenização do dano moral, mas não na reparação do dano material. (TRT1 — 9ª Turma — Rel. Ivan da Costa Alemão Ferreira — 0001382-20.2010.5.01.0068 — 31.1.2020)

— A decisão deferiu a indenização por dano moral.

40. ACIDENTE DE TRABALHO. RESPONSABILIDADE OBJETIVA DA EMPREGADORA. TEORIA DO RISCO DO EMPREENDIMENTO. De acordo com a teoria do risco, o fato de a empregadora ter assumido os riscos da atividade econômica a torna responsável pela indenização decorrente de acidente de trabalho, não se exigindo a comprovação de culpa ou dolo, nos termos dos princípios fundamentais da valorização social do trabalho e da dignidade humana. (TRT1 — 5ª Turma — Rel. José Luis Campos Xavier — 0100556-12.2017.5.01.0244 — 15.10.2020)

— A decisão considerou a responsabilidade ojetiva da empregadora no acidente.

41. DANOS DECORRENTES DE ACIDENTE DE TRABALHO. CULPA EXCLUSIVA DA VÍTIMA. INDENIZAÇÃO INDEVIDA. Verificando-se dos elementos probatórios a ocorrência de culpa exclusiva do trabalhador no acidente que o vitimou, não se há falar em reparação de prejuízos materiais ou morais de responsabilidade do empregador. (TRT1 — 2ª Turma — Rel. Antonio Paes Araújo — 0100190-91.2018.5.01.0452 — 28.10.2020).

— Culpa exclusiva da vítima: indenização indeferida.

42. ACIDENTE DO TRABALHO. CULPA EXCLUSIVA OU CONCORRENTE DA VÍTIMA INEXISTENTE. DANOS ESTÉTICOS E MORAIS. INDENIZAÇÃO DEVIDA. Inexistente a culpa exclusiva ou concorrente da vítima e evidenciada a culpa da empregadora, o dano e a relação de causalidade entre a doença e o trabalho desenvolvido, está presente a obrigação de a empresa indenizar os danos morais e estéticos sofridos pelo trabalhador. (TRT12 — ROT — 0000112-92.2020.5.12.0006, Roberto Luiz Guglielmetto, 1ª Câmara, Data de Assinatura: 28.04.2021).

— Culpa exclusiva da vítima não acolhida.

43. COVID-19. DOENÇA EQUIPARADA A ACIDENTE DE TRABALHO. NEXO DE CAUSALIDADE. PRESUNÇÃO NÃO VERIFICADA. A ausência de presunção do nexo causal entre a doença COVID-19 apresentada pelo trabalhador e as atividades laborais exercidas, em especial pela não comprovação do alto risco de exposição do trabalhador à contaminação pelo novo coronavírus, associada à adoção de medidas de segurança e saúde pelo empregador, obsta o reconhecimento da doença ocupacional equiparada a acidente de trabalho e, por consequência, a pretensão de reconhecimento do direito à estabilidade provisória no emprego. (TRT12 — RORSum — 0000903-64.2020.5.12.0005, Roberto Luiz Guglielmetto, 1ª Câmara, Data de Assinatura: 28.04.2021).

— A decisão não reconheceu a doença COVID-19 como doença ocupacional.

44. ACIDENTE DE TRAJETO ENVOLVENDO O RECLAMANTE. AUSÊNCIA DE COMPROVAÇÃO DE CULPA DO EMPREGADOR. Muito embora o acidente de trajeto seja equiparado ao acidente de trabalho, conforme art. 21, inciso Iv, "d" da Lei n. 8.213/91, tal fato, por si só, não enseja a responsabilização civil do empregador, pois ausentes os elementos caracterizadores da responsabilidade civil subjetiva, a saber, a culpa, o nexo de causalidade e o dano. Em se tratando o presente caso de acidente de veículo automotor, sofrido em rodovia pública, não há nexo causal ou concausal entre o infortúnio e o trabalho que viabilize a pretensão por indenização por danos morais e materiais. Isto porque, não há como se atribuir à reclamada a responsabilidade pelo dano sofrido em acidente de trânsito ocorrido a quilômetros do efetivo local de prestação de serviços da autora. Nestas condições, mantenho a sentença de origem. (Processo n. 0011508-53.2017.5.15.0082, 3ª Vara do Trabalho de São José do Rio Preto, Relator: Lorival Ferreira dos Santos)

— A decisão indeferiu a indenizaçao devido ao acidente ocorrido com o trabalhador.

CAPÍTULO VI
APOSENTADORIA ESPECIAL

CONSIDERAÇÕES GERAIS

O direito ao benefício da aposentadoria especial é devido ao trabalhador exposto em condições que prejudicam a saúde ou a integridade física. O art. 58 da Lei n. 8.213/91 determina que a relação dos agentes nocivos químicos, físicos e biológicos ou associação de agentes prejudiciais à saúde ou à integridade física considerados para fins de concessão da aposentadoria especial será definida pelo Poder Executivo. O Decreto n. 3.048/99, anexo IV, regulamentou a relação dos agentes, atividades e critérios de caracterização do direito à aposentadoria especial. Todavia, na análise da aposentadoria deve-se observar as regulamentações anteriores, especialmente os Decretos ns. 23.831/64 e 83.080/79 que vigoraram até março de 1997. Esses Decretos estabeleciam a caracterização da atividade como especial pela ocupação (profissão do trabalhador) e exposição aos agentes nocivos.

A aposentadoria especial é um benefício que permite ao trabalhador se aposentar com 15 (quinze), 20 (vinte) ou 25 (vinte e cinco) anos de trabalho. As aposentadorias de 15 e 20 anos ocorrem somente em trabalhos em minas subterrâneas ou na exposição ao asbestos (20 anos). Nas demais atividades a aposentadoria é de 25 anos.

A partir de 1988, § 6º, o benefício da aposentadoria passou a ser financiado com os recursos provenientes da contribuição do empregador, cujas alíquotas serão acrescidas de doze, nove ou seis pontos percentuais, conforme a atividade exercida pelo segurado a serviço da empresa permita a concessão de aposentadoria especial após quinze, vinte ou vinte e cinco anos de contribuição, respectivamente (art. 57, § 6º da Lei n. 8.213/91).

A comprovação da efetiva exposição do segurado aos agentes nocivos será feita por meio de laudo técnico de condições ambientais do trabalho expedido por médico do trabalho ou engenheiro de segurança do trabalho nos termos da legislação trabalhista (art. 58, § 1º da Lei n. 8.213/91). Com base nesse laudo, a empresa deverá elaborar o PPP — Perfil Profissiográfico Previdenciário.

A partir 1988, a Ordem de Serviço 600 do INSS determinou a descaracterização da atividade como especial, se no laudo técnico constar informação de que o uso de equipamento de proteção individual é capaz de neutralizar o agente nocivo. Posteriormente, a Lei n. 9.732 de 11.12.98 deu nova redação ao art. 58 da Lei n. 8.213/91, determinando que no laudo técnico deverá constar informação sobre a existência de tecnologia de proteção coletiva ou individual que diminua a intensidade do agente agressivo a limites de tolerância e recomendação sobre a sua adoção pelo estabelecimento respectivo. Com essa informação no laudo e no PPP, o órgão competente do INSS indefere o direito ao benefício da aposentadoria especial. Nesse caso, o trabalhador deve promover ação judicial contra INSS visando obter o direito a aposentadoria especial.

SÚMULAS TNU

A seguir, serão comentadas e anotadas as súmulas e jurisprudência pertinentes à aposentadoria especial. Lembramos que a Justiça do Trabalho não é competente para julgar ações contra o INSS, no entanto, pode apreciar ações visando alterar o PPP. As ações visando obter o benefício da aposentadoria especial são julgadas na Justiça Federal (art. 109 da CF) ou na Justiça Estadual (comum), sempre que a comarca não seja sede de Vara do Juízo federal (art.109, § 3º da CF).

SÚMULA N. 9

O uso de Equipamento de Proteção Individual (EPI), ainda que elimine a insalubridade, no caso de exposição a ruído, não descaracteriza o tempo de serviço especial prestado.

— A súmula determina que apenas o agente ruído não pode ser neutralizado por meio de EPI — Equipamento de Proteção Individual. No mesmo sentido, o STF, no julgamento do ARE 664335, assentou a tese de que em exposição do trabalhador a ruído acima dos limites legais de tolerância, a declaração do empregador, no âmbito do Perfil Profissiográfico Previdenciário (PPP), da eficácia do Equipamento de Proteção Individual (EPI), não descaracteriza o tempo de serviço especial para aposentadoria" (DJe-249 de 17.12.2014).

– A instrução Normativa vigente do INSS estabelece:

A exposição ocupacional a ruído dará ensejo à caracterização de atividade exercida em condições especiais quando os níveis de pressão sonora estiverem acima de oitenta dB (A), noventa dB (A) ou 85 (oitenta e cinco) dB (A), conforme o caso, observado o seguinte:

I — até 5 de março de 1997, véspera da publicação do Decreto n. 2.172, de 1997, será efetuado o enquadramento quando a exposição for superior a oitenta dB (A), devendo ser informados os valores medidos;

II — de 6 de março de 1997, data da publicação do Decreto n. 2.172, de 1997, até 10 de outubro de 2001, véspera da publicação da Instrução Normativa INSS/DC n. 57, de 10 de outubro de 2001, será efetuado o enquadramento quando a exposição for superior a noventa dB (A), devendo ser informados os valores medidos;

III — de 11 de outubro de 2001, data da publicação da Instrução Normativa n. 57, de 2001, até 18 de novembro de 2003, véspera da publicação do Decreto n. 4.882, de 18 de novembro de 2003, será efetuado o enquadramento quando a exposição for superior a noventa dB (A), devendo ser anexado o histograma ou memória de cálculos; e

IV — a partir de 1º de janeiro de 2004, será efetuado o enquadramento quando o Nível de Exposição Normalizado — NEN se situar acima de 85 (oitenta e cinco) dB (A) ou for ultrapassada a dose unitária, conforme NHO-01 da FUNDACENTRO, sendo facultado à empresa a sua utilização a partir de 19 de novembro de 2003, data da publicação do Decreto n. 4.882, de 2003, aplicando:

a) os limites de tolerância definidos no Quadro do Anexo I da NR-15 do MTE; e

b) as metodologias e os procedimentos definidos nas NHO-01 da FUNDACENTRO.

SÚMULA N. 26

A atividade de vigilante enquadra-se como especial, equiparando-se à de guarda, elencada no item 2.5.7. do Anexo III do Decreto n. 53.831/64.

— O Decreto n. 53.831/64 foi revogado em 05 de março de 1997.

SÚMULA N. 49

Para reconhecimento de condição especial de trabalho antes de 29.04.1995, a exposição a agentes nocivos à saúde ou à integridade física não precisa ocorrer de forma permanente.

— Atualmente, a caracterização da atividade especial exige o contato permanente. A concessão da aposentadoria especial dependerá da comprovação do tempo de trabalho permanente, não ocasional nem intermitente; e da exposição do segurado aos agentes nocivos químicos, físicos, biológicos ou a associação de agentes prejudiciais à saúde ou à integridade física (art. 64, § 1º do Decreto n. 3.048/99).

SÚMULA N. 55

A conversão do tempo de atividade especial em comum deve ocorrer com aplicação do fator multiplicativo em vigor na data da concessão da aposentadoria.

— O tempo de trabalho em condições especiais será somado após a respectiva conversão ao tempo de trabalho exercido em atividade comum, qualquer que seja o período trabalhado, aplicando-se a seguinte tabela (art. 66, § 2º do Decreto n. 3.048/99):

De 15 anos	*1,0*	*1,33*	*1,60*	*2,0*	*2,3*
De 20 anos	*0,75*	*1,00*	*1,25*	*1,25*	*1,75*
De 25 anos	*0,6*	*0,8*	*1,0*	*1,20*	*1,4*

SÚMULA N. 66

O servidor público ex-celetista que trabalhava sob condições especiais antes de migrar para o regime estatutário tem direito adquirido à conversão do tempo de atividade especial em tempo comum com o devido acréscimo legal, para efeito de contagem recíproca no regime previdenciário próprio dos servidores públicos.

— Ver conversão no art.66, § 2º do Decreto n. 3.048/99.

SÚMULA N. 68

O laudo pericial não contemporâneo ao período trabalhado é apto à comprovação da atividade especial do segurado.

— Muitas vezes, o segurado fica prejudicado por falta de laudo. É frequente a falta de laudo na época em que o segurado prestou serviços em determinada empresa. Assim, a solução é retroagir o laudo feito em data posterior. No entanto, esse procedimento, às vezes, não é aceito ou é questionado pelo setor de benefício do INSS.

SÚMULA N. 70

A atividade de tratorista pode ser equiparada à de motorista de caminhão para fins de reconhecimento de atividade especial mediante enquadramento por categoria profissional.

— A exposição aos agentes nocivos em tratores normalmente é maior que em caminhões, especialmente ruído e vibração.

SÚMULA N. 71

O mero contato do pedreiro com o cimento não caracteriza condição especial de trabalho para fins previdenciários.

— O anexo 13 da NR-15 considera como insalubre de grau mínimo a atividade de fabricação e transporte de cimento nas fases de grande exposição a poeiras.

SÚMULA N. 82

O código 1.3.2 do quadro anexo ao Decreto n. 53.831/64, além dos profissionais da área da saúde, contempla os trabalhadores que exercem atividades de serviços gerais em limpeza e higienização de ambientes hospitalares.

— Na limpeza e higienização em ambientes hospitalares, os trabalhadores podem ter contato com materiais de uso dos pacientes não esterilizados. Por esse motivo, a súmula equipara a exposição a agentes biológicos nessa atividade, à dos profissionais de saúde. Lembramos que o Decreto n. 53.831/64 foi revogado em março de 1997.

SÚMULA DO TRIBUNAL FEDERAL DE RECURSOS/STF

SÚMULA N. 198 TRF

Aposentadoria Especial. Perícia Judicial. Atividade Perigosa, Insalubre ou Penosa. Inscrição em Regulamento. Atendidos os demais requisitos, é devida a aposentadoria especial, se perícia judicial constata que a atividade exercida pelo segurado é perigosa, insalubre ou penosa, mesmo não inscrita em regulamento.

Nota: Está Súmula foi promulgada antes da Constituição Federal de 1988, que extinguiu o TFR.

— Há algumas situações que a atividade do trabalhador é caracterizada como insalubre ou perigosa e seu direito é indeferido administrativamente pelo INSS, por falta de enquadramento no regulamento dos benefícios. Todavia, pela via judicial, há possibilidade de reconhecimento do direito à aposentadoria especial, mesmo não sendo mencionada pelo regulamento da previdência, conforme entendimento consubstanciado na Súmula n. 198 do extinto Tribunal Federal de Recursos:

SÚMULA VINCULANTE N. 33 DO STF

Aplicam-se ao servidor público, no que couber, as regras do regime geral da previdência social sobre aposentadoria especial de que trata o art. 40, § 4º, inciso III da Constituição Federal, até a edição de lei complementar específica.

— As regras para caracterização do direito à aposentadoria especial deverão tomar como base a legislação trabalhista e previdenciária, a não ser que o Estado, o Município e a União estabeleçam lei específica dos critérios técnicos de caracterização da exposição a riscos à saúde e à integridade física de seus servidores. Todavia, as normas expedidas por órgãos públicos para caracterização do direito à aposentadoria especial, como por exemplo as estabelecidas para servidor público federal, são similares aos critérios definidos nas regras trabalhistas e previdenciárias.

JURISPRUDÊNCIA

1. APOSENTADORIA ESPECIAL. RUÍDO. CALOR. PROVA. APELAÇÃO DESPROVIDA E REMESSA OFICIAL PARCIALMENTE PROVIDA. SENTENÇA PARCIALMENTE REFORMADA. 1 — Conforme relatório, trata-se de remessa necessária e apelação do INSS (fls. 95/119) em face da sentença (fls. 70/91) do Juízo da Subseção Judiciária de São João Del Rei/MG, que, em ação de 11.12.2008, sobre aposentadoria especial, julgou procedente o pedido, determinando a concessão da aposentadoria especial desde a data do requerimento administrativo. Não houve pedido e/ou concessão de antecipação de tutela. 2 — MÉRITO. DO TRABALHO SUJEITO A CONDIÇÕES ESPECIAIS. Aposentadoria. Espécies. Considerações gerais e específicas declinadas no voto. 3 — TEMPO ESPECIAL (RUÍDO): 04.02.1985 a 05.03.1997, 18.11.2003 a 09.03.2010. TEMPO ESPECIAL (CALOR): 06.03.1997 a 17.11.2003. 4 — Diante de tudo acima, não merece reparo à sentença, pois, como se vê nos PPP's juntados aos autos, o autor esteve exposto ao agente agressivo ruído em limite superior ao permitido na legislação de regência, além de exposto ao calor conforme fundamentação retro. Assim, não merece reparo a sentença quanto ao mérito. Decisão: A Câmara, por unanimidade, NEGOU provimento à apelação e DEU PARCIAL provimento à remessa oficial. (TRF, 2ª Câmara Regional Previdenciária de Minas Gerais, Processo: AMS 0005780-08.2010.4.01.3814, Relator Juiz Federal Grigório Carlos dos Santos, Publicação: 28.06.2017)

— Ver comentário da Súmula n. 9 do TNU. Com relação ao calor, até 5 de março de 1997, véspera da publicação do Decreto n. 2.172, de 1997, a atividade será considerada especial quando a temperatura efetiva estiver acima de 28 °C (vinte e oito) graus Celsius. A partir de 6 de março de 1997, será caracterizada a atividade como especial, quando o IBUTG superar os limites do Anexo 3 da NR-15 do MTE, Quadros 1, 2 e 3.

2. APOSENTADORIA ESPECIAL. RUÍDO. AGENTES QUÍMICOS. PROVA. APELAÇÕES DESPROVIDAS E REMESSA OFICIAL PARCIALMENTE PROVIDA. SENTENÇA PARCIALMENTE REFORMADA. 1 — Conforme Trata-se de remessa oficial e apelação da parte autora (fls. 120/129), e do INSS (fls.137/146) em face da sentença (fls. 116/117) do Juízo da Subseção Judiciária de São João Del Rei/MG, que, em ação de 11.12.2008, sobre aposentadoria especial, julgou procedente o pedido, determinando a concessão da aposentadoria especial desde a data do requerimento administrativo. Não houve pedido e/ou concessão de antecipação de tutela. 2 — PRELIMINARMENTE. Não há necessidade de dilação probatória na espécie, visto que a prova documental carreada aos autos é suficiente a comprovar a existência do eventual direito líquido e certo invocado. Preliminar rejeitada. 3 — MÉRITO. DO TRABALHO SUJEITO A CONDIÇÕES ESPECIAIS. Aposentadoria. Espécies. Considerações gerais e específicas declinadas no voto. 4 — DO CASO CONCRETO QUANTO AO MÉRITO. TEMPO ESPECIAL (RUÍDO): 1º.11.1980 A 30.06.1983; 12.12.1984 A 31.08.1996; 1º.11.1997 A 31.05.2001; 1º.06.2001 A 31.05.2008. TEMPO ESPECIAL (AGENTES QUÍMICOS): 1º.07.1983 A 11.12.1984. 5 — Diante de tudo acima, não merece reparo à sentença, pois, como se vê nos PPP's juntados aos autos, o autor esteve exposto ao agente agressivo ruído em limite superior ao permitido na legislação de regência, além de exposto aos agentes químicos conforme fundamentação retro. Decisão: A Câmara, por unanimidade, NEGOU provimento às apelações e DEU PARCIAL provimento à remessa oficial. (TRF, 2ª Câmara Regional Previdenciária de Minas Gerais, Processo: 0001035-50.2008.4.01.3815 AMS 2008.38.15.001041-7, Relator Juiz Federal Grigório Carlos dos Santos, Publicação: 28.06.2017).

— A decisão considerou a atividade como especial por exposição ao ruído acima do limite de tolerância. Ver comentário da Súmula n. 9 do TNU.

3. APOSENTADORIA ESPECIAL. RUÍDO. PROVA. APELAÇÃO DESPROVIDA E REMESSA OFICIAL PARCIALMENTE PROVIDA. SENTENÇA PARCIAMENTE REFORMADA. ADEQUAÇÃO QUANTO AOS CONSECTÁRIOS LEGAIS. 1 — Conforme relatório trata-se de remessa oficial e apelação do INSS (fls. 77/105) em face da sentença (fls. 61/74) do Juízo da Subseção Judiciária de Ipatinga/MG, que, em ação de 11.02.2010, sobre aposentadoria especial, julgou procedente o pedido, após reconhecer a especialidade dos períodos (07.08.1980 a 04.11.1980, 01.11.1984 a 22.01.2009 e 23.01.2009 a 20.08.2009) considerando a submissão a agentes nocivos, advindos de ruído, determinando a concessão da aposentadoria especial desde a data do requerimento administrativo. (TRF, 2ª Câmara Regional Previdenciária de Minas Gerais, Processo: 0000722-24.2010.4.01.3814, Relator Juiz Federal Grigório Carlos dos Santos, Publicação: 28.06.2017).

— ver comentário da Súmula n. 9 do TNU.

4. APOSENTADORIA ESPECIAL. REQUISITOS GERAIS E ESPECÍFICOS. AGENTES BIOLÓGICOS. ENQUADRAMENTO. SENTENÇA MANTIDA. 1 — Conforme relatório, trata-se de remessa necessária e apelações da autora (221/224) e do INSS (fls. 226/234) em face de sentença de fls. 209/217 do Juízo da 8ª Vara da Seção Judiciária de Minas Gerais, que, nos autos de ação ajuizada em 04.08.2006, julgou parcialmente procedentes os pedidos, reconhecendo como tempo especial os períodos laborados entre 26.09.1978 a 30.06.1980 e de 06.03.1997 a 1º.11.2004, determinando ao INSS na conversão da aposentadoria por tempo de contribuição da autora em aposentadoria especial, com efeitos financeiros retroativos à data de entrada do requerimento administrativo. 2 — Aposentadoria por tempo especial. Agentes nocivos. Considerações gerais. Legislação. 3 — O reconhecimento da atividade como especial depende do preenchimento de requisitos existentes na data do efetivo exercício, quais sejam: (a) até 28.04.1995 prevalecia o enquadramento por atividade descrita em formulário preenchido pela empresa, com a ressalva das hipóteses em que a atividade não estivesse enquadrada (porque a lista de atividades não era taxativa), quando, então, a demonstração teria que ser feita com base em outros elementos (geralmente laudo técnico); (b) entre 29.04.1995 e 04.03.1997, a comprovação da efetiva exposição a agentes nocivos era feita a partir de formulário preenchido pela empresa (SB-40 ou DSS-8030), em que o empregador descrevia todas as atividades do empregado; (c) e a partir de 05.03.1997, a comprovação da efetiva exposição passou a ser feito pelo preenchimento de formulário a cargo da empresa, a partir de laudo técnico de condições ambientais. 4 — De qualquer forma, deve ser lembrado que o STJ, no julgamento do Recurso Especial n. 1306113/SC, em regime de recursos repetitivos, consagrou o entendimento no sentido de que "À luz da interpretação sistemática, as normas regulamentadoras que estabelecem os casos de agentes e atividades nocivos à saúde do trabalhador são exemplificativas, podendo ser tido como distinto o labor que a técnica médica e a legislação correlata considerarem como prejudiciais ao obreiro, desde que o trabalho seja permanente, não ocasional, nem intermitente, em condições especiais (art. 57, § 3º, da Lei n. 8.213/1991)" (Rel. Ministro Herman Benjamin, Primeira Seção, julgado em 14.11.2012, DJe 07.03.2013). Significa dizer que a falta de descrição de determinada atividade nos decretos em estudo não impede, por si só, o seu enquadramento como especial, haja vista o caráter meramente exemplificativo do rol de agentes nocivos contido em tais diplomas. 5 — A conversão de tempo de serviço comum em especial só é possível para os casos em que o segurado reuniu todos os requisitos de concessão do benefício requerido antes de 28.04.1995. Após essa data, o regime jurídico aplicável não mais prevê essa modalidade de conversão, pelo que impossível que o beneficiário dela se aproveite. 6 — Consoante entendimento firme do e. Superior Tribunal de Justiça, "em sendo o fator de conversão um critério exclusivamente matemático, que visa estabelecer uma relação de proporcionalidade com o tempo necessário à concessão da aposentadoria, o índice a ser adotado deve ser aquele vigente na ocasião do requerimento administrativo do benefício. A matéria, já foi julgada por meio do procedimento dos Recursos Repetitivos, do art. 543-C do CPC, no Resp n. 1.151.363/MG (AgRg nos EDcl nos EREsp 1.220.644/PR, Rel. Min. Eliana Calmon, Primeira Seção, DJe 23.08.2013)". 7 — Essa conversão se dá de acordo com a tabela constante do art. 70, Decreto n. 3.048/99, na redação dada pelo Decreto n. 4.827/2003. 8 — Nestes autos, pretende-se o reconhecimento como especial de atividades que teriam sido realizadas em contato com materiais infecto contagioso nos períodos de 26.09.1978 a 30.06.1980 e de 06.03.1997 a 1º.11.2004 no Hospital São Francisco de Assis e no estabelecimento Hemoservice, respectivamente. 9 — Em análise dos autos, o formulário DSS-8030, CTPS de fls. 144 e 149 e Perfil Profissiográfico Previdenciário de fls. 161/164, demonstram que a autora laborou como atendente de enfermagem e auxiliar de hemoterapia, com exposição a materiais infecto contagiante, durante todo o período reconhecido na sentença. Tal período deve ser reconhecido como tempo especial, dado o enquadramento nos itens 1.3.2 do Decreto n. 53.831/1964, 1.3.4 do Decreto n. 83.080/1979 e 3.0.1 dos Decretos ns. 2.171/1997 e 3.048/1999. Decisão: A Turma, à unanimidade, deu provimento à apelação da autora e negou provimento à remessa e à apelação do INSS. (TRF, 2ª Câmara Regional Previdenciária de Minas Gerais, Processo: 0025171-30.2006.4.01.3800, Relator: Juiz Federal Grigório Carlos Dos Santos, Publicação: 28.06.2017)

— A decisão enfatiza que, à luz da interpretação sistemática, as normas regulamentadoras que estabelecem os casos de agentes e atividades nocivos à saúde do trabalhador são exemplificativas.

Com a revogação dos referidos Decretos ns. 53.831/64 e 83.080/79,não há razão técnica para o INSS restringir o direito ao benefício da aposentadoria apenas para os trabalhadores que tenham contato com pacientes portadores de doenças infectocontagiosas ou manuseio de material contagioso, tendo em vista o seguinte:

O anexo 14, NR-15 da Portaria n. 3.214/78 do Ministério de Trabalho e Emprego dispõe:

Insalubridade de grau máximo

Trabalho ou operações, em contato permanente com pacientes em isolamento por doenças infectocontagiosas, bem como objetos de seu uso, não previamente esterilizados.

Insalubridade de grau médio

Trabalhos e operações em contato permanente com pacientes, animais ou com material infectocontagiante, em hospitais, serviços de emergência, enfermarias, ambulatórios, postos de vacinação e outros estabelecimentos destinados aos cuidados da saúde humana (aplica-se unicamente ao pessoal que tenha contato com os pacientes, bem como aos que manuseiam objetos de uso desses pacientes, não previamente esterilizados).

Essa norma adota dois graus de insalubridade em função das condições de exposição aos agentes biológicos. Na insalubridade de grau máximo, a norma condiciona o pagamento do adicional ao contato permanente com pacientes portadores de doenças infectocontagiosas e em isolamento.

Na insalubridade de grau médio, a norma considera o contato com pacientes ou material infectocontagiante, no entanto, não condiciona o pagamento do adicional à exigência de os pacientes serem portadores de doenças infectocontagiosas. Assim, por exemplo, quem procura um profissional num estabelecimento de saúde é um paciente que pode ser portador de doença infectocontagiosa. (SALIBA, 2015).

Portanto, como menciona a decisão, a interpretação sistemática das normas técnicas sobre a matéria, não há razão técnica para limitar o direito à aposentadoria especial por exposição a agentes biológicos até a revogação dos Decretos ns. 53.831/64 e 83.080/79.

5. APOSENTADORIA ESPECIAL. AGENTE AGRESSIVO RUÍDO. EXPOSIÇÃO EM PATAMAR SUPERIOR AO PERMITIDO EM LEI. USO DE EPI NÃO AFASTA INSALUBRIDA; DE. MANUTENÇÃO DA SENTENÇA. CONSECTÁRIOS LEGAIS. 1 — O tempo de serviço especial é aquele decorrente de serviços prestados sob condições prejudiciais à saúde ou em atividades com riscos superiores aos normais para o segurado e, cumpridos os requisitos legais, confere direito à aposentadoria especial. 2 — Conforme reiterada jurisprudência do STJ, caracteriza-se como especial a atividade desenvolvida em ambiente com ruído médio superior a 80dB (oitenta decibéis), no período de vigência simultânea e sem incompatibilidades dos Decretos ns. 53.831/1964 e 83.080/1979; superior a 90dB (noventa decibéis) com o advento do Decreto n. 2.172 em 05.03.1997; e superior a 85dB (oitenta e cinco decibéis) a partir da edição do Decreto n. 4.882, de 18.11.2003, que não pode ser aplicado retroativamente (STJ, recurso repetitivo, REsp n. 1398260/PR). 3 — O STF, no julgamento do ARE 664335, com repercussão geral reconhecida, assentou a tese de que "o direito à aposentadoria especial pressupõe a efetiva exposição do trabalhador a agente nocivo a sua saúde, de modo que, se o Equipamento de Proteção Individual (EPI) for realmente capaz de neutralizar a nocividade, não haverá respaldo constitucional à aposentadoria especial", bem que "na hipótese de exposição do trabalhador a ruído acima dos limites legais de tolerância, a declaração do empregador, no âmbito do Perfil Profissiográfico Previdenciário (PPP), da eficácia do Equipamento de Proteção Individual (EPI), não descaracteriza o tempo de serviço especial para aposentadoria" (DJe-249 de 17.12.2014). 4 — Não procede a alegação do INSS sobre a extemporaneidade dos formulários e laudos técnicos apresentados. Com efeito, é pacífico o entendimento jurisprudencial a respeito da desnecessidade de tais documentos serem contemporâneos ao exercício da atividade laborativa tida como especial, à míngua de previsão legal quanto ao tema e considerando a equivalência das condições ambientais no ambiente de trabalho. Precedentes desta Corte (AMS n. 00240521020014013800 — Rel. Desembargador Federal Cândido Moraes; AMS n. 00002615220104013814 — Rel. Juiz Federal Henrique Gouvea da Cunha (convocado). 5 — No caso dos autos, deve ser observado que os formulários juntados aos autos demonstram que o autor laborou com exposição a níveis de ruído superiores aos limites de tolerância estabelecidos pela legislação de regência, no período de 11.12.1998 a 16.11.2009 (10 anos, 11 meses e 6 dias), o qual foi reconhecido como especial na sentença. Sendo assim, o demandante laborou em tempo especial no período mencionado anteriormente e, somado ao tempo especial reconhecido administrativamente de 04.03.1986 a 29.07.1986; 1º.08.1984 a 03.03.1986; 1º.08.1986 a 04.09.1987; 08.09.1987 a 05.03.1997; e 15.06.1997 a 10.12.1998 (14 anos e 27 dias), perfaz um total de 25 anos e 3 dias, restando demonstrado que o impetrante faz jus à aposentadoria especial (Numeração Única: 0000511-21.2010.4.01.3803.Relator: Juiz Federal Hermes Gomes Filho. 2ª Câmara Regional Previdenciária de Minas Gerais. Data da Publicação: 1º.12.2016)

— Ver comentário da Súmula n. 9 do TNU.

6. RECURSO ESPECIAL. MATÉRIA REPETITIVA. ART. 543-C DO CPC E RESOLUÇÃO STJ 8/2008. RECURSO REPRESENTATIVO DE CONTROVÉRSIA. ATIVIDADE ESPECIAL. AGENTE ELETRICIDADE. SUPRESSÃO PELO DECRETO N. 2.172/1997(ANEXO IV). ARTS. 57 E 58 DA LEI N. 8.213/1991. ROL DE ATIVIDADES E AGENTES NOCIVOS. CARÁTER EXEMPLIFICATIVO. AGENTES PREJUDICIAIS NÃO PREVISTOS. REQUISITOS PARA CARACTERIZAÇÃO. SUPORTE TÉCNICO MÉDICO E JURÍDICO. EXPOSIÇÃO PERMANENTE, NÃO OCASIONAL NEM INTERMITENTE (ART. 57, § 3º, DA LEI N. 8.213/1991). 1 — Trata-se de Recurso Especial interposto pela autarquia previdenciária com o escopo de prevalecer a tese de que a supressão do agente eletricidade do rol de agentes nocivos pelo Decreto n. 2.172/1997 (Anexo IV) culmina na impossibilidade de configuração como tempo especial (arts. 57 e 58 da Lei n. 8.213/1991) de tal hipótese a partir da vigência do citado ato normativo. 2 — À luz da interpretação sistemática, as normas regulamentadoras que estabelecem os casos de agentes e atividades nocivos à saúde do trabalhador são exemplificativas, podendo ser tido como distinto o labor que a técnica médica e a legislação correlata considerarem como prejudiciais ao obreiro, desde que o trabalho seja permanente, não ocasional, nem intermitente, em condições especiais (art. 57, § 3º, da Lei n. 8.213/1991). Precedentes do STJ. 3 — No caso concreto, o Tribunal de origem embasou-se em elementos técnicos (laudo pericial) e na legislação trabalhista para reputar como especial o trabalho exerci-

do pelo recorrido, por consequência da exposição habitual à eletricidade, o que está de acordo com o entendimento fixado pelo STJ. 4 — Recurso Especial não provido. Acórdão submetido ao regime do art. 543-C do CPC e da Resolução 8/2008 do STJ. REsp 1314703 / RN AGRAVO REGIMENTAL NO RECURSO ESPECIAL2012/0055733-6 Relator: Ministro Sérgio Kukina (1155). (T1 — Primeira Turma, Data Da Publicação: 27.05.2013)

— A decisão enfatiza que, à luz da interpretação sistemática, as normas regulamentadoras que estabelecem os casos de agentes e atividades nocivos à saúde do trabalhador são exemplificativas.

O art. 57 da Lei n. 8.213/91 dispõe:

A aposentadoria especial será devida, uma vez cumprida a carência exigida nesta Lei, ao segurado que tiver trabalhado sujeito a condições especiais que prejudiquem a saúde ou a integridade física, durante 15 (quinze), 20 (vinte) ou 25 (vinte e cinco) anos, conforme dispuser a lei.

Desde 1986, o Decreto n. 93.412/86, estabelece como perigosas as atividades com exposição a energia elétrica. Em 16.07.2014, a Portaria MTE N. 1.078 do TEM, inseriu a periculosidade por energia elétrica no Anexo 4 da NR-16. Portanto, a atividade dos trabalhadores expostos a eletricidade é considerada perigosa. Desse modo, mesmo que a atividade com exposição a eletricidade tenha sido excluída do regulamento do INSS a partir de março de 1997, a interpretação sistemática das normas jurídicas pertinentes não afasta o direito ao benefício. Esse é o entendimento da Súmula n. 198 do extinto Tribunal Federal de Recursos, que adotou o seguinte entendimento:

Atendidos os demais requisitos, é devida a aposentadoria especial, se perícia judicial constata que a atividade exercida pelo segurado é perigosa, insalubre ou penosa, mesmo não inscrita em Regulamento.

7. AGENTE NOCIVO À SAÚDE OU À INTEGRIDADE FÍSICA. EXPOSIÇÃO À ELETRICIDADE. POSSIBILIDADE. 1 — As normas regulamentadoras, que prevêem os agentes e as atividades consideradas insalubres, perigosas ou penosas, são meramente exemplificativas e, havendo a devida comprovação de exercício de outras atividades que coloquem em risco a saúde ou a integridade física do obreiro, é possível o reconhecimento do direito à conversão do tempo de serviço especial em comum. 2 — Comprovada a exposição à eletricidade, ainda que tal agente não conste do rol de atividades do Decreto n. 2.172/97, é de ser reconhecida a especialidade do labor. Precedente: (Resp. 1.306.113/SC, Rel. Ministro Herman Benjamin, Primeira Seção, DJe 07.03.2013, processo submetido ao rito do art. 543-C do CPC)

— Ver comentário da decisão anterior.

8. AGENTES NOCIVOS. RUÍDO. HIDROCARBONETOS. EPI. APOSENTADORIA ESPECIAL. 1 — A exposição a ruído acima dos limites de tolerância e a agentes químicos (hidrocarbonetos) é prejudicial à saúde, ensejando o reconhecimento do tempo como especial. 2 — Preenchidos os requisitos legais, tem o segurado direito à concessão da aposentadoria especial, sem incidência do fator previdenciário, a contar da data do requerimento administrativo. 3 — Os riscos ocupacionais gerados pela exposição a agentes químicos não requerem a análise quantitativa de concentração ou intensidade máxima e mínima no ambiente de trabalho, dado que são caracterizados pela avaliação qualitativa. 4 — O uso de Equipamento de Proteção Individual — EPI, por si só, não elide os efeitos nocivos de atividade sujeita à exposição a agentes nocivos. No caso, não restou comprovado nos autos o efetivo fornecimento, pelas empresas, do referido dispositivo, tampouco demonstrado o uso permanente pelo empregado durante a jornada de trabalho. (Processo: AC 89148920144049999. RS 0008914-89.2014.404.9999. Órgão Julgador-Sexta Turma. Relator Paulo Paim da Silva. Data da Publicação: 17.07.2014)

— Ver comentário da Súmula n. 9 do TNU.

9. APOSENTADORIA ESPECIAL. LEI N. 9.711/98. DECRETO N. 3.048/99. 1 — Até 28.04.1995 é admissível o reconhecimento da especialidade por categoria profissional ou por sujeição a agentes nocivos, aceitando-se qualquer meio de prova (exceto para ruído); a partir de 29.04.1995 não mais é possível o enquadramento por categoria profissional, devendo existir comprovação da sujeição a agentes nocivos por qualquer meio de prova até 05.03.1997 e, a partir de então, por meio de formulário embasado em laudo técnico ou pericial. 2 — Comprovado o exercício de atividade especial por mais de 25 anos, o segurado faz jus à concessão da aposentadoria especial, nos termos do art. 57 e § 1º da Lei n. 8.213, de 24.07.1991, observado, ainda, o disposto no art. 18, I, "d", c/c 29, II, da LB, a contar da data do requerimento administrativo. (TRF-4 — Apelação Cível AC 241294220134049999 RS 0024129-42.2013.404.9999 — Data de Publicação: 17.06.2014)

— Ver comentário da Súmula n. 9 do TNU.

10. AVALIAÇÃO DA REAL EFETIVIDADE E DA DEVIDA UTILIZAÇÃO DO EPI. REEXAME DEPROVA. SÚMULA N. 7/STJ. CONVERSÃODE TEMPO DE SERVIÇO COMUM EM ESPECIAL. INCIDÊNCIADA LEGISLAÇÃO VIGENTE QUANDO PREENCHIDOS OS REQUISITOS DO BENEFÍCIO PRETENDIDO. MATÉRIA JÁ DECIDIDA SOB O RITO DO ART. 543-C DO CPC. 1 — É deficiente a fundamentação do recurso

especial em que a alegação de ofensa ao art. 535 do CPC se faz de forma genérica, sem a demonstração exata dos pontos pelos quais o acórdão se fez omisso, contraditório ou obscuro. Aplica-se, na hipótese, o óbice da Súmula n. 284 do STF. 2 — A circunstância de o contato com os agentes biológicos não perdurar durante toda a jornada de trabalho não significa que não tenha havido exposição a agentes nocivos de forma habitual e permanente, na medida que a natureza do trabalho desenvolvido pela autora, no ambiente laboral hospitalar, permite concluir por sua constante vulnerabilidade. Questão que se resolve pelo parâmetro qualitativo, e não quantitativo. 3 — Na hipótese, a instância ordinária manifestou-se no sentido de que, sendo evidente a exposição a agentes de natureza infecto-contagiosa, não há como atestar a real efetividade do Equipamento de Proteção Individual — EPI. Rever esse entendimento, tal como colocada a questão nas razões recursais, demandaria, necessariamente, novo exame do acervo fático-probatório constante dos autos, providência vedada em recurso especial, conforme o óbice da Súmula n. 7/STJ. 4 — No julgamento do REsp 1.310.034/PR, Rel. Ministro HERMAN BENJAMIN, processado nos termos do art. 543-C do CPC, o STJ firmou entendimento no sentido de que, para fazer jus à conversão de tempo de serviço comum em especial, é necessário que o segurado tenha reunido os requisitos para o benefício pretendido antes da vigência da Lei n. 9.032/95, independentemente do regime jurídico reinante à época em que prestado o serviço. 5 — Recurso especial do INSS parcialmente provido, para se afastar a pretendida conversão de tempo de serviço comum em especial. (REsp 1468401/RS, Rel. Ministro Sérgio Kukina, Primeira Turma, julgado em 16.03.2017, DJe 27.03.2017)

— Não se pode afirmar, tecnicamente, que a exposição a agentes biológicos é neutralizada por meio de EPI.

11. APOSENTADORIA ESPECIAL. FALTA DE DEMONSTRAÇÃO. EXPOSIÇÃO A AGENTES BIOLÓGICOS. AUSÊNCIA DE PREQUESTIONAMENTO. SÚMULA 282/STF. REEXAME DE PROVAS. SÚMULA N. 7/STJ. 1 — Não se pode conhecer da irresignação contra a ofensa dos arts. 130, 330, I, e 420 do CPC, pois os dispositivos legais não foram analisados pela instância de origem. Ausente, portanto, o indispensável requisito do prequestionamento, o que atrai, por analogia, o óbice da Súmula n. 282/STF: "É inadmissível o recurso extraordinário, quando não ventilada, na decisão recorrida, a questão federal suscitada." 2 — O Tribunal de origem concluiu, após o exame das provas produzidas nosautos, que não ficou comprovado o exercício de atividade especial, exposição a agentes biológicos, no período de 08.02.2001 a 07.11.2011. O STJ não pode reexaminar os fatos e as provas produzidas nos autos, sob pena de infringir a Súmula n. 7 desta Corte. 3 — Agravo Regimental não provido. (AgRg no AREsp 820.935/SP, Rel. Ministro Herman Benjamin, Segunda Turma, julgado em 07.04.2016, DJe 31.05.2016)

— Ver comentário da decisão 04.

12. EQUIPAMENTO DE PROTEÇÃO INDIVIDUAL — EPI. VERIFICAÇÃO DA EFICÁCIA COM FINS DE AFASTAR A INSALUBRIDADE DA ATIVIDADE LABORAL. IMPOSSIBILIDADE DE REVOLVIMENTO DO CONJUNTO FÁTICO-PROBATÓRIO DOS AUTOS. SÚMULA N. 7/STJ. SEGURADO O SUJEITO À EXPOSIÇÃO DO AGENTE NOCIVO RUÍDO. AGRAVO REGIMENTAL DO INSS DESPROVIDO. 1 — É incabível, em sede de Recurso Especial, a análise da eficácia do Equipamento de Proteção Individual — EPI, para determinar a eliminação ou não da insalubridade da atividade laboral exercida pelo segurado, por implicar em necessário exame do conjunto fático-probatório dos autos, o que encontra óbice no enunciado da Súmula n. 7/STJ. 2 — O Supremo Tribunal Federal, ao analisar o ARE 664.335/SC, da relatoria do douto Ministro LUIZ FUX, reconheceu a repercussão geral da questão constitucional nele suscitada e, no mérito, fixou o entendimento de que a eficácia do Equipamento de Proteção Individual — EPI, não descaracteriza o tempo de serviço especial para aposentadoria, no caso do segurado estar exposto ao agente nocivo ruído. 3 — Agravo Regimental do INSS desprovido. (AgRg no AREsp 558.157/RS, Rel. Ministro Napoleão Nunes Maia Filho, Primeira Turma, julgado em 17.03.2015, DJe 30.03.2015)

— Ver Súmula n. 9 do TNU.

13. EQUIPAMENTO DE PROTEÇÃO INDIVIDUAL — EPI. COMPROVAÇÃO DE NEUTRALIZAÇÃO DE INSALUBRIDADE. REEXAME DE FATOS E PROVAS. SÚMULA N. 7/STJ. 1 — Este Tribunal Superior posiciona-se no sentido de que o simples fornecimento de EPI, ainda que tal equipamento seja efetivamente utilizado, não afasta, por si só, a caracterização da atividade especial. Também está assentado que, se a eficácia do Equipamento de Proteção Individual implicar revolvimento da matéria fático-probatória, como é o presente caso, o conhecimento do Recurso Especial esbarra no óbice da Súmula n. 7/STJ.2. Agravo Regimental não provido. (AgRg no AREsp 537.412/PR, Rel. Ministro Herman Benjamin, Segunda Turma, julgado em 23.09.2014, DJe 30.10.2014)

— Ver comentário da Súmula n. 9 do TNU.

14. AGRAVO REGIMENTAL NO AGRAVO EM RECURSO ESPECIAL. PREVIDENCIÁRIO. APOSENTADORIA ESPECIAL. EQUIPAMENTO DE PROTEÇÃO INDIVIDUAL. INSALUBRIDADE. NEUTRALIZAÇÃO. PROVA. REEXAME. IMPOSSIBILIDADE. SÚMULA N. 7/STJ. INCIDÊNCIA. REPERCUSSÃO GERAL. SOBRESTAMENTO. 1 — O simples reconhecimento de repercussão geral não acarreta a obrigatoriedade de sobrestamento do recurso especial. 2 — A utilização do Equipamento de Proteção Individual — EPI não afasta, por si só, a caracterização da atividade laboral como especial. 3 — A reforma do entendimento fixado pelo acórdão impugnado, no sentido de que a utilização do EPI, no caso concreto, não descaracterizou a especialidade da atividade laboral, demanda reexame do quadro fático-probatório dos autos, o que não se demonstra possível na via estreita do recurso especial. Incidência da Súmula n. 7 do STJ. Precedentes. 4 — Agravo regimental a que se nega provimento. (AgRg no AREsp 567.415/RS, Rel. Ministro Og Fernandes, Segunda Turma, julgado em 07.10.2014, DJe 15.10.2014)

— Ver comentário da Súmula n. 9 do TNU.

15. ATIVIDADE ESPECIAL. CONFIGURAÇÃO. PERÍCIA INDIRETA EM EMPRESA SIMILAR. LOCAL DE TRABALHO ORIGINÁRIO INEXISTENTE. POSSIBILIDADE. 1 — "Mostra-se legítima a produção de perícia indireta, em empresa similar, ante a impossibilidade de obter os dados necessários à comprovação de atividade especial, visto que, diante do caráter eminentemente social atribuído à Previdência, onde sua finalidade primeira é amparar o segurado, o trabalhador não pode sofrer prejuízos decorrentes da impossibilidade de produção, no local de trabalho, de prova, mesmo que seja de perícia técnica". (REsp 1.397.415/RS, Rel. Ministro Humberto Martins, Segunda Turma, DJe 20.11.2013). 2 — Agravo Regimental não provido. (AgRg no REsp 1422399/RS, Rel. Ministro Herman Benjamin, Segunda Turma, julgado em 18.03.2014, DJe 27.03.2014)

— Ver Súmula n. 68 do TNU.

16. PROCESSUAL CIVIL. VIOLAÇÃO DO ART. 535 DO CPC NÃO CARACTERIZADA. DIREITO PREVIDENCIÁRIO. CONVERSÃO DE TEMPO DE SERVIÇO ESPECIAL EM COMUM. RUÍDO. DECRETO N. 4.882/2003. RETROAÇÃO. IMPOSSIBILIDADE. 1 — Não ocorre ofensa ao art. 535 do CPC, se o Tribunal de origem decide, fundamentadamente, as questões essenciais ao julgamento da lide. 2 — No período compreendido entre 06.03.1997 a 18.11.2003, data da entrada em vigor do Decreto n. 4.882/03, considerando o princípio *tempus regitactum*, o limite de ruído aplicável para fins de conversão de tempo de serviço especial em comum é de 90 dB. A partir do dia 19.11.2003, incide o limite de 85 dB. Precedentes da 2ª Turma: AgRg no REsp 1352046/RS, Rel. Ministro Humberto Martins, Segunda Turma, julgado em 18.12.2012, DJe 08.02.2013 e AgRg nos EDcl no REsp 1341122/PR, Rel. Ministro Mauro Campbell Marques, Segunda Turma, julgado em 06.12.2012, DJe 12.12.2012.3. Recurso especial provido. (REsp 1365898/RS, Rel. Ministra Eliana Calmon, Segunda Turma, julgado em 09.04.2013, DJe 17.04.2013)

— Ver comentário da Súmula n. 9 do TNU e Decreto n. 3.048/99, anexo IV.

17. APOSENTADORIA POR TEMPO DE CONTRIBUIÇÃO. CÔMPUTO DE TEMPO ESPECIAL. ATIVIDADE DE TRATORISTA. ENQUADRAMENTO POR ANALOGIA. POSSIBILIDADE. ROL DE ATIVIDADES ESPECIAIS MERAMENTE EXEMPLIFICATIVO. JURISPRUDÊNCIA ASSENTADA DO STJ. RECURSO ESPECIAL REPETITIVO 1.306.113/SC. RECURSO ESPECIAL CONHECIDO E NÃO PROVIDO. 1 — A jurisprudência do STJ orienta-se no sentido de que o rol de atividades consideradas prejudiciais à saúde ou à integridade física descritas pelos Decretos ns. 53.831/1964, 83.080/1979 e 2.172/1997 é meramente exemplificativo, e não taxativo, sendo admissível, portanto, que atividades não elencadas no referido rol, sejam reconhecidas como especiais, desde que, tal situação seja devidamente demonstrada no caso concreto. 2 — *In casu*, o Tribunal a quo, especado nos elementos fáticos coligidos aos autos, concluiu pela especialidade da atividade de tratorista, porquanto comprovada, por meio de formulários DSS-8030, a sua especialidade. 3 — Recurso especial conhecido mas não provido. (REsp 1369269/PR, Rel. Ministro Mauro Campbell Marques, Segunda Turma, julgado em 17.03.2015, DJe 23.03.2015)

— Ver Súmula n. 70 do TNU.

18. PROCESSUAL CIVIL E PREVIDENCIÁRIO. AÇÃO RESCISÓRIA. ERRO DE FATO. NÃO OCORRÊNCIA. APOSENTADORIA POR TEMPO DE SERVIÇO. CONVERSÃO DE TEMPO DE SERVIÇO ESPECIAL EM COMUM. EXPOSIÇÃO A RUÍDO. LIMITE MÍNIMO. DIREITO ADQUIRIDO À CONVERSÃO. SÚMULA N. 343/STF. INAPLICABILIDADE. 1 — O erro de fato a autorizar a procedência da ação, com fundamento no art. 485, inciso IX, do Código de Processo Civil e orientando-se pela solução pro misero, consiste no reconhecimento da desconsideração de prova constante dos autos (AR n. 2.544/MS, Relatora Ministra Maria Thereza de Assis Moura, Revisor Ministro Napoleão Nunes Maia Filho, Terceira Seção, DJe 20.11.2009). 2 — Deve-se reconhecer, como especial, até 05.03.1997, o tempo de serviço exercido com exposição em nível de ruído superior a 80 decibéis. 3 — Na linha da firme jurisprudência desta Corte, há direito adquirido ao cômputo diferenciado do tempo de serviço prestado em condições especiais, sendo possível a conversão, para comum, do tempo especial. 4 — É inaplicável a Súmula n. 343/STF quando a questão controvertida remonta à Constituição Federal. 5 — Ação rescisória procedente. (AR 3.412/MG, Rel. Ministro Sebastião Reis Júnior, Terceira Seção, julgado em 22.05.2013, DJe 05.06.2013)

— Ver comentário da Súmula n. 9 do TNU, Decreto n. 53.831/64.

19. APOSENTADORIA ESPECIAL. AGENTES BIOLÓGICOS. EXPOSIÇÃO. PROVA. HIDROCARBONETOS. CONVERSÃO DE TEMPO COMUM EM ESPECIAL. 1 — Não havendo condenação em valor certo, deve-se conhecer do reexame necessário. Aplicação da Súmula n. 490/STJ. 2 — A 3ª Seção desta Corte fixou o entendimento de que não há necessidade de exposição a agentes infecto-contagiosos, em toda a jornada, para a configuração do direito à aposentadoria especial (TRF4, EINF 2007.71.00.046688-7, Terceira Seção, Relator Celso Kipper, D.E. 07.11.2011). 3 — A exposição habitual e permanente a hidrocarbonetos enseja o reconhecimento do tempo de serviço como especial, em face da insalubridade do ambiente de trabalho, ainda que não previsto expressamente em regulamento. 4 — Esta Corte adota a compreensão de que o tempo de serviço comum anterior à entrada em vigor da Lei n. 9.032 /95 é suscetível à conversão em tempo de serviço especial, em face do direito adquirido. Ressalva expressa de entendimento da relatora. 5 — Adoção do entendimento do TRF/4ª Região de que o art. 57, § 8º, da Lei n. 8.213 /91, é inconstitucional. 6 — Verificado que, na DER, a segurada já implementava os requisitos para tanto, é devida a transformação da aposentadoria por tempo de contribuição atualmente em manutenção em aposentadoria especial. (Processo APELREEX 50159573720114047108 RS 5015957-37.2011.404.7108. Órgão Julgador Sexta Turma. Rel. Luciane Merlin Clève Kravetz. Data da Publicação: 06.09.2013)

— Para reconhecimento de condição especial de trabalho antes de 29.04.1995, a exposição a agentes nocivos à saúde ou à integridade física não precisa ocorrer de forma permanente (Súmula n. 49 do TNU).

20. APOSENTADORIA ESPECIAL. AGENTESBIOLÓGICOS. PORTEIRO E AUXILIAR DE SERVIÇOS EM HOSPITAL. ESPECIALIDADE NÃO COMPROVADA. — Dessa forma, não se pode concluir pela configuração de especialidade da atividade do autor. —No período de 16.12.1978 a 08.09.2010 o autor trabalhou no Hospital das Clínicas da Faculdade de Medicina da USP nas funções de contínuo, porteiro e auxiliar de serviços gerais, conforme consta do PPP de fls. 33/35 e também do laudo ("LTCAT") de fl. 303. — Referidos documentos não descrevem nenhuma atividade que evidencie trabalho permanente exposto ao contato com doentes ou materiais infecto-contagiantes. não se, enquadra, assim, ao item 1.3.2 do Anexo IV do Decreto n. 3.048/99 ("Trabalhos permanentes expostos ao contato com doentes ou materiais infecto-contagiantes —assistência médica, odontológica, hospitalar e outras atividades afins"), nem ao item 3.0.1, a) ("trabalhos em estabelecimentos de saúde em contato com pacientes portadores de doenças infecto-contagiosas ou com manuseio de materiais contaminados"). — Com efeito, há diversos julgados neste tribunal que não reconhecem a especialidade de atividades desempenhadas junto a hospitais e laboratórios quando o contato com agentes biológicos nocivos é apenas eventual, hipótese diversa da dos enfermeiros e profissionais de saúde. — Apelação a que se nega provimento. (Processo AC 00191543920114036130 SP Órgão Julgador Oitava Turma. Relator: Desembargador Federal Luiz Stefanini. Publicação e-DJF3 Judicial 1, Data: 29.09.2016)

— A decisão não reconheceu, como especial, a atividade do porteiro e auxiliar de serviços de hospital.

21. OBRIGAÇÃO DE FAZER. ENTREGA DO PPP ALTERADO. A teor do art. 58, § 4º, da Lei n. 8.213/91. A empresa deverá elaborar e manter atualizado perfil profissiográfico abrangendo as atividades desenvolvidas pelo trabalhador e fornecer a este, quando da rescisão do contrato de trabalho, cópia autêntica desse documento. Uma vez constatada exposição à insalubridade decorrente de calor, agente que não foi consignado no antigo PPP, remanesce incólume a obrigação da reclamada fornecer um novo formulário para que faça dele constar as reais condições de trabalho a que o empregado estava exposto. Recurso ordinário a que se nega provimento. (TRT da 3ª Região; Processo: 0002038-25.2013.5.03.0097 RO; Data de Publicação: 03.03.2017; Disponibilização: 02.03.2017, DEJT/TRT3/Cad.Jud, p. 427; Órgão Julgador: Oitava Turma; Relator: Convocada Ana Maria Espi Cavalcanti; Revisor: Marcio Ribeiro do Valle)

— O PPP é preenchido com base no LTCAT (Laudo Técnico das Condições Ambientais de Trabalho) e outras demonstrações ambientais (PPRA, PGR, PCMSO e PCMAT). Esses documentos devem conter todas avaliações quantitativas e qualitativas de todos agentes ambientais.

22. PREVIDENCIÁRIO. PROCESSO CIVIL. APOSENTADORIA. RECONHECIMENTO DE TEMPO DE SERVIÇO ESPECIAL. HIDROCARBONETOS: NOCIVIDADE. EXPOSIÇÃO A AGENTES QUÍMICOS. RUÍDO. LIMITES DE TOLERÂNCIA. EQUIPAMENTO DE PROTEÇÃO INDIVIDUAL. CÔMPUTO DE PERÍODO EM GOZO DE BENEFÍCIO POR INCAPACIDADE COMO TEMPO ESPECIAL. 1. A ausência de expressa referência em decreto regulamentar a hidrocarbonetos não equivale a que tenha desconsiderado, como agentes nocivos, diversos compostos químicos que podem ser assim qualificados. 2. Para os agentes nocivos químicos previstos no Anexo 13 da Norma Regulamentadora — NR-15, entre os quais os hidrocarbonetos e outros compostos tóxicos de carbono, é desnecessária a avaliação quantitativa. 3. O limite de tolerância para o agente físico ruído é de 90 (noventa) decibéis, no período entre 6 de março de 1997 e 18 de novembro de 2003 (Tema n. 694 do Superior Tribunal de Justiça). 4. A declaração prestada pelo empregador a respeito da eficácia de equipamento de proteção individual não é suficiente para afastar o reconhecimento da especialidade em razão da sujeição ao ruído. (TRF4, AC 5005209-35.2019.4.04.7117, Quinta Turma, Relator Osni Cardoso Filho, juntado aos autos em 25.04.2021).

— A decisão considerou como especial devido à exposição a hidrocarbonetos previstos no anexo 3 da NR-15 e do ruído. Além disso, não considerou o EPI eficaz para exposiçao ao ruído.

23. PREVIDENCIÁRIO. APOSENTADORIA ESPECIAL. APOSENTADORIA POR TEMPO DE CONTRIBUIÇÃO. REQUISITOS PREENCHIDOS. TEMPO DE SERVIÇO ESPECIAL. CONVERSÃO. POSSIBILIDADE. 1. Direito adquirido do autor à concessão do melhor benefício (RE n. 630.501/RS, Relatora Ministra Ellen Gracie, Plenário, DJE 26.08.2013). 2. A manipulação de óleos e graxas, desde que devidamente comprovada, autoriza o enquadramento da atividade como insalubre. É possível, mesmo após o advento do Decreto n. 2.172/97, o reconhecimento da especialidade do labor exercido com exposição a hidrocarbonetos aromáticos. Precedentes. 3. Os óleos de origem mineral contêm hidrocarbonetos aromáticos policíclicos, cuja principal via de absorção é a pele, podendo causar câncer cutâneo, pelo que estão arrolados no Grupo 1 — Agentes confirmados como carcinogênicos para humanos, da Portaria Interministerial n. 9/2014 do MTE. Embora não estejam registrados na Chemical Abstracts Service, os hidrocarbonetos aromáticos são compostos orgânicos tóxicos que possuem um ou mais anéis benzênicos ou núcleos aromáticos. O benzeno também está descrito no Grupo 1 e no código 1.0.3 do Anexo IV do Decreto n. 3.048/99, com registro na LINACH e CAS sob o código 000071-43-2, o que já basta para a comprovação da efetiva exposição do empregado. 4. Conforme se extrai da leitura conjugada do art. 68, § 4º, do Decreto n. 3.048/99 e do art. 284, parágrafo único, da IN/INSS 77/2015, os riscos ocupacionais gerados pelos agentes cancerígenos constantes no Grupo I da LINHAC, estabelecida pela Portaria Interministerial n. 9/2014, não requerem a análise quantitativa de sua concentração ou intensidade máxima e mínima no ambiente de trabalho, dado que são caracterizados pela avaliação qualitativa, tampouco importando a adoção de EPI ou EPC, uma vez que os mesmos não são suficientes para elidir a exposição a esses agentes, conforme parecer técnico da FUNDACENTRO, de 13 de julho de 2010 e alteração do § 4º do art. 68 do Decreto n. 3.048, de 1999. 5. A tese de que, após a vigência do Decreto n. 2.172/97, não seria mais possível enquadrar como especiais as atividades consideradas periculosas, porquanto a especialidade será considerada em relação à insalubridade verificada na exposição a agentes nocivos previstos no regulamento, não se coaduna com os arts. 201, § 1º, da CF/88 e 57 da Lei n. 8.213/91 no que apontam como substrato à concessão da aposentadoria especial o exercício de atividades prejudiciais à saúde ou à integridade física do trabalhador. 6. Havendo a comprovação de que o trabalho foi exercido em condições agressivas à saúde, deverá ser considerado especial, ainda que a atividade não esteja arrolada nos Decretos ns. 2.172/97 e 3.048/99, cujos rol de agentes nocivos é meramente exemplificativo. Hipótese na qual tem incidência a Súmula n. 198 do TFR. Precedentes do Superior Tribunal de Justiça. 7. A permanência a que se refere o art. 57,

§ 3º, da Lei n. 8.213/91 para fins de concessão da aposentadoria especial não requer que a exposição às condições insalubres ocorra durante todos os momentos da prática laboral. Basta que o empregado, no desempenho das suas atividades, diuturna e continuamente, sujeite-se ao agente nocivo, em período razoável da sua prestação laboral. 8. A teor da Súmula n. 49 da TNU, para reconhecimento de condição especial de trabalho antes de 29.4.1995, a exposição a agentes nocivos à saúde ou à integridade física não precisa ocorrer de forma permanente. (TRF4, AC 5001090-74.2018.4.04.7211, Turma Regional Suplementar de SC, Relator Paulo Afonso Brum Vaz, juntado aos autos em 22.04.2021).

— Art 67, § 4º do Decreto 3.048/99. Os agentes reconhecidamente cancerígenos para humanos, listados pela Secretaria Especial de Previdência e Trabalho do Ministério da Economia, serão avaliados em conformidade com o disposto nos § 2º e § 3º deste artigo e no caput do art. 64 e, caso sejam adotadas as medidas de controle previstas na legislação trabalhista que eliminem a nocividade, será descaracterizada a efetiva exposição. (Redação dada pelo Decreto n. 10.410, de 2020)

24. PREVIDENCIÁRIO. APOSENTADORIA ESPECIAL. ELETRICIDADE. EXPOSIÇÃO DO SEGURADO ACIMA DOS LIMITES LEGAIS. HABITUALIDADE E PERMANÊNCIA. APELAÇÃO DESPROVIDA. 1. Trata-se de recurso de apelação interposto pelo INSS contra sentença que julgou procedentes os pedidos para, reconhecendo a especialidade do labor realizado no período de 06.03.1997 a 17.09.2013 com exposição ao agente físico eletricidade, assegurar ao Autor a percepção de aposentadoria especial, bem como o pagamento das parcelas pretéritas, desde a DER. 2. De acordo com o E. STJ, o fato de o Decreto n. 2.172/97 não prever explicitamente o agente nocivo eletricidade não afasta o direito ao reconhecimento do tempo de serviço laborado sob essa condição de periculosidade após sua vigência, pois o rol ali contido não é exaustivo (REsp n. 1.306.113/SC, submetido à sistemática do art. 543-C do CPC/73, então vigente). 3. No que tange à eletricidade, mesmo que o contato seja intermitente, ainda assim não estaria afastada a especialidade da atividade, pois o perigo é ínsito à atividade; os riscos à saúde e/ou à integridade física independem do tempo de exposição ao agente nocivo. Precedente: TRF da 1ª Região AMS 00025919020084013814, Juíza Federal Maria Helena Carreira Alvim Ribeiro, TRF1 — 1ª Câmara Regional Previdenciária de Juiz de Fora, e-DJF1 05.08.2015. 4. A especialidade do período de 06.07.1983 a 05.03.1997 foi objeto de enquadramento administrativo, conforme a Análise e Decisão Técnica de Atividade Especial (Id. 72090550 — pág. 60). Aliado a isso, o PPP de id. 72090549 — págs. 17/38 comprova que o Recorrido laborou no período controvertido exposto ao fator de risco eletricidade, com tensão superior a 250 volts. Vale registrar, conforme consignado na sentença, que o teor do referido formulário foi corroborado não só pelo LTCAT referente ao ano de 2003 e pelas informações fornecidas ao Juízo pela empregadora, confirmando que o Autor sempre trabalhou exposto ao agente eletricidade, mas também pelos achados e conclusões da perícia judicial. 5. Demonstrada a exposição do trabalhador a níveis de tensão acima de 250 volts no período controvertido, resta confirmada a integralização do tempo exigido legalmente, configurando-se o direito ao benefício de aposentadoria especial desde a desde a DER (17.09.2013). 6. Honorários sucumbenciais majorados para 11% (onze por cento), nos termos do art. 85, § 11, do CPC. 7. Apelação desprovida. TRF — Primeira Região — Primeira Turma — 006335-39.2015.4.01.3300633539201540133OO.

— A decisão reconhece a aposentadoria especial para o eletricista. No mesmo sentido, o anexo 4 da NR-16 reconhece a atividade como perigosa.

CAPÍTULO VII

PROVA PERICIAL

CONSIDERAÇÕES GERAIS

O juiz será assistido por perito quando a prova do fato depender de conhecimento técnico ou científico (art. 156 do CPC). A prova pericial consiste em exame, vistoria ou avaliação dos fatos que exigem conhecimento técnico ou científico (art. 464 do CPC).

O art. 473, § 3º do CPC concede aos peritos e assistentes técnicos utilizar vários meios para apuração dos fatos:

> Para o desempenho de sua função, o perito e os assistentes técnicos podem valer-se de todos os meios necessários, ouvindo testemunhas, obtendo informações, solicitando documentos que estejam em poder da parte, de terceiros ou em repartições públicas, bem como instruir o laudo com planilhas, mapas, plantas, desenhos, fotografias ou outros elementos necessários ao esclarecimento do objeto da perícia.

Há situações em que a perícia é dispensada por diversos motivos. Dispõe o art. 464, § 1º do CPC:

> O juiz indeferirá a perícia quando:
>
> — a prova do fato não depender do conhecimento especial de técnico;
>
> — for desnecessária em vista de outras provas produzidas;
>
> — a verificação for impraticável.

Tratando-se de perícia complexa, que abranja mais de uma área de conhecimento especializado, o juiz poderá nomear mais de um perito e a parte indicar mais de um assistente técnico (art. 475 do CPC). Essa situação pode ocorrer numa perícia de acidente do trabalho. O juiz pode nomear o médico para apurar a extensão da perda de capacidade do trabalho decorrente do acidente, e o engenheiro para apurar o nexo causal e a culpa.

O CPC estabelece outras hipóteses de substituição do perito, conforme disposto no art. 468, segundo o qual o perito pode ser substituído quando:

> I — faltar-lhe conhecimento técnico ou científico;
>
> II — sem motivo legítimo, deixar de cumprir o encargo no prazo que lhe foi assinado.
>
> § 1º No caso previsto no inciso II, o juiz comunicará a ocorrência à corporação profissional respectiva, podendo, ainda, impor multa ao perito, fixada tendo em vista o valor da causa e o possível prejuízo decorrente do atraso no processo.

O juiz determinará, de ofício ou a requerimento da parte, a realização de nova perícia quando a matéria não estiver suficientemente esclarecida (Art. 480 do CPC).

Nas perícias visando à apuração da insalubridade e periculosidade, o art. 195 da CLT dispõe:

> A caracterização e a classificação da insalubridade e da periculosidade, segundo as normas do Ministério do Trabalho, far-se-ão através de perícia a cargo de Médico do Trabalho ou Engenheiro do Trabalho, registrados no Ministério do Trabalho.
>
> § 1º É facultado às empresas e aos sindicatos das categorias profissionais interessadas requererem ao Ministério do Trabalho a realização de perícia em estabelecimento ou setor deste, com o objetivo de caracterizar e classificar ou delimitar as atividades insalubres ou perigosas.
>
> § 2º Arguida em juízo insalubridade ou periculosidade, seja por empregado, seja por Sindicato em favor de grupo de associado, o juiz designará perito habilitado na forma deste artigo, e, onde não houver, requisitará perícia ao órgão competente ao Ministério do Trabalho.
>
> § 3º O disposto nos parágrafos anteriores não prejudica a ação fiscalizadora do Ministério do Trabalho nem a realização *ex officio* da perícia.

Para a doutrina e a jurisprudência, por força desse artigo a perícia de insalubridade e periculosidade é obrigatória. No entanto, há situações em que essa regra é flexibilizada, como pode ser constatado na jurisprudência transcrita.

Com relação ao laudo pericial, o art. 473 do CPC dispõe:

O laudo pericial deverá conter:

I — a exposição do objeto da perícia;

II — a análise técnica ou científica realizada pelo perito;

III — a indicação do método utilizado, esclarecendo-o e demonstrando ser predominantemente aceito pelos especialistas da área do conhecimento da qual se originou;

IV — resposta conclusiva a todos os quesitos apresentados pelo juiz, pelas partes e pelo órgão do Ministério Público.

§ 1º No laudo, o perito deve apresentar sua fundamentação em linguagem simples e com coerência lógica, indicando como alcançou suas conclusões.

§ 2º É vedado ao perito ultrapassar os limites de sua designação, bem como emitir opiniões pessoais que excedam o exame técnico ou científico do objeto da perícia.

SÚMULAS E ORIENTAÇÕES JURISPRUDENCIAIS DO TST

SÚMULA N. 293 — TST

A verificação mediante perícia de prestação de serviços em condições nocivas, considerado agente insalubre diverso do apontado na inicial, não prejudica o pedido de adicional de insalubridade.

— De acordo com esse entendimento, se na petição inicial o autor pedir insalubridade apenas para o agente ruído e o perito apurar vibração, é válida a prova e, consequentemente, o pagamento do adicional. No entanto, na maioria das vezes, o autor requer o pagamento de insalubridade, sem mencionar o agente. Nesse caso, o perito deve apurar a exposição de todos os agentes mencionados nos quatorze anexos da NR-15.

SÚMULA N. 341 — TST

Honorários periciais. Assistente técnico. A indicação do perito assistente é faculdade da parte, a qual deve responder pelos respectivos honorários, ainda que vencedora no objeto da perícia.

— O honorário do assistente é de responsabilidade da parte e, portanto, independentemente de ser a vencedora no objeto da ação.

SÚMULA N. 457 — TST

HONORÁRIOS PERICIAIS. BENEFICIÁRIO DA JUSTIÇA GRATUITA. RESPONSABILIDADE DA UNIÃO PELO PAGAMENTO. RESOLUÇÃO N. 66/2010 DO CSJT. OBSERVÂNCIA. A União é responsável pelo pagamento dos honorários de perito quando a parte sucumbente no objeto da perícia for beneficiária da assistência judiciária gratuita, observado o procedimento disposto nos arts. 1º, 2º e 5º da Resolução n. 66/2010 do Conselho Superior da Justiça do Trabalho — CSJT.

— O art. 95 do CPC dispõe:

Art. 95. Cada parte adiantará a remuneração do assistente técnico que houver indicado, sendo a do perito adiantada pela parte que houver requerido a perícia ou rateada quando a perícia for determinada de ofício ou requerida por ambas as partes.

§ 1º O juiz poderá determinar que a parte responsável pelo pagamento dos honorários do perito deposite em juízo o valor correspondente.

§ 2º A quantia recolhida em depósito bancário à ordem do juízo será corrigida monetariamente e paga de acordo com o art. 465, § 4º.

§ 3º Quando o pagamento da perícia for de responsabilidade de beneficiário de gratuidade da justiça, ela poderá ser:

I — custeada com recursos alocados no orçamento do ente público e realizada por servidor do Poder Judiciário ou por órgão público conveniado;

II — paga com recursos alocados no orçamento da União, do Estado ou do Distrito Federal, no caso de ser realizada por particular, hipótese em que o valor será fixado conforme tabela do tribunal respectivo ou, em caso de sua omissão, do Conselho Nacional de Justiça.

§ 4º Na hipótese do § 3º, o juiz, após o trânsito em julgado da decisão final, oficiará a Fazenda Pública para que promova, contra quem tiver sido condenado ao pagamento das despesas processuais, a execução dos valores gastos com a perícia particular ou com a utilização de servidor público ou da estrutura de órgão público, observando-se, caso o responsável pelo pagamento das despesas seja beneficiário de gratuidade da justiça, o disposto no art. 98, § 2º.

A Resolução n. 66/2010 do Conselho Superior da Justiça do Trabalho — CSJT regulamenta, no âmbito da Justiça do Trabalho de primeiro e segundo graus, a responsabilidade pelo pagamento e antecipação de honorários do perito, do tradutor e do intérprete, no caso de concessão à parte do benefício de justiça gratuita.

Os Tribunais Regionais do Trabalho deverão destinar recursos orçamentários para o pagamento de honorários periciais, sempre que à parte sucumbente na pretensão for concedido o benefício da justiça gratuita (art. 1º da Resolução n. 66/2010).

De acordo com o art. 3º da Resolução n. 66/10, em caso de concessão do benefício da justiça gratuita, o valor dos honorários periciais, observado o limite de R$ 1.000,00 (um mil reais), fixado pelo juiz, atendidos:

I — a complexidade da matéria;

II — o grau de zelo profissional;

III — o lugar e o tempo exigidos para a prestação do serviço;

IV — as peculiaridades regionais.

O art. 790-B da CLT dispõe:

A responsabilidade pelo pagamento dos honorários periciais é da parte sucumbente na pretensão objeto da perícia, ainda que beneficiária da justiça gratuita.

§ 1º Ao fixar o valor dos honorários periciais, o juízo deverá respeitar o limite máximo estabelecido pelo Conselho Superior da Justiça do Trabalho.

§ 2º O juízo poderá deferir parcelamento dos honorários periciais.

§ 3º O juízo não poderá exigir adiantamento de valores para realização de perícias.

§ 4º Somente no caso em que o beneficiário da justiça gratuita não tenha obtido em juízo créditos capazes de suportar a despesa referida no caput, ainda que em outro processo, a União responderá pelo encargo. (NR)

SÚMULA N. 453 — TST

ADICIONAL DE PERICULOSIDADE. PAGAMENTO ESPONTÂNEO. CARACTERIZAÇÃO DE FATO INCONTROVERSO. DESNECESSÁRIA A PERÍCIA DE QUE TRATA O ART. 195 DA CLT. O pagamento de adicional de periculosidade efetuado por mera liberalidade da empresa, ainda que de forma proporcional ao tempo de exposição ao risco ou em percentual inferior ao máximo legalmente previsto, dispensa a realização da prova técnica exigida pelo art. 195 da CLT, pois torna incontroversa a existência do trabalho em condições perigosas.

— O art. 195 da CLT dispõe:

A caracterização e a classificação da insalubridade e da periculosidade, segundo as normas do Ministério do Trabalho, far-se-ão através de perícia a cargo de Médico do Trabalho ou Engenheiro do Trabalho, registrados no Ministério do Trabalho.

§ 1º É facultado às empresas e aos sindicatos das categorias profissionais interessadas requererem ao Ministério do Trabalho a realização de perícia em estabelecimento ou setor deste, com o objetivo de caracterizar e classificar ou delimitar as atividades insalubres ou perigosas.

§ 2º Arguida em juízo insalubridade ou periculosidade, seja por empregado, seja por Sindicato em favor de grupo de associado, o juiz designará perito habilitado na forma deste artigo, e, onde não houver, requisitará perícia ao órgão competente ao Ministério do Trabalho.

§ 3º O disposto nos parágrafos anteriores não prejudica a ação fiscalizadora do Ministério do Trabalho nem a realização ex officio da perícia.

Portanto, mesmo extrajudicialmente, é importante a realização da prova pericial, visando à fundamentação técnica para o pagamento do adicional. Não é boa prática usar o adicional para aumentar salário. Os adicionais foram instituídos para proteção dos trabalhadores das condições adversas à saúde ou integridade física. Além disso, a finalidade das normas é prevenir os riscos à saúde e à integridade física ao invés de pagar adicionais.

ORIENTAÇÃO JURISPRUDENCIAL N. 165 — TST

PERÍCIA. ENGENHEIRO OU MÉDICO. ADICIONAL DE INSALUBRIDADE E PERICULOSIDADE. Válido art. 195 da CLT. O art. 195 da CLT não faz qualquer distinção entre o médico e o engenheiro para efeito de caracterização de insalubridade e periculosidade, bastando para a elaboração do laudo seja o profissional devidamente qualificado.

— O art. 195 da CLT dispõe:

A caracterização e a classificação da insalubridade e da periculosidade, segundo as normas do Ministério do Trabalho, far-se-ão através de perícia a cargo de Médico do Trabalho ou Engenheiro do Trabalho, registrados no Ministério do Trabalho.

Portanto, o art. 195 da CLT não faz distinção dos profissionais para apuração da insalubridade e periculosidade.

ORIENTAÇÃO JURISPRUDENCIAL N. 278 — TST

ADICIONAL DE INSALUBRIDADE. PERÍCIA. LOCAL DE TRABALHO DESATIVADO. DJ 11.08.03. PARÁGRAFO ÚNICO DO ART. 168 DO REGIMENTO INTERNO DO TST. A realização de perícia é obrigatória para a verificação de insalubridade. Quando não for possível sua realização, como em caso de fechamento da empresa, poderá o julgador utilizar-se de outros meios de prova.

— A OJ-174/TST entende que o julgador pode utilizar outros meios de prova se não for possível a realização da perícia. Dentre as provas destacam-se os documentos obrigatórios que contemplam as avaliações dos riscos ambientais: PPRA (Programa de Prevenção de Riscos Ambientais), PGR (Programa de Gerenciamento de Riscos), PCMAT (Programa de Condições e Meio Ambiente de Trabalho na Indústria da Construção Civil), LTCAT (Laudo Técnico das Condições do Ambiente de Trabalho), PPP (Perfil Profissiográfico Previdenciário), entre outros. Todavia, esses documentos devem ser analisados com cautela e complementados com outras informações sobre a possível exposição aos agentes insalubres e perigosos.

ORIENTAÇÃO JURISPRUDENCIAL N. 198 — TST

HONORÁRIOS PERICIAIS. ATUALIZAÇÃO MONETÁRIA. INSERIDO EM 08.11.00. Diferentemente da correção aplicada aos débitos trabalhistas, que têm caráter alimentar, a atualização monetária dos honorários periciais é fixada pelo art. 1º da Lei n. 6.899/81, aplicável a débitos resultantes de decisões judiciais.

— Ver Súmula n. 457/TST.

SÚMULA N. 37 — TRT 1ª REGIÃO

ATIVIDADE NOCIVA. LAUDO PERICIAL. PROVA EMPRESTADA. VALIDADE. É admissível a prova pericial emprestada para caracterização de atividade insalubre ou perigosa.

— A perícia visando à caracterização da insalubridade e periculosidade é obrigatória, nos termos do art. 195 da CLT. A Orientação Jurisprudencial n. 278/TST admite o uso de outros meios de prova, quando não for possível a sua realização, como por exemplo, em caso de fechamento de empresa. Esses meios de prova são: PPRA, PPP, prova emprestada (laudo realizado na mesma função), entre outros.

SÚMULA N. 10 — TRT 4ª REGIÃO

HONORÁRIOS PERICIAIS. ATUALIZAÇÃO MONETÁRIA. TRT 4ª REGIÃO. Os honorários periciais devem ser atualizados de acordo com a Lei n. 6.899/81, sendo inaplicáveis, dada a sua natureza, os índices de atualização dos débitos trabalhistas. (RA 09/2000 Publ. DOE-RS dias 24, 25 e 26 de janeiro de 2001)

— Ver Súmula n. 457 do TST.

SÚMULA N. 27 — TRT 6ª REGIÃO

PERÍCIA TÉCNICA. FISIOTERAPEUTA. VALIDADE. É válido o laudo pericial elaborado por fisioterapeuta para estabelecer o nexo de causalidade entre o quadro patológico e a atividade laboral, bem assim a extensão do dano, desde que precedido de diagnóstico médico.

— Quando a prova do fato depender de conhecimento técnico ou científico, o juiz será assistido por perito (art.156 do CPC). § 1º Os peritos serão nomeados entre os profissionais legalmente habilitados e os órgãos técnicos ou científicos devidamente inscritos em cadastro mantido pelo tribunal ao qual o juiz está vinculado (art. 156, § 1º do CPC). O art. 465 do CPC determina que o juiz nomeie perito especializado no objeto da perícia. Ciente da nomeação o perito deverá apresentar currículo, com comprovação de especialização (art. 465, § 2º, II do CPC). Portanto, desde que o perito comprove sua especialização para opinar sobre a matéria, o objeto da perícia, fica a critério do juiz a nomeação. Vale destacar que nas perícias na apuração da insalubridade e periculosidade, a prova fica a cargo do engenheiro de segurança do trabalho ou médico do trabalho (art. 195 da CLT)

SÚMULA N. 23 — TRT 11ª REGIÃO

ADICIONAIS DE INSALUBRIDADE E PERICULOSIDADE. LAUDO PERICIAL. PROVA EMPRESTADA. ADMISSIBILIDADE. É admissível a prova pericial emprestada para a comprovação de atividade insalubre ou perigosa, assegurado o contraditório.

—A realização de perícia é obrigatória para a verificação de insalubridade. Quando não for possível sua realização, como em caso de fechamento da empresa, poderá o julgador utilizar-se de outros meios de prova (Orientação Jurisprudencial n. 278/TST).

SÚMULA N. 34 — TRT 17ª REGIÃO

HONORÁRIOS PERICIAIS. AUSÊNCIA DE PPRA. É lícito ao Juiz atribuir ao empregador o ônus do depósito prévio dos honorários periciais para apuração de insalubridade, periculosidade ou risco portuário quando não for apresentado o PPRA — Programa de Prevenção de Riscos Ambientais.

— O depósito prévio dos honorários, a meu ver, deveria sempre ocorrer, pois a perícia de insalubridade exige despesas com instrumentação de alto custo e análise laboratorial (agentes químicos).

SÚMULA N. 68 — TRT 18ª REGIÃO

HONORÁRIOS PERICIAIS. ANTECIPAÇÃO. ILEGALIDADE. É ilegal a exigência de depósito prévio para custeio dos honorários periciais, dada a incompatibilidade com o processo do trabalho.

— Ver comentário da Súmula n. 34.

SÚMULA N. 16 — TRT 20ª REGIÃO

EXIGÊNCIA DE DEPÓSITO PRÉVIO PARA REALIZAÇÃO DE PERÍCIA. DESCOMPASSO COM O ART. 790-B DA CLT E COM A ORIENTAÇÃO JURISPRUDENCIAL N. 98 DA SDI-2 DO COLENDO TST. Em razão do que prevê o art. 790-B da CLT, bem como a OJ n. 98 da SDI-2 do TST, a exigência do depósito prévio de honorários periciais constitui ofensa ao direito da parte.

— A súmula não admite a exigência de depósito antecipado dos honorários periciais.

SÚMULA N. 23 — TRT 11ª REGIÃO

ADICIONAIS DE INSALUBRIDADE E PERICULOSIDADE. LAUDO PERICIAL. PROVA EMPRESTADA. ADMISSIBILIDADE. É admissível a prova pericial emprestada para a comprovação de atividade insalubre ou perigosa, assegurado o contraditório. (Editada pela Resolução Administrativa n. 263/2016, publicada no Caderno Administrativo do DEJT nos dias 23, 26 e 27.09.2016, conforme disposto no art. 10 da RA n. 048/2010)

— A perícia visando à caracterização da insalubridade e periculosidade é obrigatória, nos termos do art. 195 da CLT. A Orientação Jurisprudencial n. 278/TST, admite o uso de outros meios de prova, quando não for possível a sua realização, como por exemplo, em caso de fechamento de empresa. Esses meios de prova são: PPRA, PPP, prova emprestada (laudo realizado na mesma função), entre outros.

SÚMULA N. 6 — TRT 19ª REGIÃO

LAUDO PERICIAL. DOENÇA OCUPACIONAL. ELABORAÇÃO POR FISIOTERAPEUTA. VALIDADE. Não há óbice a que o fisioterapeuta, devidamente registrado no conselho de classe, atuando como auxiliar do Juízo, examine as condições fáticas em que prestado o trabalho, de modo a identificar possível nexo de causalidade, desde que seja diagnosticada a enfermidade por documentação médica.

JURISPRUDÊNCIA

1. HONORÁRIOS PERICIAIS. BENEFÍCIOS DA JUSTIÇA GRATUITA. Considerando que a Obreira aduz na atrial não ter condições financeiras para arcar com o pagamento dos honorários periciais e, ainda, tendo em vista que a própria sentença originária, à fl. 462, deferiu os benefícios da justiça gratuita, dispenso-o do pagamento, em consonância com o art. 790-B, da CLT, que assim preconiza: "A responsabilidade pelo pagamento dos honorários periciais é da parte sucumbente na pretensão objeto da perícia, salvo se beneficiária de justiça gratuita". Pelo que, excluo do condeno os honorários periciais. Recurso obreiro parcialmente provido — Processo 01025.2003.006.19.00-6 RO — Data de Publicação: 05.09.07 — TRT 19ª Região.

— Ver Súmula n. 457 do TST.

2. MS. HONORÁRIOS PERICIAIS. DEPÓSITO ANTECIPADO. É de conhecimento geral, neste TRT 16ª Região, a imensa dificuldade dos Magistrados de primeiro grau em conseguir a adesão de peritos nomeados para elaborarem laudos em face de pleitos de periculosidade e INSALUBRIDADE sem que, sequer, lhes sejam adiantados, ainda que parcialmente, os honorários periciais. Por outro lado, é fato que na grande maioria dos casos, para a realização da prova técnica, o expert precisa dispor, além do tempo, de valores para custear despesas imprescindíveis e inadiáveis. De outra banda, necessário que se leve em conta alguns dos princípios que orientam e sustentam o direito processual trabalhista. Com efeito, a legislação do trabalho visa assegurar uma relativa superioridade jurídica ao trabalhador, em face de sua inferioridade econômica, considerando assim que o empregador, em tese, tenha melhores condições de participar do processo. Além desse fato, há de se considerar que as verbas trabalhistas têm natureza alimentar, pois são o sustento da família do trabalhador, assim, ele não pode esperar pela demora na prestação jurisdicional. Nessa ótica, a Justiça para o trabalhador deve ser ágil e eficiente. Ágil e eficiente para o caso que se apresenta é, diante de uma necessária prova pericial, determinar que aquele que tem melhores condições financeiras, o empregador, e no caso não há nenhuma dúvida da superioridade econômica da reclamada, antecipe os honorários periciais. Mandado de Segurança conhecido para denegar a segurança. (TRT, 16ª R., 0016129-26.2014.5.16.0000, Relator(a): James Magno Araujo Farias, Assinatura: 15.03.2016).

— A decisão determina a antecipação dos honorários periciais.

3. ADICIONAL DE PERICULOSIDADE. INDEVIDO. Não demonstrado pelas provas pericial ADICIONAL DE PERICULOSIDADE. ADICIONAL DE INSALUBRIDADE. NECESSIDADE DE PROVA TÉCNICA. Em regra, os fatos podem ser evidenciados por qualquer meio de prova, ainda que não previsto em lei, desde que lícito e moralmente legítimo (art. 332 do CPC). A prova especificada em lei como necessária para comprovar o fato não é passível de substituição por outras, salvo situações excepcionais. Tanto a CLT (art. 195) quanto a jurisprudência do E. TST (Orientação Jurisprudencial n. 165 da SDI-1) exigem a realização de perícia a fim de verificar exposição a agente perigoso ou insalubre. Dessa forma, não há como dispensar a realização de prova pericial, mesmo ante confissão ficta do Réu. Esse entendimento também pode ser extraído da Orientação Jurisprudencial 278 da SDI-1 do E. TST. Recurso a que se nega provimento no particular. (TRT, 9ª R., 5ª T., 06008-2014-022-09-00-1-ACO-33414-2016, Relator: Sérgio Guimarães Sampaio, Publicado em 27.09.2016)

— Ver art. 195 da CLT. Obrigatoriedade da prova pericial de periculosidade.

4. Tanto o médico quanto o engenheiro estão habilitados a realizar perícia para apuração de periculosidade ou insalubridade, uma vez que a regra contida no art. 195 da CLT não faz qualquer distinção (TST, 1ª T., RR 4.724/89.2, Ac. 754/92, rel. Min. Marco Giacomini).

— Ver Orientação Jurisprudencial n. 165 do TST.

5. ADICIONAL DE PERICULOSIDADE. PERÍCIA TÉCNICA. DESNECESSIDADE. Não se faz necessária a realização de exame pericial para avaliar as condições de trabalho dos empregados e aferir o direito ao adicional de periculosidade quando o que se postula na petição inicial não é o direito ao adicional em si, mas, sim, diferenças da parcela em relação aos trabalhadores que a percebem de forma proporcional. Recurso do sindicato-autor conhecido e provido. (TRT 9ª R., 3ª T., Processo 00942-2006-003-09-00-1-ACO, Data de Publicação: 28.09.07, Relator Altino Pedrozo dos Santos).

— Dispensa da prova pericial.

6. TRT-PR-08-11-2016 ADICIONAL DE PERICULOSIDADE. LABOR EM SITUAÇÃO DE RISCO. PROVA INEXISTENTE. Pelo laudo pericial foi constatado que o autor não laborava em ambiente exposto à periculosidade. Embora o juízo não fique obrigatoriamente adstrito à conclusão do laudo pericial (art. 436 do CPC), devem existir elementos probatórios robustos que possam desconstituir o resultado constante

de tal documento, o que não ocorreu nos presentes autos. Indevido, portanto, o adicional de periculosidade pleiteado. (TRT, 9ª R., 6ª T., Processo 46392-2014-088-09-00-7-ACO-38447-2016, Relator: Sérgio Murilo Rodrigues Lemos, Publicado no DEJT em 08.11.2016).

— O art. 479 do novo CPC determina que o juiz apreciará a prova pericial de acordo com o disposto no art. 371, indicando na sentença os motivos que o levaram a considerar ou a deixar de considerar as conclusões do laudo, levando em conta o método utilizado pelo perito.

O art. 371 dispõe:

O juiz apreciará a prova constante dos autos, independentemente do sujeito que a tiver promovido, e indicará na decisão as razões da formação de seu convencimento.

7. ADICIONAL DE PERICULOSIDADE. VERBA INDEVIDA. CONCLUSÃO PERICIAL BASEADA EXCLUSIVAMENTE EM INFORMAÇÕES DO PROGRAMA DE RISCOS AMBIENTAIS – PPRA DA EMPRESA. INSUFICIÊNCIA DA ANÁLISE TÉCNICA. A avaliação das condições de periculosidade no ambiente de trabalho e nas atividades laborais não dependem unicamente da interpretação das informações lançadas em PPRA ou em PCMSO ou em outro programa de natureza jurídica similar. É fundamental a análise comparativa dos registros documentais com os limites de exposição aos agentes de riscos ambientais existentes na empresa, por intermédio de perícia técnica efetiva, sob pena de se dar crédito a informações unilaterais que se poderiam revelar destoantes da realidade contratual. Ainda, haveria o risco de se tornar dispensável a figura do perito judicial, cujo encargo vai além da observação e consideração do PRRA, já que, em sua missão, está inserida a concreta apreciação técnica das condições de trabalho e a aferição da ocorrência, ou não, de atividades desempenhadas pelos trabalhadores como periculosas e enquadradas na Norma Regulamentadora n. 16, da Portaria n. 3.214/78 do Ministério do Trabalho e Emprego e seus anexos. A inconsistência do laudo pericial torna inviável o deferimento do correspondente adicional vindicado pela parte autora. (TRT, 12ª R, RO 02421-2009-003-12-00-5, Rel.: Ligia Maria Teixeira Gouvêa, Data de Publ. 16.03.16).

— O PPRA contempla a antecipação, avaliação e controle dos riscos ambientais. Esses riscos são passíveis de caracterizar a insalubridade.

8. O art. 195 da CLT dispõe que a caracterização da periculosidade se faz mediante perícia técnica realizada por profissional habilitado. O laudo pericial é elemento informativo e probatório, que deve ser levado em consideração pelo julgador. Decidir com apoio na perícia é a regra. A exceção é a rejeição da perícia, que deve ser motivada, com base na existência de outros elementos probatórios contrários e mais convincentes. Não existindo nos autos qualquer elemento de prova que contrarie as conclusões técnicas a que chegou o perito, correta se mostra a sentença que deferiu esse pleito com base na prova pericial. Recurso conhecido e não provido — Processo 01684-2000-001-16-00-4 (RO) — Relator Gerson de Oliveira Costa Filho — TRT 16ª Região.

— Ver art. 195 da CLT. Obrigatoriedade da prova pericial de periculosidade e insalubridade.

9. ADICIONAL DE INSALUBRIDADE. MERENDEIRA EM ESCOLA PÚBLICA. Ainda que fosse detectada a nocividade do ambiente de trabalho à saúde da empregada pelo laudo pericial, se a atividade por esta desenvolvida não consta da referida relação de atividades e operações insalubres do Ministério do Trabalho, não há que se falar em direito ao adicional de insalubridade, conforme entendimento consagrado na OJ n. 4 do TST e na Súmula n. 460 do STF. Precedentes do Tribunal Superior do Trabalho neste sentido. (TRT, 1ª R., 8ª T., RO 01904003920065010282, Publicação: 1º.04.2013, rel. Leonardo Dias Borges).

— Ver também art. 190 da CLT.

10. ADICIONAL DE INSALUBRIDADE. PROVA PERICIAL. FALTA DE MEDIÇÃO. DESNECESSIDADE. ANÁLISE QUALITATIVA. A produção de prova pericial é essencial em casos que despontam questões técnicas, revelando-se importante elemento de convencimento do juiz. No caso dos autos, o laudo pericial foi elucidativo no sentido de que a avaliação estava calcada no Anexo 13 da NR-15, cuja técnica de enquadramento dispensa a avaliação quantitativa, de sorte a se inferir se há a presença da substância química nociva, e se ela é capaz de acarretar seus efeitos deletérios. Assim, demonstrando o perito que a atividade a que era submetido o empregado se enquadrava como insalubre à vista da presença de substância nociva elencada na norma administrativa, deve ser mantida a condenação. Precedentes. Recurso Ordinário conhecido e a que se nega provimento. (TRT, 13ª R, Processo 0130656-17.2015.5.13.0007 (PJE), rel. Ana Paula Azevedo Sá Campos Porto, Julgamento: 14.12.2015).

— Ver art. 195 da CLT.

11. ADICIONAL DE INSALUBRIDADE. CONCLUSÃO PERICIAL. Apesar de o juiz não estar adstrito ao laudo pericial para a formação do seu convencimento, a conclusão adotada pelo expert deve prevalecer quando ausentes elementos nos autos que a infirmem, na forma do art. 479 do CPC/15 (art. 436, do CPC/73). (TRT, 12ª R., – RO – 0010468-77.2015.5.12.0021, Rel. Mirna Uliano Bertoldi, 6ª Câmara, Data de Assinatura: 26.11.2016)

— Ver art. 479 do novo CPC.

12. ADICIONAL DE INSALUBRIDADE. ÓLEO MINERAL. OPINATIVO DE PERITO. O perito não pode criar insalubridade — e corriqueiramente é isto que está sendo constatado cada vez mais. Insalubridade é matéria que tem existência, caracterização, classificação e apuração sob estrita regulamentação legal. Por isso que já se disse que insalubridade não é direito de perito e, tampouco, tem existência pela mera palavra ou opinião pessoal ou por interesse retributivo deste. Em sendo o reclamante soldador, não manuseava, como não manipulava, em definitivo, óleo mineral, e o fato das peças a serem por ele soldadas virem protegidas com o óleo mineral, com ele não entrava em contato sequer direto porque, além de fazer uso de luvas, lhe foi fornecido, do mesmo modo, o creme luvex, protetor eficiente que, se não era usado, o fazia ao seu talante. Por outro lado, e como se sabe, o Juiz não está adstrito às conclusões do laudo. A perícia é um meio elucidativo e não conclusivo da lide, cabendo ao julgador proferir a decisão adotando o que satisfizer o seu convencimento. Tenho, portanto, em circunstâncias tais, que o contato com o óleo mineral não leva à condenação no adicional de insalubridade, que só é devido quando há manipulação do produto. Não é o caso dos autos. (TRT, 3ª R., 2ª T., RO 00878-2004-087-03-00-3; Data de Publicação: 30.09.2005; Relator: Hegel de Brito Boson).

— É vedado ao perito ultrapassar os limites de sua designação, bem como emitir opiniões pessoais que excedam o exame técnico ou científico do objeto da perícia (art. 473, § 2º do novo CPC).

13. PERÍCIA. Mera palavra de perito não encerra idoneidade para indicar presença de insalubridade. A vontade férrea de garantir honorários é a que, muitas vezes, leva o perito a criar norma de nocividade quando ela inexiste, e isto significa a total imprestabilidade do laudo para o fim de deferimento do adicional, mais porque o indicado para auxiliar o Juízo limita-se a apurar o fato técnico, e jamais é erigido de regulamentador da matéria. É usurpação o perito inventar norma que inexiste, tanto como negar a existente, pautando seu trabalho fora do perímetro regulamentado apenas para lograr êxito na busca de auferir rendimento (TRT, 2ª T., ED 4.176/99, RO 14.835/98, rel. Juiz Antônio Fernando Guimarães, MG de 25.06.99).

— Ver comentário do item anterior.

14. ADICIONAL DE INSALUBRIDADE. PROVA PERICIAL. O perito, como profissional compromissado e nomeado pelo próprio juízo, goza de confiança deste. Embora o juízo não fique obrigatoriamente adstrito à conclusão do laudo pericial, devem existir elementos probatórios robustos que possam desconstituir o resultado constante em tal documento, o que não ocorreu nos presentes autos. (TRT, 9ª R., 6ª T., 00517-2015-073-09-00-4-ACO-38375-2016, Relator: Sérgio Murilo Rodrigues Lemos, Publicado no DEJT em 08.11.2016)

— Ver art. 479 do novo CPC.

15. A situação do empregado em trabalho insalubre, por ser personalíssima, exige que seja definida por laudo próprio, não sendo, portanto, aceitável defini-la através de laudo tomado por empréstimo, mesmo que as condições materiais da época da reclamação já não mais existam ou que se lhes atribua parâmetros assemelhados, considerando que a insalubridade não pode ser medida ou verificada por dedução ou presunção. (TST, 3ª T., RR 18.872/90.8, Ac. 4.647/91, rel. Min. Roberto Della Manna)

— Ver Súmula n. 23 do TRT— 11ª Região, que admite a prova emprestada.

16. INSALUBRIDADE. PROVA. LAUDO TÉCNICO PERICIAL. IMPUGNAÇÃO. Conforme disposto no art. 195 da CLT, a caracterização e classificação da insalubridade far-se-á mediante perícia. Portanto, o laudo é prova técnica elaborada por perito, que é a autoridade competente para apuração, no caso, da insalubridade e do grau em que é devido ou não o respectivo adicional, e deve ser combatido com argumentos técnicos devidamente comprovados nos autos. Malgrado não seja vedada a modificação e aprimoramento das ilações periciais com base nas impugnações apresentadas pelas partes, a dubiedade existente fragiliza a conclusão lançada no último laudo, inviabilizando a manifestação segura do Juízo. (TRT, 10ª R., RO 0000442-36.2014.5.10.0821, Relator: Dorival Borges de Souza Neto, Data de Publicação: 10.07.2015)

— O Art. 480 do novo CPC dispõe:

O juiz determinará, de ofício ou a requerimento da parte, a realização de nova perícia quando a matéria não estiver suficientemente esclarecida.

§ 1º A segunda perícia tem por objeto os mesmos fatos sobre os quais recaiu a primeira e destina-se a corrigir eventual omissão ou inexatidão dos resultados a que esta conduziu.

17. ADICIONAL DE INSALUBRIDADE. MOTORISTA. Sobejando do laudo pericial que a atividade de motorista não sujeita o Reclamante a agentes insalubres, deve ser mantida a sentença que indeferiu a concessão do adicional de insalubridade pleiteado. Recurso autoral parcialmente conhecido e desprovido. (TRT, 10ª R., 3ª T., RO 01754-2009-004-10-00-4, Relator: Braz Henriques de Oliveira, Data de Publicação: 12.11.2010)

— Ver art. 195 da CLT.

18. ADICIONAL DE INSALUBRIDADE. LAUDO TÉCNICO. PREVALÊNCIA. Nos moldes do art. 195, § 2º, da CLT, a caracterização da insalubridade compete a profissional especializado. Positiva a perícia quanto à exposição do trabalhador a agente danoso à saúde, não contrastada por qualquer contraprova eficaz, será devido o adicional de insalubridade. Recurso conhecido e desprovido. (TRT, 10ª R., 3ª T., RO 01302-2014-011-10-00-8, Relator: Antônio Umberto de Souza Júnior, Data de Publicação: 14.10.2016)

— Ver art. 195 da CLT.

19. ADICIONAL DE INSALUBRIDADE. LAUDO. FORÇA PROBANTE. Inexiste dúvida acerca da influência exercida pelo resultado da prova pericial sobre o julgador, na formação do seu convencimento em matéria técnica envolvendo a presença, ou não, de agentes nocivos à saúde obreira. De toda sorte, o magistrado possui ampla liberdade para julgar de modo contrário à conclusão do expert, desde que disponha de elementos consistentes para tanto. Certo é que o Juiz não está adstrito à conclusão do laudo, visto que, nos termos do art. 479, do CPC, a prova pericial também se submete ao sistema da persuasão racional, utilizado pelo magistrado no momento de formação de seu convencimento. Inexistindo, no entanto, elementos de convicção aptos a desconstituir as conclusões do laudo, a prova técnica deve prevalecer. Recurso da reclamante conhecido e desprovido. (TRT, 10ª R., 1ª T., RO 01566201300510009 DF 01566-2013-005-10-00-9, Relator: Grijalbo Fernandes Coutinho, Data de Publicação: 11.05.2015)

— Ver art. 479 do novo CPC.

20. ADICIONAL DE INSALUBRIDADE. PERÍCIA. OBRIGATORIEDADE. Nos termos do § 2º, do art. 195 da Consolidação, quando postulado em juízo adicional de periculosidade ou insalubridade (caso dos autos), o juiz é obrigado a determinar a realização de perícia. Na hipótese, assim não agiu o magistrado de primeiro grau. Nada obstante, em prestígio aos princípios de economia e celeridade processuais, preserva-se a sentença, decretando a extinção do processo sem julgamento de mérito, quanto ao adicional referido, o que não traz prejuízos ao obreiro, eis poder renovar um tal pedido em nova ação. (TRT, 20ª R., Turma: TP — Tribunal Pleno, RO 2495, Data: 20.03.01)

— Ver art. 195 da CLT. Obrigatoriedade da prova pericial de periculosidade e insalubridade.

21. ADICIONAL DE INSALUBRIDADE. PERÍCIA. ACOLHIMENTO DAS CONCLUSÕES DO LAUDO PERICIAL. CONCORRÊNCIA DE OUTRAS PROVAS. Embora o art. 436, CPC, disponha que não está o Juiz adstrito ao laudo pericial, prestigiando o seu livre convencimento, como elegia ao princípio da persuasão racional, é exatamente porque não é o magistrado um expert, um conhecedor especialista da matéria técnica posta em Juízo, que se exige a produção da prova pericial. Tendo esta concluído pela inexistência de trabalho em ambiente insalubre e não tendo o reclamante se desincumbido de provar, por outros meios, a ocorrência de labor nessas condições, correta a sentença que, acolhendo a conclusão técnica, indefere o adicional de insalubridade vindicado. (TRT, 5ª R., 6ª T., Processo 00087-2006-621-05-00-1 RO, Data de Publicação: 11.12.2007, Relatora Luiza Lomba).

— Ver art. 195 da CLT. Obrigatoriedade da prova pericial de periculosidade e insalubridade.

22. O art. 195, § 2º, da CLT impõe a obrigatoriedade da realização de perícia quando arguida em juízo a insalubridade do local de trabalho. Por tratar-se de norma cogente, não podem as partes e muito menos o juiz dispensar esta prova, importando sua ausência na nulidade da sentença (TST, 2ª T., RR 19.368/90.0, Ac. 5.093/91, rel. Min. Ney Doyle).

— Ver art. 195 da CLT. Obrigatoriedade da prova pericial de periculosidade e insalubridade.

23. PERÍCIA. Se a perícia feita extrajudicialmente com a interveniência do Ministério do Trabalho e o acompanhamento pelo Sindicato profissional, nos moldes do art. 195, § 1º, da CLT, constitui prova firme e valiosa que foi trazida ao processo por ambas as partes e cuja complementação se faz através da prova testemunhal, que confirma o enquadramento do reclamante numa das situações caracterizadas como de trabalho insalubre, devido é o adicional no grau correspondente ao da classificação encontrada (TRT, 4ª T., RO 9.585/94, rel. Juiz Fernando Luiz Gonçalves Rios Neto, MG de 15.10.94).

— É facultado às empresas e aos sindicatos das categorias profissionais interessadas requererem ao Ministério do Trabalho a realização de perícia em estabelecimento ou setor deste, com o objetivo de caracterizar e classificar ou delimitar as atividades insalubres ou perigosas (art. 195, § 1º da CLT).

24. Adicional de insalubridade. Laudos divergentes. Não infirma o laudo do perito oficial, que analisou minuciosamente as condições de trabalho do ex-empregado, o laudo conciso e superficial do assistente técnico da empresa, que afirma prejudicada a avaliação quantitativa do agente insalubre, no caso, desnecessária. Diante de dois laudos, ambos apresentados por engenheiros do trabalho, o juiz é livre para acolher aquele que lhe inspira maior credibilidade (TRT, 4ª T., RO 12.068/98, rel. Juiz Rogério Valle Ferreira, MG de 1º.05.99).

— O perito do juízo tem o dever de esclarecer a divergência apresentada no parecer do assistente técnico da parte (art. 477, § 2º, II do novo CPC).

25. ADICIONAL DE INSALUBRIDADE. DESATIVAÇÃO DO LOCAL OBJETO DA PERÍCIA. Tendo sido o local de trabalho, objeto da perícia, desativado, ou não mais se prestando para se inspecionado, pode o perito valer-se de todos os meios de direito permitidos para concluir pela existência ou não da insalubridade, tais como, informações constantes de documentos da própria reclamada, como foi no caso dos autos. E para a convicção do juízo em relação à insalubridade, pode o julgador apoiar-se em laudo pericial, ou outros elementos probatórios que lhe parecerem de maior peso, uma vez que não está adstrito a nenhum laudo, obrigatoriamente. (TRT, 1ª R., 4ª T., RO 01592-1993-038-01-00-2, Data de Publicação: 04.07.2006, Relator: Dóris Castro Neves).

— *Ver Orientação Jurisprudencial n. 278 do TST.*

26. ADICIONAL DE INSALUBRIDADE. LAUDO PERICIAL. Deve ser mantida a sentença que decide conforme a conclusão do laudo pericial não desconstituído por outros elementos de prova. (TRT, 12ª R., RO 0001467-65.2014.5.12.0001, Data: 08.12.16, Relator: Helio Bastida Lopes).

27. ADICIONAL DE INSALUBRIDADE. O demandante confirmou em juízo que a empresa exigia que fosse utilizado protetor auricular e que recebia advertência caso fosse flagrado sem o equipamento. Contudo, não há comprovação de que era efetuada a reposição regular do kit de almofadas, nos prazos recomendados pelo fabricante. Importante observar que, tanto o autor, quanto as testemunhas, afirmaram que sempre assinavam a ficha de entrega quando recebiam os EPI's. Diante disso, conclui-se que o autor recebeu os equipamentos apenas nas datas indicadas nas fichas, restando a descoberto os períodos mencionados pelo Perito, ou seja, de 08.09.10 a 19.12.2012, de 21.06.13 a 23.01.14 e de 25.07.14 até o desligamento em 1º.04.15. (TST, 8ª T., AIRR 110328320155120012, Publicação: 02.06.2017, Relator: Dora Maria da Costa).

— *Ver art. 479 do novo CPC.*

28. ADICIONAL DE INSALUBRIDADE. PROVA PERICIAL. Não obstante não esteja o Juízo adstrito aos termos da prova técnica determinada, há de prevalecer a conclusão pericial quando inexista nos autos prova capaz de sua elisão. (TRT12 — RO — 0011381-86.2015.5.12.0012, Rel. Amarildo Carlos de Lima, 3ª Câmara, Data de Assinatura: 07.11.2016)

— *Ver art. 479 do novo CPC.*

29. ADICIONAL DE INSALUBRIDADE. LAUDO PERICIAL. PRESUNÇÃO *JURIS TANTUM* DE VERACIDADE. O laudo pericial goza de presunção *juris tantum* de veracidade, cabendo à parte que porventura o impugnar, comprovar a inveracidade dos pressupostos fáticos considerados pelo perito e os vícios técnicos na formulação da conclusão. Não havendo nos autos provas hábeis a desconstituir o laudo pericial, prevalece a conclusão deste, que é a prova técnica apta a comprovar a existência ou inexistência de insalubridade no ambiente de trabalho do empregado. (TRT12 — RO — 0010726-08.2015.5.12.0015, Rel. José Ernesto Manzi, 5ª Câmara, Data de Assinatura: 19.10.2016)

30. Embora o Juiz não esteja adstrito ao laudo pericial, podendo formar sua convicção com base em outros elementos ou fatos provados nos autos, no caso em tela não há nos autos outros elementos capazes de elidir a conclusão da perícia, razão pela qual deve prevalecer. (TRT 12ª R., RO 0011032-83.2015.5.12.0012, Rel. Helio Bastida Lopes, Data: 20.02.17).

— *Ver art. 479 do novo CPC.*

31. ADICIONAL DE INSALUBRIDADE. LAUDO PERICIAL BASEADO EM PREMISSA EQUIVOCADA. O laudo pericial goza de presunção *juris tantum* de veracidade. Havendo prova contundente nos autos a indicar que o laudo está embasado em uma premissa equivocada, a presunção de veracidade resta elidida, não podendo prevalecer a conclusão do perito. Assim, não há como deferir o pedido de adicional de insalubridade, quando a premissa em que se baseia o perito para concluir devido referido adicional é a ausência de uso do EPI, e esta premissa resta invalidada pela confissão real do empregado de que recebia e utilizava o equipamento de proteção, durante todo o contrato. (TRT, 12ª R., 3ª T., RO 0002447-56.2012.5.12.0009, Rel.: José Ernesto Manzi, Data de Publ. 13.02.14)

— *Ver art. 479 do novo CPC.*

32. ADICIONAL DE INSALUBRIDADE. RECONHECIMENTO DO BENEFÍCIO PELA PRÓPRIA EMPRESA, SEM REALIZAÇÃO DE PERÍCIA. DEVIDO NO PERÍODO ANTERIOR AO RECONHECIMENTO. Em tendo a reclamada, por iniciativa própria, reconhecido direito ao seu empregado à percepção do adicional de insalubridade, sem laudo técnico, a partir de agosto/2002, deve o benefício ser estendido ao período anterior, quando nos autos há prova convincente de que o empregado sempre exerceu as mesmas atividades e nos mesmos locais, ou seja, o seu labor efetivou-se sempre em local insalubre — Processo 22263/2005-007-11-00 (RO) — Data de publicação: 10.09.2007 — Relator Vera Lúcia Câmara De Sá Peixoto — TRT 11ª Região.

— *Ver art. 195 da CLT. Obrigatoriedade da prova pericial de periculosidade e insalubridade.*

33. PERÍCIA. PROCESSO DO TRABALHO. INAPLICABILIDADE DE DISPOSITIVO PROCESSUAL CIVIL. O procedimento parcial no processo trabalhista com regulamentação própria no art. 3º da Lei n. 5.584/70, que, dentro do princípio da informalidade do processo do trabalho,

não obriga o juízo à designação de dia e hora para realização de perícia, pelo que inaplicável subsidiariamente o preceituado no art. 427 do CPC. Revista não conhecida, por inexistência de afronta legal e divergência na jurisprudência (TST, 2ª T., RR 5.445/89, Ac. 1.750/90, rel. Min. Hylo Gurgel).

— As partes terão ciência da data e do local designados pelo juiz ou indicados pelo perito para ter início a produção da prova (art. 474 do CPC).

34. PERÍCIA. ORDEM LEGAL. Perito não é ditador. Nem pode sê-lo, porque, como auxiliar do Juízo, aí se estampa a mais lídima lembrança do Estado Democrático de Direito, que não se concilia com atitudes de esquiva, ocultamento ou quejandos do naipe, para subtrair a oportunidade da parte envolvida no litígio sobre adicional de periculosidade (ou insalubridade) poder participar da apuração. Afinal, o que é incumbência do perito não mais é que realizar PROVA e, pois, apurar minudentemente, em toda a atividade funcional do empregado (período imprescrito, havendo tal arguição), as situações laborativas e suas condições diante do agente objeto da lide. Não lhe é dado fazer-se imperador, descartando contato com assistente técnico, para realizar, ao seu alvedrio, elegendo um local para a apuração. Perito não é majestade, e majestática não é sua opinião. Antes que tudo, precedendo, há ordem legal do devido processo legal, o qual não admite e não consente que um auxiliar de coleta de prova se faça soberano, e se paute à sorrelfa, à socapa. (TRT — 3ª Região — 2ª turma — DJMG 08.10.99 — p. 14).

— O perito do juízo tem o dever de esclarecer a divergência apresentada no parecer do assistente técnico da parte (art. 477, § 2º, II do novo CPC).

35. LAUDO PERICIAL. APURAÇÃO DO FATOR DE RISCO. VISTORIA DO LOCAL. COMPARECIMENTO DO PERITO. O perito tem discricionaridade na condução da perícia, cujo poder decorre da fé pública por causa da sua condição de auxiliar do juízo e da habilitação e do conhecimento especializado que detém, de sorte que ele pode optar por não comparecer na empresa para vistoriar o local de trabalho, até porque se trata de um meio, e não um fim, se a informação referente ao fator de risco for suprida por outro elemento de prova. (TRT, 12ª R., 3ª T., RO 0000989-45.2014.5.12.0005, Rel.: Juíza Maria de Lourdes Leiria, Data de Publ. 17.04.15)

— Na apuração da insalubridade e periculosidade é necessário vistoriar os locais de trabalho, realizar avaliações, analisar as atividades do autor, entre outros.

36. ADICIONAL DE INSALUBRIDADE. SUPRESSÃO DO PAGAMENTO. A supressão do adicional de insalubridade somente pode ser admitida se demonstrado que houve alteração nas condições de trabalho. Sem prova de tal circunstância, impõe-se o restabelecimento do pagamento da parcela, sendo desnecessária a realização de perícia técnica, presumindo-se a manutenção da insalubridade (TRT, 9ª R., 3ª T., RO 06743/94, rel. Juiz Dirceu Buys Pinto Junior, DJPR de 21.07.95, p. 26 — Dicionário de Decisões Trabalhista", de B. Calheiros Bomfim, Silvério Mattos dos Santos e Cristina KawayStamato, 26. ed.).

— Ver art. 195 da CLT. Obrigatoriedade da prova pericial de periculosidade e insalubridade.

37. ADICIONAL DE INSALUBRIDADE INDEFERIDO. LAUDO PERICIAL. DESCONSTITUIÇÃO. PROVA ROBUSTA. O magistrado não está adstrito ao laudo pericial, podendo formar seu convencimento em outras provas em razão do princípio do livre convencimento motivado e do disposto no art. 479 do NCPC, sendo-lhe permitido "deixar de considerar as conclusões do laudo" desde que indique na sentença os motivos para tanto. O laudo, todavia, somente poderá ser desconstituído quando não estiver em consonância com as demais provas dos autos, o que não foi demonstrado pelo autor, a quem incumbia o ônus da prova. Recurso do reclamante a que se nega provimento. (TRT-PR-27039-2015-004-09-00-5-ACO-01196-2018 — TRT, 9ª Região, 6ª Turma. Relator: Francisco Roberto Ermel. Publicado no DEJT em: 26.01.2018).

— Ver art. 479 do CPC.

38. ADICIONAL DE INSALUBRIDADE. LAUDO PERICIAL. Embora o laudo pericial não vincule o órgão julgador na formação de seu convencimento, não há nos autos elementos aptos a infirmar as conclusões da perícia realizada, que concluiu pela não exposição do reclamante a agente insalubre. Recurso improvido. (Processo 0003029-33.2014.5.05.0251 RecOrd, Origem SAMP, ac. n. 296820/2018 Relator Desembargador: Norberto Frerichs, TRT 5ª Região — 5ª Turma, DJ 04.06.2018).

— Ver art. 479 do CPC.

39. HONORÁRIOS PERICIAIS. JUSTIÇA GRATUITA. ISENÇÃO. Releva mencionar, de início, que os honorários periciais devem ser suportados pela parte sucumbente no objeto da perícia. Logo, no caso em apreço, a autora deverá arcar com os mesmos. Ocorre, porém, que a reclamante é beneficiária da justiça gratuita, benefícios que lhe foram concedidos em sentença. Destarte, os honorários periciais devem ser fixados na conformidade do Provimento GP/CR n. 13/2006, combinado com a Resolução n. 35, de 23.03.2007, do Conselho Superior da Magistratura, e o Ato GP/CR n. 2/2016, preservando-se, assim, o direito da autora decorrente de sua condição pessoal econômico-financeira, independentemente do resultado prático desta ação reclamatória. Assim, isenta a reclamante do pagamento dos honorários periciais, a referida verba será paga pelo Tribunal Regional do Trabalho da 2ª Região, nos moldes do Ato GP/CR

n. 2/2016, de 14.10.2016, com a redução dos valores tal como ali consignada, de maneira que os honorários periciais são ora rearbitrados em R$ 800,00 (oitocentos reais). Recurso Ordinário da autora provido, no aspecto. (TRT da 23ª Região; Processo: 1001172-93.2019.5.02.0007; Data: 24.04.2021; Órgão Julgador: 14ª Turma — Cadeira 2 — 14ª Turma; Relator(a): Davi Furtado Meirelles).

40. HONORÁRIOS PERICIAIS. O art. 790-B da CLT, com a redação dada pela Lei n. 13.467/17 dispõe que: "A responsabilidade pelo pagamento dos honorários periciais é da parte sucumbente na pretensão objeto da perícia, ainda que beneficiária da justiça gratuita". Como o Reclamante é beneficiário da justiça gratuita, ante o seu estado de necessidade, não é correta a imposição do pagamento de honorários periciais, visto que: (a) o crédito trabalhista é de natureza alimentar; (b) o crédito trabalhista não é penhorável; (c) a responsabilidade pelos honorários periciais não se coaduna com a assistência jurídica integral, tampouco com a proteção do salário (art. 5º, LXXIV; art. 7º, X, CF); (d) como necessitado, o trabalhador depende dos seus créditos trabalhistas para a sua subsistência, logo, essa responsabilidade não se coaduna com o primado da dignidade da pessoa humana (art. 1º, III, CF); (e) a responsabilidade pelos honorários periciais, diante da concessão da justiça gratuita, representa uma severa limitação prática ao acesso ao Judiciário (art. 5º, XXX, CF). Em suma, afasta-se a condenação da Recorrente ao pagamento de honorários periciais, devendo, contudo, serem observadas a Resolução n. 247/2019 do Conselho Superior da Justiça do Trabalho e Súmula n. 457 do TST, bem como o Ato GP/CR 02/2016 deste E. TRT, para que não haja prejuízo ao Sr. Perito. Nos termos do art. 21 do Ato GP/CR 02/2016 deste E. TRT, os honorários periciais são rearbitrados para R$ 500,00. Procede o pedido. (TRT da 2ª Região; Processo: 1001459-52.2019.5.02.0073; Data: 25.04.2021; Órgão Julgador: 14ª Turma — Cadeira 1 — 14ª Turma; Relator(a): Francisco Ferreira Jorge Neto)

— A decisão isentou o reclamante do pagamento dos honorários periciais diante da concessão da justiça gratuita.

REFERÊNCIAS BIBLIOGRÁFICAS

ABHO — Associação Brasileira de Higienistas Ocupacionais. Tradução TLVs e BEIs: Threshold limit Values and Biological Exposure — índices — ACGIH. São Paulo, 2013.

CARIMASSA, Mara Queiroga. *Segurança e saúde do trabalhador:* NRs 1 a 36 comentadas e descomplicadas. Rio de Janeiro: Forense; São Paulo: Método, 2015.

CASHDOLLAR, K. L.; ZLOCHOWER, I. A. Explosion Temperatures and Pressures of Metals and Other Elemental Dust Clouds — Pittsburgh Research Laboratory, National Institute for Occupational Safety and Health, Pittsburgh, PA, U. S .A. Disponível em: <https://www.cdc.gov/niosh/mining/userfiles/works/pdfs/etapo.pdf>. Acesso em: 23 jun. 2016.

FERRARI, Irany. *Jurisprudência trabalhista* — selecionada e comentada. São Paulo: LTr, 2011.

GERGES, Samir NagiYousri. *Protetores auriculares*. 1. ed. Florianópolis: S.N.Y.Gerges, 2003.

GRINOVER, Ada Pellegrini. *et al. Teoria geral do processo*. 25. ed. São Paulo: Malheiros, 2009.

MARTINEZ, Wladimir Novaes. *Acórdãos selecionados de previdência social.* São Paulo: LTr, 2008.

OCCUPATIONAL HEALTH AND SAFETY ADMINISTRATION. British Standard 8800 BSI — OSHA 18001, Reino Unido.

OLIVEIRA, Sebastião Geraldo. *Indenizações por acidentes do trabalho ou doença ocupacional.* 4. ed. São Paulo: LTr, 2008.

________. *Proteção jurídica à saúde do trabalhador*. São Paulo: LTr, 2010.

SÁ, Ary de. Pó e explosão. *Revista Proteção*, n. 61, 1997.

SALIBA, Tuffi Messias; CORRÊA, Márcia Angelim Chaves. *Insalubridade e periculosidade:* aspectos técnicos e práticos. 17. ed. atual. São Paulo: LTr, 2018.

SALIBA, Tuffi Messias; SALIBA, Sofia C. Reis. *Legislação de segurança, acidente do trabalho e saúde do trabalhador*. 13. ed. São Paulo: LTr, 2014.

SALIBA, Tuffi Messias. *Aposentadoria especial.* 3. ed. São Paulo: LTr, 2014.

________. *Aposentadoria especial.* 4. ed. São Paulo: LTr, 2015.

SARAIVA, Wellington Cabral. *Súmulas e jurisprudência*. Disponível em: <https://wsaraiva.com/2013/07/14/sumulas-e-jurisprudencia/>. Acesso em: 22 jan. 2017.

SCHIAVI, Mauro. *Provas no processo do trabalho.* 4. ed. rev. e ampl. São Paulo: LTr, 2014.

SUPIONI, Adriana J. A. *Responsabilidade civil do empregador pelo exercício de atividade de risco*: da incidência às excludentes. São Paulo: LTr, 2016.

TEIXEIRA FILHO, Manoel Antonio. *A prova no processo do trabalho.* 10. ed. rev. e ampl. São Paulo: LTr, 2014.

THEODORO JÚNIOR, Humberto. *Curso de direito processual civil* — teoria geral do direito processual civil e processo de conhecimento. 55. ed. Rio de Janeiro: Forense, 2014. v. I.

UFRRJ. *Riscos no trabalho em silos e armazéns.* Disponível em: <http://www.ufrrj.br/institutos/it/de/acidentes/silo.htm>. Acesso em: 22 ago. 2016.

YEE, Zung Che. *Perícias de engenharia de segurança do trabalho.* 3. ed. Curitiba: Juruá, 2012.

